汽车电子开发
实践丛书

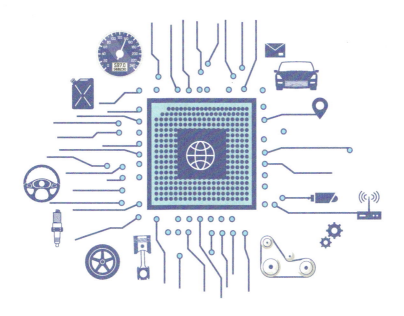

广义车规级
电子元器件可靠性

设计与开发实践

左成钢　编著

GENERALIZED AUTOMOTIVE-GRADE
ELECTRONIC RELIABILITY
DESIGN AND DEVELOPMENT PRACTICE

机械工业出版社
CHINA MACHINE PRESS

本书以车规级芯片及汽车电子零部件的可靠性为背景，提出了广义车规级的概念。本书具体介绍了汽车电子可靠性理论、电子元器件的车规级认证、车规级与功能安全标准的关系及区别、电子模块的车规级标准及测试方法、电子模块车载应用的特殊要求，以及汽车电子模块如何通过严谨的设计、严苛的测试、高要求的项目维护来满足整车15年全生命周期内的高可靠性要求。在此基础上，本书进一步详细介绍了汽车电子委员会（Automotive Electronics Council，AEC）标准如何对车规级电子元器件进行全生命周期可靠性管理，同时给出了一种对电子零部件进行全生命周期可靠性管理的工程实践方法，包括产品的设计开发、测试、生产及全生命周期的项目维护。本书还介绍了一些设计分析方法、测试流程、变更评估流程以及相关案例，以帮助读者进行工程实践。本书还展望了中国汽车电子行业的发展趋势，以及国产车规级芯片及电子零部件所面临的问题及挑战。

本书将作者多年积累的工作成果以图表和案例的方式穿插在不同章节中，方便读者参照使用，并将收集到的最新标准、法规、论文、应用文档和设计参考的要点融合在其中，方便读者理解和查阅。

本书适合从事车规级芯片及汽车电子可靠性相关工作的读者，无论是乘用车行业还是商用车行业，无论是芯片行业从业人员还是汽车电子产品的开发、测试、生产运营等相关人员，都能从本书中获取新知。本书还可以作为汽车电子产业链相关人员的参考用书，以及准备踏入汽车行业的新手们的入门级参考书，同时也可以作为行业相关技术人员的手头工具书来使用。

图书在版编目（CIP）数据

广义车规级电子元器件可靠性设计与开发实践 / 左成钢编著. —北京：机械工业出版社，2024.2

（汽车电子开发实践丛书）

ISBN 978-7-111-75295-0

Ⅰ.①广… Ⅱ.①左… Ⅲ.①汽车–电子元器件–可靠性设计 Ⅳ.①U463.6

中国国家版本馆 CIP 数据核字（2024）第 052971 号

机械工业出版社（北京市百万庄大街22号 邮政编码100037）
策划编辑：何士娟　　　　　　责任编辑：何士娟　杨晓花
责任校对：孙明慧　张薇　　　责任印制：常天培
北京机工印刷厂有限公司印刷
2024年6月第1版第1次印刷
169mm×239mm · 26.25印张 · 482千字
标准书号：ISBN 978-7-111-75295-0
定价：188.00元

电话服务　　　　　　　　　　网络服务
客服电话：010-88361066　　　机 工 官 网：www.cmpbook.com
　　　　　010-88379833　　　机 工 官 博：weibo.com/cmp1952
　　　　　010-68326294　　　金 书 网：www.golden-book.com
封底无防伪标均为盗版　　　　机工教育服务网：www.cmpedu.com

前言
preface

　　汽车行业是一个拥有百年历史的传统行业，但车载电子零部件的快速增长却发生在最近 20 年。据公安部交通管理局 2024 年 1 月发布的数据，我国新能源车的保有量已超过 2000 万辆，新注册登记占比已超过 30%，车辆的电动化已进入了一个快速增长的阶段，车辆的科技感已逐渐超越了传统的机械属性，成为消费者关注的焦点。上百个电子模块在给驾驶员及乘员带来更舒适、更智能体验的同时，车内电子电气系统所面对的电气及电磁环境也变得更为复杂，车辆的安全性和可靠性也在经受着前所未有的巨大挑战。车辆制造商和消费者都认识到了这一点，于是"车规级"这个词便频繁地出现在了大众的视野。2021 年被称为激光雷达量产元年，众多车企纷纷宣布了搭载车规级激光雷达车型的量产时间，车企主动对外宣传其采用的电子零部件是"车规级"的，这在以前从未有过。

　　在这个大背景下，本书提出了广义车规级的概念，基于汽车电子委员会（AEC）标准对车规级电子元器件全生命周期可靠性管理理念，提出了一种对电子零部件进行全生命周期可靠性管理的工程实践方法。对汽车电子电气系统来讲，其可靠性主要取决于电子模块，不同于刮水器、轮胎等易损件和发动机、制动系统等可维护系统，电子模块本质上在整车生命周期内是不可维护的。要实现这个目标，前提条件就是汽车电子模块的平均失效间隔时间（Mean Time Between Failure，MTBF）达到或超过车辆的生命周期。对于一辆车来讲，车辆的生命周期通常需要达到 15 年；而对于一个车型来讲，车型的生命周期通常会长达 5~8 年，在这期间，电子模块会因为各种原因发生众多变更，这个电子模块就像是一艘忒修斯之船，如何解决变更带来的一致性及可靠性的挑战？答案就是全生命周期的可靠性管理。

　　本书从汽车行业及汽车电子产业链视角出发，首先介绍了汽车电子的可靠性理论，进而分析了汽车电子系统本质上在整车生命周期内是不可维护的原因。另外，汽车电子零部件要实现车载应用，必须要面对严苛的外部环境条件及复杂的车内电气及电磁环境条件，同时还必须面对量产后一系列变更所带来的可靠性及一致性的挑战。本书详细介绍了电子零部件车载应用所需要面对的严苛的外部环境、复杂的电气及电磁环境；同时，为了帮助读者理解车规级电子元器件的高可靠性是如何对电子零部件的高可靠性提供了强有力的支撑，以及车规级电子元器件全生命周期的可靠性管理理念，本书还详细介绍了AEC标准对各种器件的设计、测试、变更的相关规定，同时还展望了我国汽车电子行业的发展趋势，以及国产车规级芯片及电子零部件所面临的问题及挑战。

本书共分为9章。第1章介绍了汽车行业的基本特点及汽车电子可靠性理论；第2~4章介绍了电子模块的车载应用要求及所面对的内外部环境；第5章主要阐述了汽车行业测试标准及测试方法；第6章主要介绍了AEC标准及其对汽车电子行业的意义；第7章主要介绍了车规级电子元器件的相关知识、车规级与功能安全标准的关系及区别，以及车规级认证的相关问题，同时还对车规级电子元器件的国产化进行了展望；第8章主要阐述了汽车电子模块的设计开发，如开发阶段、流程、设计分析、测试方法、文档受控与设计变更流程等；第9章为本书的终章，对本书的核心思想进行了归纳及总结，阐述了广义车规级思想是如何对汽车电子进行全生命周期可靠性管理的。

本书适合从事车规级芯片及汽车电子可靠性相关工作的读者，无论是芯片的设计人员，还是汽车电子产品的开发及测试人员，都能从本书中获取新知。本书还可以作为汽车电子产业链相关人员的参考用书，从芯片、零部件到整车厂，无论是专业技术人员，还是投资、运营、管理、质量及服务人员，都能通过本书了解到车规级芯片及车规级电子零部件是如何保障车辆的运行安全，以及整车长达15年的高可靠性。

本书能够出版需要特别感谢我的妻子衡雪丽女士，本书的编写前后耗时近一年时间，工作量巨大，她在为我分担了大部分家庭责任的同时，还会在每个章节的初稿完成后，帮我进行详细的审阅。我很荣幸，衡雪丽女士也是汽车行业从业人员，拥有近20年汽车电子可靠性及功能安全方面的经验，基于她的专业知识，她为本书提供了很多宝贵的修改建议，对此表示衷心的感谢。

由于本书涉及众多的专业内容，且多数参考资料是英文资料，翻译工作量巨大；同时书中的图表众多，所有的插图也全都由我亲手绘制，整体工作量巨大。为了完成本书，在这一年中，我陪伴两个孩子的时间很少，在此我向他们表示歉意。我要把这本书送给我两个可爱的儿子，今年8岁的宗晞和5岁的宗林，祝他们健康成长，长大后可以自由选择他们喜爱的生活。

  本书涉及知识点较多，错漏在所难免，恳请读者对书中存在的错误及不当之处提出批评和修改建议，以便本书再版修订时参考。如有疑问，欢迎通过电子邮件与我联系：zcreat@163.com。

左成钢
2023年6月12日

目 录
contents

前言

第1章 汽车电子及其可靠性概述 …… 1
1.1 汽车工业及汽车电子 …… 1
- 1.1.1 汽车行业的特点 …… 2
- 1.1.2 汽车电子电气系统 …… 6
- 1.1.3 电气化的趋势 …… 7
- 1.1.4 汽车电子技术的发展 …… 8

1.2 汽车电子产业链 …… 9
- 1.2.1 汽车电子零部件 …… 10
- 1.2.2 汽车电子元器件 …… 15

1.3 车规级芯片及元器件 …… 21
- 1.3.1 车规级的定义 …… 22
- 1.3.2 车规级的特点 …… 25

1.4 汽车电子可靠性概论 …… 26
- 1.4.1 可靠性理论 …… 26
- 1.4.2 汽车的可靠性 …… 29
- 1.4.3 汽车电子的可靠性 …… 32
- 1.4.4 系统可靠性理念 …… 34
- 1.4.5 广义车规级 …… 37

1.5 小结 …… 43

第2章 电子模块的车载应用 …… 45
2.1 什么是ECU …… 46

2.2 如何设计一个ECU ······ 47
2.2.1 设计要求 ······ 48
2.2.2 设计流程 ······ 48
2.3 电子模块的车载应用及生产要求 ······ 53
2.3.1 严苛的车辆内外部环境 ······ 54
2.3.2 极其复杂的电气及电磁环境 ······ 55
2.3.3 高可靠性及安全性要求 ······ 56
2.3.4 长寿命要求 ······ 59
2.3.5 低成本要求 ······ 61
2.3.6 生产制造可行性要求 ······ 61
2.3.7 批量一致性要求 ······ 62
2.4 电子模块车载应用条件 ······ 63
2.4.1 满足车载应用的条件 ······ 63
2.4.2 相关的标准体系及流程 ······ 63
2.4.3 设计的重要性 ······ 64
2.5 小结 ······ 66

第3章 汽车电子模块的外部环境 ······ 68
3.1 电子模块的高低温环境 ······ 69
3.2 防护相关的环境 ······ 71
3.2.1 湿度及盐雾环境 ······ 71
3.2.2 防护等级 ······ 72
3.2.3 对电子模块设计的要求 ······ 74
3.3 振动及机械冲击 ······ 75
3.4 小结 ······ 77

第4章 汽车电子模块的电气及电磁环境 ······ 78
4.1 车辆的供电方式 ······ 79
4.1.1 单线制供电 ······ 80
4.1.2 负极搭铁设计 ······ 81
4.1.3 负极搭铁带来的问题：地漂移 ······ 83
4.2 蓄电池、发电机及DC/DC ······ 85
4.2.1 蓄电池 ······ 86
4.2.2 发电机及调压器 ······ 90
4.2.3 DC/DC变换器 ······ 93

4.3 欠电压、过电压及反向电压 ··· 94
   4.3.1 低蓄电池电压 ··· 95
   4.3.2 高蓄电池电压 ··· 97
   4.3.3 反向电压 ··· 100
   4.3.4 电气系统电压状态总结 ·· 101

4.4 车辆负载及其应用 ··· 102
   4.4.1 负载类型 ··· 102
   4.4.2 线束 ··· 111
   4.4.3 长导线负载对地短路 ·· 113
   4.4.4 负载供电及控制方式 ·· 114
   4.4.5 负载电压瞬降 ··· 116

4.5 车辆的电气系统 ··· 117
   4.5.1 电源分配及电路保护 ·· 118
   4.5.2 低功耗考虑 ··· 119
   4.5.3 可靠性及安全性考虑 ·· 122

4.6 电磁环境 ·· 126
   4.6.1 干扰与抗干扰 ··· 126
   4.6.2 辐射与传导 ··· 127

4.7 静电放电 ·· 133

4.8 小结 ·· 135

第5章 汽车电子模块的车规级试验 ·· 136

5.1 试验标准 ·· 136
   5.1.1 强制性国家标准 ·· 136
   5.1.2 标准之间的关系 ·· 137
   5.1.3 OEM 相关标准 ··· 138

5.2 电子零部件相关标准 ··· 139
   5.2.1 环境相关试验标准 ·· 140
   5.2.2 EMC 相关标准 ··· 141

5.3 试验条件及样品 ··· 146
   5.3.1 试验条件及功能状态分级 ····································· 146
   5.3.2 样品数量及测试流程图 ······································· 147
   5.3.3 前期检查 ··· 150

5.4 电气相关试验项目 ··· 151

5.5 气候及机械相关试验项目 ·· 158

	5.5.1 温湿度类试验	158
	5.5.2 防护类试验	162
	5.5.3 机械类试验	162
5.6	EMC 相关试验项目	163
5.7	寿命试验	168
5.8	DV/PV 试验	168
5.9	EOL 测试	169
5.10	小结	170

第 6 章　AEC 标准 · · · · · · · 172

6.1	AEC 组织及标准简介	172
	6.1.1 AEC 的历史	172
	6.1.2 AEC 的会员	173
	6.1.3 AEC 年度研讨会	174
	6.1.4 AEC 委员会与 IATF 16949 标准	175
	6.1.5 AEC 会员及入会	176
	6.1.6 OEM 与会员费	178
	6.1.7 AEC 标准及相关文件	179
	6.1.8 AEC 认证与证书	180
6.2	AEC-Q100 标准：芯片	180
	6.2.1 标准的范围	181
	6.2.2 芯片的温度范围	182
	6.2.3 认证家族与通用数据	182
	6.2.4 测试样品	183
	6.2.5 测试流程图	183
	6.2.6 测试项目	186
	6.2.7 器件变更的重新认证	186
6.3	AEC-Q101 标准：分立半导体	187
6.4	AEC-Q200 标准：被动器件	188
6.5	AEC-Q102 标准：光电半导体	191
6.6	AEC-Q103 标准：MEMS 传感器	192
6.7	AEC-Q104 标准：多芯片模块	193
6.8	小结	196

第 7 章　车规级电子元器件 · · · · · · · 197

- 7.1 车规级电子元器件概述 ·· 197
- 7.2 电子元器件的可靠性 ·· 203
  - 7.2.1 浴盆曲线 ·· 204
  - 7.2.2 早期失效问题 ·· 206
  - 7.2.3 正常生命期失效问题 ·· 208
  - 7.2.4 老化失效问题 ·· 211
- 7.3 AEC-Q004 汽车零缺陷框架 ··· 211
- 7.4 长期供货问题 ·· 219
  - 7.4.1 器件的生命周期 ·· 220
  - 7.4.2 器件的变更 ··· 223
  - 7.4.3 器件的停产 ··· 225
- 7.5 车规级认证与功能安全认证 ·· 226
  - 7.5.1 ISO 26262 的基本概念 ··· 227
  - 7.5.2 功能安全流程认证与产品认证 ······································· 229
  - 7.5.3 功能安全认证周期及费用 ·· 232
  - 7.5.4 电子元器件的功能安全 ·· 233
  - 7.5.5 车规级认证与功能安全认证 ·· 235
  - 7.5.6 功能安全认证产品的范围 ·· 237
- 7.6 车规级认证相关问题 ·· 239
- 7.7 车规级认证测试与电子零部件测试 ·· 249
  - 7.7.1 汽车电子模块的测试标准 ·· 249
  - 7.7.2 电气及气候负荷相关试验 ·· 250
  - 7.7.3 机械及结构材料相关试验 ·· 253
  - 7.7.4 EMC 相关试验 ··· 256
  - 7.7.5 车规级器件与零部件的车规级测试 ·································· 257
  - 7.7.6 本节总结 ·· 261
- 7.8 小结 ··· 262

第 8 章 电子模块的设计开发 ·· 263

- 8.1 开发阶段 ·· 263
  - 8.1.1 报价阶段 ·· 264
  - 8.1.2 需求阶段 ·· 269
  - 8.1.3 设计分析 ·· 272
  - 8.1.4 单元测试 ·· 274
  - 8.1.5 集成测试 ·· 277

8.1.6　文档释放·····280
8.1.7　产品量产·····283
8.2　开发流程·····284
8.2.1　V 模型介绍·····286
8.2.2　硬件的 V 模型·····287
8.2.3　软件的 V 模型·····288
8.2.4　文档要求·····289
8.3　基于电气负荷标准的设计·····292
8.4　基于 EMC 标准的设计·····307
8.4.1　静电放电·····308
8.4.2　EMC 相关·····313
8.5　基于可靠性的设计·····318
8.5.1　环境温度的变化·····318
8.5.2　供电电压的变化·····321
8.5.3　器件参数的离散性·····323
8.5.4　器件的老化·····325
8.6　设计分析方法·····326
8.6.1　仿真分析·····327
8.6.2　潜通路分析·····330
8.6.3　最差情况电路分析·····340
8.6.4　FMEA 及 FTA·····353
8.7　设计开发文档·····359
8.7.1　文件存档·····359
8.7.2　文档受控·····362
8.8　物料编码 / 描述及文档命名规则·····364
8.8.1　总成物料号编码及描述规则·····365
8.8.2　子总成物料号编码及描述规则·····367
8.8.3　元器件 / 原材料物料号编码及描述规则·····368
8.8.4　物料编码申请规则·····370
8.9　受控文档·····371
8.9.1　文档目录索引文件·····372
8.9.2　合格供应商清单·····377
8.9.3　文档历史记录·····379
8.10　文档变更·····381
8.10.1　变更流程·····382

8.10.2　编码升级规则 ·················387
　8.11　小结 ······························393

第9章　汽车电子的可靠性··············394
　9.1　长生命周期带来的挑战 ···············394
　9.2　决定可靠性的因素 ···················396
　9.3　可靠性的工程实践 ···················397

附录　常用缩写词 ·······················400

参考文献 ·······························406

第1章
汽车电子及其可靠性概述

2020年我国汽车产量为2532万辆，直接从业人数超过600万；2023年我国汽车出口量达到522.1万辆，超越日本成为世界第一大汽车出口国。而2020年我国汽车人均保有量仅超过印度和印度尼西亚，低于土耳其和巴西。人均汽车保有量与人均国内生产总值（Gross Domestic Product，GDP）高度相关，经济越发达人均汽车保有量就越高。未来，随着我国经济的快速发展及人均收入的持续增长，汽车消费有望持续增长，人均汽车保有量也有望持续增长。所以无论从国内汽车消费数据来看，还是从汽车出口数据来看，在未来很长一段时间内，我国的汽车产业仍有较大发展空间，仍将保持持续快速的发展。

自2009年以来，我国一直是全球最大的汽车市场，只不过这个市场长期由大众、通用、丰田、宝马和奔驰等外国品牌主导，而汽车电子零部件市场也同样如此，博世、大陆、采埃孚、麦格纳等国际巨头长期占据头部位置。随着自动驾驶技术及车辆电气化的发展，半导体器件整车价值占比快速提升，汽车行业已经超过计算机和通信，成为电子系统增长最快的领域，汽车中电子设备价值的整车占比跃升了10倍以上，而这背后则是我国汽车电子市场连续十年以上的高速增长，以及快速涌现出的大量国产车规级半导体器件供应商及国内汽车零部件供应商。

未来，随着我国汽车行业的持续快速发展，从车规级半导体的国产化，到国产汽车零部件供应商的崛起，再到国产汽车品牌的全球扩张，汽车行业及其下游产业链将为我国长期持续提供超过千万个高薪岗位，为我国经济发展及人民收入水平的提高持续提供强有力的支撑。

1.1 汽车工业及汽车电子

汽车行业是一个拥有有上百年历史的传统行业，虽然已有百年历史，却并不暮气沉沉，反而依然生机盎然、朝气蓬勃。在这一百多年中，汽车行业先后经历了两次工业革命，技术及生产方式的进步极大地推动了汽车工业的发展，新技术的应用在赋予了汽车行业崭新面貌的同时，也给汽车行业带来了新的增长动力。经过百年发展，汽车工业已经成为世界上主要工业国经济增长的重要引擎，也是衡量一个国家制造业是否强大的最重要指标之一。以美国为例，就产品总价值、制造业增加值和雇佣的工薪阶层人数而言，汽车工业是最大的单一制造企业，每6家美国企业中就有一家依赖机动车的制造、分销、维修或使用。

在中国，汽车产业也是我国的支柱产业之一，中国汽车产销连续十几年稳居全球第一。以2020年为例，全球汽车产量为7762万辆，中国为2532万辆，全球占比为32.6%。按照国家统计局的数据，2017年国内生产总值为832035.9亿元，汽车制造业规模以上工业企业主营业务收入为84637.11亿元，汽车制造业的GDP占比超过10%，直接从业人数超过600万；另外，汽车产业链极长，从上游的钢铁、橡胶、石化、汽车电子、芯片，到中游的汽车整车制造，再到下游的车辆销售、使用及维护，汽车制造业间接带动的上下游产业链就业人数更是达到了数千万。

1.1.1 汽车行业的特点

纵观整个制造业，从消费类电子（家电、手机、计算机），到医疗器械，再到航天军工，论科技含量，汽车行业没有手机高；论产业链复杂度，汽车行业没有航天军工高；论安全性要求，汽车行业没有医疗器械高；论生产批量、变化速度，汽车行业没有手机量大、没有手机变化快。但如果从行业特点的各个维度进行对比，就能发现汽车行业科技含量相对较高、安全性要求很高、产业链相对较长、产量也相对较高。综合来讲，科技水平、产业链复杂度、产业体量等多维度的高要求塑造了庞大而复杂的汽车行业，同时也铸就了其现代制造业顶峰的地位，使其成为现代工业皇冠上的明珠。

另外，汽车产业链属于典型的全球分工合作模式，采用全球统一的IATF 16949质量管理规范，不同国家之间互相采购零部件。IATF 16949规范由全球主要汽车制造商（以德国、日本、美国为主）成立的国际汽车工作组（International Automotive Task Force，IATF）牵头制定，这就使得汽车行业能够借助全球最先进工业国的制造及管理经验，以极高管理水平组织全球资源进行研发、测试、生产及销售。举例来讲，欧美的零部件制造商会在全球建立研发中心及生产工厂，中国研发中心在拿到主机厂（原始设备制造商，Original Equipment Manufacturer，OEM，在汽车行业特指车企，也称主机厂）的项目后，全球同步协同研发。如系统设计由欧洲研发中心负责，软硬件设计在中国，软件测试在印度，硬件及产品测试在东南亚；汽车用电子元器件方面，设计通常在欧美，生产则通常在东南亚，再进口到中国，由国内工厂进行电路板贴片生产，然后供应到 OEM 的全球工厂。

通过表 1-1 对各行业特点的多维度对比，可以看到汽车行业综合了其他各行业的特点。

表 1-1 各行业特点的多维度对比

制造业分类	科技含量	安全性/可靠性	产量	成本要求	生命周期	发展速度	产业链
航天军工	高	极高	极小	低	很长	很慢	极长
消费电子	高	不高	极大	一般	短	快	简单
医疗器械	较高	很高	小	低	中	慢	简单
汽车行业	较高	很高	很大	很高	很长	较快	极长

在科技含量及技术迭代速度方面，随着车辆的电气化及自动驾驶技术的发展，新材料及新技术的车载应用也一直在加速，如在安全属性相对较弱的智能座舱领域，目前已出现消费电子化趋势，且趋势日渐明显。智能座舱的系统级芯片（System On Chip，SOC）与手机芯片差距已缩小到 3 年以内，且随着空中下载技术（Over The Air，OTA）在车载应用的普及，新技术及新功能车载应用的迭代速度也在加快。

在安全性及质量要求方面，由于涉及人身安全，所以法律法规对汽车行业的要求都很严格，如我国已制定并发布的汽车（含摩托车）强制性国家标准超过了 100 项。产品质量方面，汽车行业基于 ISO 9001 质量管理体系，开发出了 QS 9000 体系，后来被 ISO/TS 16949 体系取代，现在已经更名为 IATF 16949。为实施 IATF 16949，又产生了 5 大专门工具，如图 1-1 所示。

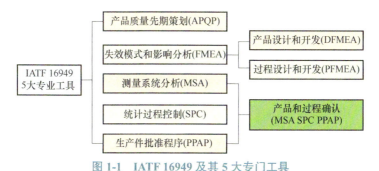

图 1-1 IATF 16949 及其 5 大专门工具

例如，5 大专门工具其中之一的产品先期质量策划（Advanced Product

Quality Planning，APQP）用来保证开发过程的质量。简单来说，产品设计的整个过程包括设计评审、设计验证、设计确认、过程确认、量产确认等。而其他大部分行业，产品设计完成之后通常就是直接量产，没有那么多反复验证的过程。如新车型量产前必须要进行的碰撞测试，就是拿一辆真实的车去做测试，而不是通过理论分析认为其碰撞能力没有问题就可以不测试。碰撞测试的成本还极高，用于碰撞测试的假人造价通常都需要上百万人民币，比大多数汽车都要贵。这么昂贵的确认过程就是为了保证量产车辆的质量及安全性的确达到了设计要求，而非通过理论分析符合要求，再按照规定的生产工艺及标准生产出来就可以，这种产品的确认方式是汽车行业对质量管理的一个重要特点。

可靠性方面，汽车的使用环境天差地别，需经受北方的寒冬、南方的酷暑、戈壁的沙尘、海边的盐雾，更有各种颠簸的道路。所以在车辆设计时必须充分考虑各零部件的耐久及可靠性要求。整车除易损件如火花塞、制动片、轮胎外，所有零部件的寿命都需要达到与整车等生命周期。

整车生命周期内的可靠性要求见表1-2。车辆设计寿命通常为15年，生命周期通常可达10年以上，生命周期内行驶里程可超过30万km，而商用车更是会达到上百万km。同时OEM对零部件质量及可靠性的要求还极高，在汽车行业，零部件的质量通常用每百万个产品中缺陷产品数（defective parts per million，dppm）或直接用百万分率（parts per million，ppm）来量化，一般要达到10以内，也就是百万数量中只允许出现几件不良产品。另外，从功能安全角度来讲，最高等级要求故障间隔平均时间超过1亿h，即相继发生的两次故障之间的平均时间要超过1亿h。此外，OEM还需要确保在一个车型持续生产的数年时间内，以及汽车生命周期的数十年内，提供质量一致的零部件供车辆生产及售后维修使用。这会带来两个问题：一是给OEM供货的零部件供应商的持续供货时间必须足够长；二是给零部件供应商供货的上游供应商也必须拥有长时间持续供货的能力。

表1-2 整车生命周期内的可靠性要求

车型	寿命	运行时间	里程数	整车质保[①]	零部件12个月内不良率[②]
乘用车	15年	1.1万h，约2h/天	50万km	3年/6万km	<10dppm
货车	15年	4.5万h，约8h/天	200万km	2年/6万km	<50dppm

① 车辆整车质保条款根据不同OEM及车型有差异。
② 不良率要求根据不同零部件类型有差异。

产量方面，我国汽车产销连续十几年稳居全球第一，并连续多年产销量超过 2500 万辆/年。如图 1-2 所示，从 2013 年我国汽车产量超过 2000 万辆后，已持续 9 年超过 2200 万辆，2017 年达到了 2900 万辆。这个产量是什么概念呢？对比一下作为快消品的手机，近年来我国手机年销量通常在 2 亿部以上，而汽车同时具有大宗消费品及耐用消费品的双重属性，相对手机这种低价快消品来讲，我国汽车的产量非常大。

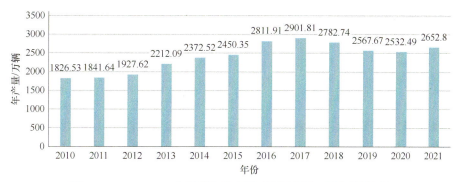

图 1-2　2010—2021 年我国汽车产量（数据来源：国家统计局）

大批量生产的优势是能够分摊成本，并且非常适合进行标准化批量生产；但大批量生产同时也会带来另一个问题，那就是放大产品的质量及可靠性问题。如图 1-3 所示，即使一个元器件存在极低的故障率，最终也会带来车辆故障率的大幅提升。当然图中仅仅只是举一个例子，实际上根据不同的电子元器件类型，其故障率差异是比较大的。同时，同一种电子元器件，不同的元器件制造商、不同的应用、甚至不同的 OEM 车型都会造成故障率的差异。

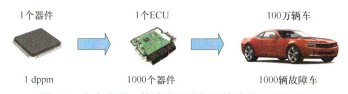

图 1-3　汽车产量、故障率与零部件故障率之间的关系

产业链及成本管控方面，一辆车上通常有 2 万个左右的零部件，仅向 OEM 直接供货的一级供应商（Tier 1）就有几百上千家，二级供应商（Tier 2）的数量更是要高一个数量级，叠加每年超过 2000 万辆的汽车产量，造就了汽车行业庞大而复杂的产业链。汽车作为大宗消费品，成本是消费者购买汽车时的一个重要考虑因素。所以 OEM 需要对上万个零部件、几百家供应商

进行成本管控，这就要求 OEM 具有极强的成本管控能力。

纵观人类历史，工业革命让人类从农业社会进入了工业社会，1913 年福特公司发明的流水线又彻底改变了人类工业生产方式，20 世纪 50 年代源于丰田汽车公司的精益生产模式又改变了现代制造业，这两次源于汽车制造业的生产方式革命至今仍在深刻地影响着人类的工业生产方式。正如汽车行业的本质，即以尽可能低的价格获得可接受的质量及性能，并持续、稳定的大批量生产、供货，这同时也揭示了人类社会几乎所有生产活动的本质。

1.1.2 汽车电子电气系统

在 20 世纪 70 年代以前，车辆是没有电子模块的，仅有一些简单的电气部件，如发电机、整流器、车灯及刮水器等。直到 20 世纪 70 年代，随着排放法规的要求，电子模块才出现在车上。到 20 世纪 90 年代后期，电气架构才慢慢得到重视，之后随着汽车电子技术的飞速发展，尤其是 2020 年后新能源技术及自动驾驶技术的迅猛发展，汽车电子电气系统在整车所占的比重已逐渐超越了传统的机械系统，车辆的机械属性正在慢慢褪去，而电气化和智能化的浪潮则正在加速。

典型的汽车电子电气系统如图 1-4 所示。

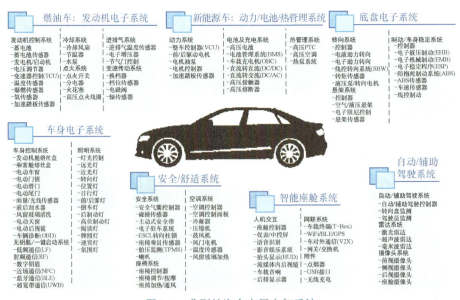

图 1-4　典型的汽车电子电气系统

按照传统功能划分，汽车电子电气系统可分为：

1）动力系统。燃油车主要包括发动机控制系统、点火系统、冷却系统、进排气系统及变速传动系统等。新能源车主要包括动力系统、电池及充电系统、热管理系统等。

2）底盘电子系统。底盘系统主要包括转向系统、悬架系统、制动/车身稳定系统等，尤其是转向及制动系统，在电气化及自动驾驶技术的推动下，未来可见的方向就是线控转向及线控制动技术，这是实现完全自动驾驶技术的一个重要基础。

3）车身电子系统。车身系统主要包括车身控制系统、无钥匙/一键启动系统及照明系统等。

4）安全/舒适系统。安全系统如安全气囊及胎压监测等，舒适系统包括座椅系统，如座椅调节、加热及空调系统等。

5）智能座舱系统。智能座舱系统主要包括座舱控制器、人机交互系统、网联系统及其他附件等。

6）自动/辅助驾驶系统。自动/辅助驾驶系统主要包括自动驾驶控制器及雷达、摄像头系统。

1.1.3 电气化的趋势

电气化（Electrification）在汽车行业已逐渐成了一种共识，电气化其实是一个很宽泛的概念，原来没有用电的地方，现在用上了电，这种技术变革都可以称之为电气化，小到座椅从手动调节到电动调节，大到整车动力系统从内燃机变成电动机驱动。

电气化将带来一系列变革，同时，这些变革又可以为下一轮变革提供基础。如动力系统从内燃机变成电动机后，系统响应速度从数百毫秒缩短到了毫秒级别，控制的精度及稳定性也得到了大幅提高。电动机控制相对内燃机也更加简单，这一切都是因为电动机的特性本质上就更适合自动控制系统，所以电动汽车更适合作为自动驾驶汽车，动力系统的电气化就为自动驾驶技术的变革提供了基础。

电气化同时还是智能化的基础。智能化的本质就是可控制、可感知、可进化，而一个纯机械系统想要实现智能化基本是不可能的。电气化是通往智能化的第一步，如通过电动机、电磁、电液、电气等电气化手段，实现了机械的控制，这个机械系统就变成了一个机电系统，下一步再通过传感器使系统可感知，通过控制器使系统可编程、可联网、可进化，这个系统就变成了一个智能化的系统。

如车辆的转向/制动系统，最初由纯机械方式实现，后来进化到了机械助力，这时它还是一个机械系统，进一步电气化就产生了电助力转向（Electric Power Steering，EPS）及电子制动，在此基础上衍生出来的方向盘驾驶感可调节及制动特性可调节就属于智能化的范畴。

车辆的电气化势必将推动汽车电子技术的发展，从动力系统到底盘系统，从车身系统到座舱及自动驾驶系统，内燃机系统变成了高压电池、电动机及控制器，收音机变成了智能座舱，人工驾驶也将从辅助驾驶发展为自动驾驶，汽车中电子设备的整车价值占比跃升了10倍以上，而这背后则是我国汽车电子市场连续十年以上的高速增长。

1.1.4 汽车电子技术的发展

广义上来讲，汽车电子按与车的关系可划分为汽车电子控制部分和车载汽车电子部分。汽车电子控制部分通常要与车上机械系统进行配合，如发动机电子控制中的电子燃油喷射系统，底盘控制中的防抱死制动系统（Antilock Braking System，ABS），以及车身电子控制中的遥控门锁系统等；而车载汽车电子部分是指在汽车环境下能够独立使用的电子装置，它和汽车本身的控制或车辆本身并无直接关系，如汽车仪表仅显示车辆的一些信息而不参与车辆的控制，又如导航系统及影音娱乐系统，它们可以看作是一种技术进行了车载应用。

1947年，贝尔实验室发明了第一只晶体管，基于半导体技术的电子工业便迎来了突飞猛进的发展，汽车的电子化进程同样受益于此。硅二极管整流器技术的成熟为1960年交流发电机的车载应用奠定了基础，有了可靠及充足的电能，汽车电子电气设备及相关技术也随之迎来了大爆发。汽车电子技术的发展历程大致可分为三个阶段：

第一阶段：20世纪50年代到70年代初期，是汽车电子控制技术发展的初级阶段。50年代初，汽车上出现了第一个电子装置——电子管收音机。随后硅二极管整流器、点火装置开始装备汽车。在这一阶段，电子闪光继电器、电子控制式喇叭、电子式间歇刮水控制器、电子点火装置等也逐步得到了应用。

第二阶段：20世纪70年代后期到20世纪末，得益于集成电路技术的发展，这一阶段汽车电子控制技术也开始迅猛发展。集成电路及微处理器在汽车上得到广泛应用。电子控制汽油喷射系统、防抱死制动系统、电控自动变速器、安全气囊系统、电子巡航系统、电子控制门锁系统、电动座椅、自动空调、自动灯光/刮水器控制系统、车辆导航系统、车辆防盗系统、影音娱乐系统、故障诊断系统等在不同车辆上得到了应用。

第三阶段，是汽车电子控制技术向智能化发展的高级阶段。自2000年以后，受益于半导体技术及电子信息技术的发展，尤其是2010年后，随着无线通信技术的普及及超大规模集成电路的大规模应用，无论从技术成熟度还是成本角度，车载应用均已具备相应条件，使得汽车电子控制技术从现代电子控制向智能化电子控制的转变成为可能，如智能座舱的语音交互系统及影音娱乐系统需要的高算力SOC，导航辅助需要的实时网络通信，以及车道保持及自适应巡航系统需要的高分辨率摄像头、车载以太网及高算力计算芯片等。

1.2 汽车电子产业链

汽车电子技术的蓬勃发展在为汽车带来不断增多的汽车电子设备的同时，也铸就了汽车电子产业链。产业链的上游主要是汽车电子元器件及零部件，如传感器、处理器、显示屏等；中游主要是以系统集成商为主，包括驾驶辅助系统、车辆控制系统等；下游主要是整车环节，以各类车企为主。

以汽车电子模块为例，一辆车有近百个各种电子控制单元（Electronic Control Unit，ECU）及电子电气零部件，涉及上百个供应商；以大众高尔夫为例，需要用到上百个供应商提供的70个电子模块，每个电子模块均包含几百到上千个电子元器件，种类可多达上百种，涉及近百家电子元器件供应商。如图1-5所示，博世作为Tier 1为OEM车企直接供应零部件，意法半导体作为Tier 2给博世供应芯片，车厂、零部件供应商、元器件供应商便一起构成了汽车电子产业链。

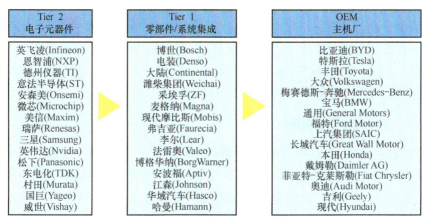

图1-5 汽车电子产业链

但实际上的汽车电子产业链远比图1-5所示更长，如图1-6所示。

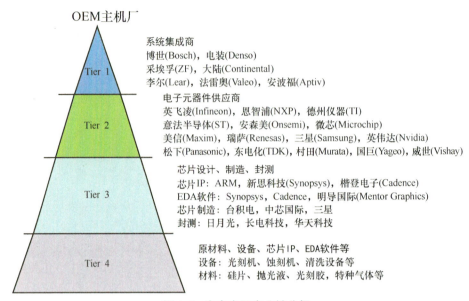

图 1-6 汽车电子产业链分级

以芯片制造为例，芯片企业作为汽车产业链中的中下游，在产业链中处于二级供应商 Tier 2 的位置，但其更上游的还有芯片设计、制造、封测企业，另外还有设备制造商，如光刻机制造商阿斯麦。此外还有芯片的 IP 供应商，如 ARM 公司，以及芯片设计辅助（即电子设计自动化，Electronics Design Automation，EDA）软件供应商等。但通常意义上来讲，人们对产业链一般仅关注到 Tier 2~Tier 3 级，如芯片，人们通常最多关注到芯片制造这一环节，如台积电作为代工厂，给各大芯片供应商进行代工生产。

OEM 对供应链的管理通常也仅专注于其直接供应商 Tier 1，但自从 2020 年后，随着疫情对汽车供应链的冲击，OEM 的供应链管理深度也逐渐延伸到了 Tier 2，也就是 OEM 直接供应商的供应商，OEM 也开始直接插手芯片采购工作，以保障自身的供应链安全。

1.2.1 汽车电子零部件

对 OEM 来讲，小到一颗不可再拆分的螺钉，一颗灯泡，大到一个由众多零部件组成的发动机或动力电池，Tier 1 供应的所有产品都可以称为零部件或零配件。而对于电子产品，OEM 通常称之为电子零部件，如一个发动机控制单元，一个车身控制器，一把遥控钥匙等。如图 1-7 所示，以电子控制模块为例，其作为一个零部件来讲，其实是由多个部件如壳体、电路板，以及数百个电子元器件如电阻、电容、芯片等组成。

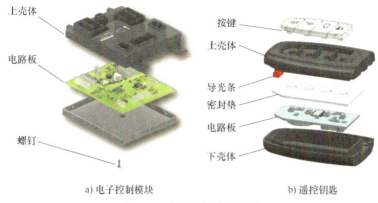

a) 电子控制模块　　　　　　　　　b) 遥控钥匙

图 1-7　电子零部件爆炸图

1. 零部件的概念

零部件这个概念其实是相对于总成来讲的。对于一个可拆分的零部件，它可以由非常多个子零部件组成，从 Tier 1 角度来讲，它是一个可以向 OEM 进行供货的总成，而从 OEM 角度来讲，这就是组成整车的一个零部件，整车才是一个总成。对于一个较大的零部件产品，业内也通常称之为总成，如发动机总成，变速器总成等。

对于汽车电子零部件，为便于生产管理及生产过程管控，如图 1-8 所示，一个总成（汽车行业内部通常称为 Assembly）通常被划分为多个子总成及零部件，子总成又可以根据生产工艺及过程被分为一级子总成和二级子总成，以及与之并列的元件。根据行业需要，在总成的基础上还产生了产品组合，类似于餐饮业的套餐概念，不同的产品种类及数量的组合就产生了不同的产品组合，行业内通常称之为 Kit，如图中的产品组合 2 中包含了 1 个总成 1 和两个总成 2。

2. 电子零部件成本构成

一个电子零部件通常由结构件及电路板组成，结构件通常包括壳体、螺钉、金属件、橡胶件、其他结构件等，电路板通常由印制电路板（Printed Circuit Board，PCB）、电子元器件、连接器等组成。除摄像头、激光雷达、显示屏等特殊电子零部件外，对大部分电子零部件来讲，电子元器件的物料清单（Bill of Material，BOM）成本占比是最大的，重要性也是最高的。而在所有的电子元器件中，除某些特定应用如电动机控制器等功率半导体器件占比最高以外，集成芯片的占比通常又是最高的。以图 1-9 电子零部件 BOM 成本占比为例，控制器整体成本中，电子元器件占比达到 80%，而在所有的电子元器件成本中，集成芯片占比又达到了 70%。

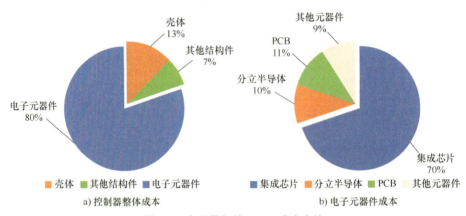

图 1-8 总成及产品组合

图 1-9 电子零部件 BOM 成本占比

3. 电子零部件系统构成

从系统构成的角度来讲，与电子零部件相关的还有一些机电件，如开关、电动机、电磁阀、熔断器（汽车行业也称保险丝或保险）、继电器等，它们通过接插件、电线等线束部分进行连接，并组成一个完整的系统。以图1-10 汽车灯光控制系统为例，其中涉及蓄电池、蓄电池电线、发动机舱电气接线盒（也称熔丝盒、电气盒、接线盒、配电盒）、车身控制器、灯光开关、雨量光线传感器、车灯（LED模组）、线束及连接器等。

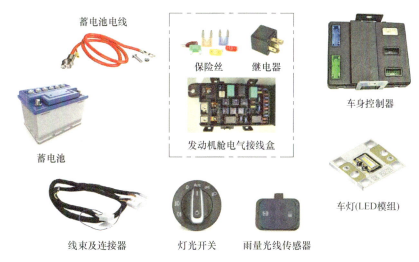

图 1-10　汽车灯光控制系统组成

4. 电子控制系统原理

图 1-10 汽车灯光控制系统还可以以系统原理框图的形式进行描述，这样更便于从系统原理角度对其进行分析。如图 1-11 所示，系统原理框图可以更清晰地展示整个系统中各部件之间的电气连接关系、电源的走向以及各部件之间的控制关系。从系统原理角度来讲，蓄电池、发动机舱电气接线盒及内部的熔断器为电子控制系统提供电力来源，同时为车辆用电提供安全保护。控制功能则由电控模块来完成，如近光灯的控制功能通常由车身控制模块（Body Control Module，BCM）来实现。BCM 会持续检测灯光开关的状态，在检测到开关闭合后，通过其内部的驱动芯片，驱动位于发动机舱接线盒内部的继电器（有的直接集成在 BCM 内部），进而继电器驱动近光灯。如果再配合雨量光线传感器，就可以实现自动灯光控制功能。同理，配合雨量光线传感器，BCM 还可以实现自动刮水功能，在检测到下雨时，自动打开刮水器对前风窗玻璃进行刮水，这个功能对于车辆经过洒水车时非常好用。

5. 汽车电子零部件行业

汽车电子行业有两个特点：一是其内部的高度封闭性，二是产品的高度定制化。汽车行业对经验及资质的要求非常高，因此消费级供应商想进入汽车行业就非常困难。行业封闭带来的结果就是供应链的格局相对稳定，技术迭代也远没有消费级那么快，一个零部件或一个芯片，经常能持续生产供货10年以上。当然，这也与汽车本身作为耐用消费品的特性有关，一个车型的生命周期通常为5~8年以上，持续迭代时间可能长达十几年甚至几十年。

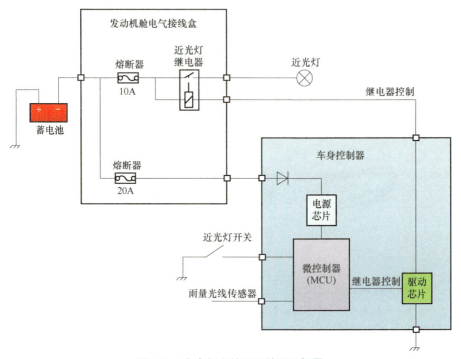

图1-11　汽车灯光控制系统原理框图

汽车电子行业的另一个特点是产品的高度定制化。不同于消费领域或工业领域，如消费级的手机或工业用的变频器，它们都是标准品。标准品就意味着供应商仅提供几种有限的产品供客户选择。而汽车电子产品因外观、安装及功能的差异化要求，OEM通常采用定制化设计方案。最典型的如遥控钥匙和车灯，不同OEM的遥控钥匙一定是不同的，而且几乎不可能看到两种不同的车型用同一种外观的车灯；对于光源为发光二极管（Light Emitting Diode，LED）类型的车灯，不同的外观通常又带来其内部电子设计的定制化。

而对于电子模块，除一些专门用途的产品，如智能电池传感器（Intelligent Battery Sensor，IBS）、发动机控制、安全气囊控制、ABS等可以作为标准品（硬件标准化，软件还需要定制化及专门的标定）外，多数电子模块往往由于OEM对功能定义的差异化，导致其必须采用定制化的设计方案，如网关、仪表、中控、车身控制、电源分配控制等。

汽车电子模块的高度定制化是由汽车的产品特性决定的，OEM为追求自身产品的差异化，最简单的方式就是设计上的定制化，而非采用标准化产品；加上汽车本身的高价值及较高销量的特点，也为高成本的定制化设计提供了支撑。另外，每家OEM的要求都不一样，进而导致每家的产品都不通用，这也造成了汽车电子行业的很多产品几乎没有标准化解决方案。曾经某个国内大型通信电子公司曾试图为汽车行业提供全套标准化解决方案，后来发现难度极大；在认识到此路不通后，才转而与特定OEM进行深度合作，也就是进行定制化开发。因为从某种意义上来讲，OEM的灵魂就是根据自己对产品的定位对产品进行高度定制化，所以才会有国内一大型乘用车OEM认为接受了Tier 1的整体解决方案后就是失去了"灵魂"，而OEM则成了"躯体"，这是不能接受的。此论点一出，舆论哗然，此事后来被媒体称为"灵魂论"。从本质上来讲，定制化是由其行业特点决定的，所以对于想进入汽车电子行业的人来讲，必须认识并深刻理解这种高度定制化的行业特点。

在汽车行业，电子零部件开发通常采用的做法是OEM在体系内找多个Tier 1进行招标，Tier 1再根据需求进行软硬件开发，一个新产品开发通常需要2~3年。一辆车通常需要50个以上的电子模块，每个模块的开发成本可高达千万元人民币，如果一款新车需要每个模块全部进行定制化开发，成本之高可想而知。另外，乘用车行业通常采用付费开发模式，而商用车的零部件开发费用则较低或者没有，产品的模具费用通常采用均摊的方式，即按照约定好的时间及产品供货数量进行成本均摊。商用车与乘用车开发模式的差异在很大程度上是因为产量原因，商用车整体产量较乘用车要小得多。以2021年为例，全国乘用车产量达2600多万辆，而商用车不到500万辆。基于这种差异，商用车的技术迭代速度较乘用车也要慢一些，新技术用于商用车的时间通常较乘用车要慢3~5年，甚至更久。如目前乘用车已广泛应用一键启动技术，而该技术在商用车上的装车率却极低，当然这与商用车作为生产资料的属性定位也有一定关系。

1.2.2 汽车电子元器件

对大多数汽车电子零部件来讲，芯片及电子元器件是其最主要也是价值最高的组成部分。汽车电子委员会（Automotive Electronics Council，AEC）元器件技术委员会（Component Technical Committee，CTC）的分类标准见表1-3。电子元器件通常被分为三种：集成芯片、分立半导体、被动器件。目前常见的摄像头模组、显示屏等，通常被认为是电子零部件的一个子总成，而非一个元器件，且目前AEC并未将其纳入标准；虽然从某种意义上来讲，这些零部件也类似于一个机电混合模块。

表 1-3　电子元器件的分类

类别	类型	芯片 / 元器件
集成芯片	逻辑芯片	逻辑门、移位寄存器、触发器、锁存器、电平转换、缓冲器、驱动器
	功能类芯片	CAN/LIN/WiFi/ 蓝牙 /USB/NFC/ 射频等通信芯片，音视频解码芯片、音频放大芯片、时钟芯片、数 - 模 / 模 - 数转换芯片、电压基准芯片、比较器、运算放大器
	驱动类芯片	LED 驱动、电动机驱动、电磁阀驱动、高低侧开关、栅极驱动器
	电源类芯片	线性稳压电源、升降压开关稳压电源、电池管理、SBC、PMIC
	存储芯片	EEPROM、Flash、eMMC、DDR、SSD
	传感器（包括 MEMS）	温度、电流、电压、压力、光学、磁场、超声波、毫米波、液体、气体、位置、速度、加速度等
	控制器及处理器	微控制器、处理器
	多芯片模块（MCM）	可以直接焊接在 PCB 上的模块，但目前还不包含功率多芯片模块（如 Power MCMs），如 IGBT/SiC 模组等
分立半导体	管子类	MOSFET、IGBT、二极管、晶体管、稳压二极管、TVS、晶闸管等
	光电类	LED，光电二极管，光电晶体管，激光器件
被动器件	电阻类	碳膜电阻、金属膜电阻、金属氧化物电阻、绕线电阻、热敏电阻、可调电阻、压敏电阻
	电容类	钽电容、铌电容、陶瓷电容、铝电解电容、薄膜电容
	电感类	电感、变压器
	其他	石英晶体、陶瓷振荡器、铁氧体磁珠、EMI 滤波器、聚合物可恢复熔断器等

　　汽车电子元器件之所以被冠以"汽车"二字，是因为随着汽车行业的发展，电子元器件的整车占比及重要性日益提高，汽车电子便逐渐崛起，成为与消费、通信、计算机、工业电子并列的又一个细分电子领域。同时，由汽车行业共同努力与 AEC 组织协作制定的 AEC 标准，在其中也起到了关键作用。

1. 市场格局

　　如图 1-12 所示，目前从整个半导体产业链来看，车载应用的半导体占比还是很低的，与消费级、工业级处于同一个水平，都是12%，但远低于计算机及通信领域。但是，如果以面向未来的视角来看这个问题，随着自动驾驶技术及车辆电气化的发展，半导体器件整车价值占比在快速提高，汽车行业已经超过计算机和通信，成为电子系统增长最快的领域，未来半导体的整车成本占比预计可以达到50%以上。

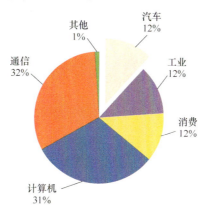

图1-12　2018年全球半导体市场格局（数据来源：世界半导体贸易统计组织）

汽车电子元器件，尤其是半导体器件的市场集中度很高。在2019年，英飞凌收购了赛普拉斯，一跃成为车用半导体企业的龙头。但从历史数据来看，各供应商市场份额排名基本稳定。表1-4为2019年汽车半导体市场格局。

表1-4　2019年汽车半导体市场格局（数据来源：HIS Markit）

排名	公司	营业额/百万美元	市场份额
1	恩智浦（NXP）	4507	10.8%
2	英飞凌（Infineon）	4119	9.9%
3	瑞萨（Renesas）	3353	8.1%
4	德州仪器（TI）	3040	7.3%
5	意法半导体（ST）	2875	6.9%
6	博世（Bosch）	2059	5.0%
7	安森美（Onsemi）	1782	4.3%
8	美光（Micron）	1574	3.8%
9	微芯（Microchip）	1144	2.8%
10	罗姆（ROHM）	1057	2.5%
	合计		61.4%

从表 1-4 排名可以看出，前 10 名公司的市场份额合计占比超过 60%。只要提及做汽车电子零部件的公司，几乎无法绕开 NXP、Infineon、TI 或 ST 这些品牌。因为汽车电子零部件对高可靠性及耐久性的要求，汽车电子元器件行业的门槛较其他行业要高得多，进入难度更是非常之高，这也进一步导致了汽车半导体市场格局的稳固。还有一点就是，汽车电子元器件巨头几乎都是欧美公司，且每个公司基本都有其专长的领域，如恩智浦的单片机（也称微处理器，MicroController Unit，MCU），英飞凌的功率器件，德州仪器的电源芯片，美光的存储芯片。这会导致两个后果：一是方案的唯一性，也就是方案确定后很难更改，元器件不好替换或替换成本很高；二是在供应链安全背景下的国产化难度很大。

2. 消费级与车规级器件

"车规级"这个词走进大众视野，可能与两个因素密切相关。一是随着乘用车高级辅助驾驶技术的推广，公众对车辆的安全性有了更高的要求，而"车规级"这个词听起来很专业，它可以作为高可靠性的一个代名词；另一个因素就是疫情后汽车供应链暴露出来的安全性问题，芯片国产化被提到了一个前所未有的高度，而国产芯片实现车载应用所面临的第一道门槛就是车规级认证。"车规级"这个原本仅局限于汽车行业内部的词，现在正从行业内部走向全社会。OEM 宣称其采用了车规级产品时，即可以向公众展示其车辆的安全性，同时也提高了产品的差异化竞争能力；消费者则希望买得安心、用得放心，这是一个双赢的选择。

通常在提及车规级时，为便于理解，参照的多是消费级。表 1-5 从环境温度、使用寿命、失效率、产品持续供货时间四个维度对消费电子和汽车电子进行了对比，其核心仍然是器件在生命周期内的高可靠性。

表 1-5 消费级与车规级电子元器件的对比

等级	消费级①	车规级
工作环境温度	0~+45℃	-40~+85℃，最高 +150℃
寿命	2~3 年	10 年以上
失效率	300ppm	0ppm
持续供货时间	2~3 年	15~20 年

① 工作环境温度范围按行业应用通常分为军用、汽车、工业、商用共四个等级，商用级产品工作环境温度范围通常为 0~70℃。消费级属于商用级但低于商用级，如手机的安全工作环境温度范围通常为 0~35℃。

工作环境温度比较好理解，如常用的手机，温度过高或过低都将导致设备无法正常工作，需要等待设备温度恢复到正常温度后才能继续使用，其根本原因就是设备本身设计的工作环境温度范围，通常也是人类感觉较为舒适的温度范围，这是一种结合应用场景及成本的均衡设计。如图 1-13 所示，环境温度过高或者过低都可能导致手机无法正常工作，如高温通常会导致手机功能受限，而低温则通常会影响手机电池的充放电性能，如无法充电。而车辆的应用场景则覆盖了从极地到沙漠，从极低环境温度到极高环境温度这两个极端，所以汽车电子元器件的工作环境温度范围必须非常宽，工作环境温度范围是对汽车电子性能的一个基础要求。

图 1-13　消费类电子产品的工作环境温度

寿命和失效率也比较好理解，通常寿命短的产品，其失效率也往往比较高。而失效率，或者说故障率，通常采用的衡量指标是每百万缺陷产品数 (dppm 或 ppm)。失效率数据又可以被分成几种类型，比如新产品的故障率（零时间故障率，Zero-Time Failure Rate），售后 1 个月、6 个月、1 年的故障率等。消费类电子产品随着使用时间的推移，数据差异极大，但也符合典型的浴盆曲线。也就是说新设备故障率会很高，后面会稳定一段时间，而在使用一段时间如一年后，设备的故障率会再次上升。消费类电子产品 2 年后的故障率通常能达到百分之几甚至百分之十几以上，也就是几万 ppm，当然这其中也包含了人为原因造成的故障。而对于汽车电子零部件，通常新车的故障率称为零公里故障率，一般要求为 10ppm 以内，12 个月故障率要求为 50ppm 以内，乘用车的要求通常比商用车要更高一些。

基于这些相差近万倍的产品级故障率的差异，体现在电子元器件层面，消费级和车规级器件的故障率也相差极大。如消费级器件通常为几百个 ppm，而车规级电子元器件要求达到 0ppm，也就是通常讲的零故障率（Zero Defect），这也体现在了 AEC-Q004 汽车零缺陷指导原则（Automotive Zero Defects Framework）中。这里说的零故障率其实并不是真正做到零，而是说故障率已经可以降到一个很低的水平，如 0.1ppm 以下。

以表 1-6 某车规级 CAN 收发器芯片可靠性数据为例，器件的时基故障值（Failure In Time，FIT）均不大于 10，参考表 1-2 中的数据，乘用车 15 年总运行时间约为 1 万 h，以常见的 SOIC 封装为例，FIT 值为 10，那么这个器件的零时间故障率大概为 0.1ppm 以下，12 个月故障率为 7.3ppm，整车生命周期的故障率为 109.5ppm。FIT 值与 PPM 的具体定义及计算方法参见本书 1.4.1 节。

表 1-6　某车规级 CAN 收发器芯片可靠性数据（基于 FIT 值）

FIT 值[①]类型	FIT 值 （8-Pin SOIC 封装）	FIT 值 （8-Pin VSON 封装）	FIT 值 （8-Pin SOT 封装）
器件总 FIT 值	10	7	5
裸片（Die）	3	3	3
封装（Package）	7	4	2

① FIT 值常用于衡量一个产品在规定时间内的故障率，单位为 FIT，定义是在 10^9h 内，所有样品数出现的故障总次数，一次故障为 1 FIT，1 FIT=10^{-9}h^{-1}。对单个器件来讲，1 FIT 意味着每工作 10 亿 h，发生故障次数为 1 次。

另外，还有一个很重要的维度很容易被忽略，那就是持续供货时间。人们通常只关注与自己直接相关的事情，不会去进行更深层的探究，而电子元器件的持续供货时间就是隐藏在产品寿命背后的一个重要维度。车辆作为一种耐用消费品，其使用寿命极长，所以产业链相关的零部件及元器件的持续供货时间也就相应的要比消费级长得多。举例来讲，超过 3 年的一部手机如果损坏后可能是无法维修的，因为很可能需要更换的那个电子零件已经停产了。消费类电子产品的更新换代时间极快，通常 3 年时间就差了一代，相应的电子元器件无论是新产品或是售后可能都已经不用了，所以消费级电子元器件的持续供货时间通常也就在 3 年左右。

而车规级汽车元器件的持续供货时间通常能达到 15 年甚至 20 年以上，这一方面是因为汽车本身的使用寿命极长，所以售后就要求相应的配件必须能够保障长时间持续供货，另一方面是汽车电子本身的技术迭代速度较慢，车型的迭代速度也比较慢，通常一款车型的生命周期都在 5 年以上，有很多车型甚至超过了半个世纪。如大众甲壳虫车型，从 1938 年推出，一直生产到 2019 年才彻底停产，中间历经了三代车型，持续生产时间超过了 80 年。

汽车的长使用寿命及车型的长生命周期自然带来了汽车电子元器件极长的持续供货周期，如汽车半导体芯片供应商德州仪器承诺，TI 的产品生命周期通常为 10~15 年，并且通常可以延长供货时间。另外，在 64 位处理器已经普遍应用的今天，汽车上还在大量使用 8 位及 16 位微控制器芯片，而很多芯片型号可能已经持续生产超过 20 年以上，这在消费领域则是很难见到的。以表 1-7 为例，某款 CAN 收发器的发布时间是 2008 年，持续供货年限为 15 年，且到期后还可以继续延长，这就保证了 Tier 1 可以持续采购到这种芯片，进而保持对 OEM 的长时间供货能力。

表 1-7　某芯片制造商车规级芯片的长周期供货计划

芯片类型	发布日期	供货年限 / 年	截止时间	是否可继续延长
某传感器	2011 年 11 月	15	2026 年 11 月	否
某 CAN 收发器	2008 年 12 月	15	2033 年 12 月	是
某处理器	2008 年 10 月	15	2022 年 10 月	是
某微控制器	2014 年 4 月	15	2033 年 3 月	是

1.3　车规级芯片及元器件

创建于 20 世纪 90 年代的 AEC 组织制定的一系列针对电子元器件的测试标准，目前已经成为事实上的、行业公认的一种资质，或者说是门槛，电子元器件车载应用的前提就是取得这种资质。AEC 组织制定这些标准的初衷是为了推动汽车用电子器件的通用化，且组织最初的建立主要是由 OEM 而非 Tier 1 来推动的。AEC 组织及其制定的标准极大地促进了汽车电子器件的资格通用化，降低了零部件公司及 OEM 的器件选择、使用及变更成本，极大地提高了电子零部件及车辆的可靠性，提高了电子器件的通用化水平。

对于汽车电子产品来讲，AEC 标准几乎覆盖了全部的电子元器件，但有些部件依然不在 AEC-Q 范围内，如纯机械结构类的开关、连接器、电线、PCB 等，机电器件如电动机、电磁阀、继电器等，这些产品都有其相应的行业标准，在此略过。AEC 标准及其范围见表 1-8。

表 1-8 AEC 标准及其范围

标准	标准名称	标准范围
AEC-Q100	集成电路的应力测试标准	集成芯片
AEC-Q101	分立半导体元件的应力测试标准	分立半导体，如 MOS、IGBT、二极管、晶体管、稳压二极管、TVS、晶闸管等
AEC-Q102	汽车应用的光电半导体应力测试标准	光电半导体，如 LED、光电二极管、光电晶体管、激光器件
AEC-Q103	汽车应用的 MEMS 传感器应力测试标准	MEMS 压力传感器，如胎压传感器（其他 MEMS 传感器属于 AEC-Q100 范围），还有 MEMS 麦克风
AEC-Q104	汽车应用的多芯片模块（MCM）应力测试标准	多芯片模组，可以直接焊接在 PCB 上，目前还不包含 Power MCMs（如 IGBT/SiC 模组）
AEC-Q200	被动器件的应力测试标准	被动器件，如电阻、电容、电感、变压器、压敏电阻、热敏电阻、聚合物可恢复熔断器、晶体等

1.3.1 车规级的定义

通常所说的车规级（Automotive Grade）实际上仅限于电子元器件，也就是 AEC 标准规定范围内的器件。在这个范围内，元器件通过了相应的测试项目，元器件生产商就可以在器件的手册上声称器件通过相应等级的车规级（AEC-Q***Qualified），可以用于车载应用（Automotive Application），如芯片，按照 AEC 标准隶属于 AEC-Q100，则芯片手册（Datasheet）上就可以注明"AEC-Q100 Qualified"。另外，对于芯片类电子元器件，AEC 标准还规定了应用温度范围，所以芯片手册通常也会注明其达到了哪个温度范围等级。

AEC-Q100 对芯片工作环境温度范围的规定见表 1-9，分为 4 个等级，最高等级 0 对应的工作环境温度范围为 –40~150℃，可以用于任何车载应用，如发动机舱等高温区域，而最低等级 3 高温则只允许 85℃，可以用于驾驶舱的多数应用。

表1-9 AEC-Q100对芯片工作温度范围的规定

等级	工作环境温度范围
0	-40~150℃
1	-40~125℃
2	-40~105℃
3	-40~85℃

以TI的一个电源芯片的芯片手册为例，车规级芯片手册如图1-14所示。

TPS54560-Q1 4.5-V to 60-V Input, 5-A, Step

1 特性

- 符合汽车应用认证
- 符合AEC-Q100如下认证结果：
    - 器件温度等级 等级1：-40~125°C 操作环境温度范围
    - 器件HBM ESD 等级 Level H1C
    - 器件CDM ESD 等级 Level C3B

图1-14 车规级芯片手册（来源：TI）

芯片手册一开头就明确了其符合车载应用要求（Qualified for Automotive Applications），同时也给出了以下信息：

1）通过AEC-Q100认证测试（AEC-Q100 Qualified）。

2）温度范围为等级1（Temperature Grade 1）：-40~125°C。

3）人体模型（Human Body Model，HBM）静电放电（Electro-Static Discharge，ESD）等级为H1C。

4）带电装置模型（Charged Device Model，CDM）ESD等级为C3B。

同时AEC标准还是一个仍在不断进化的标准。AEC-Q100各标准的发布时间见表1-10，AEC-Q100、AEC-Q101和AEC-Q200这三个标准是最早制订的，也是最常被引用的。AEC-Q100于1994年最先发布，其后一直在不断地更新，现在的Rev H版本发布于2014年，而AEC-Q101则在2021年刚更新了Rev E版本，可以说非常的"与时俱进"了。在AEC网站的"文档"页面列出了 37 个标准和子标准，其中七个被列为"新（New）"或"初始版本（Initial Release）"。所以说 AEC-Q 标准是在不断进化的标准，特别是随着车辆电动化和自动驾驶等新技术的发展，AEC-Q 标准还将保持这种持续更新的状态，以适应新技术和应用的需求。如专门为光电半导体制定的标准 AEC-Q102，Rev A 版本发布于 2020 年，而自动驾驶技术需要用到的激光雷达，其核心便是激光器和光电探测器，这两种器件就涵盖在 AEC-Q102 范围内。

表 1-10　AEC-Q100 各标准的发布时间

标准	标准名称	主版本	发布时间
AEC-Q100	集成电路的应力测试标准	Rev H	2014.09.11
AEC-Q101	分立半导体元件的应力测试标准	Rev E	2021.03.01
AEC-Q102	汽车应用的光电半导体应力测试标准	Rev A	2020.04.06
AEC-Q103	汽车应用的 MEMS 传感器应力测试标准	初版	2019.03.01
AEC-Q104	汽车应用的多芯片模块（MCM）应力测试标准	初版	2017.09.14
AEC-Q200	被动器件的应力测试标准	Rev D	2010.06.01

AEC 标准基本涵盖了所有的汽车电子元器件，但通常来讲，标准一般是滞后于技术发展的。如 2017 年发布的多芯片模块（Multichip Modules，MCM）标准 AEC-Q104，其已经涵盖了目前车联网常用的无线通信模组，如图 1-15 所示。但 AEC-Q104 目前还尚未涵盖功率模组（Power MCMs），如 IGBT⊖ 模组和 SiC MOSFET⊖ 模组，而这些模组随着车辆电动化技术的发展，目前已经被大量应用在了电动车及混动车上。

 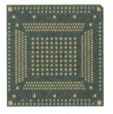 

a) 多芯片模块　　　　　b) 无线通信模组　　　　c) 功率MOSFET模组

图 1-15　多芯片模组

⊖　IGBT 为绝缘栅双极型晶体管（Insulated Gate Bipolar Transistor，IGBT）的英文缩写。
⊖　SiC 为碳化硅的化学式，MOSFET 为金属氧化物半导体场效应晶体管（Metal-Oxide-Semiconductor Field-Effect Transistor，MOSFET）的英文缩写。

1.3.2 车规级的特点

相较于非车规级，除之前介绍过的行业门槛高、可靠性高、失效率低等特点外，车规级电子元器件还具有以下明显的特点：

1）新器件测试认证时间长，测试要求高、难度大。

2）生产要求高，需要专门产线进行生产，产线需要符合 IATF 16949 认证。

3）持续供货时间长，通常在 10 年以上。

4）器件变更后需要重新认证，无论是工艺、原材料或产地变更。

5）交付周期较长，通常为 6~8 周以上。

6）价格较高，通常车规级器件较非车规级要贵一些。

车规级器件的这些特点与其应用紧密相关。如故障率及可靠性要求与汽车本身对可靠性及安全性的要求紧密相关，而对器件的高可靠性要求最直接的体现就是新器件必须通过严苛的 AEC 标准测试，就是常说的车规级认证（AEC Qualified），通过测试后器件制造商才可以宣称其获得了 AEC 资格认证。AEC 资格认证测试项目很多，耗时也很长，费用也很高，这就又间接地提高了行业的进入门槛。

另外，因为车规级器件的持续供货时间很长，这就意味着器件本身的生命周期也很长。在这么长的生命周期内，器件不可避免地会因为设计、材料、工艺、产地等改变带来一系列的变更，而根据 AEC 标准要求，如果器件发生了变更，那么就需要重新进行认证测试。针对器件变更测试，AEC 标准有以下规定。

1）有变化就需要重新进行认证，无论是产品本身还是生产工艺变化。

2）供应商的变更需要满足客户使用需求。

3）即使最微小的变更，也需要根据标准规定进行相应的认证测试。

4）如果测试失败，必须找到根本原因（Root Cause），并在执行了相应的纠正和预防措施的情况下，器件才可以被认为具备了再次进行 AEC-Q 认证的条件。

以表 1-11 中 AEC-Q100 对芯片变更流程的部分规定为例，如果芯片的制造场所发生了变化，如原来芯片在马来西亚生产，后来转产到了中国，那么这个芯片就需要重新进行认证测试。需要进行的测试项目有高加速应力、可焊接性、静电放电等，共计 21 项，测试全部通过后，这个芯片才可以继续向 Tier 1 进行供货。

表 1-11　AEC-Q100 对芯片变更流程的部分规定

变更类型	测试项目 1	测试项目 2	测试项目 3	测试项目共计
晶圆尺寸	高温工作寿命	早期寿命失效率	温度循环（针对厚度改变）	11 项
制造场所	高加速应力	可焊接性	静电放电	21 项
邦线	高温贮藏寿命	邦线剪切	邦线拉力	9 项
塑封工艺	可焊接性	物理尺寸	引脚完整性	10 项
封装场所	温度循环	邦线拉力	电分配	17 项

而器件采购的交货周期（Leadtime）则与汽车行业的特点有关，因为汽车产业链很长，OEM 通常需要提前制定好车辆的生产计划，Tier 1 根据 OEM 的生产计划，提前向 Tier 2 下单进行物料采购，Tier 2 再根据各 Tier 1 的订货情况安排电子元器件的生产计划，产业链就这样一级级的将生产需求分解并传导下去，最终才能保证车辆按期生产，任一环节出现问题都可能导致 OEM 停线，而停线在汽车行业是一件极其严重的事情。

所有以上关于车规级器件的特点，无论是器件的高可靠性、车规级认证、还是长时间持续供货及变更测试，所有因此额外带来的成本提高，其实最终都会体现在器件的价格上，简单来说就是车规级电子元器件价格相对更高。根据不同器件类型、不同供应商或不同的采购渠道，价格差异较大，但通常来讲，车规级电子器件价格比非车规级要高 30% 左右。

1.4　汽车电子可靠性概论

1.4.1　可靠性理论

人们很早就意识到了可靠性是一个重要因素，第一个可靠性模型可能是沃纳·冯·布劳恩在第二次世界大战期间领导 V1 火箭项目时开发的，可靠性研究最早也起源于军事领域。通常来讲，狭义的可靠性可以定义为：一个物品/产品在特定时间内、特定使用条件下，可以实现其预期功能的概率。如图 1-16a 所示，对于简单的产品，如一个简单设备，一台计算机等，这个可靠性定义都可以适用；但如果对于一个复杂系统，如一辆汽车，这个定义可能就不太适用了，就需要从系统工程的角度考虑，如图 1-16b 所示，系统工程的相关因素有时间、成本、功能及市场等。

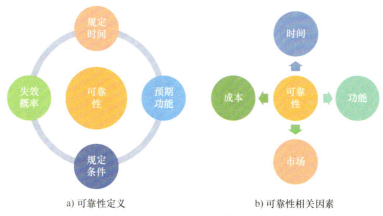

a) 可靠性定义　　　　　b) 可靠性相关因素

图 1-16　可靠性定义与可靠性相关因素

从工程角度来讲，可靠性是一个由概率和统计学组成的数学问题，概率参数包括随机变量、密度函数和分布函数等，而通常意义上的可靠性研究，比较适合采用离散变量和连续随机变量来度量一个产品的可靠性。如前文提到的车辆的 12 个月故障率就属于离散变量，它关注的是在给定的一段时间内的故障数，常用 dppm 或 ppm 来衡量；而连续随机变量关注的则是故障的时间维度，如从车辆售出开始计算，到第一次出现某个故障的时间，或两次故障之间的间隔时间，可以采用 FIT 值来衡量，这是两种不同的分析方法，而在汽车行业，这两种分析方法都在使用。如 OEM 通常用 ppm 来要求及衡量 Tier 1 供应的零部件的可靠性，而 Tier 2 则可以使用元器件的 FIT 值来获得零部件的 ppm 值。除 ppm 值和 FIT 值以外，故障间隔平均失效间隔时间（MTBF）值也经常用来对产品的可靠性进行度量。

1. 每百万缺陷产品数的定义

每百万缺陷产品数也称每百万发货量次品数。产品的故障率计算公式为

$$DPPM = \frac{m}{n} \times 10^6 \qquad (1\text{-}1)$$

式中，DPPM 为故障率 / 不良率，单位为 dppm；m 为故障样品数量，单位为个；n 为总样品数量，单位为个。

根据式（1-1），假设一百万个样品中，有一个故障样品，此批样品的故障率则为 1dppm。

另外还有用直接用 ppm 表示不良率的方法，计算方式同 dppm 一样，且 ppm 使用起来更为简单，使用也更为广泛，多数场景下 ppm 和 dppm 具有同样的意义，可以进行互换。

2. 时基故障的定义

时基故障（Failure In Time，FIT）即每工作 10 亿 h 发生故障的样品数。产品的 FIT 值计算公式为

$$\text{FIT} = \frac{m}{nt} \times 10^9 \tag{1-2}$$

式中，FIT 为时基故障，单位为 FIT；m 为故障次数，单位为次；t 为故障前运行时间，单位为 h；n 为总样品数量，单位为个。

根据式（1-2），1FIT 表示产品的时基故障为每工作 10 亿 h，有 1 个产品发生故障，所以 $1\text{FIT}=1 \times 10^{-9}/\text{h}$。

3. 平均失效间隔时间的定义

平均失效间隔时间（Mean Time Between Failure，MTBF）即相继发生故障之间的平均时间。产品的 MTBF 值计算公式为

$$\text{MTBF} = \frac{nt}{m} \tag{1-3}$$

式中，MTBF 为平均失效间隔时间，单位为 h；m 为故障次数，单位为次；t 为故障前运行时间，单位为 h；n 为总样品数量，单位为个。

MTBF 是相继发生故障之间的平均时间，通常用于可修复系统，它其实是故障间的平均正常运行时间。

例如，假设有 30 台设备一起运行，在这期间共观察到 10 次故障，且每次故障均被修复，到最后一次设备发生故障，这期间设备总运行时间为 1025h，那么设备的 MTBF 值为

$$\text{MTBF} = \frac{nt}{m} = \frac{30 \times 1025}{10} \text{h} = 3075\text{h} \tag{1-4}$$

另外，DPPM 和 FIT、FIT 和 MTBF 之间可以直接相互转换，转化关系为

$$\text{DPPM} = \frac{\text{FIT}t}{1000} \tag{1-5}$$

$$\text{MTBF} = \frac{10^9}{\text{FIT}} \tag{1-6}$$

举例来讲，如果一个芯片的 FIT 值为 10，假设故障前运行时间为 5h（假设是零公里故障），那么零公里故障率为

$$\text{DPPM} = \frac{\text{FIT}t}{1000} = \frac{10 \times 5}{1000} = 0.05 \tag{1-7}$$

如果要计算 12 个月故障率，结合表 1-2 给出的乘用车平均运行时间数据为每天 2h，则 12 个月运行时间共计 730h，那么 12 个月故障

率为

$$\text{DPPM} = \frac{\text{FIT}t}{1000} = \frac{10 \times 730}{1000} = 7.3 \quad (1\text{-}8)$$

整车生命周期15年的故障率，按10950h的总运行时间则可以得出为109.5dppm。

除MTBF外，还有两种维度用来度量可修复系统，一个是平均维护间隔时间（Mean Time Between Maintenance，MTBM），即相继发生的两次维护之间的平均时间；另一个是平均修复间隔时间（Mean Time To Repair，MTTR），即相继发生的两次修复之间的平均时间。MTTR值的定义及计算方式可参考MTBF。

除MTBF外，还有一种维度用来度量可修复系统中的不可修复部件，如铅酸蓄电池、灯泡、熔断器等，那就是平均拆换间隔时间（Mean Time Between Removals，MTBR），即相继发生的两次拆换之间的平均时间；MTBR的定义为系统的生命周期除以不可修复部件的发生拆换的总次数，如车用铅酸蓄电池，如果整车生命周期为15年，一共拆换了3次蓄电池，那么用15除以3就可以得到蓄电池的MTBR为5年。

可修复系统的可用度 A_i 计算公式为

$$A_i = \frac{\text{MTBF}}{\text{MTBF} + \text{MTTR}} \quad (1\text{-}9)$$

式中，A_i 为系统可用度，百分比形式，无单位；MTBF为平均失效间隔时间，单位为h；MTTR为平均维修间隔时间，单位为h。

举例来讲，如果一个系统的MTBF为100h，MTTR为0.5h，那么系统可用度为

$$A_i = \frac{100}{100 + 0.5} = 99.5\% \quad (1\text{-}10)$$

4. 平均失效时间定义

而对于不可修复系统，通常使用平均失效时间（Mean Time To Failure，MTTF）来表示，是相继发生的失效之间的平均时间。对单个产品来讲，MTTF也就是其平均寿命，即产品发生失效前的平均工作时间。MTTF的公式定义较为复杂，在此略过，但计算方式可参考MTBF。

1.4.2 汽车的可靠性

对于汽车行业来讲，整车的可靠性实际上是一个系统工程，需要同时考

虑功能、时间、成本、客户满意度、市场等多方面的因素。汽车作为一种大众消费品，最终整车的可靠性是在功能、上市时间、市场、客户满意度等多重因素均衡下的结果。但作为消费品，无论是站在OEM角度，还是用户角度，其核心一定是成本。如果OEM为了提高可靠性而减少车辆的功能，客户满意度就会下降；如果OEM为提高可靠性而增加成本，就会损失利润；如果OEM为新车增加测试时间，上市时间就会延长，这会损失市场；如果为了提高可靠性而让客户更频繁的进行车辆维护，就会提高客户的使用成本，并降低客户的满意度。

对于大多数产品来讲，可靠性其实涉及四个方面：设计者、生产者、使用者和维护者。汽车作为一个消费品，同时也是一个典型的可维护系统，车辆的维护在整车生命周期内也同样发挥着重要的作用。从成本角度来讲，OEM需要在整车生命周期内平衡可靠性和可维护性之间的关系，而不仅仅是从客户购置成本考虑。好的设计可以在二者之间找到一个平衡点，在很好的平衡购买成本和维护成本的同时，达到一个较好的客户满意度。

汽车零部件中有许多易损件，如制动片和轮胎，通常需要根据行驶里程及时间定期更换，这个更换的时间及更换的成本就是考虑了车辆的购置成本及整车生命周期内的维护成本，同时也考虑了客户满意度。OEM当然可以设计一种能用更长时间的制动片，如维护时间由3年延长到5年，这无疑会增加制动系统的成本，并因此提高车辆的购置成本，但用户却不一定会为更耐用的制动片而付费，因为用户通常认为3年更换制动片和5年差异不大，延长的两年使用时间并没有产生实际价值。相反，如果OEM可以提供制动距离更短的制动系统，因此增加的成本用户反而会为此买单，但这就不属于可靠性的范畴，而是一个具体的功能或性能参数。

1. 可维护性系统

对于可维护性系统，可靠性和可维护性共同决定了系统内在的可用性，可靠性和可维护性同样重要，在设计时必须进行综合考量。可靠性是为了让系统在进行下次维护之前能够保持可靠，使系统维持在可用状态；可维护性是为了维持系统在整个生命周期内的可靠性，在系统的可靠性降低或对系统的可用性造成危害前，通过维护使系统恢复并继续保持其可靠性，进而维持系统的可用状态。

对大多数汽车用户来讲，可维护性可能更加重要一点，因为如果定期维护可以将系统故障降低在足够低的水平，也就是说，将系统的维护频率降低到不至于烦人的地步，可维护性带来的可靠性就意味着使用成本的降低。如燃油车的发动机系统，只要定期维护保养，如一年一次的更换机油、机滤，便足以维持其可靠性。从整车生命周期维度来讲，这种可维护性是比更换发动机或制造一种能用15年的发动机成本更低的系统设计，它同时降低了客户的购置成本和使用成本，所以这是一种较好的系统设计。

可维护性设计主要考虑三点：一是维护周期，不能太频繁地需要维护，这将会导致客户抱怨，这种需要频繁维护的状态就变成了故障；二是维护成本，成本不能太高，如纯电动车的动力电池，如果动力电池的寿命不足以支撑车辆的整个生命周期，且更换成本很高，用户就可能被迫忍受这种续驶能力降级，或者只能将车卖掉，而不是考虑更换动力电池，这种维护就会变得没有意义，这实际上就是变相提高了客户的购置及使用成本；三是维护时间，不能耗时很长，如车辆的保养如果需要几天甚至一周时间，那么同样也会导致客户抱怨，因为维护时间从某种意义上来讲也是使用成本。

从车辆的易损件，如火花塞、制动片、轮胎、蓄电池、空调滤芯、机油滤芯等，到车辆的发动机、车身及内外饰，实际上都属于可维护系统范畴。这里的可维护系统实际上可以分为三类：一类是需要定期维护的系统，如发动机、制动、空调系统，即使没有明显故障，也需要定期维护，更换机油、制动液、滤芯等，以维持系统的可靠性；第二类是出现故障后才需要进行更换的部件，如熔断器、灯泡等，如果没有故障就不需要进行更换，可以继续使用，也无须维护；最后一类是出现损坏后才需要进行维修的部件，如轮胎被扎破、车漆破损或车身钣金因事故导致变形等，这时候需要进行的是维修，而不是更换，这种可维护性大幅降低了用车成本。试想一下，如果轮胎扎破就需要更换一个新轮胎，那用车成本就会大幅上升，毕竟每年补几次胎都是正常的，而每年换几次轮胎用户可就无法忍受了。

2. 不可维护系统

对于可维护系统，基于系统成本及工程角度考虑，系统的可靠性是可以通过维护或维修来保证的，而对于不可维护系统，除了更换以外则别无选择。实际上基于成本角度考虑，人们并不倾向于制造一个完全不可维护的系统，从某种意义上来讲，只存在不可维护的系统部件，而不存在不可维护的系统。基于工程角度考虑，不可维护的系统部件会被设计成可拆换的，进而整个系统就成了一个可维护系统。

而可维护系统与不可维护系统的差别，从工程角度来讲，只是维护的时间和成本是否合适。如过去曾存在一种锔碗的技术，如图1-17所示，就是把瓷器等器皿破裂的地方通过一种技术进行修复，这种手工艺就称为锔碗。现在这种流传上千年的历史手艺随着陶瓷器皿价格的大幅降低，已经淡出了人们的视野，仅存于文物修复工作中。究其根本原因就是对于文物来讲，这种维护的成本相较于文物本身是有价值的，而对于普通陶瓷器皿来讲，维护成本已经远高于更换一个新器皿的价格。而家电维修似乎也是同样的道理，现在随着家电价格的不断降低,以及人们购买力的不断提高,过去常见的家电维修行业也逐渐淡出了人们的视野,消费类电子产品便逐渐从一个可维护系统变成了一个不可维护系统。其实发生这种转变还有一个必要的前提,那就是消费类电子产品本身可靠性的提高,如小家电或手机,如果在使用了3年或者5年后才出现故障,人们就更倾向于放弃维修而重新购买。所以从某种意义上讲,系统是否具有可维护性,主要取决于维护成本与系统本身价值的比例。

图1-17 锔碗工艺

但汽车电子系统可能是一个例外,除影音娱乐系统及舒适系统外,多数汽车电子系统的可靠性与车辆的安全性紧密相关。在整车生命周期内,必须保证在车辆行驶过程中汽车电子系统的可靠性,即使其出现需要维护或拆换的故障也不能影响车辆的行驶安全。

1.4.3 汽车电子的可靠性

从可维护性角度来看,汽车电子系统中的众多电子控制模块其实都是不可维护的,虽然从技术角度来讲,电子模块通常都是可维修且可修复的,但实际上一旦某个模块出现故障,售后通常采用的维修方式就是直接拆换,更换一个新的模块,而非对模块进行板级维修。如图1-18所示,电子控制模块拆掉外壳后,里面即为电路板总成。电路板上的电子元器件及接插件通常都是直接焊接在印制电路板上,除非专业人员采用专业的焊接工具,否则是不可直接拆卸的。另外,如图1-18所示,印制电路板在贴片后为保护电路采用了三防涂胶工艺,这就意味着电路板总成上所有的电子元器件实际上已经无法进行任何维修了。

实际上,唯一可能对电路板总成进行维修的地方是Tier 1的生产车间。在OEM客户允许的情况下,Tier 1会对生产过程中发现的故障电路板总成进行维修，这种维修称为返工（Rework），修好的产品会再次进行全功能检测，检测合格才允许出厂。所以在现实情况下，即使售后发现某个电子控制模块损坏，通常采用的做法也是直接更换，而非进行维修。

图 1-18　汽车控制模块电路板总成

汽车电子模块之所以不可维护，是因为其设计本身就没有考虑可维护性，其所有的设计都不是为了方便维护。汽车电子模块之所以要做成不可维护的，主要与两个因素有关：一是其可靠性可以做到极高，高到其 MTTF 值已经超过车辆的生命周期，即使存在失效，因为失效率足够低，这个失效率在工程实践上便是可以接受的；二是维修成本高于拆换成本，因为目前汽车的电子模块数量很多，集成度通常也很高，导致售后维修难度很大；另外即便修好了，其可靠性也很难得到保证。综合这两方面的因素，汽车电子模块实际上就变成了一个在整车生命周期内不可维护的系统。要实现汽车电子模块在整车生命周期内的免维护，其前提条件就是汽车电子模块的 MTTF 值达到或超过车辆的生命周期，见表 1-12，车辆的生命周期通常为 15 年。

表 1-12　简化的车辆任务剖面（Mission Profile，基于 AEC-Q100 Grade 1）

运行				
车辆生命周期	工作时间		相关温度	
15 年	1.5h/天	15 年：8213h	芯片最高结温：130℃	环境温度范围：-40~125℃
热机械负荷				
车辆生命周期	上电循环		相关温度	
15 年	2 次/天	15 年：10950 次	芯片最高结温：130℃	芯片有效温差：125℃
湿度环境				
车辆生命周期	下电时间		相关温湿度	
15 年	22.5h/天	15 年：123187.5h	相对湿度：95%	白天温度：30℃；夜晚温度：15℃

当然，这 15 年时间不仅仅是一个时间维度，汽车电子模块的可靠性还需要考虑车辆的实际使用场景，还需要考虑车辆的实际工作时间、工作环境温度、湿度、振动等车辆外部使用环境（见表 1-12），同时还需要考虑车辆严苛的电气环境及复杂的电磁环境。

1.4.4 系统可靠性理念

要实现汽车电子模块在整车生命周期内的免维护是一个系统性工程，这个问题实际上可以分解成两个问题进行考虑。

1）对于一辆车来讲，车辆的生命周期通常需要达到 15 年，电子模块需要在 15 年内实现免维护，即电子模块的可靠性要足够高，MTTF 值需要达到或超过车辆的生命周期。

2）对于一个车型来讲，车型的生命周期通常会长达 5~8 年，在这期间，电子模块必须能够实现持续供货，且必须保证批次间品质的一致性。

1. 汽车电子模块的可靠性

汽车电子模块的可靠性与以下几个因素相关。

1）电子元器件的高可靠性。元器件本身质量的高可靠性是电子模块高可靠性和长使用寿命的重要基础。

2）模块的高可靠性设计。汽车电子产品的设计对其可靠性具有重大影响，这其中行业通用的设计方法、设计流程及测试验证方式都至关重要。除此之外，每家 Tier 1 自身的专有知识（Know-How，即诀窍、技巧）也在其中扮演着重要角色。Know-How 的本质其实就是电子模块制造商在设计、制造及应用过程中长期积累的相关经验的总结。

3）生产的一致性。汽车电子产品的生产必须保证高度的一致性，这对于大批量生产的产品来讲，难度实际上是很大的。产品生产方面，行业通用的 IATF 16949、AEC-Q、生产件批准程序（Production Part Approval Process，PPAP）等标准及流程体系，对产品制造过程的支撑功不可没。

以上三点共同构成了汽车电子模块对整车生命周期内可靠性要求的支撑。

2. 汽车电子模块的一致性

汽车电子模块的一致性涉及以下两个问题。

1）同一型号、不同批次的一致性问题。这个需要生产工艺来进行保证。

2）不同型号、不同批次的一致性问题。如图 1-19 所示，电子模块需要在一个车型的生命周期内维持长时间的持续供货，期间必然会因为各种原因发生产品变更，如客户有了新的需求，或者某个电子元器件发生了变更等，电子模块变更后就会产生新的型号。频繁变更带来的一致性问题就是一个系统性问题，需要 Tier 2、Tier 1 以及 OEM 来协同合作，保证不同时期、不同型号、不同批次的电子模块对整车来讲其可靠性一致，这几乎涉及整个汽车电子产业链。

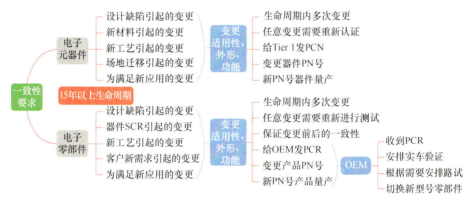

图 1-19　汽车电子模块的变更及一致性要求

举例来讲，一个车规级芯片的持续供货时间通常可长达 15 年，在此期间，如果芯片的产地从马来西亚搬到了中国，或者芯片的邦线由金线改为了铜线，那么这个芯片如何保证其前后质量及可靠性的一致呢？答案是根据 AEC-Q100 标准进行变更认证测试，测试通过后，芯片制造商 Tier 2 即可宣称新型号的芯片可以完全替代变更前的芯片。

这时电子模块供应商也就是 Tier 1 需要根据这个芯片的变更类型，结合芯片在产品上的具体应用，对此次变更进行评估，并根据评估结果，依据汽车行业标准及 Tier 1 的经验进行相应的变更测试，在测试通过后，才可以认为变更后的电子模块可以完全替代变更前的产品。

站在 OEM 的角度，整车有超过 50 个电子模块，OEM 必须对每个电子模块的每次变更进行评估，根据变更类型及模块的具体应用确定测试项目，进行实车验证测试，在确定变更后的电子模块可以完全替代变更前的模块后，才会启动变更流程进行切换。

3. 安全功能的冗余设计

前面讲过对于可维护系统，可靠性和可维护性共同决定了系统内在的可用性，可靠性和可维护性同样重要。但对于汽车电子系统，几乎所有的电子控制模块其实都是不可维护的，而要实现汽车电子模块在整车生命周期内无须维护的目标，前提条件就是汽车电子模块的 MTTF 值达到或超过车辆的生命周期，也就是其可靠性必须要足够高。

对于汽车、飞机以及其他对安全性要求很高的行业，高可靠性和高一致性固然重要，但也不可能无限提高，还需要考虑工程实践。前面也讲过，可靠性是一个概率问题，属于数学和统计学范畴，这就意味着无论可靠性如何提高，也无法做到100%。即使从技术上来讲，可靠性可以不断提高，但从工程角度来讲，则必须考虑时间、成本等工程实践因素。从工程角度来考虑一个问题，首先是可行性，其次是时间和成本。

以车辆的制动系统为例，从技术角度来讲，可以制造一个失效率极低、可靠性极高的制动踏板传感器，但从工程角度却肯定不会这么做，工程师会采用冗余设计，使用两个可靠性不是那么高，但是也够用的传感器，由它们组成一个冗余系统，以此来实现更高的系统可靠性，同时还可以降低系统成本。如两个可靠性为 90% 的传感器组成的冗余系统，成本仅是原来的两倍，可靠性就可以轻松达到99%，而一个可靠性为 99% 的传感器的成本可能会达到原来的 5 倍甚至更高。简单来讲，工程化思维的本质就是"花小钱办大事"。

最典型的安全功能冗余设计莫过于飞机的多发动机设计，如图 1-20 所示，常见的客机一般都拥有两个发动机，如果其中一台发动机在空中发生故障失效，仅依靠剩余的发动机依然可以保障飞行安全，并到达最近的机场实现安全迫降。衡量这种依靠单台发动机飞行能力的标准称为双发延程飞行运作性能标准（Extended-Range Twin-Engine Operational Performance Standard, ETOPS），目前主流的双发动机客机都具有 180min 的 ETOPS 能力。冗余设计在车辆设计中也很常见，如转向系统、制动系统、车门解锁等，均是采用冗余设计的工程思想来解决可靠性问题。如制动系统的液压管路通常设计为呈 X 形布置，即左前轮和右后轮的制动器共用一个液压回路，右前轮和左后轮共用另一个液压回路。在一个液压回路失效的情况下，这样依然可以保证一定的制动力分配，保证车辆安全。

图 1-20　客机发动机的双发冗余设计

1.4.5 广义车规级

汽车电子的可靠性实际上是一个极其复杂的系统性工程，从芯片制造商 Tier 2 到电子模块制造商 Tier 1，再到车辆制造商 OEM；从车规级芯片的设计、测试、生产、使用及变更，到汽车电子模块的设计、测试、生产、使用及变更，再到 OEM 的整车级测试及应用，涉及整个汽车电子产业链以及众多的行业相关标准。如用于指导车规级芯片测试的 AEC 系列标准，用于指导电子零部件测试的 ISO 16750 标准，用于指导汽车产业链零部件生产制造的 IATF 16949 标准等。

对于汽车电子的可靠性，尤其是涉及车辆安全的电子控制模块的可靠性，从工程实践的角度，用于指导芯片可靠性测试的 AEC 标准可能是一个很好的实践参考。

1. 逐渐扩大的车规级适用范围

通常所说的车规级实际上仅限于电子元器件，但随着汽车电子技术的发展以及新的应用需求的出现，不仅 AEC 标准在继续更新迭代，其范围也在逐渐扩大，如 AEC-Q104 就是专门为多芯片模组（MCM）制定的，而从某种意义上来讲，某些 MCM 已经可以算是一个小型的电子模块。在 AEC 标准范围扩大的同时，"车规级"这个词的应用范围也有扩大化的趋势。如随着自动驾驶技术的发展，2021 年被称为激光雷达量产元年，众多车企纷纷宣布了搭载车规级激光雷达车型的量产时间，OEM 对外宣称某个电子零部件是车规级，这是以前从未有过的。

自动驾驶技术属于新兴技术，且在汽车行业推广落地的速度很快，这就导致公众对车辆的安全性有了更高的要求；另外，"车规级"这个词对公众来讲，听起来很专业，它可以作为安全性及高可靠性的一个代名词，车企可以通过"车规级"这个词向公众展示其车辆的安全性，而消费者则希望买得安心、用得放心，"车规级"这个原本仅局限于汽车行业内部的词，现在从行业内部走向了全社会，说明这种适用范围的扩大是行业需要的，是可以促进行业发展的。

对非汽车行业的普通消费者来讲，想要区分汽车电子零部件与电子元器件之间的差异是很困难的。电子元器件依据 AEC 标准进行测试认证后就可以声称达到了车规级，而汽车电子零部件同样也是依据 OEM 的相关标准进行了测试认证后才具备了车载应用的条件，那么这些电子零部件是否也可以认为其达到了车规级呢？实际上可能并没有这么简单。

AEC 标准通常被认为是一个指导芯片认证测试的标准，但 AEC 标准其实远不止于器件测试，AEC 标准包含了一整套可靠性工程实践理念，如

图 1-21 所示。

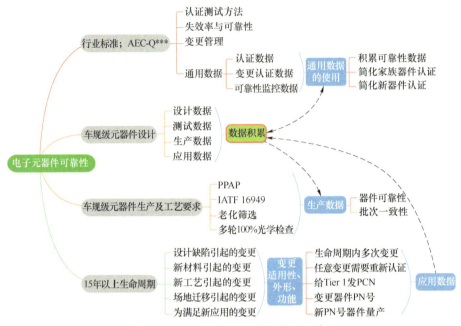

图 1-21 AEC 标准的可靠性管理理念

AEC 标准从芯片的设计、认证、测试到器件的变更管理，从可靠性数据的收集到"家族"器件认证时通用数据的使用，几乎涵盖了一个电子元器件的全生命周期。而汽车电子零部件测试标准，如 ISO 16750、IEC CISPR 25 等则仅包含了具体的测试项目及测试方法，甚至连测试样品的数量及测试分组都没有规定，而这些方面 AEC 标准则全部予以涵盖，所以 AEC 标准的可靠性管理理念很适合扩展到所有的汽车电子零部件，包括零部件的设计、测试及变更管理。相较于目前仅限于汽车电子元器件范围的狭义车规级，扩大适用范围后的车规级则可以称为广义车规级。

2. 广义车规级

目前汽车行业中，Tier 1 通常对电子零部件采用项目的方式进行管理。如图 1-22 所示，Tier 1 在拿到 OEM 的定点后就会立项进行开发，OEM 会详细给出设计开发要求及测试要求，Tier 1 根据要求进行产品设计及验证测试。在功能及性能均达到 OEM 要求后即可进行设计冻结，技术团队将设计资料存档，同时将生产所需文档如 BOM、烧录软件等交付给工厂，项目的开发阶段便结束了，大部分相关工作也算是告一段落。在开发阶段结束后，因项目而组建起来的庞大的项目团队随后便会解散，仅保留少量技术人员用于项目的持续维护。项目通常需要持续维护到车型停产才算结束。但实际上产品维护通常为10年以上，因为经常存在其他车型借用这个产品的情况。

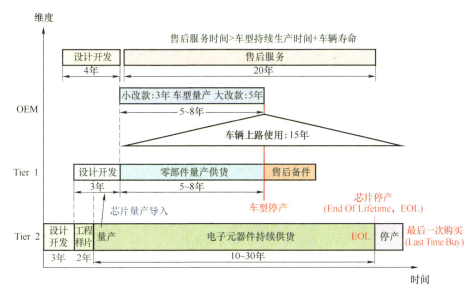

图 1-22 车型及电子零部件生命周期

项目的大部分工作均发生在项目开发阶段，这个阶段的工作量最大，这段时间通常为1年左右，产品量产后持续维护的工作量相对较少，所以人们的关注点通常都在产品的设计开发阶段。只要产品能够通过OEM的测试标准，实现前装量产，便认为产品已经达到车载要求，即通常意义上人们认为的车规级，但这实际上是不准确的，至少是不完整的。

产品在设计开发完成时的状态，实际上和产品量产几年后的状态完全不一样。这也就意味着一个车型在持续生产的过程中，安装在车上的众多产品也在持续地更新迭代，这个车型就像是一艘忒修斯之船（忒修斯之船，亦称为忒修斯悖论，是一种有关身份更替的悖论。假定某物体的构成要素被不断地置换后，它还依旧是原来的物体吗）。OEM的生产一直在持续，但每一批车可能都不完全相同，车上的很多零部件都在持续地变更，一段时间过后，可能车上大部分的零部件都经过了变更。有的是产品变更，有的是工艺变更，有的是产地变更。那么，这时候的这个车型还是最初量产的那个车型吗？它们之间的一致性和变更带来的质量及可靠性的变化如何来保证呢？

以表1-13为例，产品DV时的版本为A，量产后不到一年就发生了多次变更，有7个器件更改了物料编号，总成物料号也进行了升级。在量产不到2年时，产品已经进行了4次变更，总成物料号从A版本升级到了E版本，

39

尤其是在量产后第二年连续进行了 3 次变更，而整个项目生命周期内的变更则可能高达数十次。

表 1-13 产品变更历史记录

版本	变更描述	日期	变更号
A	DV 初始版本释放	2012/7/25	CN7005
B	总成物料号从 50A11F00 升级为 50A11F01 物料编号变更如下 1) LED6 从 37015946 变更为 37308300 2) LED1 从 37015947 变更为 37308400 3) LED4、LED5 从 37819100 变更为 37015953 4) LED2、LED3 从 37819300 变更为 37308300 5) 按键从 372Q0100 变更为 37313400 6) PCBA 从 37002011 变更为 37004030	2013/6/15	CN8040
C	1) 因客户需求，标签图样从 20AA91F0_DWG_A 升级为 20AA91F0_DWG_AB，标签升级 2) 因标签变更，总成物料号从 50A11F01_B 升级为 50A11F01_C	2013/7/5	CN8436
D	产品升级，总成物料号从 50A11F01_C 升级为 50A11F02_D 物料编号变更如下 连接器 W1 从 36160330 变更为 36165352	2013/8/23	CN8590
E	因器件供应商 SCR 升级产品，总成物料号从 50A11F02_D 升级为 50A11F03_E 1) SCR#182794：37003540 升级为 37013560 2) SCR#180196：37012249 升级为 37827800	2014/4/05	CN9103

汽车电子零部件的特殊之处就在于，作为一个不可维护的零部件，其可靠性要求极高，通常为 10ppm 以内；同时生产量较大，每年数万至数十万套；持续供货时间很长，通常为 5~8 年甚至更久。基于这些特点，一个电子模块项目的生命周期至少等于甚至长于一个车型的生命周期，在此期间，电子模块会因为各种原因发生多次变更，一个电子模块的变更在车型的整个生命周期内可能高达数十次。所以从工程角度来讲，相较于产品的设计，项目量产后的持续维护对产品生命周期内的可靠性几乎同等重要。电子元器件及电子零部件的变更如图 1-23 所示。

项目量产后导致变更的原因主要可分为以下几种。

1) 设计缺陷引起的变更。这种变更占比极低，即使有，常见的也是软件缺陷而非硬件问题。

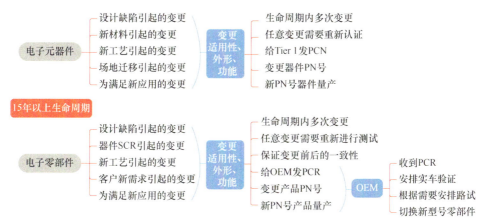

图 1-23 电子元器件及电子零部件的变更

2）客户新需求引起的变更。如 OEM 新增了一些功能，或者调整了某个软件的功能等。这种变更在乘用车领域通常不是很多，但在基于订单生产的商用车领域比例则会比较高。

3）客户新应用引起的变更。如 OEM 车型改款，增加了新的功能；或推出了新车型，但是继续沿用现有的电子模块。这就相当于拓宽了这个电子零部件的车型应用范围，在一定程度上降低了开发成本，这在汽车行业是一种比较常见的做法，毕竟电子零部件的全新开发成本也很高。以常见的车身控制模块为例，开发成本通常为 1000 万元人民币左右，开发时间为 2~3 年。

4）新工艺引起的变更。这种变更通常都是为了降低产品的 BOM 成本，但变更不限于新工艺、新材料以及新器件的应用。这种变更通常比较常见，因为不管是 OEM 还是 Tier 1 都有年度降成本的压力。

5）电子元器件变更引起的变更。在汽车产业链中，因为上游的变更引发的下游的一系列连锁变更比较常见，这种供应商变更请求（Supplier Change Request，SCR）最典型的如芯片的产地从马来西亚迁到了中国，芯片制造商就会通知 Tier 1，Tier 1 在接到这个 SCR 后就会进行评估，如果的确需要进行变更，Tier 1 就会通知 OEM，在 OEM 同意这个 SCR 后，Tier 1 才能进行变更。

项目量产后的持续维护对产品全生命周期内的可靠性至关重要，但这种重要性却经常被人们忽略。欧美汽车工业起步要比中国早得多，已经形成了成熟的产业链，对各种变更也都有相应的流程，大到变更评估，小到文件命名及文件存档都有详细的流程、规则及制度。但是从另一方面来讲，汽车行业基于其行业特殊性，基本上都是"各自为政"，最常见的如电子零部件的测试标准，各大 OEM 都有自己的企业标准，同样，各 Tier 1 也都有自己的变更管理流程。

所以，一个汽车电子零部件要做到车规级，需要的是从研发、测试、生产到量产后的变更维护的全生命周期可靠性管理。

3. 广义车规级的工程实践

参考 AEC-Q 相关标准对器件的研发、测试、生产及变更的一系列规定，参考下面的工程实践方式，在此介绍车规级电子零部件全生命周期的可靠性管理实践。

（1）研发阶段：车规级设计

1）器件选型。电子元器件全部采用车规级器件，AEC 标准之外的器件及零部件必须符合车载应用的要求。

2）产品开发流程。采用汽车行业通用开发流程，如 V 模型开发流程。如图 1-24 所示，V 模型的左侧是设计，右侧是测试。开发过程中的测试称为验证测试（Verification Test），目的是确保产品按照设计要求进行设计，也就是说保证把事情做正确了（Do Things Right）；最终的产品测试称为确认测试（Validation Test），即确认要交付的产品的确是客户需要的，也就是说做的是正确的事（Do Right Things）。

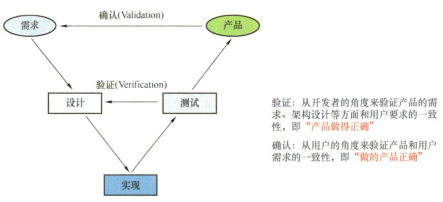

图 1-24　汽车行业 V 模型开发流程

3）设计分析。采用汽车行业通用的设计分析方法，如设计失效模式与影响分析（Design Failure Mode and Effects Analysis，FMEA）、失效模式影响及其诊断分析（Failure Mode Effects and Diagnostic Analysis，FMEDA）、故障树分析（Fault-Tree Analysis，FTA）、最差情况电路分析（Worst Case Circuit Analysis，WCCA）等。

4）设计文件存档。严格按照开发流程要求编写设计文档，并按项目时间节点进行文档的释放、存档和受控。

（2）产品测试：车规级试验

1）根据 OEM 测试要求，制定产品测试计划及测试项目。

2）结合汽车行业通用的相关国际标准，如 IEC CISPR 25、ISO 16750 等测试要求，如果 OEM 未做要求，可默认按照这些标准进行测试，而非忽略这些标准的要求。

3）结合产品应用，可相应增加相关测试计划及测试项目。

（3）量产阶段

1）数据收集。持续收集并积累产品应用中的可靠性数据，并形成规范，用以指导后续的产品设计及测试。

2）年度产品验证。即使 OEM 没有要求，仍建议对量产后的产品进行年度产品验证（Product Validation，PV），以检验产品量产工艺的一致性。

（4）产品变更：车规级变更管理

1）变更流程。严格按照变更流程进行变更评估及测试，测试通过后才能实施变更。

2）文件存档。严格按照变更流程要求输出相关文档并做好存档及受控工作，以便后续变更时使用，同时方便追溯。

汽车行业是一个拥有百年历史的传统行业，但车载电子零部件的快速增长却发生在最近 20 年，现在汽车行业已经超过计算机和通信行业，成为电子系统增长最快的领域。车辆的快速电气化在带给乘员更舒适、更智能的体验的同时，车辆所面对的应用场景及外部环境也越加复杂和多样化，车内电子电气系统所面对的电气及电磁环境也变得更为复杂，车辆的安全性和可靠性也在经受着前所未有的巨大挑战，而车规级标准的全生命周期可靠性管理理念则可以作为一种很好的工程实践指导，来应对这种挑战。

1.5 小结

本章从概论汽车工业开始，介绍了汽车行业的特点、汽车电子产业链、汽车电子零部件及车规级电子元器件，同时介绍了汽车电子可靠性的相关知识，包括可靠性理论基础及汽车电子的可靠性，并以此引出了系统可靠性理念，将原本仅限于电子元器件的车规级概念进行了扩展，提出了广义车规级的概念，将汽车电子零部件的可靠性管理扩展至产品的全生命周期，最后给出了一种基于广义车规级的工程实践参考。

限于本章篇幅，很多章节并未展开，如 AEC 的相关知识、电子零部件的可靠性模型、车规级电子元器件与电子零部件可靠性的相关关系等。

第 2 章将着重介绍汽车电子模块的车载应用，包括 ECU 的基本概念、ECU 的设计及测试、车载应用的相关要求等。

第2章
电子模块的车载应用

在发明汽车近一百年后,汽车电子技术才迎来了快速发展及应用,在此之前的很长一段时间,车上唯一的电子模块可能就是收音机。而现在,一辆现代化轿车上通常需要安装 50 个以上的电子模块,整车电线长度超过 3km。

在众多的车载电子模块中,与车辆控制及安全紧密相关的就是各种各样的 ECU。ECU 的车载应用最早可以追溯到 1968 年,距今已有半个多世纪。图 2-1 为 1968 年大众的一款掀背车广告,当时随着排放法规的发布,大众量产了全球第一辆采用 ECU 来控制发动机燃油喷射的汽车,当时广告宣传的名字为电子大脑(Electronic Brain),广告的标题为"大众电子大脑,比化油器更聪明",从"电子大脑"这个名字就能感受到当时人们对车辆电子化及智能化的憧憬。

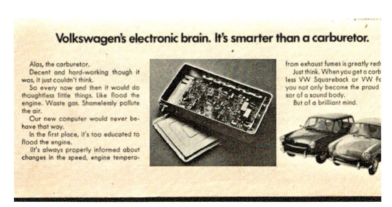

图 2-1　1968 年大众一款掀背车的广告

实际上,汽车电子化在更早之前的 1955 年便开始了。随着第一台晶体管汽车收音机的推出,便拉开了汽车电子化的历史大幕。此后,汽车电子技术迅速发展,各种电子模块如雨后春笋般被发明出来,并广泛应用于各种车辆上,如 ABS、安全气囊系统、电子控制门锁系统、卫星导航系统、车辆防盗系统等。根据 Statista.com 的数据，在此期间，汽车中电子设备价值的整车占比跃升了 10 倍以上，从 20 世纪 60 年代占汽车成本的 3% 上升到 2020 年的约 40%，预计在 2030 年后将达到 50% 以上。

2.1 什么是 ECU

通常所说的 ECU，是 Electronic Control Unit 的缩写，ECU 又称电子控制单元或电控单元，是汽车电子系统中用来控制电子电气系统及汽车子系统的嵌入式系统。而发动机控制器（Engine Control Unit）的缩写也为 ECU，为避免混淆，发动机控制器一般简称为发动机 ECU。汽车上存在大量用于实现控制功能的嵌入式系统模块，这些模块可以统称为电子控制模块或电控模块，它们同其他一些不实现控制功能的汽车电子模块，如仪表、影音娱乐、导航模块等，统称为电子模块。

汽车电子技术发展到现在，设计一辆汽车成了一件极其复杂的事情，而这其中很大一部分要归因于车辆电气化、智能化带来的 ECU 数量的不断增加。如今的中型燃油轿车，ECU 可能多达 70 个，豪华车的 ECU 通常超过 100 个，各个 ECU 负责相应的控制功能。

如图 2-2 所示，ECU 从本质上来讲，就是一个输入—处理—输出系统，即 IPO 系统（Input-Process-Output），也称为 SPA 模型（Sense-Plan-Act）。

图 2-2　ECU 功能示意图

简单来讲，ECU 只做三件事情：采集信号、信号处理和输出处理结果。

（1）采集信号

采集信号即通过各种方式（有线或无线）采集输入 ECU 的各种信号（数字或模拟信号）。

1）有线信号：通过线缆直接输入的信号，硬线信号如各类开关信号、传感器信号等。

2）通信信号：通过通信方式如串行外设接口（Serial Peripheral Interface，SPI）、控制器局域网（Controller Area Network，CAN）、局域互联网络（Local Interconnect Network，LIN）或以太网（Ethernet）等。

3）无线信号：如低频（Low Frequency，LF）信号、射频（Radio Frequency，RF）信号、蓝牙（Bluetooth，BLE）信号等。

4）数字信号：简单的如高有效或低有效的开关信号，或如脉冲宽度调制（Pulse-Width Modulation，PWM）形式的调制信号，复杂的如数字摄像头信号。

5）模拟信号：如各种温度、压力、角度传感器信号，雨量传感器信号等，模拟信号一般在输入 ECU 后都需要再转为数字信号，然后才能进行处理。

（2）信号处理

ECU 通常采用嵌入式系统，处理器通常为 MCU。MCU 通常具有处理开关数字信号、模拟信号、PWM 信号、CAN/LIN/ 以太网通信信号的接口。但大多数时候，这些信号都需要经过专门的信号处理 / 转换电路或芯片，经处理后转化为 MCU 可识别的信号，然后才能进行最终处理，具体算法或策略则根据应用而定。

（3）输出结果

ECU 输出结果的方式也根据应用的不同差异较大，既可以仅输出控制信号，通过如继电器等间接方式驱动负载；也可以直接控制，通过大电流输出的方式直接驱动负载。输出信号可以通过有线或无线方式，有线方式既可以是硬线信号，也可以是通信信号。

最初，人们为了控制排放，发明了发动机 ECU；为了被动安全，发明了 ABS 和安全气囊；为了乘车的舒适性及便利性，发明了座椅控制器和电子控制门锁系统；为了减轻长途驾驶的疲劳，发明了自动巡航系统。纵观近半个多世纪，车辆技术的发展史基本就是各种 ECU 及电子模块的发明史，电子技术对车辆技术的发展贡献巨大。

2.2 如何设计一个 ECU

任何产品设计，无论是消费品、工业品或汽车零部件，实际上都遵从相同的设计理念，也就是说，产品设计的底层逻辑实际上是互通的。

2.2.1 设计要求

在做一个产品设计时，通常首先考虑的是其功能的实现，在此基础上再考虑其他有形或无形的一些要求，例如：

1）满足行业标准要求。
2）满足客户标准要求。
3）满足客户成本要求。
4）满足客户项目周期要求。
5）尽可能采用最新的技术。
6）尽可能降低开发成本。
7）尽可能降低 BOM 成本。
8）尽可能降低生产成本。

汽车行业标准及客户标准都较为复杂，同时产品的成本要求又极高，项目周期也较消费级和工业级要长。同时，因为可靠性要求很高，车辆的开发成本也较其他行业要高得多。以上这些复杂的要求暂时先抛开不谈，下面先从基础功能实现的角度出发，介绍一个 ECU 的设计过程。

2.2.2 设计流程

ECU 的产品设计，简单来讲，通常可分为以下几步：

1）系统设计。
2）硬件与结构设计。
3）软件设计。
4）产品测试。

1. 系统设计

如图 2-3 所示，ECU 系统框图包含了其与外部的连接关系及内部的系统原理。

图 2-3 可以理解为一个 ECU 最小系统，其中包含：

1）电源部分。电源部分包含电源输入（乘用车通常为 12V 系统，商用车为 24V 系统）和 ECU 内部的电压转换部分。ECU 内部的芯片，如 MCU、运算放大器、逻辑芯片等，工作电压通常为 5V 或 3.3V，这就需要电源芯片对电源电压进行转换，压差较小或小电流应用通常采用低压差线性稳压器（Low Dropout Regulator，LDO），压差较大或大电流应用则通常采用直流转直流（Direct Current to Direct Current，DC/DC）电源芯片，如需要多个电源轨，则通常采用电源管理芯片（Power Management Integrated Circuit，PMIC）。

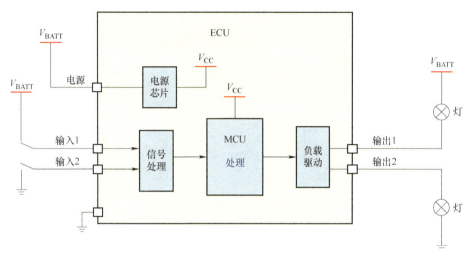

图 2-3　ECU 系统框图

2）信号部分。输入信号是最简单的硬线开关信号，可以是高有效（开关闭合时接通电源）或低有效（开关闭合时接通车身地，即常说的搭铁）。信号输入到 ECU 后，通过信号处理电路将信号转化为 MCU 可识别的电压信号。

3）处理部分。ECU 通常是一个嵌入式系统，用 MCU 执行相应的信号处理工作。MCU 的外围电路通常较为简单，仅需要电源及晶振即可正常工作。

4）输出部分。MCU 作为处理芯片，受限于驱动能力，通常无法直接驱动任何负载，所以在 ECU 设计中会使用专门的驱动电路或芯片来直接或间接驱动负载工作。图 2-3 即为 ECU 直接驱动灯类负载工作。

2. 硬件及结构设计

不同于软件设计，硬件设计和结构设计都属于具体的实物设计。结构设计和硬件设计通常会同步进行，并相互影响。对 ECU 来讲，结构设计通常包括壳体设计、连接器设计、散热设计等，设计时主要考虑产品尺寸、安装方式、安装位置、防护等级、机械强度等。

简单来讲，硬件设计主要包括器件选型、设计原理图、创建 BOM、设计 PCB 等。图 2-4 为一个简化的 ECU 原理图，其中包含接口部分、电源部分、输入检测部分、MCU 控制部分以及输出驱动部分。

原理图设计完成后就可以导出产品的初始 BOM，表 2-1 为一个产品的 BOM 举例。通常意义上的 BOM 仅仅是一个物料清单，类似于人们去超市购物列的购物清单，但对一个汽车 ECU 来讲，BOM 绝不仅仅是 BOM，它同时包含了非常多的其他信息。如表 2-1 中的 BOM 至少包含了以下信息：器件位置（顶层或底层）、物料编码、物料描述、数量、位号、封装、器件制造商、制造商物料编码等。

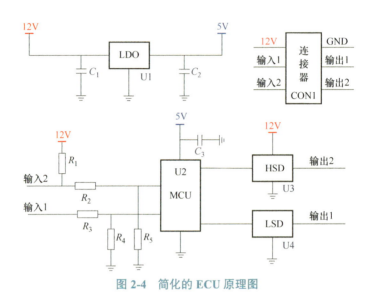

图 2-4　简化的 ECU 原理图

表 2-1　BOM 物料清单

位置	序号	物料编码	物料描述	数量	位号	封装	制造商	制造商物料编码
X	1		上壳体	1				
X	2		下壳体	1				
X	3		标签	1				
X	4		螺钉	1				
X	5		PCB，材质FR-4，Tg=140，4层2/1/1/2oz，沉银，厚度1.6mm	1		170mm×110mm		
T	6		42 Pin 连接器	1	CON1	42 Pin		
T	7		5V LDO，电流100mA，耐压28V	1	U1	SOIC8	ST	L4949ED**-E
T	8		16位MCU，96KB Flash	1	U2	LQFP48	NXP	S9S12G96F0VLF*

（续）

位置	序号	物料编码	物料描述	数量	位号	封装	制造商	制造商物料编码
T	9		高边驱动芯片 20mΩ	1	U3	PowerSSO-16	ST	VN7020AJ**-E
T	10		低边驱动芯片 30mΩ	1	U4	PowerSSO-12	ST	VNL5030J-E
T	11		铝电解电容：100μF，20%，25V，D8×10.2	1	C_1	D8×10.2	Panasonic	EEEFC1E101
T	12		陶瓷电容：100nF，10%，16V，X7R	2	C_2，C_3	0402	MURATA	GCM155R71-C104KA55D
T	13		电阻，厚膜，2.7kΩ，5%，1/3W	1	R_1	1210	KOA	RK73B2ETT-D272J
T	14		电阻，厚膜，33kΩ，5%，1/10W	2	R_2，R_3	0603	KOA	RK73B1JT-***333J
T	15		电阻，厚膜，100kΩ，1%，1/16W	2	R_4，R_5	0402	KOA	RK73H1ET-TP1003F

  BOM 对一个产品来讲极其重要，从 ECU 设计前期开始，贯穿了整个 ECU 的一生。BOM 并不是通常认为的设计完成后就一成不变，相反，BOM 是鲜活的，是有生命的，是随着 ECU 一直在更新和进化的；BOM 见证了 ECU 的一生，从 ECU 的诞生到成长，从成熟到淘汰。

  PCB 设计完成后就可以外发给 PCB 制板厂制板，工厂收到 PCB 后就可以根据 BOM 进行 PCB 贴片，贴片完成后的电路板称为电路板总成（PCB Assembly，PCBA），如图 2-5 所示。PCBA 制作完成后会和结构设计进行校核，此时的壳体通常为 3D 打印样件，在确认设计匹配没有问题后才会下达开模指令进行开模。

  实际上硬件设计工作远不止原理图及 PCB 设计，结构设计也不止壳体设计，还有大量的设计分析、测试验证及流程文档工作，这里暂不做过多描述。

3. 软件设计

  基于这个 ECU 最小系统，再加入一些软件逻辑，ECU 便可以工作了。

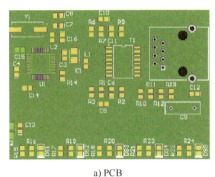
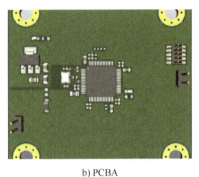

a) PCB　　　　　　　　　　b) PCBA

图 2-5　PCB 与 PCBA

假定客户需求如下：
1）输入信号 1 有效，则红灯亮，无效则红灯灭。
2）输入信号 2 有效，则绿灯亮，无效则绿灯灭。
根据以上需求制定的软件逻辑如图 2-6 所示。

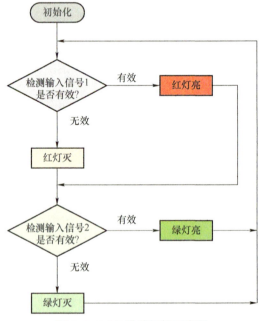

图 2-6　ECU 软件逻辑示意图

实际上软件设计工作远不止于此，通常意义上的嵌入式设计包括底层软件设计、模块设计、系统集成，除此之外还有网络通信、诊断、软件测试验证及流程文档工作,这里暂不做过多描述。

4. 产品测试

通常人们认为产品测试就是指产品的功能测试,如根据上面提出的产品功能,可以设计如下测试计划:

1)在输入信号1、2均无效的状态下,接通ECU电源。
2)使输入信号1有效,红灯亮。
3)使输入信号1无效,红灯灭。
4)使输入信号2有效,绿灯亮。
5)使输入信号2无效,绿灯灭。

实际对汽车电子产品来讲,产品测试远不止于此。汽车电子产品测试通常可分为研发阶段测试、设计验证(Design Validation,DV)测试和量产后的产品验证PV(Product Validation,PV)测试。从侧重点来讲,研发阶段测试侧重于产品的功能、性能、可靠性及参数等方面的测试,PV测试则侧重于检验产品大批量生产的工艺、质量稳定性及一致性。

DV测试作为检验汽车电子零部件产品硬件设计质量的一种测试手段,是一个重要的时间节点。DV测试通常意味着产品设计的定型,因为硬件设计及结构设计在DV测试前需要设计冻结,即不再允许进行任何设计更改,DV测试结束后产品才被允许进入小批量试生产阶段,然后才能量产。

另外,不同于其他行业,汽车电子产品通常需要进行100%产品检测及100%功能测试,也就是说,每个产品下线前都必须进行检测,而非抽检;检测时,每项硬件功能都需要进行100%测试,而非抽检个别功能,这种测试在汽车行业称为下线检测(End of Line,EOL),严格的EOL下线检测流程虽然增加了生产时间、降低了生产效率,但却有效地保证了产品的质量。

2.3 电子模块的车载应用及生产要求

对于消费级产品或工业级产品来讲,功能实现距离商用已不太远,而对于汽车行业来讲,仅仅实现了基本功能的原型机,通常只能称之为演示样品(Demonstration,Demo),意思就是仅仅可以作为功能演示之用,距离实际的车载应用还很遥远。

除基本的功能要求外,车载应用还需要面对严苛的车辆内外部环境、复杂的电气及电磁环境、高可靠性及安全性要求、长寿命要求、低成本要求、生产制造可行性要求、批量一致性要求等。

2.3.1 严苛的车辆内外部环境

相对于消费级或工业级产品，车载产品所面对的内外部环境则要严苛得多，具体如下。

1. 耐温要求

1）汽车使用环境的温度范围从最热的沙漠到最冷的极地，车载电子模块需要在各种状况下正常工作。

2）研究表明，汽车的驾驶舱工作温度范围为 –40~85℃。

3）发动机舱温度为 –40~125℃，其某些低温区域也要求达到 105℃。

车载应用要求的极宽的温度变化范围，对汽车电子设计来讲是一个极高的挑战，尤其是对于电子元器件来讲，高温会带来很多问题。以电阻器为例，电阻器的额定功率会随温度升高而降低，设计时就必须考虑温度变化产生的降额，如在温度超过 70℃后，功率需要按 1.25%/℃进行降额使用。再如功率芯片，如果最高允许结温为 170℃，而环境温度为 125℃，再叠加壳体密封的温度影响，及功率芯片因高温带来的导通阻抗升高、发热增大，综合影响下，功率芯片的工作温度就仅有不到 40℃的设计裕量。

2. 耐湿度及防水要求

1）车载电子模块要求在所有的湿度范围（相对湿度 10%~100%）内能够正常工作。

2）高相对湿度会导致水汽进入某些电子元器件内部，导致电子模块损坏。

3）某些产品应用要求完全防水，即使采用高温高压喷水，或完全浸入水中亦能正常工作。

3. 耐灰尘、污垢及盐雾

车载电子模块根据安装位置不同，有不同的耐灰尘、污垢及盐雾的要求。对于裸露安装的产品，均要求有相应的防水、防尘等级，对产品上的金属材料，如壳体、金属支架、螺钉等则必须具有相应的耐盐雾腐蚀的能力。

通常来讲，产品的防护等级分为两部分：防尘和防水，二者是相互独立的。对车载电子产品来讲，在对产品的防护等级做出要求时，通常是对二者均有要求。如按照国标 GB/T 4208—2017《外壳防护等级（IP 代码）》的规定，第一位特征数字表示防止固体异物进入的防护等级，第二位特征数字表示防止水进入的防护等级。如 IP57，"5"表示防尘，"7"表示短时间浸水，产品达到 IP57 就表示可以防尘和防短时间浸水。

4. 耐机械振动、冲击

车辆的应用环境极其多样化，从城市到乡村、再到野外，车辆需要应对不同的复杂路况，车载电子模块也需要能够在各种机械振动和冲击下正常工作。以国内某大型乘用车 OEM 的振动测试标准为例，标准从轻度、中度、剧烈到极度剧烈共分 9 个等级，极度剧烈的最高加速度为 294m/s²，近 30g，而战斗机飞行员最大可以承受的加速度是 10g。

参考汽车行业标准，车载电子模块需要面对的外部环境条件可以概括如图 2-7 所示。

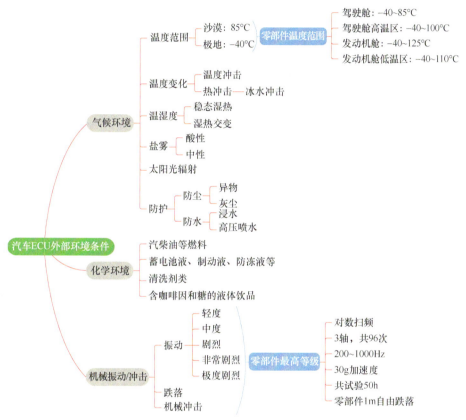

图 2-7 车载电子模块需要面对的外部环境条件

2.3.2 极其复杂的电气及电磁环境

车载电子模块在面对严苛的外部环境条件的同时，还需要面对更加复杂的内部电气及电磁环境条件，这个挑战甚至比外部环境更加严苛。参考汽车行业标准，车载电子模块需要面对的电气和电磁环境包括：

1）供电电压。12V 系统：9~16V；24V 系统：16~32V。

2）反向电压。12V 系统：-14V/1min；24V 系统：-28V/1min。

3）电压瞬降。12V 系统：4.5V/100ms；24V 系统：9V/100ms。

4）跳线启动。12V 系统：24V/1min。

5）启动特性。12V 系统：3V/4.5V；24V 系统：6V/8V。

6）抛负载。12V 系统：87V/400ms；24V 系统：174V/350ms。

7）传导抗扰。12V 系统：150V/−150V；24V 系统：300V/−600V

8）电磁辐射抗干扰及抗大电流注入干扰（BCI）。频率从 kHz 级别到 GHz 级别，电场强度高达 200V/m。

9）静电放电（ESD）。高达 25kV。

参考汽车行业标准，车载电子模块需要面对的电气及电磁环境条件可以概括如图 2-8 所示。

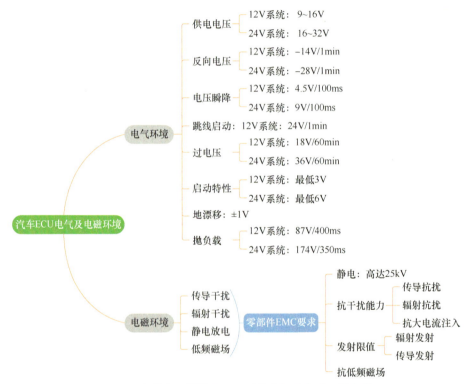

图 2-8 车载电子模块需要面对的电气及电磁环境条件

2.3.3 高可靠性及安全性要求

1. 可靠性要求

通常意义上讲的可靠性是指产品在一定时间内或在一定条件下无故障地

执行指定功能的能力,这个能力可以通过 dppm 值、FIT 值、MTBF 值等数据来进行度量,进而评价产品的可靠性。

通常认为一辆车由几万个零部件组成,一个电子模块作为一个零部件来说,通常由数百至上千个电子元器件组成。以图 2-9 为例,如果一个器件的故障率为 1dppm,对于一百万辆车来讲,就可能会有 1000 辆车的电子模块存在缺陷,而一辆车上的电子模块数量往往在 50 个以上。

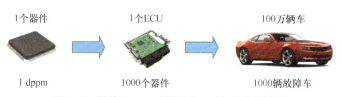

图 2-9　器件 1dppm 缺陷对一百万量车的影响

汽车行业中,汽车制造商(OEM)对质量问题通常用 ppm 来量化,对 ECU 这种电子零部件,一般要达到 10ppm 以内,也就是百万数量中只允许出现几个不良品。电子元器件供应商则常采用 dppm 来衡量元器件的不良率,通常可以做到 1dppm 以内。

但对于车载电子模块来讲,由于其应用场景及功能的复杂性,简单采用 dppm 或 FIT 值来衡量其可靠性是不合适的。对此,汽车行业国家标准 GB/T 28046.1—2011(对应 ISO 16750-1:2006[⊖])《道路车辆电气及电子设备的环境条件和试验 第 1 部分:一般规定》对被测设备(Device Under Test,DUT)在试验期间及试验后所处的功能状态进行了清晰地分级,这个分级方法提供一个很好的参考。

GB/T 28046.1—2011 中的功能状态分为 A、B、C、D、E 共五个等级。

1)A 级:试验中和试验后,装置 / 系统所有功能满足设计要求。

2)B 级:试验中装置 / 系统所有功能满足设计要求,但允许有一个或多个超出规定允差。试验后所有功能应自动恢复到规定限值。存储器功能应符合 A 级。

3)C 级:试验中装置 / 系统一个或多个功能不满足设计要求,但试验后所有功能能自动恢复到正常运行。

4)D 级:试验中装置 / 系统一个或多个功能不满足设计要求且试验后不能自动恢复到正常运行,需要对装置 / 系统通过简单操作重新激活。

5)E 级:试验中装置 / 系统一个或多个功能不满足设计要求且试验后不能自动恢复到正常运行,需要对装置 / 系统进行修理或更换。

⊖ ISO 16750 的 5 个标准 (1~5) 已全部升级为 2023 版,即 ISO 16750-1/2/3/4/5:2023,发布时间为 2023 年 7 月,对应的国家标准 GB/T 28046 尚未更新,故本书仍沿用现行国标对应的 ISO 版本。

对于车载电子模块来讲，不同的应用场景下，对应的不同功能需要满足不同的可靠性等级，这从某种程度上提高了车载应用对电子模块可靠性的要求。如车门解锁的可靠性，车辆在正常非行驶状态下，即使偶尔解锁功能失效一次，乘客再次执行操作即可，这个偏差是可以接受的，也不会影响使用体验。但如果是在发生碰撞事故后，车门的自动解锁功能出现偏差或失效，那就可能关乎乘客的生命。

参考 ISO 26262-5：2018《道路车辆功能安全》（对应 GB/T 34590.5—2022）标准，若某个电子模块的某个功能定义的功能安全等级为 ASIL B，则其相应的硬件失效概率要求为 100 FIT，从某种意义上则可以认为其 MTBF 为 10^7h，即平均预期可安全工作时间为一千万 h，约等于 1141.5 年。而对于转向、制动等功能，功能安全等级要求则更高，达到 ASIL D 级别，为 10 FIT。ISO 26262-5：2018 对随机硬件失效目标值的规定见表 2-2。

表 2-2 ISO 26262-5：2018 对随机硬件失效目标值的规定

ASIL[①] 等级	随机硬件失效目标值	PMHF[②]（FIT）
ASIL D	$< 10^{-8}$ h^{-1}	<10 FIT
ASIL C	$< 10^{-7}$ h^{-1}	<100 FIT
ASIL B	$< 10^{-7}$ h^{-1}	<100 FIT

① ASIL：Automotive Safety Integrity Level，汽车安全完整性等级。
② PMHF：Probabilistic Metric for Random Hardware Failures，随机硬件失效概率度量。

2. 安全性要求

对车载应用来讲，电子模块的可靠性和安全性的侧重点有所不同。可靠性侧重于电子模块可靠地实现其相应功能而不发生故障或失效，而安全性则侧重于在其功能未达到设计要求或功能失效后带来的影响。安全性通常又可以分为两方面：一是财产安全，二是人身安全。

1）财产安全。如自动落锁功能失效导致车内财物被盗，或者电子模块防盗性能较差导致车辆被盗。

2）人身安全。车辆涉及人身安全的地方很多，但对隶属于电子电气系统的电子模块来讲，ISO 26262 标准是一个很好的参考。ISO 26262 标准涵盖的范围主要是与安全相关的电子电气系统（Electrica/Electronic Safety-Related Systems），如娱乐系统的音乐播放功能就不在此范围内。

对于需要考虑人身安全的电子模块功能，在功能失效后可以采取不同的安全机制，如 Fail-Safe（故障安全）和 Fail-Operation（故障工作），其目的是确保电子模块发生故障时，对驾驶员、乘客和行人所造成的危害风险降低，并控制在可接受的范围内。

以车辆的近光灯控制功能为例,如果电子模块的近光灯控制功能发生故障,Fail-Safe 的安全机制可以是强制开启近光灯功能(无论当前近光灯功能是否开启);而 Fail-Operation 的安全机制则可以是依据驾驶员的操作决定是否开启或关闭近光灯。相较于电子模块的正常工作状态,其差异在于 Fail-Operation 是电子模块的故障监测电路检测到电子模块故障后,将控制功能交给冗余控制电路。

电子模块设计中常用的 Limphome(跛行回家)功能就是一种冗余设计。如图 2-10 所示,Limphome 电路在电子模块正常工作时处于关闭状态,当监测电路检测到电子模块故障持续时间超过一定时间(如 128ms),监测电路便会输出一个 Limphome 信号,Limphome 功能便会被激活,电子模块进入 Limphome 模式,Limphome 电路将立即接管设定的控制功能。随后如果电子模块故障解除,Limphome 信号便会无效,Limphome 电路也即自动关闭,控制权将被重新交给电子模块。

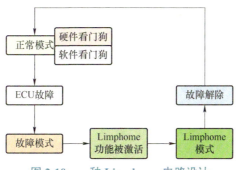

图 2-10　一种 Limphome 电路设计

2.3.4　长寿命要求

汽车作为一种特殊的工业消费品,其同时具有大宗消费品及耐用品的双重属性。大宗消费品意味着消费者的消费频次很低,耐用品意味着消费者对其使用寿命要求很高。通常来讲,车辆的设计寿命为 10~15 年,行驶里程为 20 万 ~30 万 km,乘用车的质保通常是 3 年或 6 万 km。而实际上一辆现代轿车的使用寿命很容易达到 15 年以上,行驶里程可达 100 万 km 以上。

对于车辆设计来讲,除易损件外,其他零部件必须做到整车等生命周期,这其中就包括所有的车载电子模块。除车辆使用寿命和行驶里程外,车辆生命周期还有其他一些维度数据,见表 2-3。

表 2-3 车辆生命周期维度数据对比

车型	寿命	运行时间	停车时间	启动次数	行驶里程
乘用车	15 年 / 131400h	10000h, 约 2h/ 天	121400h	10 万次冷启动, 其中 1/30 为热启动, 约 20 次 / 天	50 万 km
货车	15 年 / 131400h	50000h, 约 8 h/ 天	81400h	10 万次冷启动, 其中 1/30 为热启动, 约 20 次 / 天	200 万 km, 拖车 400 万 km, 约 6 万 km/月

长生命周期将带来两个问题：一个是电子模块的寿命问题，一个是电子模块的长期供货问题。

1. 电子模块的寿命

对一辆具体的车来讲，长生命周期意味着电子模块的寿命必须足够长，即在其寿命内必须可靠工作，且性能不发生劣化，这就意味着：

1）电子模块采用的电子元器件寿命必须满足要求，不能在设计寿命内出现参数及性能劣化。

2）电子模块设计时必须考虑元器件寿命老化带来的参数变化影响，保证电子模块在其寿命内必须可靠工作。

3）电子模块的 DV 测试必须包含长时间的寿命加速试验，如 1000h 以上的高温老化试验，以验证产品设计。

以电子模块设计中最常用的电阻器为例，电阻器是电路设计中最常见的一种电子元器件，电阻器按参数可以简单分为四个维度，即阻值、精度、功率及封装。在汽车电子模块设计时，电路计算通常不会按照电阻器的标称精度进行计算，如 5% 精度的电阻器，通常按照 8% 精度进行计算，这就是考虑了温度及寿命老化对标称精度的影响。

2. 电子模块的长期供货

对一个车型来讲，持续生产时间一般为 5~8 年，有时可长达数十年。而对电子模块来讲，OEM 为降低成本，经常将同一电子模块用于不同的车型，所以电子模块的供货时间通常远长于一个车型的生命周期，这就意味着：

1）电子模块采用的所有型号的电子元器件，其生命周期要足够的长，不能 3 年或 5 年就停产，导致需要重新选型或切换供应商。所以元器件的长生命周期是保证供货连续性的基础，汽车电子元器件的持续供货时间通常需要超过 15 年，甚至 20 年以上。

2）在漫长的车型生命周期内，零部件及车型的变更管理将变得极其重要。在此期间，不管是车型还是电子模块都会面临一系列的变更问题，同时由于汽车行业供应链极长且复杂，中间会涉及多级供应商的变更，包括原材料、生产工艺、生产场地等，进而带来产品重新测试验证及车辆的测试验证工作。

先解释几个汽车行业内的专业名词：

1) PCN：Product/Process Change Notification，产品/工艺变更通知。

2) PCR：Product/Process Change Request，产品/工艺变更请求。

3) SCR：Supplier Change Request，供应商变更请求。

以电子模块为例，如果用到的一个芯片的生产工艺发生了变更（实际上对电子元器件来讲这是经常发生的事情），芯片供应商会发 PCN 给电子模块供应商，对电子模块供应商来讲，这是一个 SCR。电子模块供应商在评估后会将其转化为内部的 PCR，即电子模块的变更，并通知汽车制造商（OEM）。OEM 在收到 SCR 后也会进行评估，并安排对新型号的电子模块进行测试验证，验证通过后才能切换新型号的电子模块。

汽车对高可靠性的要求叠加车型的长生命周期，必然带来汽车行业对零部件长期供货的稳定性、可靠性及一致性的要求，这就可以解释为什么汽车行业对变更管理如此重视，以及对变更流程的管控如此严格。

2.3.5 低成本要求

消费者在做购买汽车的决策时，成本是一个重要的考虑因素。而对 OEM 来讲，一辆车由上万个零部件组成，OEM 需要对几百家供应商进行成本管控，具体到每个汽车零部件的设计，成本就变得尤为重要。

一个电子模块通常由数百到上千个电子元器件及其他结构件组成，这就意味着电子模块制造商需要：

1) 在电子模块项目报价阶段，可以根据客户需求准确预估未来量产的产品价格。

2) 在设计阶段能够精确控制产品的物料成本、设计成本及测试成本。

3) 在量产后能够很好地控制产品的生产成本。

电子模块产品通常在设计前期就必须考虑系统方案的成本，设计阶段还需要经过几轮成本导向设计（Design To Cost，DTC）迭代，并且在电子模块生命周期内还要经历多轮成本优化，其中很重要的一个方法就是通过技术手段进行技术成本优化（Cost Technical Optimization，CTO），如进行低成本元器件替代，切换元器件供应商，采用新材料、新生产工艺等。

2.3.6 生产制造可行性要求

汽车作为大批量生产的工业消费品，畅销车型年产量超过十万辆、车型生命周期内超过百万辆是很常见的。而作为零部件的电子模块，因为存在较多不同车型共用的情况，电子模块的产量实际上会更大，这就要求电子模块在设计前期必须考虑大批量生产制造的可行性，汽车行业通常将之称为可制造性设计（Design for Manufacturability，DFM）。

以电子模块设计为例，DFM通常需要考虑：
1) 结构件是否便于生产装配。
2) 是否有相应的工装、夹具或设备。
3) 是否有特殊工装或工艺要求。
4) 结构件、连接器是否有防呆设计（如防装反等）。
5) 产品设计是否会导致生产一致性问题。
6) 壳体卡扣设计在装配时是否有听见"咔嗒"声。
7) 产品下线检测程序是否可覆盖产品的全部功能。

2.3.7 批量一致性要求

电子模块在大批量且长时间生产过程中，产品的批量一致性显得尤为重要。批量一致性主要取决于两方面：一是产品设计方面，二是产品生产方面。电子模块在设计时就必须考虑大批量生产时的一致性问题，这个主要通过产品设计和生产工艺共同来保证。而在产品量产后，由于产品的频繁变更带来的一致性问题则更为复杂和棘手，为此汽车电子行业针对产品变更制定了极为复杂、详细且严格的变更流程及变更规则。

对电子模块一致性产生影响的变更主要有以下几个方面：
1) 因电子元器件变更（材料、工艺、场地迁移等）引起的变更。
2) 电子模块本身设计缺陷引起的变更。
3) 采用新生产工艺引起的变更。
4) 客户新需求引起的变更。
5) 为满足新应用的变更。

电子模块制造商为保证变更前后产品的一致性，需要在变更前充分评估变更带来的影响，并在变更后进行充分的产品级测试及整车级测试。产品级测试通常包括功能测试及性能测试，测试项目依据变更内容不同差异较大。若变更影响较大，在完成功能测试之外，还需要进行多项性能测试，如高温运行、低温运行、耐久测试、电磁兼容性（Electro Magnetic Compatibility，EMC）测试等。为降低变更成本，通常在产品级测试完成后进行整车级测试。整车级测试的侧重点主要在功能测试方面，如无必要，一般不会进行整车级性能测试及实车道路测试。

2.4 电子模块车载应用条件

2.4.1 满足车载应用的条件

整体来看，一个电子模块需要同时满足以下几点，才可被认为满足了基本的车载应用的要求：

1）采用了汽车电子行业产品开发流程。
2）采用的电子元器件满足 AEC 标准。
3）电子模块的功能及性能满足行业标准要求。
4）电子模块的功能及性能满足客户标准要求。

以汽车电子 V 模型开发流程为例，典型的 V 模型开发流程如图 2-11 所示。

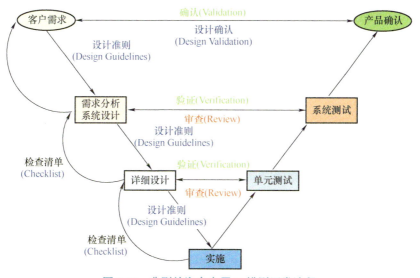

图 2-11 典型的汽车电子 V 模型开发流程

V 模型的最重要特点就是每个开发阶段都对应一个测试阶段，V 模型左侧为设计开发，右侧即为验证确认。另外，V 模型是一个高度严格的模型，下一阶段必须在上一阶段完成后才能开始，且每个阶段都有特定的可交付成果和审查过程，交付成果包括设计文档及测试验证文档。

2.4.2 相关的标准体系及流程

汽车电子行业的标准体系、流程及工具如图 2-12 所示。

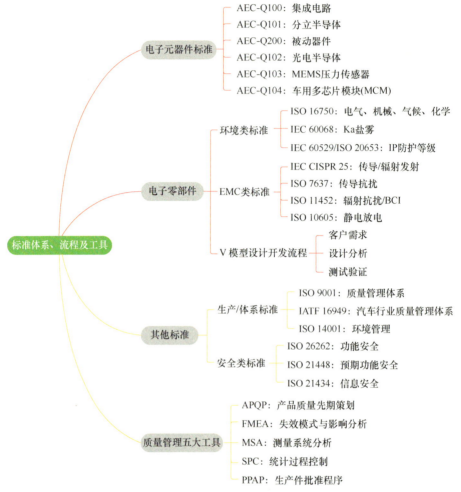

图 2-12 汽车电子行业的标准体系、流程及工具

汽车行业在近百年的发展过程中，出于对产品设计、测试、质量及管理体系标准化的需求，逐渐形成了完善的标准体系及设计制造流程，同时也采用了很多质量工具，以此来规范和指导汽车零部件的设计、制造及车载应用。汽车电子行业的标准、体系及流程众多，如针对电子元器件的 AEC 标准，针对电子零部件的 ISO 16750 标准，汽车行业质量管理体系的 IATF 16949 标准（2016年发布，替代原 TS 16949 标准），针对质量的 APQP（Advanced Product Quality Planning）工具及 PPAP 流程等。

2.4.3 设计的重要性

汽车行业的各种标准类似于社会的法律，如果一个人遵纪守法，不能说他是一个好人，但他一定不是坏人，因为法律是对人们行为底线的要求。同理，对于汽车电子模块来讲，满足各种汽车行业标准是车载应用的最基本要求，在此基础上，决定电子模块质量和可靠性的，是产品的设计分析、测试验证及变更管理，其本质是电子模块制造商的设计、制造及应用经验的积累，也就是通常说所的 Know-How（诀窍、技巧、专有知识），如产品的设计分析方法、各种检查清单（Checklist）、设计准则（Design Guideline）、测试用例（Test Case）、生产制造工艺、经验教训总结（Lessons Learned）等。

如图 2-13 所示，以汽车电子产品设计中的最差情况电路分析（WCCA）为例，WCCA 需要覆盖电路设计中的每一个电路、每一个电子元器件。WCCA 通常考虑两重情况的叠加，也就是说在考虑最高电压时，需要同时考虑最高温度，但不需要再考虑最高负载情况，这就是双重叠加。不同的温度和电压就会产生六种组合，也就是常说的三温三压。三温是指三种温度：-40℃，+25℃，+85℃；三压是指 9V、13.5V 和 16V（以乘用车 12V 系统、安装位置在座舱为例）。

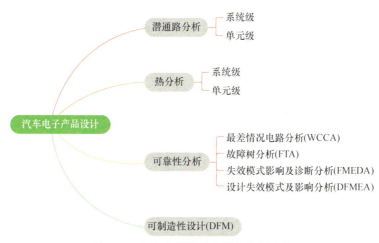

图 2-13　汽车电子设计常用的分析方法

WCCA 有一个测试无法替代的优势就是它可以根据元器件手册中的参数及设定的工作条件进行计算，而测试时使用的实际样品却无法覆盖所有的参数范围，毕竟测试的样品数量及试验室设备的测试范围终归是有限的，且有些工作条件无法或者很难模拟，而 WCCA 却可以通过一定的算法计算出来。这就意味着 WCCA 可以覆盖所有的元器件参数范围及产品的工作条件，而测试仅可以覆盖有限的情况；也就是说，WCCA 可以通过计算来分析电子元器件的性能，而最终的测试仅仅是一个确认、一个结果。

总的来讲，一个好的产品首先是设计出来的，测试仅仅是一种验证手段，其次才是生产，最后才是应用。设计得好，才能生产得好，然后才能用得好。如图2-14所示，通过设计阶段的产品测试可以发现元器件/电路的特性或者是缺陷，积累测试数据；通过产品的实际应用则可以发现应用中的问题，积累应用数据，设计就可以进行更新迭代，由第1代产品更新为第2代产品。长期不断的迭代后，通过各个环节就可以积累大量的数据及经验教训，最后便会形成对这个产品的专有知识，也就是常说的Know-How。

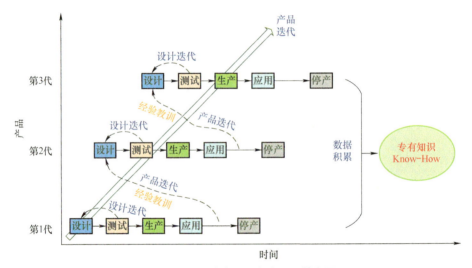

图2-14 设计的迭代及专有知识的积累

2.5 小结

本章从电子模块的基础功能实现入手，介绍了电子模块的基本设计原理，以及车载应用对电子模块的严苛要求，包括外部环境、电气及电磁环境、可靠性及安全性要求、寿命要求、成本要求、生产要求等；随后阐述了汽车电子行业的相关标准、体系及流程，给出了电子模块满足车载应用的条件；最后强调了设计对电子模块的重要性。

限于本章篇幅，环境要求部分并未展开。实际上。了解车载应用的环境条件对产品设计至关重要，环境条件是真实的物理世界，测试标准是人们对物理世界认知的总结和标准化，以此来规范和约束产品的设计及应用。

第 3 章将着重介绍汽车电子模块所面对的外部环境，包括气候环境、化学环境、振动、机械冲击、防尘防水等。

第3章 汽车电子模块的外部环境

汽车电子模块所面对的外部环境主要包括气候环境（包含温湿度、盐雾、防护等）、化学环境、振动、机械冲击、跌落等，如图 3-1 所示。

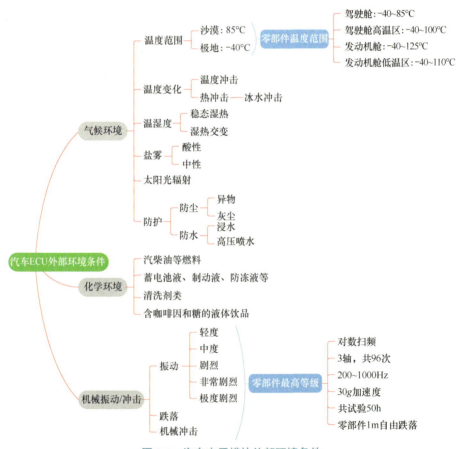

图 3-1　汽车电子模块外部环境条件

3.1 电子模块的高低温环境

对汽车电子设计来讲,温度范围属于气候环境的一部分。车载应用要求极宽的温度变化范围 T_A 是一个极大的挑战,因为对于电子元器件来讲,高温会带来很多问题。纵观各个行业,除航空航天及军事应用外,没有比车载应用要求更宽的温度变化范围了。

1. 温度分布

汽车电子模块所处的外部环境温度随季节的变化如图 3-2a 所示,冬季冷、夏季热。-40℃通常被认为是在冬季可以启动车辆的最低温度,而这个温度通常是针对车辆长时间室外停放后的第一次冷启动,热启动通常不会达到这个最低温度。同样对于夏季,车辆长时间露天停放后,车内温度很容易达到 85℃,但除发动机舱外,其他位置不存在长时间的持续高温 85℃。换句话说,-40℃和 85℃通常被认为是一个起始温度点,而非常态工作温度。通常认为的温度分布曲线如图 3-2b 所示。

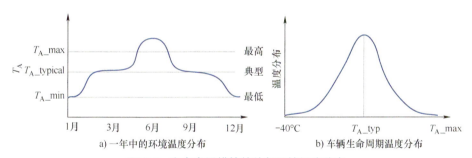

a) 一年中的环境温度分布 b) 车辆生命周期温度分布

图 3-2 汽车电子模块的外部环境温度分布

2. 电子模块的内部温度

对汽车电子模块来讲,所有的电子元器件均被焊接在 PCB 上,并被安装在电子模块壳体内部,元器件发热导致元器件之间互相加热,叠加壳体密封、内部空气不流通等因素,从设计角度来讲,通常认为在工作状态下,电子模块内部元器件所处的环境温度比外部环境温度高 15℃左右。

电子模块内部元器件所处环境温度计算公式为

$$T_{ECU} = T_A + 15℃ \tag{3-1}$$

式中,T_{ECU} 为电子模块内部温度,单位为℃;T_A 为外部环境温度,单位为℃。

3. 电子模块的温度范围要求

对于车载应用,通常要求电子模块的最低温度为 -40℃,而最高温度要求则取决于电子模块的具体安装位置和应用。根据车载应用的特点,按照温度要求从低到高，电子模块的安装位置大概可以分为五种：驾驶舱低温区、驾驶舱、驾驶舱高温区、发动机舱低温区、发动机舱（任意位置）。驾驶舱低温区环境温度要求最低，范围为 –40~70℃；发动机舱最高环境温度要求范围为 –40~125℃。满足此要求的电子模块可以安装于发动机舱任意位置。电子模块根据其安装位置的不同，环境温度范围见表 3-1。

表 3-1 电子模块环境温度范围

最低温度 T_{min}/℃	最高温度 T_{max}/℃	安装位置
–40	70	驾驶舱低温区
–40	85	驾驶舱
–40	100	驾驶舱高温区
–40	110	发动机舱低温区
–40	125	发动机舱（任意位置）

4. 对电子模块设计的要求

高低温及温度变化对电子模块的影响见表 3-2。

表 3-2 高低温对电子模块的影响

环境条件	真实环境	影响
持续低温暴露	–40℃低温环境持续 24h 以上，如冬季露天停车	电子元器件、零部件低温失效或性能劣化，如电容器电解液受冻失效造成故障，低温导致液晶屏不工作等
持续高温暴露	85℃高温环境持续 48h 以上，如夏季露天停车	持续高温导致塑料壳体变形、面罩变形，或电子元器件高温性能退化造成故障
温度变化	温度反复变化或急剧变化，如驾驶舱内夏季打开空调前后	1. 材料因机械应力或材料缺陷造成破裂失效 2. 不同的温度膨胀系数的材料机械破裂，造成密封失效 3. 电路板焊盘产生裂纹造成电气故障 4. 电子元器件因应力造成破裂导致失效
	冰水冲击，如车辆冬天在有水路面上行驶时，冷水溅到热的电子模块上	不同的温度膨胀系数的壳体材料机械破裂，造成密封失效

针对温度带来的问题，设计电子模块时需要注意：
1）选用符合温度等级要求的元器件及零部件。
2）选用符合温度等级及性能的材料。
3）电路设计及结构设计应考虑温度影响。
4）根据应用环境要求对设计进行测试确认。

3.2 防护相关的环境

从范围上讲，湿度、盐雾、防尘防水等相关环境均属于气候环境的一部分，但对电子模块设计来讲，因其均属于结构及产品防护相关的环境要求，本质上可以将其与化学环境放在一起进行考虑。

3.2.1 湿度及盐雾环境

1. 湿度相关

湿度相关环境包括持续高温高湿、湿热交变、冰水冲击等。

汽车电子模块要求在所有的湿度范围（相对湿度10%~100%）内均能够工作。对电子模块来讲。最大的挑战是持续高温高湿和高湿条件下的水汽，以及温度急剧变化带来的凝露的影响。

1）高温高湿环境下，电子模块长时间工作后下电冷却，壳体内温度下降，外部温度较高的水汽就会被吸入壳体内部。

2）水汽可能进入某些电子元器件内部，导致元器件故障或损坏。

3）高相对湿度会引起电气故障，如PCB因潮湿产生漏电流。

4）高相对湿度可能导致线路板产生腐蚀、软化、变形、霉变等问题。

5）湿气在电子模块内部冷凝、结露，凝露附着在线路及电子元器件上，导致电路出现故障。

6）凝露叠加灰尘形成污垢，附着在线路及电子元器件上，导致电路出现故障。

7）湿气在外部冷凝、结露后，水滴进入电子模块内部，导致电路出现故障。

2. 盐雾

盐雾环境则主要是在北方冬天下雪后，公路上会施加融雪剂（主要为氯盐类）来加速积雪融化，电子模块需要考虑抵御融雪剂带来的盐雾及盐水影响。

1）因盐水泄漏或渗入导致电路短路或腐蚀等，产生电气故障。

2）盐雾、盐水对壳体及相关材料的腐蚀带来外观影响。

3）盐雾、盐水对壳体及相关材料的腐蚀导致机械性能下降。

4）盐雾、盐水对壳体的腐蚀导致防护性能下降。

3. 化学环境

化学环境主要是考虑电子模块可能接触某些化学试剂，因此电子模块必须能够抵御这些化学试剂的影响，这些影响主要是对壳体而言。

化学试剂按类型主要有汽柴油等燃料、蓄电池液、制动液、防冻液、防护漆、含咖啡因和糖的液体饮品类等。按电子模块的安装位置可大致分为以下三种：

1）发动机舱，包括汽柴油等燃料、蓄电池液、制动液、防冻液、清洗剂类、防护漆等。

2）驾驶舱、行李舱，包括含咖啡因和糖的液体饮品类、蓄电池液等。

3）外部，包括含咖啡因和糖的液体饮品类、清洗剂类、防护漆等。

湿度、盐雾及化学环境对电子模块设计来讲，本质上均属于结构及产品防护相关的环境要求，设计上均可以通过材料、壳体及连接器的密封设计或PCBA的防护设计来达到防护要求。

3.2.2 防护等级

对车载应用来讲，最低防护等级仅要求防尘即可，也就是IP5X，而最高防护等级则要达到IP68或IP6K9K。

1. IP防护等级

IP防护等级第1位特征数字表示防止固体异物（异物及尘土）进入的防护等级（第一位特征数字还表示对接近危险部件/人体防护的防护等级，因本书不涉及，在此不做描述），第2位特征数字表示防止水进入的防护等级，0表示无防护，某一位不做要求可用X代替，如IPX5即表示无防尘要求。IP防护等级有两个国家标准、两个国际标准，对比见表3-3。

表3-3 IP防护等级国家标准与国际标准的对比

标准号	状态	标准名称	备注
GB/T 4208—2017[①②]	现行	外壳防护等级（IP代码）	依据IEC 60529：2013，无带K等级，最高防水等级为9（2008版升级至2017版后增加了第2位特征数字9）
IEC 60529：2013	现行	Degress of protection provided by enclosures（IP Code）	
GB/T 30038—2013	现行	道路车辆 电气电子设备防护等级（IP代码）	依据ISO 20653，有带K等级，最高防水等级为9K
ISO 20653：2006，MOD	现行	Road vehicle-degress of electrical equipment protection（IP-Code）	

① GB为强制性国家标准，GB/T为推荐性国家标准。
② GB 4208—1993实施于1994年，为GB强制性国家标准，在2009年被GB/T 4208—2008取代，强制性转化为推荐性标准，并于2018年被GB/T 4208—2017取代。

GB/T 4208—2017（对应的国际标准为 IEC 60529：2013）与 GB/T 30038—2013（对应的国际标准为 ISO 20653：2006）目前在行业内都在使用，常见的两位数字无字母的 IP** 等级依据的是 GB/T 4208—2017，而带字母的 IP 防护等级依据的是 GB/T 30038—2013。这两种 IP 防护等级的国家标准的对应关系见表 3-4，表中根据防尘及防水分别对两个标准进行了详细的对比分析。

表 3-4　不同标准 IP 防护等级的对应关系

防尘/防水	GB/T 4208—2017 及 IEC 60529：2013 防护等级	GB/T 30038—2013 及 ISO 20653：2006 防护等级	备注
防尘	0 或 X	0 或 X	0 表示无防护，X 表示不做要求
	1~4	1~4	等级一一对应
	5	5K	5 等同于 5K，防尘（不能完全防止尘埃进入，但进入的灰尘量不得影响设备正常功能及安全）
	6	6K	6 等同于 6K，尘密，即无灰尘进入
防水	0, 1, 2, 4, 7, 8	0, 1, 2, 4, 7, 8	等级一一对应，0 为无防护，1 为垂直滴水，2 为防 15° 滴水，4 为溅水，7 为短时浸水，8 为连续浸水
	3, 淋水	3, 喷水	
		4K, 加压溅水	GB/T 4208 无此等级
	5, 喷水	5, 高速喷水	
	6, 猛烈喷水	6, 强高速喷水	
		6K, 增压高速喷水	GB/T 4208 无此等级
	9, 高温/高压喷水	9K, 高压/蒸汽喷射清洗	

2. 电子模块防护要求

根据电子模块的具体安装位置和应用，参考 GB/T 28046.4—2011，推荐防尘防水等级见表 3-5。

表 3-5　电子模块的防尘防水等级推荐

安装位置	防尘防水等级推荐	防尘	防水
发动机	IP6K9K	6K，尘密	9K，高温高压喷水
驾驶舱	IP5K0	5K，防尘（进入的灰尘量不得影响正常功能及安全）	不要求

(续)

安装位置	防尘防水等级推荐	防尘	防水
行李舱	IP5K0	5K，防尘	不要求
车身/车架	IP5K4K 或 IP6K9K	5K 或 6K	4K，防强烈溅水或 9K，防高温高压喷水
底盘簧上	IP5K4K 或 IP6K9K	5K 或 6K	4K，防强烈溅水或 9K，防高温高压喷水
底盘簧下	IP6K9K	6K，尘密	9K，防高温高压喷水

3.2.3 对电子模块设计的要求

电子模块根据安装位置及应用要求的不同，防护相关的设计如下：

1）对于驾驶舱或行李舱等不要求防水的应用，如 IP5K0 或以下防护等级，仅需要考虑防异物、防尘及防潮设计的，可以采用 PCBA 涂覆三防漆（也称三防胶）的方案，成本较通过壳体密封实现防护的方案要低得多。

2）对于有耐盐雾要求的应用，必须考虑壳体及连接器的防护设计，同时考虑金属材料的耐腐蚀能力，以及 PCBA 涂覆三防漆，以防盐雾渗入导致电路短路或腐蚀，产生电气故障。

3）对于有简单防尘防水要求的应用，如 IP54 或以下防护等级，可通过外加防护罩或安装方向的改变来实现防护效果，如防护罩对水平安装的电子模块有一定的防护效果，垂直安装可对垂直滴水有一定的防护效果。

4）对于 IP54 以上的防护等级，通常需要考虑壳体及连接器的防护设计，即壳体采用密封设计，同时采用防水连接器。壳体材料设计必须考虑温湿度、温度变化、盐雾及化学试剂的影响。

5）电子模块在安装时必须考虑线束走向的影响。

如图 3-3 所示，汽车电子模块安装时必须考虑线束走向对防水的影响。根据电子模块安装方向的不同，线束需要一个垂直向下的 U 形折弯来形成一个水滴的滴落回路，使水滴在沿线束流动时能够通过滴落回路滴下，而非沿线束进入电子模块内部，引起腐蚀及短路故障。

另外，线束的滴落回路还可以避免极端情况下，水汽沿线束内部（如沿导线），通过防水连接器内部端子直接进入密封的电子模块内部，引起腐蚀及短路故障。

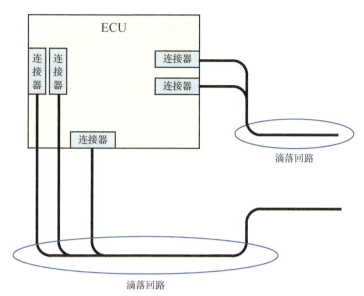

图 3-3 汽车电子模块安装方向及线束走向对防水的影响

3.3 振动及机械冲击

振动及机械冲击均属于机械负荷的范围。

1. 振动

根据电子电气系统在车上的安装位置及应用情况的不同,承受的振动严酷等级也不同。直接安装在车上和通过支架安装,所承受的机械负荷也不相同,通过支架安装可明显降低机械振动对电子模块的影响。

同时,车辆需要在所有温度范围内运行,所以对电子模块来讲,还需要考虑最低温度和最高温度情况下的机械振动应力影响,如塑料零件在高温下变软或低温下变脆而不能经受所需的加速度导致变形或断裂。

车载环境的振动包括发动机带来的正弦振动,以及车辆在不平路面行驶引起的车身随机振动,长期的振动叠加材料老化可能导致材料疲劳断裂。

另外,商用车振动严酷等级同等情况下高于乘用车。

2. 机械冲击

机械冲击不同于机械振动,振动通常是连续性的,而冲击多为单次性的,例如:

1)电子模块在装车前遭受的机械冲击,如在工厂内的自由跌落及运输过程中的包装跌落。

2）猛烈关门时，安装在车门里或车门上的电子模块将承受猛烈的机械冲击。

3）车辆高速驾驶越过路边石头或坑洼带来冲击。

4）安装在变速器上的电子模块遭受的换档冲击。

5）安装在外部的电子模块壳体遭受的砂石轰击。

机械冲击可能导致电子模块内部较大或较重的元器件（如电容器、电感器）因引脚断裂或焊盘脱落而与PCB脱离。

3. 对电子模块设计的要求

对电子模块设计来讲，抗机械振动及冲击能力主要和材料设计及机械结构设计相关，而电子设计方面则主要考虑元器件选型及生产工艺方面，例如：

1）结构设计方面，需考虑极限温度情况下材料对机械振动应力的耐受程度，成本及安装条件允许的情况下，可以增加支架降低机械振动及冲击的应力影响。

2）较大、较重的电子元器件选型时需要关注其抗振动性能，如直径8mm及以上的电解电容器，需要选取抗振动的型号，如图3-4所示。

a) 选用抗振型号的元器件　　　　b) 采用打胶工艺加固

图3-4　电子元器件的打胶工艺及抗振型号的元器件

3）电子元器件较少使用打胶工艺进行加固，虽然这种工艺在消费级及工业级产品中经常使用。对车载应用来讲，首先非自动化的打胶工艺很难做到较高的生产一致性，其次打胶工艺的长期可靠性也很难得到保证。如图3-4所示，消费级及工业级产品针对较大或较重的元器件通常采用打胶固定的方式，这就是用生产工艺来解决元器件的性能问题。而车载应用则会通过采用抗振型号的元器件来解决振动问题，两者解决问题的思路有根本的不同，即能通过设计解决的问题就不通过工艺来解决，因为相较元器件的一致性和可靠性，工艺的一致性和可靠性都更差，更难以得到保证。

3.4 小结

本章主要介绍了汽车电子模块的环境要求，包括内外部环境温度、防护相关的温湿度条件、防护等级的相关标准，以及机械振动、冲击等外部环境对电子模块设计的要求。环境条件是真实的物理世界，了解车载应用的环境条件对产品设计至关重要，温湿度及机械要求是对电子模块车载应用的基础要求，了解这些相关信息是进行汽车电子模块设计及应用的基础。

第4章将着重介绍汽车电子模块所面对的电气及电磁环境，包括车辆的供电方式、车辆的电气系统及负载特性、电子模块要承受的电压范围，如反向电压、欠电压及过电压等，以及由整车电子电气系统产生的各种干扰、电子模块因此需要达到的抗干扰等级等。

第4章
汽车电子模块的电气及电磁环境

20世纪50年代后期，硅二极管整流器技术逐渐成熟。1960年，克莱斯勒旗下的普利茅斯推出了一款装备了交流发电机（Alternator）的车型（即Plymouth Valiant，普利茅斯勇士）。在此之前，汽车上普遍使用的是直流发电机（Generator），虽然直流发电机可以直接给车辆和电池进行供电，而交流发电机则必须通过整流器将交流电转变成直流电才能供车辆使用；但交流发电机在可靠性、成本及功率等方面均全面优于直流发电机，直流发电机在汽车领域便很快被交流发电机取代。图4-1为汽车用交流发电机及整流器，整流器的外形虽然一直在改变，但是其电气原理却一直并未改变。

a) 汽车交流发电机　　b) 发电机整流器　　c) 整流器电气原理

图4-1　汽车用交流发电机与整流器

有了低成本、可靠及充足的电能，汽车电子电气设备及相关技术也随之迎来了大爆发。汽车用电设备从最初的灯光、刮水器、收音机，发展到动力系统也使用电能的纯电动车。从1960年到现在半个多世纪的时间里，汽车中电子设备价值的整车占比跃升了10倍以上。随着车载用电设备的增加及发电机功率的不断提高，整车的电气环境也越加复杂，而这便是各电子电气零部件包括电子模块在设计时所要面临的挑战。

汽车电子模块面对的电气环境主要包括宽电压范围供电、供电电压变化、反向电压、电压瞬降、跳线启动、过电压、启动特性、地漂移、抛负载等，如图 4-2 所示。

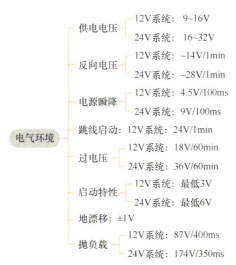

图 4-2 汽车电子模块面对的电气环境

4.1 车辆的供电方式

基于成本及可靠性等原因，经过半个多世纪的发展，汽车行业普遍采用单线制供电及负极搭铁的电气设计。如图 4-3 所示，蓄电池和发电机通常直接并联，通过电源正极为整车供电，而蓄电池负极则直接连接车体金属部分（俗称搭铁），车体作为整车电源的负极（GND）为电流返回提供回路。

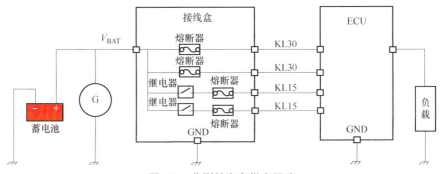

图 4-3 典型的汽车供电回路

4.1.1 单线制供电

单线制供电是指在汽车电气系统中，从电源到用电设备只用一根导线进行供电，而用汽车车身、底盘、发动机等金属机体作为另一根公共导线，从而形成一个完整的供电回路。单线制供电不同于常见的住宅及工业应用的多线制供电，如住宅供电，每个用电设备或插座都需要单独的相线、中性线及地线，如图 4-4 所示。

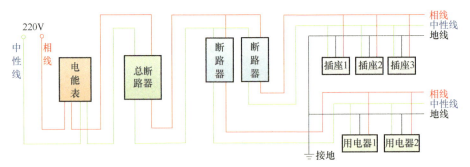

图 4-4　住宅 220V 供电回路

汽车的单线制类似于电气化铁路中利用铁轨作为公共导线的设计，这种设计可以有效利用车身、底盘等金属部分作为供电回路，可优化车辆电气设计，节省导线，使线路简化清晰。同时电子电气零部件也不需要与车体绝缘，方便维护及检修，所以现代车辆的电气系统设计普遍采用单线制供电。如图 4-5 所示，整车电源正极通过接线盒进行电源分配，为控制器及负载供电，电源负极在用电器所在位置附近就近接搭铁，从而形成一个完整的供电回路。

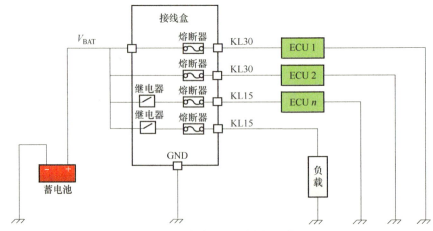

图 4-5　汽车单线制供电回路

4.1.2 负极搭铁设计

在单线制供电中,通常会将蓄电池的一个电极直接连接车体,汽车行业称为搭铁,连接点则称为搭铁点。若蓄电池的负极与车体相接,就称负极搭铁,反之为正极搭铁。无论乘用车还是商用车,大都采用负极搭铁设计,而按照国家标准规定,国产汽车电气系统均需采用负极搭铁,所以在汽车行业,如无特殊说明,搭铁默认为负极搭铁。

对于负极搭铁的电气系统,蓄电池负极作为电源的初始零电位,在负极搭铁后,从整车电气系统来讲,整车搭铁(车身钣金、底盘或者发动机零部件等)是互相导通的,都可以看作是电源的"地",也就是电气原理图中的GND。图 4-6a 为蓄电池搭铁设计,图 4-6b 为车身搭铁设计,可见一个搭铁点通常有多根电线接入,共用一个搭铁点,以降低成本。

a) 蓄电池搭铁设计   b) 车身搭铁设计

图 4-6 蓄电池搭铁及车身搭铁设计

整车搭铁设计需要考虑电子电气零部件的安装位置,结合零部件的功能、技术要求、负载特性及具体搭铁类别,对各零部件进行搭铁分配设计,以保证车上各零部件的良好工作状态。通常设计原则如下:

1)就近搭铁。尽可能缩短搭铁回路长度,减小回路的电压降,降低线束成本和质量以及布线难度。

2)重要等级较高或安全等级较高的电子模块,如发动机 ECU、ABS 等,需要单独搭铁,或者多个地线进行多点搭铁及冗余搭铁(如安全气囊系统),这样即使一个搭铁点失效,仍能保证重要的 ECU 正常工作。

3)传感器、弱信号或易受干扰的用电器搭铁应远离大功率搭铁点,或设置单独 GND 回路,避免干扰。

4)大功率、强干扰负载单独搭铁,既可以缩短回路长度、减小电压降,又可以减小各子系统之间不必要的互相干扰。

5)一般负载或用电器可根据其三维布置位置、环境,选择性地共用搭铁,以降低装配复杂度及线束系统成本。

图 4-7 为常见的几种搭铁设计，由左至右分别为单点搭铁、多点搭铁、多点冗余搭铁，可靠性依次提高，但成本也依次提高。对于安全性等级要求较高的功能，建议采用多点冗余搭铁方式，以提高设计可靠性。

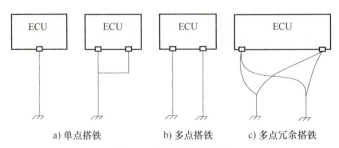

a) 单点搭铁　　　b) 多点搭铁　　　c) 多点冗余搭铁

图 4-7　汽车搭铁设计

理想情况下，每个电子电气零部件均采用就近单独搭铁，但这样势必会造成整车搭铁数量过多，增加装配复杂性以及整车质量和成本。因此，在满足设计要求的情况下，需要尽可能减少搭铁点的数量，合理地对搭铁点进行合并及共用。

表 4-1 为乘用车部分搭铁点设计。由表 4-1 可知，蓄电池负极有 3 个搭铁点，分别为 G01、G02 和 G03；发动机 ECU 因重要等级、安全等级均较高，为了保证 ECU 的正常工作，进行了搭铁冗余设计，所以有 G16 和 G17 共两个搭铁点，且每个搭铁点均为双线设计；同时 ABS 控制模块也是双线搭铁设计，这些都是考虑安全性及可靠性的冗余设计。

表 4-1　乘用车部分搭铁点设计

隶属	所属线束	接地点	编号	功能
乘客舱	仪表板线束	中间通道接地点	G04	空调、点烟器
			G05	空调控制模块
			G06	组合仪表功率地、前风挡玻璃洗涤泵
	安全气囊线束		G07	安全气囊（双线搭铁）
	仪表板线束	右前立柱接地点	G08	防盗控制模块、组合仪表信号地、音响、诊断仪
			G09	右前门、右转向灯
	座舱线束	横梁接地点	G10	燃油泵、油量计、左前门
	后部线束	左 C 柱接地点	G11	左右后组合灯、后窗除雾、行李箱

(续)

隶属	所属线束	接地点	编号	功能
发动机舱[①]	冷却风扇线束		G12	冷却风扇电动机
	前部线束		G13	前窗、空调鼓风机、左侧灯光、喇叭、刮水器电动机
			G14	自动变速器控制模块（双线搭铁）、车速传感器
		左挡泥板接地点	G15	ABS 控制模块（双线搭铁）
	发动机线束		G16	发动机 ECU（双线搭铁）
			G17	发动机 ECU（双线搭铁）
	蓄电池负极电缆		G01	蓄电池负极搭铁
			G02	蓄电池负极搭铁
		发动机支架接地点	G03	蓄电池负极搭铁
	前部线束	右挡泥板接地点	G18	右前侧灯光
	发动机线束	发动机支架接地点	G19	空调压缩机离合器、点火线圈、车速传感器

① 发动机舱所有接地点须防水保护。

4.1.3　负极搭铁带来的问题：地漂移

车辆的负极搭铁单线供电架构，在节省导线、降低线束成本、方便设计及维护的同时，也带来一个必然的问题，那就是会导致整车并没有一个相同的 0V 参考地。从理论上来讲，蓄电池负极是整车的唯一参考地，电压为绝对的 0V。其他 ECU 及用电器的 GND 接在整车搭铁上，因不同的搭铁点分布在整车的不同位置，受接地回路阻抗及大功率负载的影响，不同接地点相对于蓄电池负极的绝对 0V 来讲，都是高于 0V 的。而对于不同接地点之间的相对电压，则是随着车辆的不同运行工况在不断改变，相对电压有高有低，即这个电压可能是正的，也可能是负的。这种不同接地点之间参考地的电压漂移现象称为地漂移，也称地偏移（Ground Offset），这个电压称为地漂移电压，通常用 V_{shift} 来表示。

根据 GB/T 28046.2—2019《道路车辆　电气及电子设备的环境条件和试验　第 2 部分：电气负荷》（对应 ISO 16750-2：2012）的规定，地漂移的电压范围为 (1 ± 0.1)V，而按照 ISO 11898-3：2006《道路车辆—控制器局域网

（CAN）第 3 部分：低速，容错，介质相关接口》，这个电压则被定义为 ±1.5V。

地漂移电压对用电设备的工作本身是没有影响及危害的，毕竟车辆的电压本来就是随车辆的运行工况而不断波动的。但是这个电压却会给开关信号检测、传感器应用及车载通信带来一些麻烦，尤其是采用模拟信号的传感器应用。

以图 4-8 为例，三个搭铁点与蓄电池负极均存在电压差，ECU1 的参考地为 G1，ECU2 的参考地为 G2。如果 ECU1 去检测一个接在 G2 搭铁点的开关信号，在开关闭合时，ECU1 检测到的电压通常并不是 0V，如可能是 1V，这个 1V 的电压就可能会导致 ECU1 判断错误，所以在设计信号检测电路时必须考虑地漂电压的影响。对于乘用车 12V 系统来讲，最低电压通常被认为是 9V，如果这时再叠加地漂的影响，对电路设计及软件检测就提出了一定的要求。

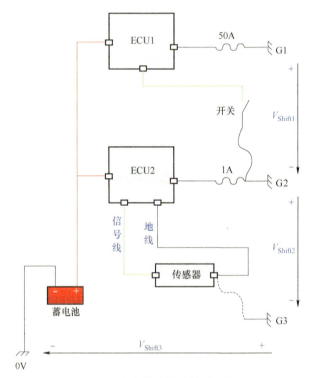

图 4-8　多点搭铁带来的地漂移

开关信号作为数字信号受地漂移影响较小，但传感器信号通常为模拟信号，更容易受到地漂移的影响。以图 4-8 为例，传感器的地如果接在 G3 搭铁点，则传感器的输出信号参考地即为 G3，而 ECU2 的参考地为 G2，同时

G2 与 G3 的电压差不断变化，从而给 ECU2 的信号检测带来麻烦。通常的做法是由 ECU2 为传感器提供 GND，以保证传感器信号的准确。当然这需要额外的一根电线，会增加成本，不过传感器的电流通常都很小，线束线径也较小，为了提高信号的可靠性，这种较低成本的增加是合适的。

4.2 蓄电池、发电机及 DC/DC

车载电子电气设备不同于采用稳定电源供电的消费类设备或工业设备，也不同于纯粹采用电池供电的移动设备，车载电子电气设备的供电电压波动范围要大得多。各种应用的电压范围对比见表 4-2，可见车载应用的电压变化范围相对而言要大得多，这也就意味着车载电子设备要应对的电源环境要复杂得多，设计要求也要高得多。

表 4-2 各种应用的电压范围对比

应用	电力来源	电压范围
移动设备	3.7V 锂电池	3.7~4.2V
消费/工业	12V/24V 直流电源	电压精度 1%
乘用车	发电机 12V 蓄电池	9~16V
商用车	发电机 24V 蓄电池	16~32V

为什么车辆的供电电压范围这么宽？电压波动这么大？这就需要先了解车辆的电气系统。无论是采用内燃机的传统车辆，还是采用混合动力或纯电动力的新能源车辆，其本质上都采用了双电源供电系统。

1）启动电源。启动电源通常是一块铅酸蓄电池。车辆熄火后，随着发动机熄火以及高压系统下电，车辆在失去动力的同时，也失去了一个持续稳定的提供电能的电源，这个电源或者是发电机，或者是高压动力电池。熄火状态下，车辆再次启动以及一些其他系统工作所需的电能便由启动电源提供。某些带启停功能的乘用车还会额外再增加一个专门的启动蓄电池供启停系统使用，商用车则通常单独增加一组蓄电池为驻车空调供电。启动电源主要有三个功能：一是为车辆再次启动提供电能，无论是内燃机启动或者是高压动力电池上电，都需要通过 12V/24V 低压系统；二是为熄火状态下的用电设备提供电能，如照明系统、影音娱乐系统、电动门锁及防盗系统等；三是在车辆行驶过程中，保持整车电源系统电压稳定及提供安全备份，如在大功率设备启动时保持整车电压稳定,以及在发电机故障时为整车供电,保证车辆行驶安全。

2)行车电源。通常为发电机或高压到低压的直流/直流变换器(DC/DC),行车电源可以为车辆低压电气系统提供持续稳定的电能。对燃油车来讲,发电机的供电电流能力通常为100A左右,而对纯电动车来讲,DC/DC变换器的功率通常为3~6kW。

4.2.1 蓄电池

目前绝大多数车辆,无论是燃油车或新能源车,还是乘用车或商用车,几乎全部采用可充电铅酸蓄电池作为启动电源,这是由铅酸蓄电池的众多优势所决定的。

1. 铅酸蓄电池的车载应用历史

从1859年可充电铅酸蓄电池问世,到1920年实现大批量车载应用,至今百年间铅酸蓄电池的基本原理并未发生大的改变。在1912年电启动器被发明之前只有极少车辆配备蓄电池,直到1920年大多数新车都标配电启动器后,汽车蓄电池成了必需品。最早的铅酸蓄电池电压为6V,已经足够满足当时的应用需求。

随着车辆发动机以及其他电气系统对电力需求的增加,到20世纪50年代,多数车辆已经开始使用12V铅酸蓄电池。常见的12V铅酸电池由6个2V电池串联组成,如图4-9所示,每个2V电池包含2个极板,所以一组12V蓄电池总共有12个极板。而商用车则因为柴油发动机系统对电力的需求,通常采用两组12V电池串联组成24V系统,以支撑其巨大的启动电流及较长的启动时间。一旦车辆启动、发动机运转或高压系统上电,交流发电机或DC/DC就会接管车辆的电源供应为整车提供电力。

图4-9 汽车铅酸蓄电池

2. 铅酸蓄电池的特性

铅酸蓄电池大规模用于车载应用已长达上百年，且即使在纯电动车大量普及的今天，依然没有被锂电池所取代，这是由其具备众多重要的特性所决定的。

锂电池的优势是功率密度高、体积小。但其缺点同样明显，价格高、极易受温度影响，且安全性远低于铅酸蓄电池。车载应用，尤其对传统燃油车来讲，蓄电池通常被安装在发动机舱，以便缩短蓄电池与起动机之间的距离。安装在发动机舱的设备所需满足的环境温度范围很宽，尤其是对高温的要求极高，通常需要达到105℃以上，而锂电池则通常不耐高温。锂电池的最佳工作温度范围和人体差不多，冬天需要加热，否则容量及充电性能都会急剧下降；夏天需要降温，否则放电性能及安全性都有问题，这种特性决定了其无法用于发动机舱应用。当然目前有些启停车型采用吸附式玻璃纤维棉（Absorbed Glass Mat，AGM）电池，安装位置位于行李舱下方，温度相较发动机舱可以大幅降低，电池的寿命也可以得到大幅提高。AGM电池寿命与温度的关系如图4-10所示。由图4-10可见，AGM电池的使用寿命与环境温度相关，随着环境温度的升高，其使用寿命逐渐缩短。

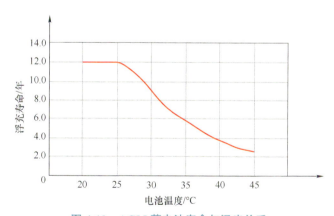

图4-10 AGM蓄电池寿命与温度关系

铅酸蓄电池相对锂电池来讲，价格低廉、体积大、质量大，但工作温度范围及安全性均要高出很多。另外铅酸蓄电池很适合短时间、高强度放电及小电流慢充，这种特点特别契合燃油车的应用。在车辆启动时，可以短时间内为起动机提供极大的启动电流，而在车辆启动后，又可以通过发电机对其进行缓慢的充电。不同容量铅酸蓄电池的充放电特性参数（25℃）见表4-3。其中C表示蓄电池的充放电倍率，定义为：充放电倍率 = 充放电电流 / 额定容量，如额定容量为40A·h的电池，用40A电流进行放电时，其放电倍率即为1C。

表 4-3 不同容量铅酸蓄电池的充放电特性参数（25℃）

充放电特性	28A·h	40A·h	52A·h	100A·h
最大充电电流 /C	0.15	0.3	0.3	0.3
内阻 /mΩ	6	8.5	5.9	3.5
1C 放电时间 /min	43	30~40	30~40	30~40
2C 放电时间 /min	18	10~15	10~15	10~15
3C 放电时间 /min	9	7~8	7~8	7~8
4C 放电时间 /min	6	5	5	5
最大放电电流		400A/5s	500A/5s	800A/5s

表 4-3 中，以 40A·h 蓄电池为例，1C 即为 40A，其最大充电电电流为 0.3C 也就是 12A，通常铅酸蓄电池的推荐充电电流为 0.1C 左右。同时，铅酸蓄电池的瞬时放电能力很强，以 40Ah 蓄电池为例，其 5s 最大放电电流可达 400A，而 100A 的蓄电池能达到 800A，这种充放电电流特性很适合车载应用。但铅酸蓄电池并不适合持续的大电流充放电，通常来讲，超过 1C 的充电电流和超过 5C 的放电电流都称为高电流。

铅酸蓄电池的容量通常以 20 小时率额定容量（C20）来定义，即蓄电池在 25℃ 环境温度下，以 20 小时率额定容量的 1/20 电流放电至终止电压为 10.5V 所产生的电量。表 4-4 中，40A·h 蓄电池以 1/20C 的电流（2A）持续 20h 所释放出来的电量总和即为蓄电池的容量，也就是说释放出了 100% 的电池容量。放电电流越大，放电时间越短，同时释放出来的电量占额定容量的比例也越低。如以 1/10C 电流 10h 可释放出 95% 的电量，而以 0.6C 电流 1h 则仅可释放出 60% 的电量。

表 4-4 40A·h 铅酸蓄电池的放电特性参数（25℃）

放电时间 /h	放出容量 /A·h	百分比	电流 /A	放电倍率 /C
20	40	100.0%	2	1/20
10	38	95.0%	3.8	1/10
5	33.5	83.8%	6.7	0.2
1	24	60.0%	24	0.6

如图 4-11 所示，40A·h 蓄电池以 2A 电流持续放电可达 20h，而以 2C（80A）电流放电 10min 后端电压便急剧下降，放电电流越大，端电压下降的速度越快，放电时间越长，端电压下降得越低。

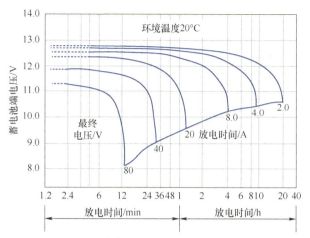

图 4-11　40A·h 铅酸蓄电池放电电流、放电时间与电压的关系

对燃油车来讲，12V 乘用车配备的铅酸蓄电池容量通常为 60A·h 左右，启动电流通常为 500A 左右；24V 货车蓄电池容量通常为 100A·h 以上，低温（如 -17.8℃）启动电流最高可达 1000A 以上。内燃机的启动电流及启动时间与温度有很大关系，低温时所需的启动电流与启动时间都将增大。如同样在低温环境下，带启停功能的车辆热启动时电流可能只有 200A，但是冷启动时却可能达到 1000A 左右。

3. 蓄电池的状态

铅酸蓄电池的工作状态通常可分为两种：充电和放电状态。

电池充电需要满足两个条件：一是车辆启动，发电机开始发电或 DC/DC 上电工作；二是整车电气系统中所有用电设备所需的电流小于发电机或 DC/DC 的输出电流，此时整车系统电压便会随之升高，可以给蓄电池进行充电。对燃油车来讲，发电机所产生的电流通常都能满足所有用电设备的需求，并同时给蓄电池充电。也就是说，只要车辆启动，即使车辆处于怠速状态，发电机也能够给蓄电池充电，所以车辆在启动后的绝大部分时间内，蓄电池均处于充电或浮充状态。而对于配有 DC/DC 的新能源车辆来讲，DC/DC 的电流输出能力是稳定的，所以只要高压上电，DC/DC 开始工作，蓄电池基本上便会一直处于充电状态。

4. 蓄电池的充放电

车辆熄火后，无论是燃油车还是新能源车，整车供电就切换到了蓄电池，此时蓄电池就处于持续放电状态，放电电流取决于用电情况。带启停系统的车辆通常会采用电池传感器（电子电池传感器 Electronic Battery Sensor，EBS，或智能电池传感器 Intelligent Battery Sensor，IBS）来实时监测蓄电池的荷电状态（State of Charge，SOC）及寿命状态（State of Health，SOH），以便决定是否可以熄火，以及熄火后蓄电池电量是否能够再次启动车辆。

12V 铅酸蓄电池的充放电特性可参考表 4-5。对于蓄电池的低温启动性能，在 0℉（-17.8℃）的条件下，铅酸电池能够持续放电 30s，并且每节电池的电压至少保持 1.2V，12V 电池由 6 节组成，则最低电压就是 7.2V。自放电则是指在不连接耗电设备的情况下，蓄电池电极的永久性化学反应过程。自放电速度主要取决于温度，通常为 3%/月~5%/月。

表 4-5　12V 铅酸蓄电池的充放电特性参数（25℃）

充放电电流		充放电电压 /V			自放电倍速度			
大电流充电	大电流放电	充电终止电压	放电终止电压	放电最低电压	1 个月	3 个月	6 个月	1 年
>1C	>5C	13.6~13.8	10.5	7.2	97%	91%	82%	64%

车辆熄火后，整车的耗电状态必须进行控制，以防止所剩电量不足以支撑下一次车辆启动。通常来讲，在车辆运行过程中，蓄电池的 SOC 可以维持在 50%~70% 的范围内，而蓄电池 SOC 下限决定了车辆的启动能力和蓄电池的寿命，因为深度放电会损害蓄电池的寿命，所以通常需要预留至少 20%~40% 的 SOC 以确保车辆的启动能力，同时还可以延长电池的循环寿命。

4.2.2　发电机及调压器

车辆有两个电源，熄火后依靠蓄电池供电，一旦车辆启动，发动机运转或高压系统上电，交流发电机或 DC/DC 变换器就会接管系统的电源供应，持续为车辆提供电力，同时为蓄电池充电。车辆熄火后蓄电池电压通常为 12.6V，启动后为 14.55V，所以 12V 系统的典型电压值通常被认为是 13.5V，即二者的平均值。24V 系统同理，典型电压值通常按照 27V 进行考虑，所以众多的电气相关测试项目，典型电压值就是按照 13.5V（12V 系统）或 27V（24V 系统）。

自从 20 世纪 50 年代后期硅二极管整流器技术成熟后，车用发电机便从直流发电机变成了交流发电机，整流器将交流电变换成直流电供整车使用。但这中间有个问题，发电机的输出电流与转速和温度直接相关。以图 4-12 为例，12V/120A 的发电机在冷态条件下，转速为 2000r/min 时输出电流为 80A，而热态时输出电流则只有 60A。在转速超过 2000r/min 后，输出电流快速提升，在 2500r/min 时输出电流接近 120A 的额定值，转速继续提高，输出电流基本稳定在 120A 左右。发电机的额定电流是其转速在 6000r/min 时能够长期工作时提供的电流。

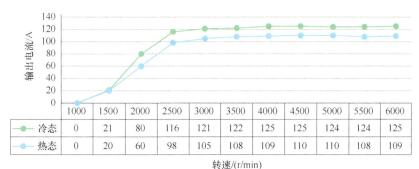

图 4-12　12V/120A 交流发电机的输出特性曲线

由图 4-12 可知，发电机在低转速如 1500r/min 以下时几乎没有输出能力，而对于汽车的实际使用来讲，城市工况的大部分时间里车辆均处于怠速状态，发动机转速在 1000r/min 以下。这就要求发动机曲轴到发电机的转速必须有一个合适的传动比，以此保证发电机即使在车辆处于怠速状态时依然能够为车辆提供充足的电力，这个传动比通常为 1∶2~1∶3。如怠速通常为 600~800r/min，如果传动比为 1∶3.3，怠速为 600r/min，发电机的转速即可达到 2000r/min，即使热态发电机输出电流也能达到 60A。

图 4-13 为发电机输出电压随温度变化的特性曲线。

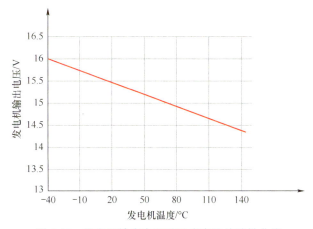

图 4-13　发电机输出电压随温度变化的特性曲线

通常来讲，在一定转速及负载条件下，发电机的输出电压随温度升高呈下降趋势。对于 12V 系统，在 -40℃时，发电机的输出电压达到最高值

16V。因为发电机的输出电流随转速及温度变化较大,加上整车电气系统的用电需求不断变化,这就导致整车电气系统的电压将随着车辆发动机的转速、发电机的温度及整车负载的情况不停地波动,这会带来很多问题。

在用电器的工作电压范围内的小范围电压波动是可以被允许的,但大范围的电压波动对电气系统则是有害的,需要进行抑制及调节。解决发电机电压不断波动问题需要使用电压调节器。电压调节器通过对发电机励磁电流的控制,实现对发电机输出电压的自动调节。为了满足用电设备对恒定电压范围的要求,交流发电机必须使用电压调节器,使其输出电压在所有工况下基本保持恒定。发电机整流器及电压调节器通常采用一体化设计集成在发电机上,发电机对外部的输出已经被变换成直流电并进行了稳压处理。

车用交流发电机的输出标称电压举例如下:

1) 12V 系统:14.1V。

2) 24V 系统:28.5V。

当整车电气系统中用电设备所需电流大于发电机输出电流时,系统电压将会降低,蓄电池会进行放电,系统电压将会趋近于蓄电池的电压。当用电设备所需电流小于发电机电流时,系统电压则会相应升高,发电机输出电流便会有一部分为蓄电池进行充电,整车系统电压将会随之升高,最终趋近于发电机电压调压器设定的电压值。

但即使用了电压调压器,在某些情况下如发电机满载时,整车系统电压的波动也在所难免。以 12V 系统为例,交流发电机输出电压的波动如图 4-14 所示,波动的频率 f_R 根据各 OEM 的规定有所不同,通常为 1~20kHz,波动电压的峰峰值 V_a 可达 3V。

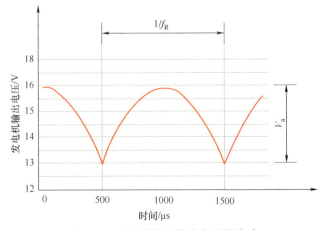

图 4-14 交流发电机输出电压的波动

随着车速及整车用电状态的变化，车辆的系统电压一直在波动。以 12V 系统为例，系统电压的波动如图 4-15 所示。

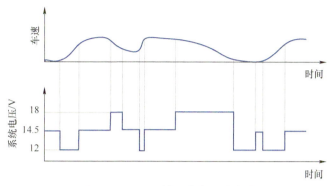

图 4-15　12V 系统系统电压的波动

对于 12V 系统，系统电压范围通常为 9~16V，这也是 ISO 16750-2：2012（对应 GB/T 28046.2—2019）对汽车电压范围的规定及多数 OEM 对汽车电子零部件正常工作电压范围的规定，见表 4-6。以 12V 系统为例，标准将系统供电电压范围按照代码分为 A、B、C、D 共四档，最低供电电压为 6~10.5V 不等，最高供电电压均为 16V。12V 系统供电电压范围最常用的一档为 C 档：9~16V，而 24V 系统供电电压范围最常用的一档为 F 档：16~32V。

表 4-6　标准对系统供电电压范围的规定（ISO 16750-2：2012）

12V 系统			24V 系统		
代码	最低供电电压 /V	最高供电电压 /V	代码	最低供电电压 /V	最高供电电压 /V
A	6	16	E	10	32
B	8	16	F	16	32
C	9	16	G	22	32
D	10.5	16	H	18	32

4.2.3　DC/DC 变换器

对于所有新能源车辆，包括混动与纯电动车辆，其低压电气系统部分与传统燃油车辆大致相同，主要区别在于新能源车辆采用 DC/DC 变换器取代发电机对整车进行供电，DC/DC 的电源来自车辆的高压动力电池。表 4-7 为一款用于 12V 系统的 DC/DC 变换器的部分参数。

表 4-7　一款用于 12V 系统的 DC/DC 变换器的部分参数

参数类别	最小值	典型值	最大值
额定输入电压 /V	225		450
欠电压关断 - 重启电压 /V	<225		>235
过电压关断 - 重启电压 /V	>460		<440
额定输出电压 /V	13.3	14	16
额定输出电流 /A	0		210
额定功率 /kW		3	
效率（%）			≥ 94

对于使用 DC/DC 变换器的车辆，DC/DC 输出电压并不受车速及工作温度的影响。理论上来讲，如果 DC/DC 变换器的额定输出功率大于整车电气系统的需求，其电压稳定性要高于传统采用发电机的燃油车。但实际上因为整车用电器数量较多，车辆工况也较为复杂，整车的动态电平衡设计存在较大的难度。所以随着车辆工况的变化，车辆电气系统用电情况差异较大，加上整车线束负载特性的影响，整车电压仍始终处于波动之中。

从成本角度考虑，无论是发电机还是 DC/DC 变换器的功率都不可能把设计裕量放的比较大，加上新能源车，尤其是纯电动车，因为没有起动机，不再需要考虑启动问题，铅酸蓄电池通常都会降低容量，如从 70A·h 降低到 32A·h，电池减小后对车辆瞬时大电流需求的支撑能力将会下降，所以相对于采用 DC/DC 变换器的新能源车辆，即使 DC/DC 变换器本身的输出电压较为稳定，但整车系统电压的稳定性实际上可能并不会比采用发电机的燃油车有所改善。

4.3　欠电压、过电压及反向电压

车辆运行过程中较少出现欠电压的情况，欠电压通常发生在熄火后和车辆启动时。

1）车辆熄火后，发电机或 DC/DC 变换器停止为系统供电，此时如果车辆长时间停放、长时间大功率用电或者短时间用电但蓄电池状态已经劣化，这三种情况都会导致蓄电池电压逐渐下降，最终导致蓄电池出现欠电压，从而影响车辆下次正常启动。蓄电池状态劣化是一个永久性的状态，所以蓄电池作为一个易损件，通常在 3 年后或发现电池性能下降时就需要及时更换，以保证车辆的正常启动性能。

2）对于存在发动机的车辆，在发动机启动时，起动机需要极大的启动电流用于车辆启动，这个状态会持续几秒到10s，蓄电池电压可能降低到4.5V，这对很多用电设备来讲是一个很严苛的挑战。

4.3.1 低蓄电池电压

低蓄电池电压通常称为欠电压。在实际应用中有两种情况会发生欠电压：一种是在燃油车启动过程中；另一种就是车辆被长时间放置后蓄电池电量耗尽导致的欠电压。欠电压会导致车辆用电器无法正常工作，同时也会导致车辆无法启动。除蓄电池老化外，蓄电池欠电压通常都是因为蓄电池电量被耗尽导致。

1. 发动机启动

传统燃油车在启动时需要蓄电池在短时间内提供极大的启动电流供起动机使用，因此整车系统电压将会出现一个强烈的电压跌落，这会导致车辆的照明灯具出现闪烁以及收音机短时间关闭。对于有启停功能的车辆，如果行驶过程中发动机频繁启动时出现这些问题则是不能接受的。以40A·h的蓄电池为例，如果端电压为13.5V，内阻为8.5mΩ，启动电流按500A计算，蓄电池电压将会下降到9.25V。

想要具体描述车辆启动时的电压是很困难的，因为每个OEM的车辆甚至每个发动机的启动特性都可能不一样。图4-16为乘用车启动波形（Starting Profile），对于12V系统的乘用车来讲，每个OEM对启动阶段的最低蓄电池电压V_{CRK_min}定义为3~6V，典型值为4.5V，持续时间t_{CRK}为65ms。起动机启动后蓄电池的电压V_{CRK_launch}为5~8V，启动阶段的振荡电压V_{CRK_osc}通常为7V，振荡频率通常在几赫兹到800Hz（800r/min）之间。V_{BAT_std}为启动前的蓄电池电压，通常为12.6V，V_{BAT_run}为启动后的蓄电池电压，通常为14.5V，此时发电机已开始为蓄电池进行充电。整个启动过程耗时t_{launch}大约为10s。

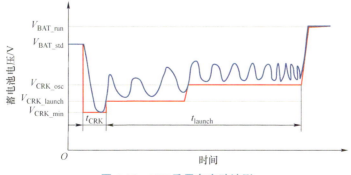

图4-16　12V乘用车启动波形

2. 电池电量耗尽

带有启停功能的车辆通常会采用电池传感器来持续检测蓄电池的荷电状态，以决定在行车过程中是否可以关闭发动机；以及关闭发动机后，在蓄电池电量尚能支撑发动机下次启动时，立即启动发动机为蓄电池充电，避免在行车过程中车辆短暂熄火后，出现因蓄电池欠电压导致无法再次启动的问题。而不带启停功能的车辆则通常不会配备电池传感器，控制系统仅能检测到车辆的蓄电池电压，再结合车辆的点火锁档位状态对车辆的用电情况进行控制。如图 4-17 所示，车辆的点火锁档位及电源分配状态通常可分为五种。

图 4-17　车辆的点火锁档位及电源分配状态

如今乘用车基本已经取消了 ACC 档状态，而将 ACC 档与 ON 档进行了合并，但实际上电源分配方面还是有 ACC 档的。车辆的点火锁档位及电源分配状态见表 4-8。

表 4-8　车辆的点火锁档位及电源分配状态

点火锁档位	配电状态	功能
OFF	OFF	除使用常电 KL30[①] 的用电器以外，在 OFF 档时，整车所有用电器的电源均被切断，处于断电状态
ACC	ACC	ACC 电又被称为附件电，ACC 即为 Accessory 的缩写，也被称为 KLR（R 代表 Radio，即收音机），通常车上收音机、车载充电器、影音娱乐系统等附件采用 ACC 电，较老的车型通常是点火锁的第一档
ON	IGN1	ON 档电也被称为 KL15[①] 电，这个位置就是某些老车型钥匙开二档，如今大部分车辆合并 ACC 及 ON 后就是钥匙一档（无钥匙车型则通过按下启动按钮进行点火锁档位的切换选择）。ON 档通常还被称为 IGN 档，IGN 也就是 Ignition ON 的缩写，是准备点火的意思，也就是说点火锁打到这个档位时，车辆已经做好了点火前的准备，此时车辆除起动机外，所有用电器上电，设备可正常工作。IGN 在实际车辆电源分配中分为 IGN1 和 IGN2

(续)

点火锁档位	配电状态	功能
ON	IGN2	IGN2 电通常用于某些大功率设备的供电,如风挡玻璃加热、刮水器电动机、车窗升降等,在发动机启动时,这些负载的供电会被暂时切断,功能会被暂时禁用,以节省出尽可能多的蓄电池电力用于起动机的启动。 除 IGN2 外的电均为 IGN1 电,IGN1 电在启动过程中不会被切断,某些车辆的 ACC 电在启动时也可能被切断,具体取决于 OEM 的设计
ST	START	ST 为 Start 的缩写,即启动电源。点火锁在打到 ON 档后,继续旋转则是启动(无钥匙车型则通过长按启动按钮进行启动)。在点火锁打到 ST 档后,发动机 ECU 接通起动机电源,控制车辆启动

① KL 是德语 klemme 的缩写,最早由博世(Bosch)使用,后在汽车行业逐渐通用,如 KL15 表示 ON 档,KL31 表示蓄电池负极,KL30 表示蓄电池正极,接 KL30 的设备即为常电设备,除非拆除蓄电池线束,否则永不断电。

所有这些设计均是为了防止熄火后蓄电池电量被过度或错误地损耗,但除此之外,还有一种情况也会带来蓄电池的过度损耗,那就是车辆的长时间放置。前面提到,车辆上会有众多的通过 KL30 电源进行供电的设备,如发动机 ECU、车身控制模块等,除非拆除蓄电池线束,否则这些设备永不断电。尽管这些设备的静态功耗已经设计的非常低,但是如果车辆停放时间过长,加上蓄电池的自放电特性,还是存在蓄电池电量被耗尽的可能性。

车辆蓄电池所允许的最低电压为车辆可以再次启动的电压,这个电压根据各个 OEM 的规定略有不同,但通常可认为是 8V(12V 系统)和 16V(24V 系统)。

4.3.2 高蓄电池电压

对于 12V 乘用车电气系统来讲,电压通常为 9~16V,即使发电机电压调节器失效,根据 ISO 16750-2:2012 的规定,过电压为 18V,测试时间为 60min,但这个过电压依然远低于跳线启动电压和抛负载电压。

1. 跳线启动(Jump Start)

车辆的跳线启动也称辅助启动、搭线启动、搭电启动,俗称搭电。搭电是指对于一辆蓄电池电量完全耗尽无法自主启动的车,将另一辆车的电池或其他外部电源连接到电池耗尽的车上,从而使电池耗尽的车得以启动的方法,如图 4-18 所示。在车辆启动后,如果发电机可以正常工作,蓄电池就可以充电,这时就可以移除辅助电源。

对于 12V 乘用车来讲,通常会用 12V 辅助电源为电池耗尽的车辆进行跳线启动操作,但在某些极端情况下,如不清楚车辆的电压等级,或野外条件下没有可用的 12V 辅助电源时，则可以采用商用车的 24V 电源系统进行跳线启动操作，从设计上来讲，这种操作也是被允许的。具体这个电压最高可以允许多高、跳线启动时间持续多长，则取决于 OEM 设计，但通常可以认为是 24V，时间为 1min，这也是 ISO 16750-2：2012 规定的短时过电压参数，不过也有的认为这个参数是 28V/2min，具体的产品测试要求取决于 OEM。

图 4-18　12V 乘用车的跳线启动操作

2. 抛负载（Load Dump）

抛负载这个词不能顾名思义，"抛"的负载实际上是蓄电池，而非一个用电器。抛负载是指发电机正在发电且在为蓄电池进行充电，并同时为系统进行供电时，蓄电池的接线柱突然断开连接的一种现象。蓄电池实际上是一个大电容，这个电容可以稳定系统的电压，如果这个大电容突然断开，就会带来类似于系统的感性负载突然增大的效果。同样的道理，如果系统突然有一个大电流的感性负载进行切换，也会产生抛负载。

如图 4-19 所示，一旦蓄电池断开连接，系统就会变得不稳定，电压就会快速升高，直到发电机整流器的低压侧的二极管发生雪崩击穿，将电压限制在 V_{loaddump}，过电压 V_{loaddump} 和过电压时间 t_{loaddump} 的规定具体取决于 OEM。

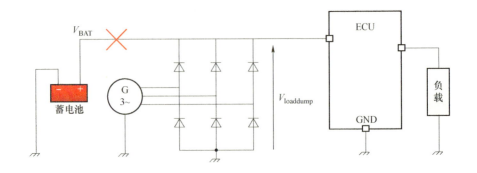

图 4-19　电气系统抛负载的原理

如图 4-20 所示，在 t_loaddump 后，发电机又可以正常的调节电压，电压开始下降并最终稳定。对于 12V 系统，根据 ISO 16750-2：2012 规定的电压和时间，$V_\text{loaddump}=35\text{V}$，$t_\text{loaddump}=400\text{ms}$，发电机最高输出电压 $V_\text{ALT\_max}=18\text{V}$，最低输出电压 $V_\text{ALT\_min}=12\text{V}$，抛负载后的振荡频率为 1~20kHz，时间可能长达 10h。

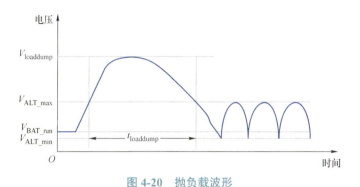

图 4-20　抛负载波形

根据 ISO 16750-2：2012（对应 GB/T 28046.2—2019）试验标准的要求，试验脉冲 A（无集中抛负载抑制）及试验脉冲 B（具有集中抛负载抑制）的波形如图 4-21 所示。

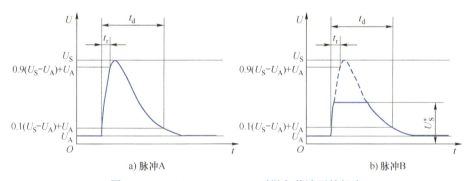

图 4-21　ISO 16750-2：2012 对抛负载波形的规定

ISO 16750-2：2012 对 12V 系统中脉冲 A 及脉冲 B 参数的规定见表 4-9。以 12V 系统为例，脉冲 A 的最高电压可达 101V，整个脉冲持续时间长达 400ms，内阻可低至 0.5Ω。但目前行业内已很少有 OEM 要求进行脉冲 A 的测试了，脉冲 B 的测试电压通常为 35V，脉冲宽度通常要求为 350ms，内阻要求为 3.5Ω。

ISO 16750-2：2012 对 24V 系统的规定与 12V 类似，具体可参见标准，在此不再赘述。

表 4-9 ISO 16750-2：2012 对 12V 系统中脉冲 A 及脉冲 B 参数的规定

参数	脉冲 A	脉冲 B	最低试验要求
U_s^a/V	$79 \leqslant U_s \leqslant 101$	$79 \leqslant U_s \leqslant 101$	
U_s^*/V	—	35	
R_i^a/Ω	$0.5 \leqslant R_i \leqslant 4$	$0.5 \leqslant R_i \leqslant 4$	脉冲 A：10 个脉冲，间隔 1min
t_d/ms	$40 \leqslant t_d \leqslant 400$	$40 \leqslant t_d \leqslant 400$	脉冲 B：10 个脉冲，间隔 1min
t_r/ms	10_{-5}^{0}	10_{-5}^{0}	

4.3.3 反向电压

对整车来讲，车辆电气系统出现反向电压通常与两种情况有关，一是车辆在维修时拆装了蓄电池线束或更换了蓄电池，还有就是跳线启动时。出现反向电压需要蓄电池正、负极线束全部接反，电气系统的正极线束接到了蓄电池负极，蓄电池正极接到了车身搭铁，导致系统出现了电源反接，从而产生了反向电压。对具体某个电子模块来讲，出现反向电压的唯一情况就是模块在维修时将正、负极接反。对反向电压的大小及反接时间的具体规定取决于 OEM。对于 12V 系统，根据 ISO 16750-2：2012 的规定，反向电压为 –14V，时间为 60s，测试条件为室温（23 ± 5）℃。

如图 4-22 所示，在发生蓄电池反接后，如果系统设计不当，可能会存在反向电流，导致负载工作或控制模块损坏。

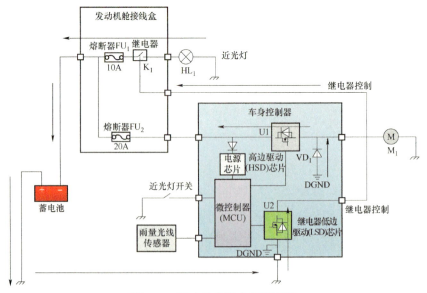

图 4-22 蓄电池反接电气原理图

图 4-22 中，发动机舱接线盒中的继电器通常由某个控制模块的低边驱动芯片进行控制，而低边驱动芯片的体二极管就是一个潜通路。在电源反接后，低边驱动芯片 U2 的体二极管会自然导通，导致继电器 K_1 吸合，灯 HL_1 便会工作。此外，如果控制器中存在高边驱动芯片 U1 驱动外部感性负载，如电动机 M_1，则控制器内部通常会集成一个续流二极管 VD_1 进行续流，此时 VD_1 与 U1 内部的体二极管会同时正向导通，出现类似于电源短路的故障，导致 VD_1 烧毁（如果 VD_1 过电流能力足够强，则可能导致熔断器 FU_2 烧毁）。如果 U1 的负载不是感性负载、没有 VD_1，则此时 U1 会自然导通，负载也会工作，是否会导致故障发生需要看具体的应用。

对于某些负载，如灯泡、纯阻性负载对反向电压并不敏感，而有极性的用电器如 ECU、电动机、极性电容等则必须避免反向电压，所以系统设计时必须考虑反接保护。

4.3.4 电气系统电压状态总结

综上，根据整车的不同工况及负载状态，电气系统可能出现各种电压情况，如过电压、欠电压、反向电压等，在整车生命周期内，电气系统的电压情况及持续时间、相应温度的参数汇总如图 4-23 所示。以乘用车为例，在整车生命周期内，车辆处于停放状态的时间共计约为 12 万 h。所以对于整车电气系统而言，大部分时间内，除常电设备如发动机 ECU、车身控制模块外，绝大多数的电气设备及部件处于下电状态，电压为 0V。在整车生命周期内，大部分电气设备上电总时间（即正常工作时间）约为 1 万 h，电压范围处于 9~16V 之间，温度范围为 -40~85℃。

反向电压 (Reversed Voltage)	熄火 (OFF)	启动 (Cranking)	正常蓄电池电压 (Nominal Battery Voltage)	过电压 (Over Voltage)	跳线启动 (Jump Start)	抛负载 (Load Dump)
-14V 60s (23±5)℃	0V 120000h -40~85℃	3~6V 65 ms -40℃	9V　　　　　16V 10000h　　　10000h -40~85℃　 -40~85℃	18V 60min 65℃	24V 60s (23±5)℃	35V 400ms (23±5)℃

a) 12V 系统电压

反向电压 (Reversed Voltage)	熄火 (OFF)	启动 (Cranking)	正常蓄电池电压 (Nominal Battery Voltage)	过电压 (Over Voltage)	抛负载 (Load Dump)
-28V 60s (23±5)℃	0V 85000h -40~85℃	6V~10V 65ms -40℃	16V　　　　　32V 45000h　　　50000h -40~85℃　 -40~85℃	36V 60min 65℃	58V 350ms (23±5)℃

b) 24V 系统电压

图 4-23　整车生命周期内电气系统的电压情况及持续时间、相应温度的参数汇总

4.4 车辆负载及其应用

车上有各种各样的负载，有纯阻性的负载如电加热丝，也有纯感性的负载如刮水器电动机；负载的应用方式也是多种多样，有开关直接驱动的负载，如室内灯；也有通过控制模块驱动的负载，如远近光灯（前照灯）；有高压侧驱动的负载，如大部分灯类负载；也有低压侧驱动的负载，如大部分的继电器驱动及部分电磁阀等。

4.4.1 负载类型

将车上所有的负载详细地进行分类是一件很困难的事情。但负载按类型大致可以分为三种：阻性、容性及感性，所有的负载都在这几种范围内或是其组合。负载类型及其特性见表 4-10。

表 4-10 负载类型及其特性

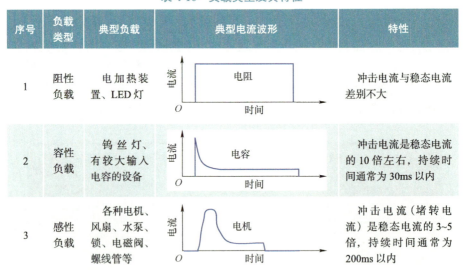

序号	负载类型	典型负载	典型电流波形	特性
1	阻性负载	电加热装置、LED 灯		冲击电流与稳态电流差别不大
2	容性负载	钨丝灯、有较大输入电容的设备		冲击电流是稳态电流的 10 倍左右，持续时间通常为 30ms 以内
3	感性负载	各种电机、风扇、水泵、锁、电磁阀、螺线管等		冲击电流（堵转电流）是稳态电流的 3~5 倍，持续时间通常为 200ms 以内

1. 灯类负载

车辆上有众多的、各种类型的灯类负载，灯类负载也是人们最早实现车载应用的负载类型，同时也是最容易被人们感知到的负载。按照各个国家标准规定的不同，每辆车上可能有多达 8 种、20 盏不同功能的灯是必须要安装的，见表 4-11。

表 4-11　标准规定的乘用车车灯类型

序号	车灯功能	数量	安装位置	功率	推荐功能安全等级
1	近光灯	2	前部左右	2×55W	ASIL B（左、右全部失效）
2	远光灯	2	前部左右	2×55W/65W	
3	制动灯	3	后部左右+高位制动灯	3×21W	ASIL B（左、右全部失效）
4a	左转向灯	3	左前+左后+左侧	2×21W+1×5W	ASIL B（左、右全部失效）
4b	右转向灯	3	右前+右后+右侧	2×21W+1×5W	ASIL B（左、右全部失效）
5	位置灯	4	2×前+2×后	4×5W	ASIL A（后部、左、右全部失效）
6	牌照灯	1	后部	1×5W	
7	后雾灯	1	后部	1×21W	
8	倒车灯	1	后部	1×21W	

除标准规定的车灯外，现代车辆通常还安装了一些其他标准并未强制规定的灯，见表 4-12。所以整体来讲，一辆车总的车灯种类可能多达 14 种，数量多达 40 盏左右。

表 4-12　乘用车选装的车灯类型

序号	车灯功能	数量	安装位置	功率	备注
5	位置灯	4	2×前+2×后	4×5W	
6	牌照灯	1	后部	1×5W	
7	后雾灯	1	后部	1×21W	标准强制要求至少安装一盏后雾灯，只安装一盏时，按照我国标准要求装在左侧
8	倒车灯	1	后部	1×21W	标准强制要求至少安装一盏倒车灯，只安装一盏时，按照我国标准要求是在右侧，所以通常有"左雾右倒"之说
9	侧标志灯	2	中部	2×5W	
10	前雾灯	2	前部左、右	2×55W	
11	内部灯	多个	内部	多种功率	
12	角灯	2	前部左、右	2×55W	
13	日行灯	2	前部左、右	2×35W	

白炽灯实际上是一个容性负载，而非阻性负载。白炽灯的核心其实就是一根灯丝，但这个灯丝的特性却并非是阻性的。在白炽灯点亮前，灯丝处于冷态，为了发光，灯丝需要被加热到一个极高的温度，这个温度大约是1000℃。在灯泡点亮的瞬间，因为冷态的灯丝阻抗极低，灯丝会流过一个极大的电流，这个电流称为冲击电流或浪涌电流 I_{inrush}，电流的大小取决于灯泡的制造商。对于12V白炽灯来讲，相较于灯的额定电流 I_L，两者之比 I_{inrush}/I_L 通常认为为10倍左右，24V白炽灯要高一些，为15倍左右。不同的灯类负载精度不同，最大冲击电流也不同。表4-13为12V灯的功率与冲击电流的大小。

表4-13 12V灯的功率与冲击电流大小

序号	功率/W	精度(%)	参考电压/V	最大额定电流 I_{L_Max}/A	最大冲击电流 I_{inrush_Max}/A	最大冲击电流/最大额定电流 I_{inrush_Max}/I_{L_Max}
1	5	10	13.5	0.5	5	10
2	7	10	12.8	0.7	7	10
3	10	10	13.5	1	9	9
4	15	10	13.5	1.4	14	10
5	21	6	12	2.3	22	9.6
6	27	6	12.7	2.7	26	9.6
7	55	6	13.2	5.2	50	9.6
8	65	6	13.2	6.1	60	9.8

24V灯的功率与冲击电流大小见表4-14，冲击电流明显要比12V灯大一些。

表4-14 24V灯的功率与冲击电流大小

序号	功率/W	精度(%)	参考电压/V	最大额定电流 I_{L_Max}/A	最大冲击电流 I_{inrush_Max}/A	最大冲击电流/最大额定电流 I_{inrush_Max}/I_{L_Max}
1	5	10	27	0.2	3.5	17.5
2	10	10	27	0.4	7.0	17.5
3	21	6	24	0.9	17.0	18.9
4	70	6	27	3.1	44.0	14.2

从表 4-13 及表 4-14 的数据对比可以看出，24V 灯相对于 12V 灯的冲击电流要更大一些。同样，对于同一盏灯来讲，电压越高，电流越大，冲击电流也越大。通常来讲，对于额定电压为 12V 的灯，工作电压相对于 13V 每升高 1V，灯的寿命就会降低 50%，而给灯进行稳压供电则会大大提高设计成本，通常可采用脉冲宽度调制（Pulse Width Modulation，PWM）的方式对灯的电压进行调节，以提高灯的寿命。

如图 4-24 所示为一盏 12V/55W 白炽灯的冲击电流仿真曲线，灯的点亮时间通常可以认为是冲击电流降到 50% 的时间，这段时间称为灯的开通时间 T_{lamp_on}，想要准确描述这个时间是很困难的，但对于灯类负载，或者说容性负载，这个时间通常为 30ms 以内。图 4-24 中，电流峰值为 52A，达到峰值的时间为 0.164ms，灯的开通时间为 5.46ms，电流在 100ms 后基本稳定在 6A 左右，冲击电流为稳态电流的 10 倍左右。

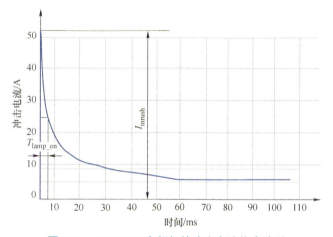

图 4-24　12V/55W 白炽灯的冲击电流仿真波形

图 4-25 为一盏 12V/55W 白炽灯的实测冲击电流曲线。从测试波形可以看出，灯开通时间大概为 23ms 左右，冲击电流大约为稳态电流的 10 倍，电流在 200ms 后基本趋于稳定。

类似白炽灯这种容性负载的特性容易给实际应用带来以下问题：

1）10 倍及更大的冲击电流对熔断器的冲击，导致熔断器寿命缩短。

2）冲击电流对控制继电器触点的烧蚀，导致继电器电气寿命下降。

3）半导体器件容易对容性负载带来的冲击电流产生误保护动作，从而为设计带来挑战。

4）极陡峭的电流上升沿带来的 EMC 问题。

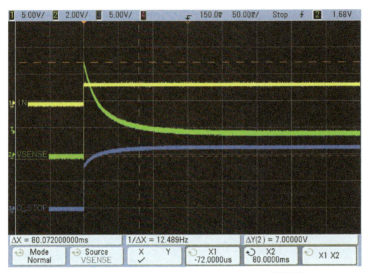

图 4-25 12V/55W 白炽灯的实测冲击电流曲线

2. LED 负载

随着半导体技术的发展及 LED 价格的大幅降低，LED 的车载应用从最初的红色 LED 开始，到黄色 LED 再到白色 LED，应用范围从制动灯到转向灯及远、近光灯。LED 逐渐取代了传统白炽灯在车内外照明的应用，而且随着 LED 价格的持续降低，进一步推动了 LED 的车载应用，越来越多的中级轿车也开始配备 LED 远、近光灯，而高级车辆则开始配备自适应远光系统（Adaptive Driving Beam，ADB）及激光大灯。

LED 作为车灯的一个很大的优势是其极长的使用寿命。相对于卤素灯 500h 左右的寿命，LED 灯的寿命则通常可达 5 万 h 以上，可以实现整车生命周期内的免维护。LED 的另一个优势是低功耗。以远光灯为例，55W 白炽灯的电流为 5A 左右，而 LED 灯的电流则仅需要 2A 左右，功耗降为原来的 40%。另外，LED 的响应更快，为制动灯应用带来一定的优势，即可以使后车更早地识别到前车的制动，提高行车的安全性。表 4-15 为 LED 灯与白炽灯各项参数的对比。

表 4-15 LED 灯与白炽灯各项参数的对比

类型	寿命 /h	功耗 /W	亮度 /lm	响应时间
白炽灯	500 左右	55	850	数十毫秒～数百毫秒级
LED 灯	5 万	20	1850	μs 级

简单的 LED 应用通常采用电阻加多个 LED 串联的模式，尤其是对于电

流不大的应用常采用这种低成本的设计方案。如图 4-26 所示，这种设计可能会带来一个意料之外的问题，那就是 LED 的微亮，也可以称之为弱亮。根据 LED 颜色的不同，这种现象出现的概率也不同，白色及红色 LED 较容易出现这个问题，这通常都是由控制电路的漏电流 $I_{leakage}$ 导致，通常认为 $I_{leakage}$ 达到 10μA 即可在黑暗状态下使 LED 产生微亮现象。

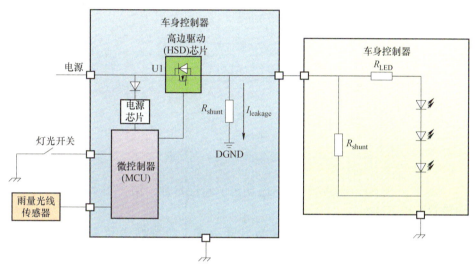

图 4-26　LED 灯及其驱动电路原理

图 4-26 中，控制器采用高边驱动（High Side Device，HSD）芯片作为 LED 驱动，通常情况下 HSD 芯片的漏电流非常小，一般在 1μA 左右，不可能导致 LED 弱亮。但如果 HSD 电路使用了 LED 开路检测设计，则这个开路检测电路的漏电流就足以导致 LED 灯产生微亮现象。针对这种设计，通常在电路内部再加一个接地的泄放漏电流 $I_{leakage}$ 的泄放电阻 R_{shunt}，形成泄放回路来避免弱亮问题。如果 LED 灯内部已设计有这个泄放电阻，则控制器内部的泄放电阻就可以省掉，但通常会做预留，以适应不同的灯具设计。

3. 电动机类感性负载

随着车辆的电气化，车上电机的数量正在快速增长，从最常见的刮水器电动机，到门锁、车窗电动机，再到座椅调节电动机等，一辆中等轿车上大约有 40 台的电动机，高档轿车可能有上百台电动机，汽车配置越高，电动机数量就越多。除电机外，风扇、水泵、电磁阀等都属于感性负载。图 4-27 为一台 12V/150W 直流电动机在不同负载情况下的电流波形。

由图 4-27 波形可见，此电动机的冲击电流持续时间大约为 35ms，冲击电流的峰值与负载情况无关，约为 38A，以 2750r/min 的转速为例，稳态电流约为8A，冲击电流与稳态电流之比为4.75。

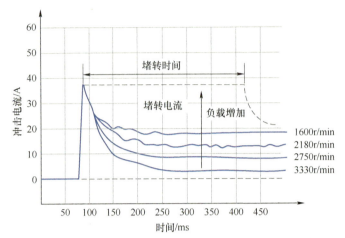

图4-27　12V/150W直流电动机在不同负载下的电流波形

表4-16为24V/180W刮水器电动机的特性参数，结合图4-27可知电机负载具有以下特性：

1）直流电动机的电流和负载转矩有关，负载转矩越大，电枢电流越大。
2）转速越低，负载转矩越大。
3）空载电流最小，堵转电流最大，类似短路。
4）电动机堵转时达到最大转矩，此时效率为零。
5）电动机最高效率和最大输出功率不重叠。
6）在额定功率时效率最高。
7）刮水器电动机堵转电流约为额定电流的4倍。

表4-16　24V/180W刮水器电动机的特性参数

参数	电压/V	电流/A	电动机功率/W	转矩/N·m	转速/(r/min)	输出功率/W	效率(%)
空载	26.91	2.41	64.9	0.7	30.14	2.25	3.5
最高效率	26.61	8.65	230.2	36.9	23.04	88.91	38.6
最大功率	26.10	19.03	496.7	99.6	13.21	137.7	27.7
最大转矩	25.56	30.28	774.0	152.3	0	0	0.0
堵转	25.56	30.28	774.0	152.3	0	0	0.0

除此之外，感性负载还有两个特点，一是上电后冲击电流持续时间较

长，二是下电关断时电流不能瞬间变为零，这个电流会产生较高的反向电动势 V_{clamp}，进而对控制系统产生危害。

如图 4-28 所示，控制器采用高边开关对电动机进行控制时，在高边开关关断瞬间，高边开关的输出线上会立即产生一个反向的高电动势，为了抑制这个高电动势的产生，通常在电动机上或者在控制器内部高边输出端口上并联一个反向对地的二极管，通常称为续流二极管（Freewheel Diode），这个二极管可以为电动机或感性负载的感性能量提供一个释放回路，从而极大地降低反向电动势对控制电路产生的危害。

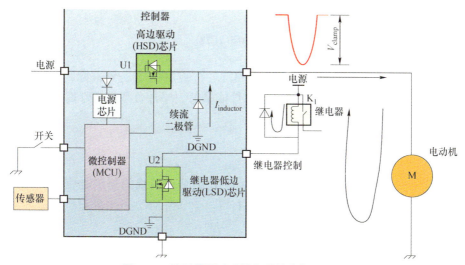

图 4-28　控制器驱动感性负载的电气原理图

同理，如果采用低边开关来控制内部或外部继电器，设计时通常会在继电器线包上并联一个反向二极管，为继电器线包提供续流。某些型号的继电器，如多数的可插拔继电器（Plug-in Relay），因线包电感较大，通常继电器供应商会提供可选的内置二极管或电阻作为电压钳位，内置二极管的继电器使用时需要区分其线包极性，以避免接错。

图 4-29a 为无续流二极管的电压及电流波形，可见在 MOSFET 关断后，随着输出电压直接降到零，电流并未直接降到零，而是经过了一段时间，这就是感性负载电流不能瞬变的特性。这个电流会在 MOSFET 输出口上产生一个反向电动势 V_{clamp}，通常可达 50V 以上。这个电动势的大小与几个因素有关，包括负载电流、电感大小及关断速度等。如图 4-29b 所示，增加续流二极管后，可以看到在 MOSFET 关断后，续流二极管马上便有电流流过，并将反向电动势钳位在一个极低的水平。这个钳位电压就是续流二极管的正

向管电压降,通常在1V左右,具体电压降取决于二极管的型号、电流及环境温度。

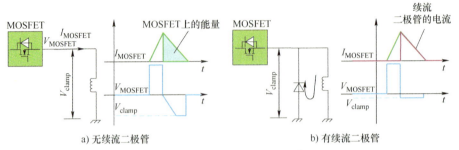

图 4-29 感性负载电流及电压波形

在无续流二极管的情况下,MOSFET将被反向电动势击穿,MOSFET是否会损坏取决于这个感性负载的感性能量值,感性负载的感性能量值计算公式为

$$E = \frac{1}{2} I_L^2 L \frac{V_{DS(CL)}}{V_{DS(CL)} - V_{BAT}} \quad (4-1)$$

式中,E 为感性负载的能量,单位为J;I_L 为感性负载的额定电流,单位为A;L 为感性负载的电感值,单位为H;$V_{DS(CL)}$ 为MOSFET的钳位电压,单位为V;V_{BAT} 为工作电压,单位为V。

举例来讲,假设感性负载的电感量为10mH,负载额定电流为8A,这差不多是一个车窗电动机的参数。如果工作电压为14V,钳位电压为60V,那么这台电动机的能量值为

$$E = \frac{1}{2} I_L^2 L \frac{V_{DS(CL)}}{V_{DSS(CL)} - V_{BAT}} = \frac{1}{2} \times 8^2 \times 10 \times 10^{-3} \times \frac{60}{60-14} J = 0.4174J \quad (4-2)$$

计算结果表明,此电动机的感性能量值为417.4mJ,这已经远远超过普通MOSFET的雪崩能量值(普通MOSFET的雪崩能量值通常为几十到100mJ之间,基本不会超过200mJ),会导致MOSFET无法逆转的损坏,所以通常认为只要电感值超过20μH就应该采用续流二极管,以避免电感的能量对控制电路产生危害。

增加续流二极管在解决雪崩能量的同时会带来另一个问题,那就是负载在关断后会继续工作。如在继电器驱动电压被断开后依靠续流仍能持续保持闭合一段时间,这会导致负载延迟关闭;对于有续流的电动机负载也是同样的道理,如刮水器应用中如果直接采用续流设计将会导致刮水器电动机在断电后持续运行,产生刮水器抬头的现象,所以产品的续流设计方

案还需要结合实际应用进行考虑，如采用瞬态电压抑制二极管（Transient Voltage Suppressors，TVS）来替代二极管，或采用压敏电阻（Metal Oxide Varistor，MOV），而对于刮水器电动机应用则通常采用制动的方式（用较大的 MOSFET 而非二极管来实现制动）。

4.4.2 线束

在车辆的电气系统中，线束扮演了神经网络的作用，将电源及各用电设备连接在一起。一辆现代轿车上通常需要安装 50 个以上的电子模块，整车线束长度超过 3km，豪华轿车则可能超过 5km，而未来无人驾驶车辆的线束长度可能接近 10km。线束通常通过以下参数来定义：线径、长度、绝缘材料。线径和长度决定了导线的电气特性，绝缘材料则决定了其耐压及耐温等级，进而决定了其应用场景，如其绝缘材料就决定了线束在一定环境温度下的过电流能力。

线束虽然不是一个具体的负载，但它在整车电气系统设计中却扮演了一个重要的角色，如对于冲击电流，线束的作用是有益于应用的，因为线束作为一个实际意义上的电感 L_{cable} 与 R_{cable} 电阻的复合体，可以起到抑制冲击电流的作用。但另一方面，线束电感又会将导线中的感性能量存储起来，这个能量的释放又会对系统产生破坏，这种情况尤其在长导线应用（商用车应用）中需要加以重视。

车辆线束需要杜绝持续性大电流冲击，这是导致车辆电气火灾的主要原因。线束在极大的电流持续冲击下绝缘发生损坏起火，或绝缘破损后发生电气短路，导致起火。线束的过电流能力由电流的二次方与时间的乘积 I^2t 决定，对于既定导线，I^2t 为一个常数，所以对线束的电流必须进行限制，通常由线路中的保护装置如熔断器或智能 MOSFET 来实现。线束的过载能力通常由 OEM 来定义，各 OEM 的定义并不相同。图 4-30 为线束的过电流能力与时间的关系。

线束的过电流能力主要受制于热量，热量则与线束电流、负载工况、环境温度及相邻线束的温度等因素相

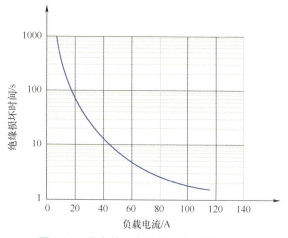

图 4-30　线束的过电流能力与时间的关系

关。如一把包含了30根导线的线束，线束中每根导线的最大电流都要受相邻导线的影响，从而影响了其带载能力，设计时就需要考虑较多的降额。如果一把线束只有几根导线，且每根导线的电流工况都属于非连续工况，则其在设计时就可以不降额或少降额。对于线束设计来讲，通常考虑40%的降额是比较合适的。

在设计及选择导线的线径时，导线允许的电压降是一个重要的参考维度。对于12V电源系统，线路允许的电压降通常不超过1V，结合导线特性参数，在给定电流大小及导线长度的情况下，即可得到导线的电压降。导线线径越大，能通过的电流越大，导线越不易烧坏，线束的安全系数越高；但线径越大，线束的成本就越高，且不利于汽车的轻量化。圆整后的导线截面积大小还应该考虑环境温度、导线扎束后的发热温升、机械强度、成本、质量等综合因素。对于商用车应用来讲，因为工况更为恶劣，一般要求导线线截面积不应小于0.5mm^2；乘用车则通常不对最小线径做强制要求，目前最小的线截面积可以做到0.13mm^2，但也有OEM做到0.35mm^2；另外，线束设计根据不同的导线种类、不同的标准及不同的经验值也有所差别，不能一概而论。

表4-17为常见导线的一些特性参数，包括线径、电阻、电感、电流等，可以作为一个应用参考。其中安全电流数据基于最高环境温度70℃、耐温105℃的薄壁及标准壁厚的汽车低压导线。

表4-17 常见导线的一些特性参数

线截面积/mm^2	20℃时裸铜阻抗/(mΩ/m)	20℃时电感/(μH/m)	70℃时额定安全电流/A	70℃时持续安全电流/A
0.3	56	1.65	4	3
0.5	37.1	1.55	7.5	6
0.75	24.7	1.49	10	8
1.0	18.5	1.45	15	12
1.5	12.7	1.4	20	16
2.0	9.42	1.38	25	20
2.5	7.6	1.36	30	24
3.0	6.15	1.34	35	28
4.0	4.71	1.3	40	32
5.0	3.94	1.27	45	36

（续）

线截面积 / mm^2	20℃时 裸铜阻抗 /(mΩ/m)	20℃时 电感 /(μH/m)	70℃时 额定安全电流 /A	70℃时 持续安全电流 /A
6.0	3.14	1.25	50	40
10	1.82	1.2	70	56
16	1.16	1.18	100	80
25	0.743	1.16	125	100
50	0.4	1.1	200	160

4.4.3 长导线负载对地短路

如图 4-31 所示，在商用车应用中，ECU 到负载的线束长度可能达到 40m，在分析负载的短路情况时，必须考虑线束长度过长带来的线束感性能量对控制系统的影响。

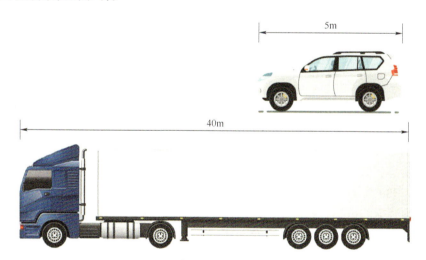

图 4-31 乘用车与商用车线束长度的对比

对于常规的负载短路或者线束搭铁短路，电气系统中的保护装置如熔断器或智能 MOSFET 会自动进行保护，避免出现线束电气火灾事故。但对于长导线负载对地短路的情况，除短路保护外，还必须考虑长导线感性能量的影响。

如图 4-32 所示，以 1mm² 线截面积为例，在对负载短路进行最差情况分析时，考虑到线束中的最大电流由熔断器或智能 MOSFET 芯片进行限制，如图中最大短路电流为 75A，如果电源电压为 32V，则线束感性能量的最大值出现在 29m 处，那么最差情况就需要按 29m 进行计算。随着导线长度的增加，导线电阻的增加变成了限制电流峰值的主要因素，相应的线束感性能量也就随着电流的下降而下降，因为感性能量与电流是二次方关系。

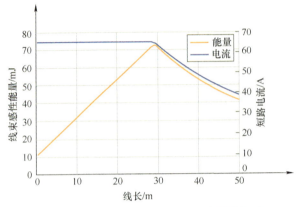

图 4-32　长导线短路电流与感性能量的关系

4.4.4　负载供电及控制方式

基于汽车的单线供电方式，常见的负载控制方式按开关所在的位置可分为高边开关控制和低边开关控制，如图 4-33 所示。图 4-33a 为采用 MOSFET 及继电器作为高边开关的控制模式；图 4-33b 为低边开关；图 4-33c 为采用 MOSFET 作为全桥控制电动机正反转的控制方式，这种控制模式需要注意单边半桥高、低边开关同时导通出现的直通现象，直通会导致 MOSFET 烧毁；而图 4-33d 采用单刀双掷继电器对电动机进行正反转控制，可以从原理上避免出现直通的情况，同时两个继电器还可以集成在一个封装里，即常说的双胞继电器，这种应用无须专门控制即可产生电动机制动的效果，如可以用于刮水器电动机控制的应用中。

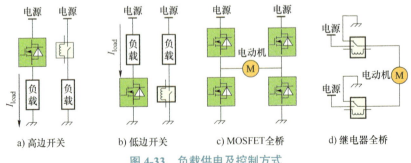

a) 高边开关　　b) 低边开关　　c) MOSFET全桥　　d) 继电器全桥

图 4-33　负载供电及控制方式

图 4-33 中，无论是高边开关还是低边开关均采用 N 型沟道的 MOSFET 进行举例（高边应用需要驱动芯片），而在实际应用中，高边开关也可以采用 P 型沟道的 MOSFET（无须驱动芯片）。虽然 PMOS 不需要专门的驱动芯片，电路设计较为简单，但这种应用较少，这其中有两个原因：一是 PMOS 导通阻抗（R_{DSon}）通常较大，电流较小，耐压也较低，导致 PMOS 可选型号较少，选型余地很小，设计灵活性较低；二是成本问题，因为可选型号少，同等参数下的 P 型沟道 MOSFET 往往成本更高。

在车辆电气系统的负载供电及控制中，最常见的是采用高边供电或控制，即给负载或电气设备提供电源或对电源进行控制，这不仅仅方便负载搭铁接地，还有一个原因是高边供电或控制很方便进行线束保护，成本也更低。负载供电方式及线路保护如图 4-34 所示。

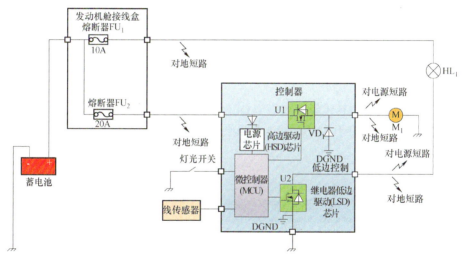

图 4-34　负载供电方式及线路保护

图 4-34 中，左侧供电部分的唯一风险在于对地短路，这可以由熔断器进行保护；在采用高边开关（HSD）控制时，线路的唯一风险就是 MOSFET 的输出对地或对电源短路，而低边开关则需要同时考虑 MOSFET 输出的对地或对电源短路，以及负载端电源的对地短路，所以负载的电源端还需要额外的熔断器 FU_1 进行线路保护，不仅提高了设计复杂度，也提高了系统整体的成本。对于熔断器供电的线路，风险在于对地短路，图中用红色箭头表示；HSD 芯片输出存在对地或对电源短路的风险，但是对地短路的风险较高，图中用红色箭头表示；对电源短路的风险较低，用绿色箭头表示；同理，LSD 对电源短路的风险较高，用红色箭头表示，而对地短路的风险较低，用绿色箭头表示。

4.4.5 负载电压瞬降

负载或用电器的电压瞬降通常由两个原因导致，一是熔断器后级对地短路，二是大功率负载启动，两者的原理其实是一致的。如图 4-35 所示，负载 1 和负载 2 从发动机舱接线盒取电，负载 1 为大功率，负载 2 功率较小，如果负载 1 启动或者发生对地短路，巨大的冲击电流会导致负载 2 的电压瞬时被拉低，拉低的幅度取决于负载 1 对地短路电流的峰值及持续时间。

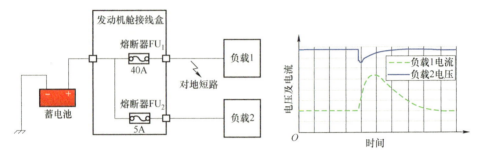

图 4-35　负载电压瞬降

对电压瞬降的具体规定取决于 OEM。ISO 16750-2：2012 对电压瞬降的规定见表 4-18。对于 12V 系统，标准要求的最低瞬降电压为 4.5V，瞬降时间为 100ms。

表 4-18　ISO 16750-2：2012 对电压瞬降的规定

系统	最低供电电压 /V	最低瞬降电压 /V	瞬降时间 /ms
12V 系统	9	4.5	100
24V 系统	16	9	100

图 4-36 为 24V 系统中负载的短路实测波形，时基为 1ms，其中：

1) C1 通道（黄色），为系统电压，每格为 20V。在短路瞬间，系统电压由 27V 降低到了 8V，这也就意味着其他所有的负载都会发生电压瞬降，电压瞬时降低到 8V，持续时间取决于短路故障被切断时间，图中由于智能 MOSFET 保护速度极快，这个时间极短，大约为 100μs。

2) C2 通道（红色），为发生短路故障线路的电压，每格为 20V。在发生短路的一瞬间，负载电压就跌到了 0V。

3) C3 通道（青绿色），为短路电流，每格为 5V。电流探头的电压转电流换算比例为 50A/V，图中短路电流峰值达到了 335A，短路电流持续时间为 100μs 左右。

4) F2 通道（粉色），为短路能量。

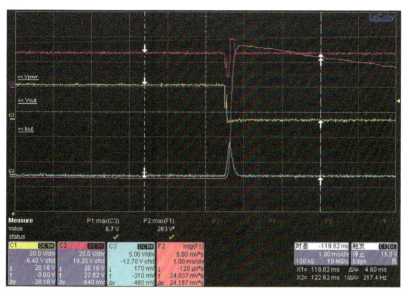

图 4-36　24V 系统中负载的短路实测波形

4.5　车辆的电气系统

车辆的电气系统主要包括发电机、蓄电池、点火锁、接线盒、各电子模块、用电设备，以及在其中起连接作用、由导线和连接器等组成的线束。启动状态下整车的电力来源是发电机（新能源车是 DC/DC 变换器，将高压直流电转到低压 12V 或 24V 直流电）和蓄电池并联供电，非启动状态时由蓄电池单独供电。实际上车辆启动后，即使把蓄电池拆除，车辆的功能也基本不受影响，所以在蓄电池亏电时，通过搭电启动后车辆就可以正常工作，即使此时蓄电池依然处于亏电状态。

车辆的各电气设备根据使用要求被定义了不同的电源接通状态，除 KL30 常电外（常电在商用车领域通常称为 B+，即蓄电池常电；而 KL30 电则为总闸电，即总闸闭合后的电气属性，这两点不同于乘用车），一般按点火开关档位（OFF、ACC、ON、START）划分电源属性。现在很多乘用车已经取消了点火钥匙的 ACC 档，但 ACC 电气属性还是存在的。如钥匙在 OFF 档时，车窗是没电的，不能调节；但在钥匙从 ON 档切换到 OFF 档后的一段时间内，只要不拔出钥匙，音乐还可以播放，这是一种人性化设置，此时娱乐设备的电源属性就是 ACC 档；另外，在车辆启动的瞬间，动作中的车窗和刮水器会暂停一下，这是为了暂时性的将大功率用电设备的电力切断，以节省蓄电池电力给启动机使用；在启动过程中会被切断的设备的电源属性就是 IGN2，而仍可持续工作的设备就是 IGN1。

如图 4-37 所示，某些 ECU 的供电同时有 KL30 常电及 IGN1，如发动机 ECU 与车身控制器（BCM），而 BCM 通常还要使用 IGN2 与 ACC 电对车窗及其他设备进行控制，影音娱乐系统及点烟器通常使用 ACC 电，车窗、后窗加热、刮水器等大功率负载通常使用 IGN2。

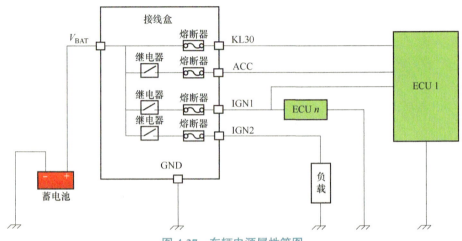

图 4-37　车辆电源属性简图

不同的电源属性通常是通过接线盒里的继电器来进行控制的，点火锁信号可以直接控制电源分配继电器，或者通过 BCM 或无钥匙系统（被动进入被动启动，Passive Enter Passive Start，PEPS）进行间接控制，即 BCM/PEPS 采集点火锁/启动按钮信号后控制电源分配继电器，进而控制接线盒里的继电器。在这种控制模式下，很多控制逻辑在设计之初就是通过硬线控制，软件是无法更改的。如把钥匙从 ON 档打到 OFF 档后，很多功能就不再能用，因为电源被切断了，除非对线路设计进行更改，否则逻辑是不能更改的，也就是说，这些功能通常无法通过软件直接更改的，所以也是不支持 OTA 的。

4.5.1　电源分配及电路保护

在整个电气系统设计中，电源分配和电路保护是两个非常重要的部分。车辆的电源分配及电路保护通常通过电气接线盒来实现。乘用车通常有两个接线盒，一个位于发动机舱，称为发动机舱接线盒（Engine Junction

Box，EJB），一个位于乘客舱，称为乘客舱接线盒（Passenger Junction Box，PJB）。商用车通常也有两个接线盒，一个位于后部的电池仓，称为底盘接线盒（客车称之为后盒），一个位于驾驶舱，称为中央电气接线盒（客车称之为前盒）。

电源分配可分为两种，一种是 KL30 常电，直接通过熔断器进行分配，没有控制；另一种是开关电，通过熔断器及继电器进行分配。熔断器负责线路保护，继电器负责电源控制。继电器的作用就是弱电控制强电，因为车上的多数开关均为微动开关和小电流开关，受制于驱动能力，一般不能直接对大电流负载进行开关切换；ECU 负责采集开关信号及输出控制信号，通过接线盒中的继电器进行电源分配及控制。有些 ECU 内部会集成一些 PCB 继电器，可以对负载进行电源分配及控制，但这些大电流回路的线路保护通常还是通过接线盒里的熔断器来实现，当然，这就需要额外的电线。

为了降低成本和接线复杂度，住宅及工业应用中通常采用多路电源共用保护的接线方式，如住宅中通常有数十个插座及用电器，但断路器则只有几路，多数电源共用保护。而汽车电气系统为了保证线路安全及提高用电设备电源的可靠性，每条供电线路中都有熔断器，用电设备也较少使用并联供电的方式。每条线路都有保护，但并不意味着每条线路都能独立受控。一般熔断器数量是继电器数量的 2 倍以上，也就是说，接线盒中至少有一半的线路是不受控制的。车辆熔断器及电源分配继电器的数量对比见表 4-19，整车熔断器数量远超电源分配继电器的数量，乘用车的电源分配继电器及熔断器数量整体少于商用车。

表 4-19 车辆熔断器及电源分配继电器的数量对比

类型	乘用车数量/个	商用车数量/个
熔断器	50~80	50~100
电源分配继电器	10~20	10~30

4.5.2 低功耗考虑

车辆电源属性划分的根本原因就是为了方便进行能耗管理，根据不同的工况实现不同的电源管理策略。但车上还有一种电源，通常称为 KL30 常电，常电直接通过熔断器接蓄电池，不受任何控制，永不断电，除非拆掉蓄电池。商用车又不同于乘用车，为了方便进行能耗管理，商用车采用电源总闸将电源分为两种：一种不经过电源总闸，同乘用车一样，直接接蓄电池，称为 B+；一种经过总闸，需要总闸处于闭合状态才能有电，称为总闸电，也称为30电,其他如ON档电(KL15电)及ACC电等都来自于总闸电。所以商用车在启动前需要先接通总闸,然后才能启动;而在需要长时间停车时,就需要断开总闸,以降低整车能耗,否则短时间内就可能造成蓄电池亏电,车辆无法启动。

但是对于长时间停车,如超过一个月,这时接蓄电池常电的用电设备的功耗控制就会变得非常重要。这种长时间车辆停放在实际应用中还是比较常见的,也是车辆设计中OEM需要重点进行考虑的,也就是常说的静态功耗设计,对接常电的电子零部件来讲就是静态电流设计。

1. 传统车辆的静态电流问题

无论是传统车辆还是新能源车辆,低压蓄电池的电量总是很有限的,都需要对非启动状态进行严格的用电管理,防止蓄电池电量被过快地消耗。接常电的用电器,在车辆停车落锁后,都必须进入休眠模式,此时整车耗电(静态电流)需要控制在极低的水平,以满足长时间停车后还能启动的要求。对整车设计来讲,OEM通常会有一个总的静态功耗目标,如整车进入休眠状态时,经过蓄电池正极流出的总静态电流小于25mA,以保证车辆在长达一个月或更长时间的停放后,蓄电池剩余电量仍然可以保证车辆的正常启动。这个剩余电量通常要求为40%左右的SOC,这样既可以确保车辆的启动能力,同时还可以维护蓄电池的循环寿命。

表4-20为车辆蓄电池容量、静态电流与停放时间的关系,车辆的停放时间与车辆的静态电流以及车辆的蓄电池容量有关。

表4-20 车辆蓄电池容量、静态电流与停放时间的关系

类型	蓄电池容量/A·h	静态电流:15mA 停放时间/天	静态电流:20mA 停放时间/天	静态电流:35mA 停放时间/天	静态电流:50mA 停放时间/天
乘用车	45	56	42	24	17
	52	65	49	28	20
	63	79	59	34	24
	80	100	75	43	30
	100	125	94	54	38
商用车	122	153	114	65	46
	140	175	131	75	53
	165	206	155	88	62
	180	225	169	96	68
	200	250	188	107	75

目前多数乘用车 OEM 均要求整车静态电流控制在 25mA 以内，乘用车蓄电池容量也通常为 60A·h 左右，一般情况下，车辆可停放一个月。但如果车辆蓄电池寿命已经超过 3 年，蓄电池已经老化，则长时间停放后容易发生蓄电池亏电，导致车辆无法启动，所以蓄电池的更换周期通常要求在 3 年左右。

2. 纯电动车的静态电流问题

对于纯电动车，目前的趋势是低压蓄电池小型化，如某 OEM 就采用了 33A·h 的小电池。因为纯电动车的低压蓄电池不需要承担启动机的启动任务，蓄电池的容量可以减小到能够支撑高压接触器吸合即可。车辆启动后高压上电，高压 DC/DC 就可以给低压蓄电池进行充电并同时为整车供电。因为蓄电池的最大放电电流和容量相关，而纯电动车启动所需的电流比燃油车启动机启动所需的电流要小得多，所以纯电动车可以降低低压蓄电池的容量，在降低成本的同时也可以为整车减重。

但是纯电动车的低压蓄电池容量也不能无限减小，因为一旦停车后高压下电，整车的用电就必须依靠低压蓄电池。如果低压静态功耗控制得不好，也会导致低压蓄电池亏电，此时即便高压蓄电池有电，车辆也无法启动，所以新能源车辆也需要对静态电流进行严格控制。

新能源车是否可以在低压蓄电池电量即将耗尽时自动启动高压蓄电池给低压蓄电池进行充电呢？这的确是一个好主意，但业内采用这种做法的 OEM 并不是很多，因为其中存在一定的风险。这种风险主要来自于两个方面，一是在车辆长时间停放时，人员通常不在车上，为了安全起见，通常不允许高压上电，高压接触器处于断开状态，高压蓄电池的正、负极均被切断；二是即便采用高压蓄电池自动给低压蓄电池充电的策略，检测周期一般都比较长，如每隔 12h 或几天时间对低压蓄电池电量进行一次检测，这就会带来另一个问题，那就是在一个检测周期内低压蓄电池的电流意外被耗尽，如某次长时间的 OTA 升级。所以高压蓄电池给低压蓄电池自动充电并不能彻底解决车辆长期停放期间的低压蓄电池亏电问题，目前业内通常的做法还是采用熄火后高压下电，同时对车辆的静态电流进行严格控制。

唯一可以彻底解决低压蓄电池亏电的做法就是高压永不下电，但似乎除了某 OEM，目前这样做的车企并不多。而某 OEM 之所以需要并可以保持高压一直不下电，这与其车辆的功能设计及系统设计紧密相关。某 OEM 的高压不下电设计是一个系统性工程，其主要目的是为了支持所有的在线服务，但这同时也带来了一些其他挑战。

3. 某 OEM 的高压不下电设计

某 OEM 可以采用高压不下电设计，这一点涉及非常多的具体系统设计。某 OEM 某 M 车型停车后高压动力电池会一直保持连接，高压蓄电池会以约每天 1% 的放电速度进行放电。某 M 车型的静态电流约为 2.6A，远高于其他车辆。以 33A·h 蓄电池为例，在这个放电电流下低压蓄电池能够支撑 10h 左右，电池耗尽后车辆将无法正常启动，因为电池管理系统（Battery Management System，BMS）及车辆控制单元（Vehicle Control Unit，VCU）等都是依靠 12V 低压蓄电池工作，低压没电就无法上高压为低压蓄电池充电。

为了解决这个问题，某 OEM 在不启动高压 DC/DC 的情况下，采用了 BMS 集成小型 DC/DC 的设计，在高压 DC/DC 变换器停止工作后，BMS 为整车提供 12V 电源，防止蓄电池亏电。这种高压实际上不下电（高压接触器没有被切断）的设计推动某 OEM 直接取消了传统的高压预充电路，这也是一个创新性设计。取消了传统高压预充后带来了另外一个问题，高压上电前必须经过预充才行，于是某 OEM 采用了另外一个创新性设计，那就是采用低压蓄电池 DC/DC 变换进行高压预充，但这种设计不支持频繁的高压上下电，也就是说，某 OEM 在新车的高压首次上电后，后续的用车过程中高压基本上不下电。

为了实现在线服务，某 OEM 采用了一系列的创新设计。如图 4-38 所示，可以看出一项功能的实现，需要整个系统设计进行配合，涉及整车静态功耗、预充方案、BMS、DC/DC 等模块及策略的全新设计，是一个系统性工程。车辆的电气系统是一个复杂系统，某一个设计功能的更改就可能牵一发而动全身，所以多数 OEM 不得不谨慎地沿用高压下电设计，把车辆的安全性和可靠性放在首位，传统设计就成了不得不用的"最好选择"。

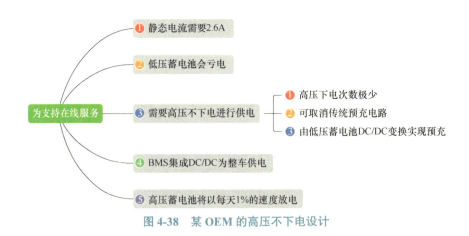

图 4-38 某 OEM 的高压不下电设计

4.5.3 可靠性及安全性考虑

对于车辆的电气系统，可靠性主要考虑用电设备电源的可靠性，也就是说如果在车辆运行过程中发生某个电源失效,为保障车辆的运行安全,对安全设备通常采用的方法就是冗余供电设计。

如图4-39所示,某OEM的某M车型电源分配主要通过位于前舱的前控制器VCFront来实现,VCFront采用双路冗余供电(低压蓄电池和高压DC/DC变换器),自动驾驶系统和EPS均采用双路冗余供电(自动驾驶系统供电为AP1和AP2,EPS供电为EPS1和EPS2),同时VCFront又将电源分配给位于驾驶舱的左、右车身控制器LBCM和RBCM,LBCM和RBCM再进一步对电源进行二次分配,为整车其他设备提供电源。

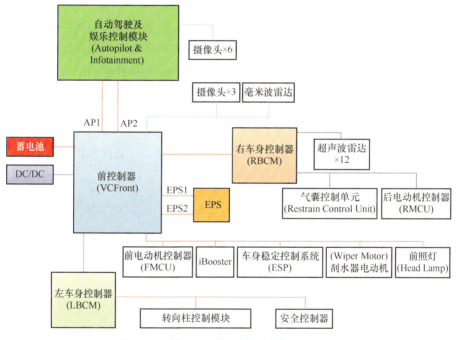

图4-39 某OEM某M车型电气原理简图

电气系统的安全性主要考虑设计时熔断器的选型及熔断器与导线的匹配。车用熔断器按熔断速度可分为快熔和慢熔两种类型。如图4-40所示,片式熔断器通常都是快熔的,用于小电流及短时间脉冲电流负载,如灯类负载;插座式和螺栓式熔断器都是慢熔的,用于大电流及长时间脉冲电流负载,如电动机、门锁等感性负载。熔断器依靠在故障时发热熔断来进行线路保护,是一次性的,通常是不可自恢复的(自恢复熔断器成本较高,乘用车通常较少使用),熔断器熔断后需要更换,设计上通常采用易接近性设计及易维修性设计,从而做到了方便维修及更换。

a) 片式熔断器　　　　　　b) 插座式熔断器　　　　　c) 螺栓式熔断器

图 4-40　车用熔断器的分类

另外，熔断器规格都是不连续的，如常用的 5A、7.5A、10A 等，所以设计时如果需要保护的电流为 8.5A，那么就只能选用 10A 的熔断器。熔断器的规格决定了线路的保护电流，如安装了 5A 的熔断器，那么线路的负载电流就绝对不能超 5A，而实际上用电设备的额定电流通常远小于熔断器的规格。熔断器依靠过电流发热熔断保护，熔断时间随电流及环境温度变化极大。如图 4-41 所示，以 10A 插片式快熔熔断器为例，200% 电流最长 5s 熔断，电流上升到 350% 时，熔断时间缩短为 0.5s，保护速度快了 10 倍。同时，环境温度越高，熔断得也越快，导致保护很不精准。以插片式快熔熔断器为例，200% 额定电流的熔断时间为 0.15~5s 不等。

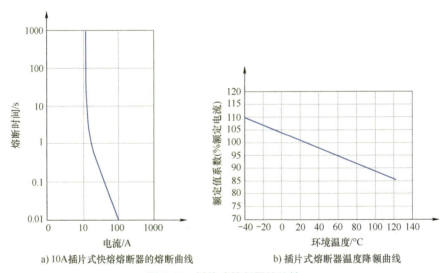

a) 10A 插片式快熔熔断器的熔断曲线　　　b) 插片式熔断器温度降额曲线

图 4-41　插片式熔断器的特性

另外，熔断器只能保护线路短路，对过电流故障几乎不起作用。如熔断器在流过 110% 额定电流时几乎没有保护功能，10A 熔断器在流过 11A 电流时永远不会发挥保护作用。在发生短路故障时，熔断器对短路电流没有限制能力，短路的峰值电流取决于发生短路时的回路阻抗及熔断器的熔断速度。这会带来两个问题：一是前、后级电源电压会被瞬间拉低；二是短路点会急剧发热或发生打火现象，此时如果短路点附近有可燃气体或易燃材料就可能有起火爆炸的危险。

在电气系统设计时，首先需要根据负载额定电流、冲击电流、工况等确定熔断器的类型和规格，然后再根据熔断器的规格确定导线线径，同时考虑负载的工况及线束设计。

线径与导线额定电流及熔断器规格的匹配见表4-21。表中的安全电流数据基于最大环境温度70℃、耐温105℃薄壁及标准壁厚的汽车低压导线。其中额定安全电流指单根导线不考虑降额时的电流值，而持续安全电流则是指考虑实际线束设计及应用工况时，安全设计推荐的持续电流值，这个值通常对设计来讲更具有参考价值。以常用的 0.5mm² 导线为例，其额定安全电流为 7.5A，但在实际设计时通常不会超过 6A，这就是考虑了应用的可靠性与安全性，而匹配的熔断器通常也不会超过 5A。

表 4-21 线径与导线额定电流及熔断器规格的匹配

线截面积 /mm²	70℃时 额定安全电流 /A	70℃时 持续安全电流 /A	匹配熔断器规格 /A
0.5	7.5	6	≤5
0.75	10	8	≤7.5
1.0	15	12	≤10
1.5	20	16	≤15
2.5	30	24	≤25
4.0	40	32	≤30
6.0	50	40	≤50
10	70	56	≤70
16	100	80	≤100
25	125	100	≤125
35	150	120	≤150
50	200	160	≤200
70	250	200	≤250

4.6 电磁环境

4.6.1 干扰与抗干扰

车辆的电磁环境从传输路径上可以分为两类：传导和辐射，而从零部件本身和其他零部件关系的角度出发，又可以分为干扰/发射（骚扰）与被干扰，也就是产生干扰/发射信号与被干扰信号骚扰。同时，将传输路径与干扰关系进行组合，便产生了传导干扰/发射、辐射干扰/发射、传导抗干扰及辐射抗干扰共四种电磁环境，见表4-22。

表 4-22 车辆电磁环境及设计

干扰方式	电磁环境	缩写	设计要求
干扰/发射	传导干扰/发射	Conducted Emission, CE	不能通过电源线及信号线对车辆其他电子零部件造成干扰
	辐射干扰/发射	Radiated Emission, RE	不能通过电磁辐射对车辆其他电子零部件及车辆所处的环境造成辐射干扰
抗干扰	传导抗干扰	Conducted Immunity, CI	对通过电源线及信号线传导过来的干扰信号具有一定的抵抗能力
	辐射抗干扰	Radiated Immunity, RI	对其他电子零部件或环境产生的辐射干扰信号具有一定的抵抗能力

现代车辆通常具有 50 个以上的电子模块以及几十个灯、电动机、电磁阀、电磁继电器等设备，电子设备几乎成了现代汽车的代表。这些电子模块及电子设备在为用户带来更多舒适性、科技性及安全性的同时，也在工作中不断地产生各种各样的干扰信号，这些干扰信号或者通过导线传导，或者通过电磁辐射对车辆其他零部件及车辆周边环境产生干扰。因为电子模块对电磁干扰（Electro Magnetic Interference，EMI）都很敏感，对于电子零部件来讲，一方面要求不对外产生干扰信号，另一方面需要对干扰信号具有一定的抵抗能力，保证在一定强度的干扰信号下依然能够正常工作。也就是说，对于设备自身产生的干扰信号必须被限制在设备内部，而不能通过传导或辐射的方式发射出去对其他设备造成干扰，抗干扰也是同样的道理，一方面需要尽量阻止外界的干扰信号使其不能进入设备内部，另一方面需要提高对各种干扰信号的抵抗能力。

总的来说，对于干扰信号和抗干扰能力总结起来就两个字：疏、堵。

1）针对传导干扰信号，疏可以在端口采用电容、TVS 等设计使干扰信号通过地回流出去，而不要进入设备内部电路或者车辆的其他线路中去。

2）对于辐射干扰信号，疏可以采用各种屏蔽及抗辐射措施，使干扰信号发生反射，不要进入零部件内部电路中。

3）针对传导干扰信号，堵就是用磁珠、电阻、共模电感等设计使外部干扰进不来，或者在干扰进来后将其消耗掉，同时内部干扰信号也出不去。

4）对于辐射干扰信号，堵就是采用屏蔽及抗辐射措施，使外部干扰进不来，同时内部干扰信号出不去。

车辆产生电磁干扰的原因多种多样，既有正常工作情况下不可避免产生的，也有在故障情况下产生的。这些干扰信号的频率分布范围很广，国家标准对零部件 EMC 测试在频率范围方面的要求见表 4-23，由表 4-23 可见，无论是干扰还是抗干扰，频率范围都是很宽的。

表 4-23 国家标准对零部件 EMC 测试在频率范围方面的要求

干扰/发射与抗干扰	电磁环境	国家标准	频率范围
干扰/发射	传导干扰/发射（CE）	GB/T 18655—2018	0.15~2500MHz
	瞬态传导干扰/发射（CTE）	GB/T 21437.2—2021	非频率量信号
	辐射干扰/发射（RE）	GB/T 18655—2018	0.15~2500MHz
抗干扰	传导抗干扰（CI）	GB/T 21437.2—2021	非频率量信号
		GB/T 28046.2—2019	
	辐射抗干扰（RI）	GB/T 33014.2—2016	80~18000MHz
		GB/T 33014.4—2016	1~400MHz

4.6.2 辐射与传导

1. 辐射

自然界中处处都充满了电磁波与电磁辐射，光就是最常见的一种电磁波，太阳光中可见光的波长范围为 400~760nm，而自然界中的辐射更是随处可见，自然界中的一切物体，只要温度在绝对零度以上，都在不停地对外发射电磁辐射。

对于汽车电子零部件来讲，只要外界的电磁辐射在一定限值之内都是无害的，同时，只要零部件自身产生的电磁辐射在一定限值内，对外界或其他汽车零部件也是无害的。但对电子零部件的车载应用来讲，实际情况要复杂得多。正常情况下，车载环境的电磁辐射干扰通常是由于大电流的开关产生的，如继电器切换、MOSFET/IGBT开关、启动系统等，这些电路产生的电磁场会直接影响到靠近干扰源的线束或者电子电气模块，如图4-42所示。

有些电磁波是车辆正常工作所需要的，如遥控钥匙发射的射频信号，而有些电磁波信号则是车辆正常工作时必须接收的，如无线广播信号、GPS信号、遥控钥匙的射频信号、影音娱乐系统的蓝牙信号等。总的来说：

1）对于必须发射信号的设备，必须限制其发射功率及发射信号的频率范围，如遥控钥匙、近场通信（Near Field Communication，NFC）设备等。

2）对于不需要发射电磁波信号的设备，必须严格限制其电磁波的对外发射。

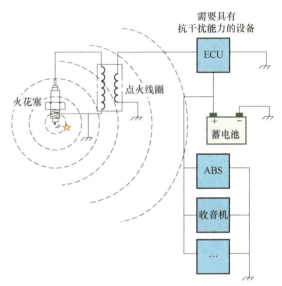

图4-42 车载环境的电磁辐射干扰示意图

3）对于必须接收的信号，如无线广播信号，必须保证这些信号不能受到车载电子零部件的干扰，导致信号无法被正确接收。

4）对于车辆工作过程中，某些工况、某些外部环境或某些电气设备不可避免地产生的电磁辐射，其他零部件必须具有相应的抗辐射干扰能力，保证自身可以正常工作。如PEPS系统需要保证在车辆附近存在电力变压器低频电磁场干扰的情况下能够正常启动车辆。

2. 传导

传导相较辐射更容易理解，传导信号也更容易被感知及测量。同时，在实际的汽车电子设计、测试及应用中可以发现，传导总是和辐射相伴相生。也就是说，如果一个设备的抗传导干扰能力很强，那么其抗辐射干扰能力通常不会太差；而如果一个设备的传导干扰很严重，其辐射干扰通常也会超标。其实原理也很简单，无论辐射还是传导干扰，其干扰源通常都是同一个，辐射和传导只是其不同的对外干扰路径而已，而EMC测试中的整改通常也是围绕着寻找干扰源和切断干扰路径来展开的。

从另一个角度来说,搞清楚设备需要的抗传导干扰能力,就可以从设备需要具有的抗干扰能力方面了解到车辆上都真实存在哪些传导干扰信号,以及这些干扰信号的特性,因为抗传导干扰能力就是基于车辆上存在的传导干扰信号的特性进行要求和设计的。

传导干扰直接产生于线束,一般由感性负载,如电磁阀、螺线管、发电机等产生,可能作用于电源线,也可能作用于信号线。如图4-43所示。

传导干扰试验的汽车行业国家标准为GB/T 21437,对应的国际标准为ISO 7637。需要注意的是,ISO 7637-2:2011相较ISO 7637-2:2004删除了脉冲4及抛负载5a和5b,脉冲4放到了ISO 21848:2005的MOD中(对应GB/T 28045—2011《道路车辆42V供电电压的电气和电子设备 电气负荷》),在此略过不谈。抛负载脉冲的试验规定放在了ISO 16750-2:2012(对应GB/T 21437.2—2021)中,5a变成了试验脉冲A(Pluse A),无集中抛负载抑制,5b变成了试验脉冲B(Pluse B),具有集中抛负载抑制。抛负载脉冲在4.3.2节已经做过详细介绍。

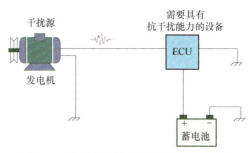

图 4-43 车载环境的电磁传导干扰示意图

对汽车电子零部件的设计开发及测试来讲,通常关注最多的是相应标准的第2部分,也就是沿电源线的电瞬态传导发射和抗扰性,以及抛负载,见表4-24。

表4-24 标准对12V系统传导干扰相应脉冲参数的规定及解释

脉冲	峰值电压 U_s/V	脉冲宽度 t_d	干扰源阻抗 R_i	原因
1	−150~−75	2ms	10Ω	电源与直接并联的感性负载断开连接时所产生的瞬态现象(如座椅电动机以及车窗和座椅的加热系统)产生的脉冲
2a	37~112	50μs	2Ω	由于线束电感的影响,使与DUT并联的装置内电流突然中断引起的瞬态现象(如刮水器电动机)产生的脉冲对与它并联的汽车电子产品产生的冲击电压
2b	10	0.2~2s	0~50mΩ	直流电机充当发电机,点火开关断开时的瞬态现象

(续)

脉冲	峰值电压 U_s/V	脉冲宽度 t_d	干扰源阻抗 R_i	原因
3a	$-220 \sim -112$	(150 ± 45) ns	50Ω	汽车电子系统中各种开关、继电器开启或者关闭的过程中，以及熔断器熔断时，由于电弧所产生的快速脉冲群，这些瞬态现象的特性受线束的分布电容及分布电感的影响。3a 或者 3b 中波形的极性是由于系统连线的分布电感以及电容造成，3b 脉冲多由于电动门窗的驱动单元、喇叭或者是中控门锁系统
3b	$75 \sim 150$	(150 ± 45) ns	50Ω	
A	$79 \sim 101$	$40 \sim 400$ms	$0.5 \sim 4\Omega$	脉冲 A 是在发电机给蓄电池充电的过程中，蓄电池突然断开所产生的作用于其他电子设备上的电压脉冲
B	$U_s^* = 35$	$40 \sim 400$ms	$0.5 \sim 4\Omega$	脉冲 B 是带有钳位电压（具有集中抛负载抑制）的脉冲 A

标准对传导干扰波形的规定如图 4-44 所示，图中包含了脉冲 1、脉冲 2a 及 2b、脉冲 3a 及 3b，但是并未包含脉冲 A 及脉冲 B，这两个脉冲的波形及参数已在 4.3.2 节有过描述。

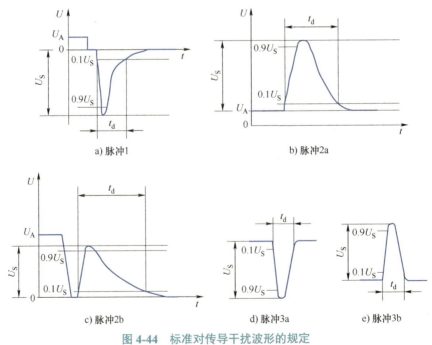

图 4-44 标准对传导干扰波形的规定

3. 传导干扰及辐射干扰的产生

感性负载断开时会产生脉冲 1，这部分内容在 4.4.1 节已有详细描述；线束电感能够产生脉冲 2a，这部分内容在 4.4.2、4.4.3 节均有描述。下面详细介绍继电器开关过程中及熔断器熔断过程中产生的电磁干扰，这个干扰信号在与线束分布电容和分布电感互相作用下就产生了脉冲 3a、3b。继电器产生电磁干扰的原因主要有两点：一是继电器在触点闭合时的弹跳；二是继电器开关过程中开关斜率的不可控。图 4-45 为继电器在触点闭合时触点弹跳的电流及电压波形。

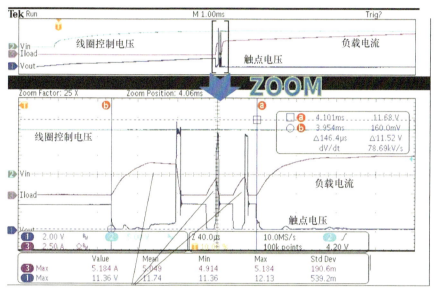

图 4-45 继电器在触点闭合时触点弹跳的电流及电压波形（负载为真空泵）

继电器的触点吸合是需要时间的，触点动作时间通常在 10ms 以内，也就是说继电器从线包上电，到触点稳定吸合大约需要 10ms。触点在闭合过程中会发生弹跳，由图 4-45 可见，触点在闭合过程中发生了 3 次弹跳，这就意味着继电器触点对电路进行了 3 次毫秒级的开关动作，这些开关动作使电路中的电流在极短时间内数次发生了极大的变化，这些瞬态电流再经过车辆线束的分布电容及分布电感的互相影响，便产生了快速脉冲群传导干扰。同时，继电器的触点还会产生电弧，这个电弧会对外产生电磁辐射干扰。

图 4-46 为继电器带载真空泵时触点断开的电流波形，可以看出，虽然没有了触点弹跳，但 EMI 并未有丝毫改善，原因在于触点开关过程的电流斜率不可控，触点断开时产生的电磁干扰就不可控。

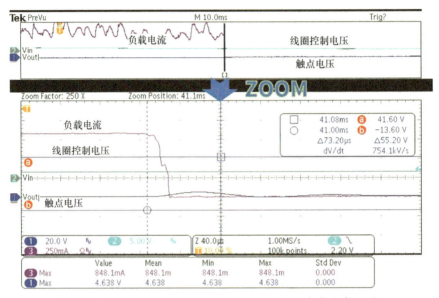

图 4-46 继电器在触点断开时的负载电流波形（负载为真空泵）

图 4-47 为 HSD 芯片在开关时的电压及电流波形。

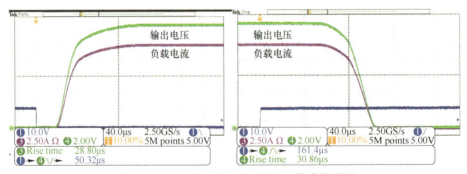

图 4-47 HSD 芯片在开关时的电压及电流波形

通过与继电器的开关波形相对比可以发现，HSD 芯片在开关过程中，无论是电压还是电流波形都是很纯净和平滑的，HSD 芯片会通过控制内部 MOSFET 门极电压的斜率，进而控制负载电压及电流的上升沿和下降沿的斜率（Slew Rate），这样便可以控制开关过程产生的电磁干扰，进而降低对车辆其他电气设备的电磁干扰。

另外，熔断器在熔断时，会在极短时间内将故障电路切断，但这个电流被切断的过程并非是瞬间完成的。熔断器在熔断的瞬间实际上并没有将电路完全切断，而是会在熔断的部分产生电弧，电弧再将空气击穿后电流将继续流通；但电弧同时也会造成更长的熔丝被熔断，也就是说熔丝熔断的缺口将进一步被拉大，最终由于电弧无法击穿过长的空气间隙，电弧会逐渐熄灭，熔断器才真正地将电路切断。这个过程中会伴随着电流的反复切断与恢复，类似于继电器的触点弹跳，所以熔断器的熔断过程在受到线束分布电容和分布电感的共同影响下，也会产生快速脉冲群，这些瞬态现象在产生传导干扰的同时也会产生辐射干扰。

4.7 静电放电

静电放电（ESD）对汽车电子零部件来讲属于抗扰性要求，也就是说汽车电子零部件的车载应用要求零部件需要对 ESD 有一定的抗干扰能力。ESD 对电子零部件整个生命周期的影响场景可以分为以下两个阶段：

1）生产场景，包括在零部件的生产、包装、搬运、贮存及运输、装配过程中，外部环境、设备及操作人员产生的静电放电对零部件的影响。在这个过程中产品通常处于非供电状态（非工作状态）。非供电状态的静电放电点主要集中在零部件的引脚、壳体、按钮、开关、显示屏等位置。

2）应用及维护场景，包括在产品的使用、检查、维修过程中，外部环境、设备及操作人员产生的静电放电对零部件的影响。在这个过程中产品通常处于供电及工作状态。供电状态的静电放电点主要集中在零部件的把手、按键、开关等操作件位置，或车内乘员需要或容易接触的表面，如触摸屏等位置。

对汽车电子零部件来讲，按照汽车行业生产规范，生产过程需要采取相应的静电防护措施，以降低或消除 ESD 对产品的影响。所以对产品设计及测试来讲，最严苛的要求来自于产品实际应用过程中所面临的 ESD 挑战，这也是汽车电子零部件车载应用最关注的方面。

从放电方式来讲，ESD 又可以分为直接放电和间接放电。直接放电就是直接对电子零部件实施静电放电。直接放电又分为接触放电和空气放电；间接放电是对电子零部件周围的导体表面部分实施接触放电（实际测试时是对 DUT 下的耦合板进行放电）。

与 ESD 测试相关的汽车电子零部件的行业标准可以参考 GB/T 19951—2019（对应 ISO 10605：2008，MOD），标准对汽车电子零部件 ESD 测试的要求见表 4-25。

表 4-25 标准对汽车电子零部件 ESD 测试的要求

放电方式		试验电压/kV	放电位置	试验方式
直接放电	接触放电	2~15	金属表面或端子	每个极性和试验电压,在规定放电点进行 10 次放电,两次放电之间至少间隔 2s
	空气放电	2~25	非金属表面、外壳缝隙、导线绝缘层外部等	
间接放电	接触放电	2~15	耦合板	每个极性和试验电压,在 3 个规定点进行 10 次放电,两次放电之间至少间隔 2s

另外,对电子元器件级别的 ESD 测试还按放电模型分为人体模型(Human Body Model,HBM)和带电装置模型(Charged Device Model,CDM)。HBM 模拟由于人体放电而产生的 ESD,人体被认为是 ESD 的主要来源,所以 HBM 是描述 ESD 事件的常用模型;而 CDM 模拟带电装置与导电材料接触时的放电,主要用于模拟制造环境中产生的 ESD,模型的对象可以是任何工具或生产设备。

对电子零部件来讲,ESD 是一种极短暂的瞬态干扰现象。静电放电时可以在 0.5~20ns 内产生 1~50A 的放电电流,ESD 冲击是一种低能量但具有极高 dv/dt,同时伴随着极强电磁场的瞬态现象。ESD 一般不会对人体产生伤害,但对电子零部件或其中的电子元器件却可能带来严重的破坏,或导致其参数或性能发生劣化,进而影响其使用寿命。典型的 ESD 放电特性及标准对电压的规定如图 4-48 所示。

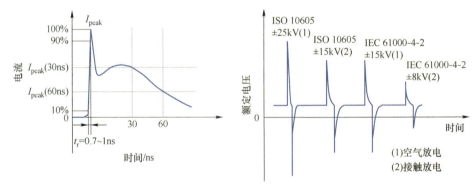

图 4-48 典型的 ESD 放电特性及标准对电压的规定

注:IEC 61000 是一个通用的 EMC 国际标准,其中 IEC 61000-4-2 是针对 ESD 测试的,相应的国标为 GB/T 17626.2—2018《电磁兼容 试验和测量技术 静电放电抗扰度试验》,是一个针对电子电气设备 ESD 测试的通用标准,而 GB/T 19951—2019《道路车辆 电气/电子部件对静电放电抗扰性的试验方法》是专门针对道路车辆的行业标准。

静电对电子零部件的影响经常体现在端口及数据线上，如连接器端口、信号线、视频传输线、SPI、CAN、LIN 总线及传感器数据线等，所以这些部位的电路在设计时必须考虑采取 ESD 防护措施。如图 4-49 所示，对于开关信号等速度很慢的信号，可以采用 ESD 电容做 ESD 防护，以降低成本。对于普通数据线，通常采用专门的 ESD 二极管，普通 ESD 二极管的电容容量在几皮法到几十皮法之间，而对于高速数据线，因为数据的上升沿及下降沿速度很快，所以信号对电路中的电容很敏感，通常必须采用极低电容的 ESD 二极管，电容容量可以低至 0.5pF 以下。

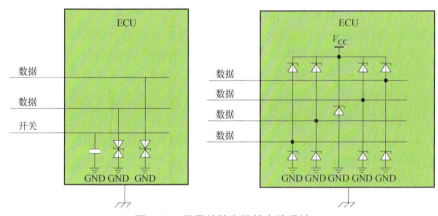

图 4-49　常见的静电防护电路设计

4.8　小结

本章主要介绍了电子模块所面对的车辆内部电气及电磁环境，电气环境包括地漂移、欠电压、过电压及反向电压等，电磁环境包括辐射、传导及静电放电（ESD）等。为满足这些环境要求，电子模块的设计及测试将面临一系列的挑战。

人们根据应用经验对电子模块的车载应用环境条件进行了总结，制定了相应的电子零部件行业标准；基于这些行业标准，不同的 OEM 又根据自己的车辆应用环境特点制定了相应的企业标准；同时，电子模块供应商也根据自己的经验对电子零部件制定了相应的设计方法与测试方法。

第 2~4 章已完整介绍了电子模块车载应用所需要面临的要求及挑战，第 5 章将着重介绍电子模块为满足车载应用需要进行的必要的测试，依据的相应行业测试标准，以及业内通用的测试方法等。

第5章
汽车电子模块的车规级试验

电子模块为满足车载应用的要求，在开发过程中及量产前均需要进行一些功能及性能的测试及试验，这些测试从器件到系统，涵盖了元器件、芯片、单元电路及零部件，在车型量产前还会对车辆进行路试，包括高低温、温湿度等试验。汽车行业经过上百年的发展，已经形成了成熟的针对整车及零部件的行业标准，各OEM也形成了自己的企业标准，各Tier 1同时也形成了自己对零部件的测试及验证方法等。

对Tier 1来讲，需要保证零部件按照OEM的试验标准进行开发并最终通过DV及PV测试；对OEM来讲，在各零部件满足相应零部件级试验标准的基础上，最终还需要保证整车满足相应整车级试验标准。

对一个具体的零部件来讲，OEM通常重点关注的是产品的DV测试及PV测试，而Tier 1除了需要保证最终的DV、PV测试结果外，还需要在开发过程中对产品进行各种单元级及系统级的软硬件功能、性能及参数的测试，最后在产品量产时，还需要通过EOL测试对产品进行下线前的100%功能检测，以保证产品质量的一致性及高可靠性。

5.1 试验标准

汽车行业标准众多，既有整车级的，也有零部件级的；既有强制性的，也有推荐性的。根据国家标准全文公开系统网站（openstd.samr.gov.cn）数据，我国关于道路车辆的推荐性国家标准现行的共765项，而强制性国家标准共128项。

5.1.1 强制性国家标准

我国的标准分强制性标准（以GB开头）和非强制性标准（即推荐性标准，以GB/T开头），对于汽车行业也是如此。截至2022年4月2日，国家标准化管理委员会已批准发布的汽车（含摩托车）强制性国家标准共128项，其中适用于乘用车的强制性国家标准共67项，适用于商用车的强制性国家标准共85项。

汽车行业的强制性国家标准主要涉及四个方面：一般安全、主动安全、被动安全、环保与节能，见表5-1。表中的标准数量按照商用车及乘用车进行了划分，同时给出了标准涉及的方面，如刮水器、防盗装置、车速表、喇叭等相关标准属于一般安全，而制动灯、昼行灯、前/后雾灯、倒车灯、驻车灯、轮胎、转向系统、制动系统等属于主动安全。

表 5-1 汽车行业的强制性国家标准数量及涉及方面

标准类型	标准数量		涉及方面
	乘用车	商用车	
一般安全	20	27	间接视野装置、刮水器、防盗装置、车速表、喇叭、罐车、燃气车、危化车、校车、车辆标识及代号、限速装置、外廓尺寸、轴荷及质量、电磁兼容性（乘用车）、前方视野（乘用车）、刮水器及玻璃洗涤（乘用车）等
主动安全	22	23	车灯（灯丝灯泡、LED、气体放电灯、前照灯、转向灯、位置灯、示廓灯、制动灯、昼行灯、前/后雾灯、倒车灯、驻车灯、侧标志灯等）、回复反射器、反光标识、轮胎、车轮安全、转向系统、商用车制动系统、制动软管、制动器衬片、胎压监测（乘用车）、三角警告牌（乘用车）等
被动安全	18	22	内饰材料阻燃性、座椅及头枕、儿童乘员用约束系统、安全带、油箱、防转向机构伤害、门锁及车门保持件、乘员保护、安全玻璃、校车座椅、客车灭火器、客车上部结构强度等
环保与节能	7	14	排放、无线电骚扰特性、电磁兼容性（商用车）、商用车燃料消耗、加速行驶车外噪声、轻型汽车能源消耗量标识、燃料消耗量限值

由表 5-1 可见，强制性国家标准全部都聚焦在安全与排放方面，其他方面如温度环境、湿度环境、电气环境、防护等级、振动与机械性能、电磁兼容等则较少或没有涉及。

5.1.2 标准之间的关系

在汽车行业的所有标准中，推荐性标准达到765项，为强制性标准

128项的6倍，占比达到85.7%，可见推荐性标准的数量是占绝大多数的，而通常使用最多的也正是这些推荐性标准。对于汽车电子零部件来讲，如功能或应用涉及相关的强制性国家标准，就必须先满足强制性国家标准；如零部件功能或应用不涉及相关的强制性国家标准，则只需要满足相关推荐性国家标准或企业标准即可。图5-1为汽车电子零部件相关行业标准之间的关系。

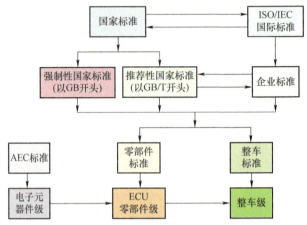

图5-1 汽车电子零部件相关行业标准之间的关系

图5-1中，从电子元器件到零部件，再到整车，电子元器件依据的是AEC标准；ECU等电子零部件以及整车需要同时依据国家标准及企业标准，而企业标准通常来自或基于国家标准及ISO/IEC等国际标准，我国的国家标准通常也采用ISO/IEC等国际标准。

5.1.3 OEM相关标准

在汽车行业，大多数OEM会要求Tier 1按照车企的标准来做试验，国内的OEM一般都参考国际标准或其合资伙伴的标准来制定其相应的企业标准，而外资品牌通常都有其成熟的企业标准，并且某些测试项目是ISO/IEC标准中没有的，如福特、大众的不少标准都略高于ISO/IEC标准。整体来说，各OEM的标准基本上大同小异，一个Tier 1的零部件通过了一家OEM的试验标准，通常也可以通过其他家的试验标准；而且Tier 1在设计产品时也会加入自己的设计要求来尽量满足整个行业的测试标准，以便提高产品在整个行业的通用性，降低零部件的定制化属性。

在汽车行业，电子零部件通常都采用定点招标的开发方式。在Tier 1拿到项目后，OEM的试验标准会同项目开发需求一起发给Tier 1，Tier 1

在产品硬件设计完成后，需要按照 OEM 的试验标准及要求对产品进行测试，这个测试主要用于验证产品的硬件及结构类设计，即常说的 DV 试验，在 DV 试验完成后，产品的硬件及结构设计就可以冻结，软件可以继续保持更新。

对电子零部件来讲，各 OEM 的企业标准本质上差异并不大，基本都是参考相关的 IEC/ISO 标准制定的，可以看作是相关国家标准的延伸，而国家标准也大都是参考这些国际标准。下面举例介绍 OEM 的企业标准

1. 通用汽车

（1）环境试验

GMW 3172：电气/电子元器件的环境、可靠性及性能要求符合性分析、开发及验证总规范，参考 ISO 16750-2/3/4 等标准。

（2）EMC 试验

GMW3097 电气/电子元器件及子系统的电磁兼容性通用规范，参考 IEC CISPR25、ISO 10605、ISO 7637-1/2/3、ISO 11452-1/2/4/8/9 等标准。

GMW3091：车辆电磁兼容的总规范，参考 IEC CISPR25、ISO 10605、ISO 11452-1/2/3 等标准。

2. 一汽轿车

（1）环境试验

Q/FC-CA06-003A：乘用车电子电器零部件通用技术要求，参考 ISO 16750、ISO 20653 等标准。

（2）EMC 试验

QFC-CC06-001：乘用车电子电器零部件电磁兼容性试验要求，参考 GB/T 18655、ISO 7637-1/2/3、ISO 11452-1/2/4/8/9、ISO 10605 等标准。

5.2　电子零部件相关标准

汽车电子零部件采用的大部分常用试验标准都是非强制性标准，这些标准通常都是依据相关国际标准（如 IEC 或 ISO 标准）制定的，电子零部件通过相应测试项目及等级后就可以认为其满足了车载应用要求。

通常来讲，ISO/IEC 等国际标准可以看作是所有标准的基础，无论是国家标准、企业标准还是其他标准，都可以看作其衍生标准。对刚进入汽车行业或想了解汽车行业标准的人，建议从 ISO/IEC 等国际标准入手，读英文原版标准，但不要试图一次性从头读到尾，可以在涉及哪一部分时就

专门读哪个片段即可，并且要多读、反复读。另外也可以先挑自己感兴趣的章节重点去读，读得多了，加上有一些行业应用经验后，自然就慢慢融会贯通了。

关于电子零部件的标准众多，但大体可以分为环境（电气、机械、气候、防护等）及 EMC（干扰及抗干扰）两方面。

5.2.1 环境相关试验标准

环境相关试验标准又可以细分为电气、机械、气候、防护相关类试验标准，见表 5-2。

表 5-2 电子零部件环境相关试验标准

标准编号	标准名称	国际标准	实施日期	状态
GB/T 28046.1—2011	道路车辆 电气及电子设备的环境条件和试验 第 1 部分：一般规定	ISO 16750-1：2006，MOD[①]	2012-02-01	现行
GB/T 28046.2—2019	道路车辆 电气及电子设备的环境条件和试验 第 2 部分：电气负荷	ISO 16750-2：2012，MOD	2020-05-01	现行
GB/T 28046.3—2011	道路车辆 电气及电子设备的环境条件和试验 第 3 部分：机械负荷	ISO 16750-3：2007，MOD	2012-02-01	现行
GB/T 28046.4—2011	道路车辆 电气及电子设备的环境条件和试验 第 4 部分：气候负荷	ISO 16750-4：2006，MOD	2012-02-01	现行
GB/T 28046.5—2013	道路车辆 电气及电子设备的环境条件和试验 第 5 部分：化学负荷	ISO 16750-5：2010，MOD	2012-04-15	现行
GB/T 30038—2013	道路车辆 电气电子设备防护等级（IP 代码）	ISO 20653：2006，MOD	2014-07-01	现行
GB/T 4208—2017	外壳防护等级（IP 代码）	IEC 60529：2013，IDT	2018-02-01	现行

① ISO 16750 的 5 个标准（1~5）已全部升级为 ISO 16750-1/2/3/4/5:2023，发布时间为 2023 年 7 月，对应的国家标准 GB/T 28046 尚未更新，故本书仍沿用现行国标对应的版本。

由表 5-2 可见，环境试验标准主要依据 GB/T 28046（ISO 16750）系列标准，同时 GB/T 28046 标准还引用了 GB/T 2423《电工电子产品环境试验》系列标准，如温湿度、温度变化、盐雾、碰撞、跌落、振动等标准，同时考虑了以下环境因素：

1）世界地理和气候。车辆几乎在世界所有陆地区域使用和运行，由于外界气候，包括可以预测的天气和季节的变化，使车辆环境条件有重大变化。标准需要在世界范围内考虑温度、湿度、降水和大气条件，还包括灰尘、污染和海拔高度等。

2）车辆类型。车辆的设计特征决定了车辆内（和车辆上）的环境条件，如发动机类型带来的供电电压的差异等。

3）车辆使用条件和工作模式。车辆的使用条件即由道路质量、路面类型、道路地形、车辆使用和驾驶习惯引起的车辆环境条件的变化。车辆的工作模式如贮存、运输、启动行驶及停车等都应予以考虑。

4）零部件的生命周期。零部件的生命周期即在制造、运输、装卸、贮存、车辆装配、车辆保养和维修过程中，电气电子设备耐受的环境条件。

5）车辆供电电压。车辆的使用、工作模式、电气分布系统设计甚至气候条件会导致供电电压变化，引起车辆电气系统的故障，如可能发生的交流发电机过电压和连接系统的开路等。

6）在车辆内的安装位置。在目前或未来的车辆中，零部件可能安装在车辆的任何位置，每一特定应用的环境要求通常取决于安装位置。车辆的每个位置都有特定的环境负荷。如发动机舱的温度范围不同于乘客舱，振动负荷也是如此。此时不仅振动的量级不同，振动的类型也不同。安装在底盘上的组件承受的是典型的随机振动，而安装在发动机上的系统/组件，还应考虑来自发动机的正弦振动和随机振动。又如安装在门上的零部件因受门的撞击要经受大量的机械冲击。

在实际的试验中，则通常按照试验的类型及客户要求对样品进行分组及试验，而非直接按照标准规定的项目对样品进行试验。

5.2.2 EMC 相关标准

汽车电子零部件产品相关的 EMC 试验标准较环境标准更多，标准也更复杂，更难理解，但大体可以分为两大部分：干扰（骚扰）/发射和抗干扰，如图 5-2 所示。

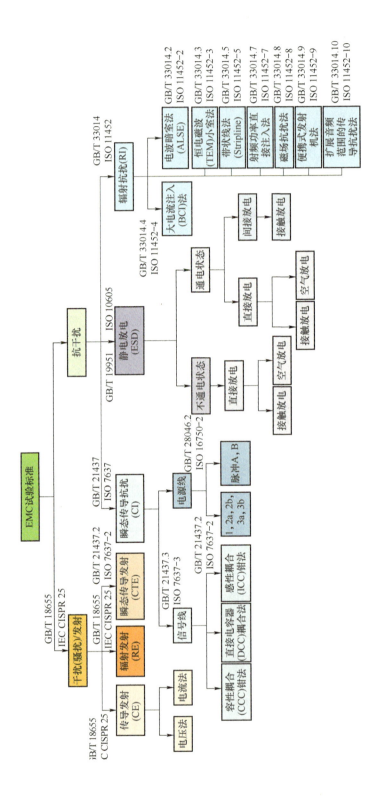

图 5-2 汽车电子零部件 EMC 试验标准

1. 干扰（骚扰）/ 发射

干扰也称骚扰，相关的试验通常被称为发射测试，相应的试验标准见表 5-3。

表 5-3 干扰（骚扰）/ 发射相关试验标准

国家标准编号	标准名称	参考国际 / 国家标准	实施日期	状态
GB/T 18655—2018	车辆、船和内燃机 无线电骚扰特性 用于保护车载接收机的限值和测量方法	IEC CISPR 25：2016，MOD	2019-02-01	现行
GB/T 21437.2—2021	道路车辆 电气/电子部件对传导和耦合引起的电骚扰试验方法 第2部分：沿电源线的电瞬态传导发射和抗扰性	ISO 7637-2：2011，MOD	2022-07-01	现行
GB 34660—2017	道路车辆 电磁兼容性要求和试验方法	GB/T 18655—2018 GB/T 21437.2—2021 GB/T 33012.1—2016 GB/T 33012.2—2016 GB/T 33012.4—2016 GB/T 33014.1—2016 GB/T 33014.2—2016 GB/T 33014.3—2016 GB/T 33014.4—2016 GB/T 33014.5—2016 IEC CISPR 12：2005	2018-01-01	现行

GB/T 18655—2018 为推荐性国家标准，主要参考国际标准 IEC CISPR 25：2016，MOD，仅适用于零部件，同时涵盖了传导干扰 / 发射测试及辐射干扰 / 发射测试两部分。

GB/T 21437.2—2021 为推荐性国家标准，参考国际标准 ISO 7637-2：2011，MOD，主要内容是规定沿电源线的瞬态抗干扰试验，但其中有一部分规定了瞬态传导干扰试验。

而 GB 34660—2017 为强制性国家标准，同时涵盖了整车及电子 / 电气零部件，标准同时参考了 GB/T 18655—2018（干扰 / 发射）、GB/T 21437.2—2021（沿电源线的电瞬态传导发射和抗扰性）、GB/T 33012（整车辐射抗扰性）、GB/T 33014（零部件辐射抗扰性）、IEC CISPR 12：2005（整车）等标准。

2. 抗干扰

关于抗干扰的标准较多，甚至可以说是所有 EMC 标准中最多的。但简单来讲，抗干扰主要分为两部分：传导抗干扰与辐射抗干扰，其中传导抗干扰最常用的标准是 GB/T 21437.2—2021（ISO 7637-2：2011，MOD）沿电源线的电瞬态传导发射和抗扰性，而 GB/T 21437.3—2021（ISO 7637-3：2016，MOD）非电源线（通常指信号线）的电瞬态抗干扰性标准则依据具体零部件类型和客户要求而定。因 GB/T 21437 对传导抗干扰的两个脉冲的相关规定移到了 GB/T 28046.2 中，所以相关标准还必须包含 GB/T 28046.2，这部分内容在 4.6.2 节有详细描述。

辐射抗干扰的标准为 GB/T 33014，对应的国际标准为 ISO 11452，标准共 9 项，每项标准均一一对应。除标准第 1 部分外，第 2、3、4、5、7、8、9、10 部分均为对不同测试方法的规定。其中常用的为第 2 部分：电波暗室法（装有吸波材料的屏蔽室，Absorber-Lined Shielded Enclosure，ALSE，简称电波暗室，电波暗室法又称为 ALSE 法或自由场法）和大电流注入法（BCI）。抗干扰相关试验标准见表 5-4。

表 5-4 抗干扰相关试验标准

国家标准编号	标准名称	相应国际标准	实施日期	状态
GB/T 21437.1—2021	道路车辆 电气/电子部件对传导和耦合引起的电骚扰试验方法 第1部分：定义和一般规定	ISO 7637-1：2015，MOD	2022-07-01	现行
GB/T 21437.2—2021	道路车辆 电气/电子部件对传导和耦合引起的电骚扰试验方法 第2部分：沿电源线的电瞬态传导发射和抗扰性	ISO 7637-2：2011，MOD	2022-07-01	现行
GB/T 21437.3—2021	道路车辆 电气/电子部件对传导和耦合引起的电骚扰试验方法 第3部分：对耦合到非电源线电瞬态的抗扰性	ISO 7637-3：2016，MOD	2022-07-01	现行
GB/T 28046.2—2019	道路车辆 电气及电子设备的环境条件和试验 第2部分：电气负荷	ISO 16750-2：2012，MOD	2020-05-01	现行
GB/T 19951—2019	道路车辆 电气/电子部件对静电放电抗扰性的试验方法	ISO 10605：2008 MOD	2020-01-01	现行

（续）

国家标准编号	标准名称	相应国际标准	实施日期	状态
GB/T 33014.1—2016	道路车辆 电气/电子部件对窄带辐射电磁能的抗扰性试验方法 第1部分：一般规定	ISO 11452-1：2005，MOD	2017-11-01	现行
GB/T 33014.2—2016	道路车辆 电气/电子部件对窄带辐射电磁能的抗扰性试验方法 第2部分：电波暗室法	ISO 11452-2：2004，MOD	2017-11-01	现行
GB/T 33014.3—2016	道路车辆 电气/电子部件对窄带辐射电磁能的抗扰性试验方法 第3部分：横电磁波（TEM）[①]小室法	ISO 11452-3：2001，MOD	2017-11-01	现行
GB/T 33014.4—2016	道路车辆 电气/电子部件对窄带辐射电磁能的抗扰性试验方法 第4部分：大电流注入（BCI）[②]法	ISO 11452-4：2005，MOD	2017-11-01	现行
GB/T 33014.5—2016	道路车辆 电气/电子部件对窄带辐射电磁能的抗扰性试验方法 第5部分：带状线法	ISO 11452-5：2002，MOD	2017-11-01	现行
GB/T 33014.7—2020	道路车辆 电气/电子部件对窄带辐射电磁能的抗扰性试验方法 第7部分：射频功率直接注入法	ISO 11452-7：2003，MOD	2021-07-01	现行
GB/T 33014.8—2020	道路车辆 电气/电子部件对窄带辐射电磁能的抗扰性试验方法 第8部分：磁场抗扰法	ISO 11452-8：2015，MOD	2021-07-01	现行
GB/T 33014.9—2020	道路车辆 电气/电子部件对窄带辐射电磁能的抗扰性试验方法 第9部分：便携式发射机法	ISO 11452-9：2012，MOD	2021-07-01	现行

(续)

国家标准编号	标准名称	相应国际标准	实施日期	状态
GB/T 33014.10—2020	道路车辆 电气/电子部件对窄带辐射电磁能的抗扰性试验方法 第10部分：扩展音频范围的传导抗扰法	ISO 11452-10：2009，MOD	2021-07-01	现行

① TEM：Transverse Electromagnetic，横电磁波。
② BCI：Bulk Current Injection，大电流注入。

5.3 试验条件及样品

5.3.1 试验条件及功能状态分级

1. 通用试验条件

对电子零部件来讲，参考 GB/T 28046.1—2011 标准要求，通用试验条件如下：除非另有规定，所有试验应在 (23±5)℃和相对湿度 25%~75% 的室温（Room Temperature，RT）条件下进行。除非在其他部分另有规定，试验电压应按表 5-5 的规定。

表 5-5 试验电压

试验电压	12V 电源系统 /V	24V 电源系统 /V
工作模式 3①试验电压 U_A	14±0.2	28±0.2
工作模式 2②试验电压 U_B	12±0.2	24±0.2

① 工作模式 3：发电机供电时的试验电压。
② 工作模式 2：蓄电池供电时的试验电压。

2. 功能状态分级

按照 GB/T 28046.1—2011 标准规定，功能状态分为 A、B、C、D、E 共五个等级。

1）A 级：试验中和试验后，装置/系统所有功能满足设计要求。

2）B 级：试验中装置/系统所有功能满足设计要求，但允许有一个或多个超出规定允差。试验后所有功能应自动恢复到规定限值。存储器功能应符合 A 级。

3）C级：试验中装置/系统一个或多个功能不满足设计要求，但试验后所有功能能自动恢复到正常运行。

4）D级：试验中装置/系统一个或多个功能不满足设计要求且试验后不能自动恢复到正常运行，需要对装置/系统通过简单操作重新激活。

5）E级：试验中装置/系统一个或多个功能不满足设计要求且试验后不能自动恢复到正常运行，需要对装置/系统进行修理或更换。

5.3.2　样品数量及测试流程图

1. 样品数量

样品数量、样品分组、测试周期及测试费用四者之间其实是一个相关关系。

分组多，则需求的样品数量就多，但多分组可以让不同的试验同步进行，可以缩短试验周期、节省时间，但测试费用将会相应升高（样品数量及台架数量等试验成本将会增加，尤其是专门定制的测试台架费用较高）。但从另一个角度来讲，分组多会降低测试对产品的要求。因为每个样品经历的测试项目减少后，从某种程度上降低了试验失败的风险，因为某些试验可能对样品具有一定的破坏性或寿命加速老化性，从而在某种程度上导致样品的性能在试验后发生了改变。

所以为了提高测试的严酷等级，某些OEM会对样品分组、试验顺序及试验步骤等进行详细的规定，如让某些试验由并行改为串行，在做完一项试验后再进行另一项试验。这种串行顺序安排会在很大程度上提高测试的严酷等级，但不合理的样品分组及试验顺序也可能会导致试验失败的风险大幅提高，这个需要Tier 1依据自己的专业知识和OEM进行协商；在有充分理由的前提下，这种协商通常是可行的。

对于产品的DV试验，根据行业经验，通常需要准备50套左右的样品用于试验测试及预留备件，同时需要根据时间节点提前准备做试验用的线束、台架及测试设备，同时联系试验室确认试验布置、试验设备、试验时间安排等。通常不同的测试对台架及样品安装要求是不一样的，都需要提前确认及准备，如EMC试验对台架的要求和电气试验及耐久试验对台架的要求就是不一样的，需要制作不同的台架；另外，台架数量还需要考虑试验分组及并行试验对台架的占用，如果多个试验并行，则需要增加台架的数量。

2. 样品分组

样品分组需要考虑：

1）客户要求。如客户已有明确要求，按照客户要求的样品数量进行分组及试验。

2）试验项目。在客户要求的基础上，尽量灵活安排试验分组。如按照测试项目的类型对样品进行分组，方便实际测试。如温度类、电气类的试验就可以安排一起或顺序进行。

3）试验顺序。在客户要求的基础上，尽量科学地安排试验顺序。如对样品外观或性能没有破坏性或潜在伤害的试验可以安排在前面，时间较长的试验安排在后面。整体思想就是在考虑试验顺序合理性的同时，节约试验成本，缩短试验周期。

样品数量及试验分组举例见表 5-6，试验共需要约 36 个样品。

表 5-6　样品数量及试验分组举例

试验分组	试验项目	样品数量	备注
A组	高低温及温度循环	3 个样品	温度循环试验时间按客户要求
B组	温度冲击、振动、温湿度循环、防护类（防尘、防水、防盐雾、耐化学品等）	9 个样品	温湿度循环试验时间及耐化学试验按客户要求
C组	温度冲击耐久性试验	3 个样品	温度范围及试验时间按客户要求
D组	高温高湿耐久性试验	3 个样品	温湿度范围及试验时间按客户要求
E组	包装下落冲击、轻/重载荷下落冲击试验	3 个样品	高度及次数按客户要求
F组	电气负荷类试验	3 个样品	负载电路过电流、短路及绝缘测试根据产品类型及客户要求可选
G组	EMC 试验（传导及辐射）	3 个样品	测试项目按客户要求
H组	ESD 及连接器性能试验	3 个样品	连接器性能相关试验按客户要求
I组	运行耐久性、机械/操作耐久性试验	3 个样品	耐久组试验为可选试验，样品数量、试验项目、顺序及时间按客户要求
J组	机械冲击试验（安装在发动机、底盘、车门等位置的部件）	3 个样品	机械冲击试验为可选试验，样品数量、试验项目等按客户要求

3. 测试流程图

通常情况下，客户会提供具体的试验项目及具体的试验等级要求，但不一定对试验分组、试验步骤及样品数量进行详细的规定，这就需要 Tier 1 根据自己的经验、试验周期、项目时间节点及试验成本（试验室成本、样品成本、台架成本等）进行综合考虑。

某些试验为可选试验，需要根据客户要求、产品类型、产品应用、产品安装位置等综合考虑试验项目、样品数量、试验时间、试验要求及试验等级等。图 5-3 为一种通用的汽车电子零部件测试流程图（Test Flow Chart），图中灰色虚线部分试验项目为可选测试项目，需根据产品类型及应用进行选择。

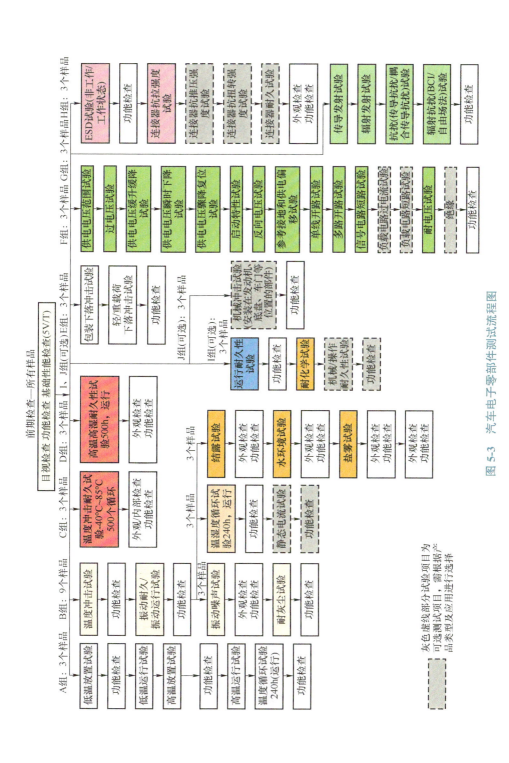

图5-3 汽车电子零部件测试流程图

5.3.3 前期检查

试验前需要对所有样品进行前期检查,检查项目包括目视检查、功能检查及基础性能检查(5V/T)等。

1. 目视检查

目视检查是所有样品在试验前的最基础检查,通常包括:

1)在试件上不能观察到会影响试件功能的可见缺陷,如损伤、破损、凹凸、裂缝、瑕疵、变形、腐蚀、脱色、水入等。

2)紧固部件无松动。

3)模压标示清晰、整洁、无色差。

4)插接件端子排列整齐,无锈蚀及长短不齐等缺陷。

2. 功能检查

功能检查通常是在目视检查之后进行,在确保所有样品通过目视检查后,再对样品进行基础的功能检查,这些检查通常靠专门为产品定制的功能测试台架来进行,较为简单的产品也可直接采用测试清单的检查方式进行功能的逐项检查,以确保样品的基本功能正常。

功能测试台架通常可以与 EOL 台架复用,在产品研发阶段作为样品的功能检查之用,在产品设计冻结之后,台架转交给工厂作为 EOL 台架之用。表 5-7 为一个样品的功能测试报告。

表 5-7 样品功能测试报告举例

测试报告	
项目	结果
产品序列号	N/A
测试日期	2022 年 12 月 7 日
测试时间	15:25:02
测试者	管理员
执行时间	228.77s
测试结果数	339
测试结果	通过
测试项目	
测试项目	测试结果
进入 EOL 模式	通过
内存和 ROM 测试	通过

(续)

测试项目	
测试项目	测试结果
通信测试	通过
静态电流测试	通过
输入功能测试	通过
输出功能测试	通过

3. 5V/T 检查

5V/T 检查是一个基础的性能检查方法，要求将 3 个电压点和 3 个温度点进行组合，形成 5 个电压及温度的组合，在这种组合条件下对样品进行一些基础功能测试，以确认样品在试验前的状态。3 个电压点和 3 个温度点还可以组合成 9 个测试点，这种测试方法称为三温三压测试，通常可用于产品开发阶段的性能测试。如图 5-4 为一种 5V/T 测试方法。

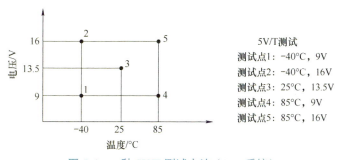

图 5-4　一种 5V/T 测试方法（12V 系统）

5.4　电气相关试验项目

对汽车电子零部件来讲，电气类试验项目的数量是最多的，每个试验都有其相应的试验目的。表 5-8 为电气类试验项目举例（参考 GB/T 28046.2—2019）。

表 5-8 电气类试验项目举例（12V 系统）

序号	试验项目	试验要求
1	供电电压范围试验	检查试件在全电压范围（最小工作电压 U_{min} 和最大工作电压 U_{max} 之间）各项功能是否正常
2	过电压试验	1. 在 T_{max} -20℃ 下施加 18V 的电压并保持 60min 2. 在室温下施加 24V 的电压并保持 (60 ± 6) s 3. 通电期间，检查试件的各项功能
3	供电电压缓升缓降试验	电压曲线按客户要求
4	供电电压瞬时下降试验	按最低供电电压中断 0.1s
5	供电电压骤降复位试验	以 0.5V 为梯度进行跌落，初始及终止电压按客户要求
6	启动特性试验	
7	反向电压试验	
8	参考接地和供电偏移试验	(1.0 ± 0.1) V 或按客户要求
9	单线开路试验	
10	多路开路试验	
11	信号电路短路试验	
12	负载电路过电流试验	可选试验项目，需根据产品类型及应用进行选择
13	负载电路短路试验	可选试验项目，需根据产品类型及应用进行选择
14	耐电压试验	根据客户要求或产品类型及应用进行选择
15	绝缘	可选试验项目，需根据产品类型及应用进行选择
16	叠加交流电压试验	可选试验项目，严酷等级 2 或根据客户要求

1. 供电电压范围

按照 GB/T 28046.2—2019 的规定，车辆的供电电压范围见表 5-9。具体代码根据客户要求，12V 系统通常为 C，24V 系统为 F。

表 5-9 车辆的供电电压范围

12V 系统			24V 系统		
代码	最低供电电压 /V	最高供电电压 /V	代码	最低供电电压 /V	最高供电电压 /V
A	6	16	E	10	32
B	8	16	F	16	32
C	9	16	G	22	32
D	10.5	16	H	18	32

2. 过电压

按照 GB/T 28046.2—2019 的规定，过电压试验分两种情况：

1）为了模拟发电机调节器失效引起的发电机输出电压上升到高于正常电压，在 T_{max}–20℃下施加 18V（24V 系统为 36V）电压并保持 60min。在试验过程中，DUT 的功能状态等级至少应达到 C 级，必要时可要求达到更严酷的 A 级。

2）针对 12V 系统，模拟辅助起动时向 DUT 输入的过高电压（即跳线启动）在室温下施加 24V 的电压并保持（60±6）s。在试验过程中，DUT 的功能状态等级至少应达到 D 级，必要时可要求达到更严酷的 B 级。

3. 叠加交流电压

此试验是为了模拟直流供电下出现的纹波电压，按照 GB/T 28046.2—2019 的规定，叠加的交流正弦电压如图 5-5 所示。在试验过程中，DUT 的功能状态等级应达到 A 级。

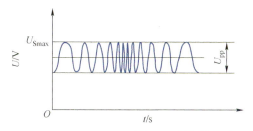

图 5-5　叠加的交流正弦电压

4. 供电电压缓升和缓降

此试验是为了模拟蓄电池逐渐放电和充电时的电压变化。按照 GB/T 28046.2—2019 的规定，试验时对 DUT 有效输入端同时进行以下试验：以（0.5±0.1）V/min 的线性变化率或以不大于 25mV 的步长，将供电电压由 U_{Smin} 降到 0V，然后从 0V 升到 U_{Smin}。

在试验过程中，DUT 的功能状态等级至少应达到 D 级，必要时可要求达到更严酷的 C 级。

关于蓄电池充放电特性及蓄电池电压在 4.2.1 节及 4.3 节有详细描述。

5. 供电电压瞬时下降

此试验是为了模拟其他电路内的常规熔断器熔断时引起的电压瞬时下降。按照 GB/T 28046.2—2019 的规定，测试电压波形如图 5-6 所示。

在试验过程中，DUT 的功能状态至少应达到 B 级，是否允许复位可根据客户要求。

负载的供电电压瞬时下降对负载的正常功能可能造成严重影响，这部分内容在 4.4.5 节有详细描述。

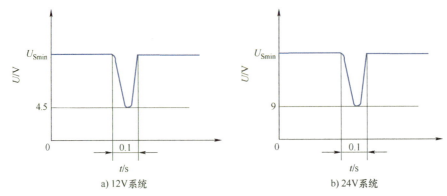

图 5-6 测试电压波形

6. 复位特性

此试验是为了检验 DUT 在不同的电压骤降下的复位性能，适用于具有复位功能的设备（如装有一个或多个 MCU 的设备）。按照 GB/T 28046.2—2019 的规定，测试时按图 5-7 对 DUT 有效输入端同时施加试验脉冲电压，检查 DUT 的复位性能。

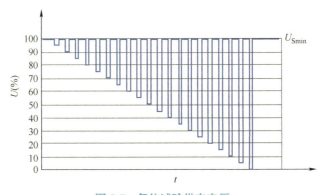

图 5-7 复位试验供电电压

图 5-7 中，供电电压以 5% 步长从最低电压 U_{Smin} 降到 $0.95U_{Smin}$，保持 5s 后再上升到 U_{Smin}，至少保持 10s，并进行功能试验。然后将电压降低到 $0.9U_{Smin}$ 等。按图 5-7 以 U_{Smin} 的 5% 梯度继续进行直到降到 0V，然后再将电压升到 U_{Smin}。在试验过程中，DUT 的功能状态应达到 C 级。

7. 启动特性

此试验的目的是为了检验 DUT 在车辆启动时的性能。依据 GB/T 28046.2—2019 的规定，按图 5-8 及表 5-10 给出的特性参数，将电压施加到 DUT 的有效输入端，共进行 10 次，每个循环之间间隔 1~2s。

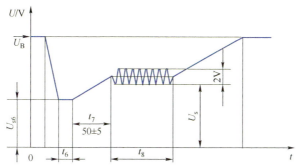

图 5-8 启动电压曲线

U_B—蓄电池供电时的试验电压（V） U_S—供电电压（V） U_{S6}—t_6 时的供电电压（V）
t_6、t_8—相应状态的持续时间（ms）

表 5-10 启动电压系统参数及等级

参数	12V 系统等级				24V 系统等级		
	I	II	III	IV	I	II	III
U_{S6}/V	8（-0.2）	4.5（-0.2）	3（-0.2）	6（-0.2）	10（-0.2）	8（-0.2）	6（-0.2）
U_S/V	9.5（-0.2）	6.5（-0.2）	5（-0.2）	6.5（-0.2）	20（-0.2）	15（-0.2）	10（-0.2）
t_6/ms	15（±1.5）	15（±1.5）	15（±1.5）	15（±1.5）	50（±5）	50（±5）	50（±5）
t_8/ms	1000（±100）	10000（±1000）	1000（±100）	10000（±1000）	1000（±100）	10000（±1000）	1000（±100）

在车辆启动期间工作的有关 DUT 的功能状态应达到 A 级，其他功能按表 5-10 确定。

车辆的启动波形（通常所说的 Starting Profile）在 4.3.1 节蓄电池低电压部分有过描述。对传统燃油车来讲，发动机启动过程中带来的蓄电池的瞬态低电压及电压抖动会影响某些对低电压状态较敏感的设备及电子器件，如瞬态低电压会导致智能高边芯片自动进入欠电压关断状态，也可能导致 MCU 欠电压复位。为了尽量降低发动机启动对系统电压的影响，设计中通常采用三种方式：一是在启动过程中将重要等级较低的大功率负载（IGN2 负载）暂时切断，以降低蓄电池输出电流；二是在电子电气设备前端设计储能电容，稳定系统电压；三是选用电压范围更宽的电子元器件。

8. 抛负载

此试验的目的是为了检验 DUT 在车辆发生抛负载时的抗干扰性能。按照 GB/T 28046.2—2019 的规定，抛负载波形模拟了发生抛负载现象时产生的瞬态，即在断开电池的同时，交流发电机正在产生充电电流，而其电路上仍有其他负载时产生的瞬态。

在抛负载过程中，DUT 的功能状态等级应达到 C 级。

根据现行标准，抛负载脉冲试验被放在了 ISO 16750-2：2012（对应 GB/T 21437.2—2021）中，5a 变成了试验脉冲 A（Pluse A），无集中抛负载抑制，5b 变成了试验脉冲 B（Pluse B），具有集中抛负载抑制。关于抛负载的成因、抛负载波形的特性及对系统的影响在 4.3.2 节有详细描述。

9. 反向电压

此试验的目的是为了模拟车辆辅助启动/跳线启动时对蓄电池的反向连接。根据 GB/T 28046.2—2019 的规定，测试电压及时间见表 5-11。

表 5-11　反向电压测试电压及时间

系统标称电压 /V	反向电压 /V	测试时间 /s
12	14	60 ± 6
24	28	60 ± 6

恢复正常连接后，DUT 的功能状态应达到 A 级。

另外，在 4.3.3 节对系统产生反向电压的原因及对系统的影响有详细描述。

10. 参考接地和供电偏移

此试验的目的是为了检验在 DUT 存在两条或多条供电线路时组件的可靠性，如对电源接地与信号接地的参考点不一致的组件就需要进行此试验。根据 GB/T 28046.2—2019 的规定，所有 DUT 的偏移电压被定义为（1 ± 0.1）V。试验过程中 DUT 的功能状态应达到 A 级。

地漂移的成因及对系统的影响可参考 4.1.3 节内容。

具体的偏移电压及测试方法可能根据不同的 OEM 要求会有所不同，如根据福特的 FMC1278 试验标准，地漂移被放到了抗干扰测试中，测试项目的编号为 CI 250。标准要求地漂移的电压为正弦波，频率范围为 2~100kHz，电压脉冲的幅值最高可达 ±5V。福特 CI 250 试验标准要求（部分）如图 5-9 所示（原标准为英文，为便于理解，翻译为中文）。

11. 开路特性

开路测试分为单线断开和多线断开两种，此试验的目的是为了检验 DUT 在一条或多条线路突然断路情况下的性能。根据 GB/T 28046.2—2019 的规定，断开时间为（10 ± 1）s，开路阻抗大于或等于 10MΩ。

FMC1278

22.0 地漂移的抗扰性

器件或子系统需要在正弦曲线地漂移电压的干扰下保持功能正常,电压覆盖的频率范围为 2～100kHz。

22.1 要求

器件或子系统暴露在持续的正弦曲线电磁干扰过程中,其功能状态应无偏差(状态I),正弦曲线电磁干扰如图22-1所示,瞬态脉冲如图22-2所示,瞬态干扰序列如图22-4所示,四个序列的延迟时间如表22-1所示。

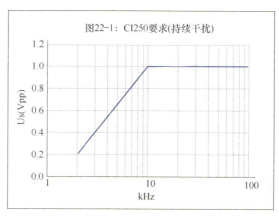

图 5-9 福特 CI 250 试验标准要求(部分)

测试方法是断开 DUT 系统接口的一条或多条线路,然后恢复连接,观察 DUT 在断路期间和断路后的状态。试验需要对系统接口的每条线路分别重复进行测试,如果是有多个连接器的 DUT,应对每一种可能的连接分别进行测试。试验过程中 DUT 的功能状态应达到 C 级。

12. 短路特性

此试验的目的是为了检验 DUT 在输入或输出端发生短路时的性能。按照 GB/T 28046.2—2019 的规定,DUT 的所有有效输入和输出端应分别依次连接到系统最高电压 U_{Smax} 及地,信号线持续时间为(60 ± 6)s,负载电路持续时间根据客户要求,其他输入和输出端保持开路或根据客户要求。

试验要求:

1)所有信号线功能等级达到 C 级。

2)所有电子保护输出端应确保能承受短路电流且在切断短路电流后能恢复到正常工作(最低达到 C 级)。

3)所有常规熔断器保护输出端应能承受短路电流且在熔断器替换后能

恢复到正常工作（最低达到 D 级）。

4）如果 DUT 材料能满足 UL 94 的可燃性试验，所有无保护输出端可以被试验电流烧坏（功能状态为 E 级）。

13. 耐电压

此试验的目的是为了检验 DUT 中电介质的绝缘耐压能力。按照 GB/T 28046.2—2019 的规定，此试验仅对含有电感元件（如继电器、电机、线圈）或连接到电感负载电路的系统/组件有要求。此试验可能对大部分电子零部件产品并不适用，具体可根据客户试验要求或双方协商。

具体试验方法为：在 DUT 进行过湿热循环试验后，将系统/组件在室温中放置 0.5h，按要求对 DUT 施加正弦电压 500V（有效值）（50~60Hz）持续 60s，要求 DUT 的功能状态应达到 C 级，试验时不得出现击穿和闪络。

14. 绝缘电阻

此试验的目的是为了检验 DUT 系统和材料的绝缘特性。按照 GB/T 28046.2—2019 的规定，此试验的测试方法同耐电压试验。需要注意的是，GB/T 28046.2—2019 并未规定此试验的适用范围，此试验从原理上来讲并不适用于大多数电子零部件（因为各端子间并不绝缘也无必要绝缘），所以具体需根据客户试验要求或双方协商。

5.5 气候及机械相关试验项目

温湿度及防护类（包含盐雾）试验都属于气候环境试验，相应的国家标准为 GB/T 28046.4—2011《道路车辆 电气及电子设备的环境条件和试验 第 4 部分：气候负荷》，对应 ISO 16750-4：2006，MOD。机械负荷及化学负荷则为标准的第 3 部分及第 5 部分。

5.5.1 温湿度类试验

1. 温度范围

GB/T 28046.4—2011 对 DUT 的温度范围进行了多档划分，见表 5-12，温度范围按代码从 A 到 Z 分为 21 档，最低温度为 -40℃，最高温度为 160℃。最小温度范围为 -20~65℃，最大温度范围为 -40~160℃。

2. 低温贮存/放置

此试验为模拟 DUT 暴露在低温下的不带电工作状态，如系统/组件装运期间，失效模式为不能承受霜冻。按照 GB/T 28046.4—2011 的规定，试验时 DUT 不连接到线束，为非工作状态，在低温 –40℃下持续 24h，要求试验后 DUT 的功能状态应达到 C 级。

表 5-12 DUT 温度范围

代码	最低温度 T_{min}/℃	最高温度 T_{max}/℃
A	–20	65
B	–30	65
C~T	–40	从 65℃至 160℃，每 5℃为 1 档，从 C 到 T 一共 18 档
Z		按规定

3. 低温运行

此试验为模拟 DUT 暴露在低温下的带电工作状态，如系统/组件使用于很低的环境温度，失效模式为因低温造成的电气故障（如带电解液的电容器冻结）。按照 GB/T 28046.4—2011 的规定，试验时 DUT 为工作状态，在 DUT 所允许的最低工作温度 T_{min} 下持续 24h（实际也有 48h 或 72h），要求 DUT 的功能状态应达到 A 级。

4. 高温贮存/放置

此试验为模拟 DUT 暴露在高温下的不带电工作状态，如系统/组件装运期间，失效模式为不能承受高温。按照 GB/T 28046.4—2011 的规定，试验时 DUT 不连接到线束，为非工作状态，在 85℃高温干热下持续 48h（实际也有 90℃持续 72h），要求试验后 DUT 的功能状态应达到 C 级。

5. 高温运行

此试验为模拟 DUT 暴露在高温下的带电工作状态，如系统/组件使用于很高的环境温度，失效模式为因高温造成的电气故障（如组件的热退化）。按照 GB/T 28046.4—2011 的规定，试验时 DUT 为工作状态，在 DUT 所允许的最高工作温度 T_{max} 下持续 96h，要求 DUT 的功能状态应达到 A 级。

6. 温度梯度

此试验用于检查机械和电气装置在工作温度范围内出现故障的小的温度区间。

试验时将 DUT 安放在温箱中，以 5℃温度梯度从 20℃降到 T_{min}，然后以 5℃温度梯度从 T_{min} 升到 T_{max}，每步都要等到 DUT 达到新的温度。每到新的温度，分别在 DUT 相应的 U_{Smin} 和 U_{Smax} 以工作模式进行功能试验。在调温过程中将 DUT 关闭。要求在每个温度点 DUT 均应保持正常功能，功能状态应达到 A 级。

7. 规定变化率的温度循环

此试验为模拟 DUT 带电工作时周围温度的变化，失效模式为温度变化引起的电气故障。按照 GB/T 28046.4—2011 的规定，温度循环试验按 GB/T 2423.22—2012 进行，循环周期为 480min，共进行 30 个试验循环。DUT 的工作时间为在这个装置达到 T_{min} 后及每个循环的第 210~410min 期间通电工作，其他时间不工作，要求 DUT 的功能状态应达到 A 级。

8. 规定转换时间的温度快速变化

此试验是一个加速试验，模拟车辆中大量的慢温度循环，失效模式为因老化和不同的温度膨胀系数导致的材料裂化或密封失效，试验不要求带电工作。按照 GB/T 28046.4—2011 的规定，从 T_{min} 升到 T_{max} 温度转换时间不超过 30s，DUT 在每个温度点保持 20min、40min、60min 或 90min。循环次数为 100 次或 300 次，具体根据产品试验要求。本试验可在 DUT 开发期间带外壳或不带外壳进行，要求 DUT 的功能状态应达到 C 级。

9. 冰水冲击

此试验为模拟应用在车辆受溅区域的产品由冰水引起的热冲击。如冬季在有水路面驾驶时冰水溅落到热的系统/组件上，失效模式为不同的温度膨胀系数导致的材料机械破裂或密封失效。试验由两种可选方式：水飞溅和浸没。

水飞溅：按照 GB/T 28046.4—2011 的规定，在烘箱中加热 DUT 到 T_{max}，保持规定的时间（1h 或至 DUT 温度稳定），然后用冰水喷向 DUT 持续 3s，循环次数为 10 次，水温为 0~4℃，水流量为（3~4L）/3s。冰水喷射时系统处于工作模式，要求 DUT 的功能状态应达到 A 级。

浸没：在烘箱中加热 DUT 到 T_{max}，保持规定的时间（1h 或至 DUT 温度稳定），然后在运行状态下将 DUT 浸没在冰水容器中 5min，浸没深度不小于 10mm，循环次数为 100 次，水温为 0~4℃，要求 DUT 的功能状态应达到 A 级。

10. 湿热循环

此试验为模拟系统/组件用于高湿条件，失效模式为因潮湿引起的电气故障，如 PCB 因潮湿产生的漏电流。附加失效模式为壳内潮气流动的"呼吸"效应，当系统/组件壳内空气温度下降时，外部高湿气体就会被吸入。此试验分为湿热循环与温度/湿度组合循环。

湿热循环：试验按 GB/T 2423.4—2008 中 Db 变量 1 进行，上限温度为 55℃，循环次数为 6 次，在达到最大循环温度时以工作模式对 DUT 进行功能试验。

温度/湿度组合循环：试验按 GB/T 2423.34—2012 中 Z/AD 的规定进行，循环次数为 10 次，在达到最大循环温度时以工作模式对 DUT 进行功能试验。

两个试验均要求 DUT 的功能状态应达到 A 级。

11. 稳态湿热

此试验为模拟系统/组件用于高湿条件，失效模式为潮湿引起的电气故障，如 PCB 因潮湿产生漏电流等。试验按 GB/T 2423.3—2016 进行，试验持续时间为 21 天。工作模式为休眠模式（工作模式 2，试验电压 U_B），但在最后一小时为正常工作模式。要求发动机关闭时工作的系统功能状态应达到 A 级。其他系统直到最后一小时前应达到 C 级，最后一小时达到 A 级。

12. 其他试验

GB/T 28046.4—2011 中还有两个试验：流动混合气体腐蚀试验与太阳光辐射试验。这两个试验根据 DUT 的具体应用或客户要求决定是否进行。如太阳光辐射试验仅适用于那些受到阳光辐射的零部件，这些零部件应选择合适的材料以抵御太阳光辐射导致的老化。

13. 温湿度类试验举例

温湿度类试验在 DV 测试中项目众多，GB/T 28046.4—2011 并未规定耐久类项目，但实际上某些试验是叠加耐久及循环试验进行的，持续时间也较长。如某些试验要求样品运行 500 或 700 个工作循环，某些试验要求持续时间要达到 200h 或 500h 等。表 5-13 为温湿度类试验项目举例。

表 5-13 温湿度类试验项目举例

序号	试验项目	试验要求
1	低温贮存试验	（-40±2）℃，非运行状态，72h
2	低温运行试验	（-40±2）℃，上电运行状态，72h
3	高温贮存试验	（90±2）℃，非运行状态，72h
4	高温运行试验	（85±2）℃，上电运行状态，72h
5	温度冲击试验	温度范围：-40~85℃，循环次数：6 次，试验周期：26h
6	规定变化率的温度循环试验	温度范围：-40~85℃，循环时间：8h，循环次数：30 次，试验周期：240h
7	温度/湿度组合循环试验	温度范围：-15~60℃，循环时间：24h，循环次数：6 次，试验周期：120h，上电运行状态，温湿度循环曲线或根据客户要求
8	规定转换时间的温度快速变化试验（冷热冲击）	温度范围：-40~85℃，高温逗留时间：30min，低温逗留时间：30min，转换时间：≤1min，共计 500 个循环
9	高温高湿耐久性试验	温度：（85±2）℃，湿度：（85±5）%，试验周期：500h 以上，上电运行状态

5.5.2 防护类试验

GB/T 28046.4—2011 同时规定了防尘、防水及耐盐雾试验,但实际上防尘、防水试验依据的是 ISO 20653:2006,MOD(对应 GB/T 30038—2013);以及 IEC 60529:2013,IDT《外壳防护等级(IP 代码)》(对应 GB/T 4208—2017)。而耐盐雾试验依据的是 GB/T 2423.18—2021《环境试验 第 2 部分:试验方法 试验 Kb:盐雾,交变(氯化钠溶液)》。产品对防护的要求及设计在 3.2 节有详细描述。

防化学品试验的标准是 GB/T 28046.5—2013《道路车辆 电气及电子设备的环境条件和试验 第 5 部分:化学负荷》。此试验是为了模拟电气电子系统/组件应对规定的化学负荷试验具有耐受能力,即在规定的温度条件下进行规定时间的试验后材料没有发生特性变化。如有试验报告证明电气电子系统/组件对其接触到的化学负荷具有耐受能力,可以免于试验。化学试剂的型号和供应商可由供需双方协商。

防护类试验在 DV 试验中项目较少,通常为防水、防尘及防盐雾腐蚀试验,防化学品试验通常视产品的应用及安装位置而定,或取决于客户要求,见表 5-14 所示。

表 5-14 防护类试验项目举例

序号	试验项目	试验要求
1	耐灰尘试验	试验灰尘:微米滑石粉,灰尘浓度:100~999g/m³,试验温度:室温。单个循环:5s 扬尘,10min 暂停,试验周期:8h。分别在试验进行到 2h、4h、6h 时,通电运行试件 5min(具体防护等级按客户要求,如 5K 的要求为"有少量粉尘进入,按不得运行性能和安全性",6K 为"无粉尘穿透")
2	耐水环境试验(结露、防水等)	防护等级按客户要求。防水试验以特征码 7 为例,采用浸水箱,要求 DUT 底部的浸水深度应低于水面至少 1m,顶部低于水面至少 0.15m。试验要求在规定的压力和时间下短时间浸水,外壳进水量不应使产品受到损害
3	耐盐雾试验	试验温度、盐雾类型及时间按客户要求
4	耐化学试剂试验	化学品类型及试验方法按客户要求

5.5.3 机械类试验

规定机械类试验的国家标准为 GB/T 28046.3—2011《道路车辆 电气及电子设备的环境条件和试验 第 3 部分:机械负荷》。GB/T 28046.3—2011 主要参考了 GB/T 2423 的一系列标准。振动试验需要按电气和电子设备在车上的应用情况进行不同振动严酷度的试验。车辆生产商和供应商可根据特定的安装位置选择试验方法。

GB/T 28046.3—2011 规定了振动、机械冲击、自由跌落、外表强度/划痕和耐磨性能、砂石轰击共五类机械相关的试验，但对电子零部件来讲，机械类试验还可以包括插接器相关试验。机械类试验主要根据产品类型及客户要求进行，表 5-15 为机械类试验项目举例。

表 5-15 机械类试验项目举例

序号	试验项目	试验要求
1	振动运行试验	振动频谱：按客户要求，扫描类型：对数扫频，扫描周期：20min，循环次数：18 个循环，循环周期：360min，振动轴向：3 轴（X，Y，Z），试验周期：18h。样品按照车内实际安装姿态固定在夹具上。在每个轴向最后一个振动循环执行振动运行试验
2	包装跌落试验	按运输包装方式进行防护，并从 100cm 的高度以 X、Y、Z 轴各方向跌落到混凝土表面上各 6 次；或按客户要求
3	低高度跌落试验	跌落高度：10cm，试验地面：橡木板（≥10cm 厚），跌落次数：每个方向 1 次，共 6 次
4	机械冲击试验	可选，根据产品安装位置，如安装在发动机、底盘、车门等位置的部件需要进行此试验；或根据客户要求
5	插接器抗拉强度试验	试验操作力：98N，试验周期：1min（此试验为可选测试项目，需根据客户要求、产品类型及应用进行选择）
6	插接器抗推压强度试验	试验操作力：157N，试验周期：1min（此试验为可选测试项目，需根据客户要求、产品类型及应用进行选择）
7	插接器抗扭转强度试验	试验操作力：39.2N，试验周期：1min（此试验为可选测试项目，需根据客户要求、产品类型及应用进行选择）
8	插接器耐久试验	试验次数：11 次，试验周期：≤4s（此试验为可选测试项目，需根据客户要求、产品类型及应用进行选择）

5.6 EMC 相关试验项目

EMC 试验项目通常较为固定，试验的复杂度及难点主要在于试验的布置（Setup）及试验未通过时的整改。辐射抗扰方面的标准较多，但通常仅采用 BCI/ALSE 法。表 5-16 为 EMC 类试验项目举例。

表 5-16　EMC 类试验项目举例

试验类型	试验项目	试验要求
1	ESD 试验（非工作/工作状态）	试验电压根据客户要求
2	传导发射试验（电压法、电流法）	频段范围、限值及等级根据客户要求
3	瞬态传导发射试验	频段范围、限值及等级根据客户要求
4	辐射发射试验	等级根据客户要求
5	抗扰（传导抗扰/耦合传导抗扰）试验	等级根据客户要求
6	辐射抗扰（BCI/ALSE 法）试验	等级根据客户要求

1. ESD 试验

ESD 试验标准为 GB/T 19951—2019（对应 ISO 10605：2008，MOD）。根据标准规定，试验电源线长度为 2~3m 或用真实线束，试验时环境温度为 (25 ± 10) ℃，相对湿度为 20%~60%，推荐 20% 和 30% 相对湿度。ESD 试验按 DUT 的工作状态可分为供电状态与不供电状态。

1）供电状态的放电模型主要模拟通电运行过程中发生的静电放电现象，放电点为把手、按键、开关等操作件，或车内乘员容易接触的表面等。

2）不供电状态的放电模型主要模拟包装搬运过程中发生的静电放电现象，放电点为引脚、壳体、按钮、开关、显示等。

静电放电试验按放电方式又可分为直接放电和间接放电。

1）直接放电是指直接对 DUT 实施放电的试验方法，直接放电又分为接触放电和空气放电。空气放电是指将试验发生器的充电电极靠近 DUT，由作用在 DUT 上的电弧进行放电的一种试验方法。接触放电是指试验发生器的电极保持与 DUT 接触、通过触发发生器内的放电开关对 DUT 进行放电的一种试验方法。

2）间接放电是指对 DUT 附近的耦合板实施放电的试验方法。一般用来模拟人体对 DUT 附近的物体进行放电。

静电发生器的特性参数见表 5-17。

表 5-17　静电发生器的特性参数

类型	电压	上升时间	储能电容	放电电阻	输出极性
接触放电	2~15kV	0.7~1.0ns	150pF 或 330pF	330Ω 或 2kΩ	正极和负极
空气放电	2~25kV	—	150pF 或 330pF	330Ω 或 2kΩ	正极和负极

静电放电应施加在正常工作时可触及的 DUT 上的所有点（表面、触点开关、开关、连接器、天线、显示器以及诊断时的引脚）。不接地的导电表面，应在要求的试验电压下进行产生电压击穿的试验。试验计划中应规定独立的放电点。

车内乘员易触及的 DUT 应使用放电网络为 330pF 和 330Ω 的 ESD 发生器进行试验，其他 DUT 使用 150pF 和 330Ω 的放电网络。对每个极性和试验电压，应在 DUT 上规定的放电点进行 10 次接触放电。试验过程中 ESD 发生器的接触放电电极应接触 DUT 进行放电。对每个极性和试验电压，应在 DUT 上规定的放电点进行 10 次空气放电。试验过程中 ESD 发生器的空气放电电极应尽可能快地移向放电点直到发生放电。

对于整车试验方法，对仅可在车内触及的部件进行放电，发生器的电容为 330pF，电阻为 330Ω 或 2kΩ，最大试验电压为 15kV；对仅可在车外触及的部件进行放电，发生器的电容为 150pF，电阻为 330Ω 或 2kΩ，最大试验电压 25kV。对车内和车外都可触及的部件，使用两种电容，最大试验电压分别为 15kV 和 25kV。

使用 2kΩ 电阻试验是模拟人体直接通过皮肤放电，而使用 330Ω 电阻试验是模拟人体通过金属部分（如工具、钥匙或戒指等）放电。使用 330Ω 电阻试验要比使用 2kΩ 电阻试验更为严酷。

按试验规定，功能状态等级分为四级。

1）状态 I：试验中和试验后能够完成设计功能。

2）状态 II：试验中不能完成设计功能，但试验后能够自动恢复到常态。

3）状态 III：试验中不能完成设计功能，试验后在没有驾驶员/乘客的简单操作下，无法恢复到常态，如通过对 DUT 关/开，或者重新启动点火开关。

4）状态 IV：试验中不能完成设计功能，试验后需要较复杂的操作才能恢复到常态，对 DUT 的功能不应造成任何永久性损坏。如断开蓄电池或供电电源后再连接。

ESD 试验电压及功能等级要求举例见表 5-18。

表 5-18　ESD 试验电压及功能等级要求举例

放电方式	接触放电	空气放电	间接接触放电
试验电压及功能等级要求	±4kV：功能 I ±6kV：功能 I ±8kV：功能 II ±15kV：功能 II	±6kV：功能 I ±8kV：功能 I ±15kV：功能 II ±25kV：功能 II	±4kV：功能 I ±8kV：功能 I ±15kV：功能 II ±20kV：功能 II

2. 传导发射试验

传导发射试验的标准为 GB/T 18655—2018（对应 IEC CISPR 25：2016，MOD）。以传导骚扰限值—电压法为例，标准要求的限值及试验等级如图 5-10 所示。

业务/波段	频率/MHz	电平/dB(μV)											
		等级5			等级4			等级3			等级2			等级1	
		峰值	准峰值	平均值	峰值	准峰值	平均值	峰值	准峰值	平均值	峰值	准峰值	平均值	峰值	准峰值	平均值
广播																
LW	0.15~0.30	70	57	50	80	67	60	90	77	70	100	87	80	110	97	90
MW	0.53~1.8	54	41	34	62	49	42	70	57	50	78	65	58	86	73	66
SW	5.9~6.2	53	40	33	59	46	39	65	52	45	71	58	51	77	64	57
FM	76~108	38	25	18	44	31	24	50	37	30	56	43	36	62	49	42
TV Band Ⅰ	48.5~72.5	34	—	24	40	—	30	46	—	36	52	—	42	58	—	48

图 5-10 传导骚扰限值—电压法示例（部分）

传导发射试验按测试方法分为电压法和电流探头法，实际测试中多采用电压法。根据标准规定，试验电源线长度为 1.7~2m 或使用真实线束。

3. 辐射发射试验

辐射发射的试验标准同传导发射，也是 GB/T 18655—2018（对应 IEC CISPR 25：2016，MOD）。传导发射试验按测试方法又分为 ALSE 法和 TEM 小室法，实际测试中多采用 ALSE 法。

根据标准规定，试验电源线长度为 2~3m 或用真实线束，另外，在被测件与模拟负载（或者射频边界）之间的试验线束总长不应超过 2m，同时应保证电源线长度也不超过 2m。当电源不是由负载箱提供时，人工网络应位于可以使电源线保持在不超过 2m 的位置。如果电源是由负载箱供电，负载箱和人工网络之间的连接线应尽可能短，以避免额外增加电源线长度。另外试验线束平行于参考接地平面边缘部分的长度应为（1500±75）mm。

以辐射骚扰—ALSE 法为例，标准要求的限值及试验等级如图 5-11 所示。

4. 传导抗扰/耦合传导抗扰

传导抗扰的试验标准为 GB/T 21437（对应 ISO 7637），共有三部分。

1）GB/T 21437.1—2021《道路车辆 电气/电子部件对传导和耦合引起的电骚扰试验方法 第1部分：定义和一般规定》，对应 ISO 7637-1：2015，MOD。

2）GB/T 21437.2—2021《道路车辆 电气/电子部件对传导和耦合引起的电骚扰试验方法 第2部分：沿电源线的电瞬态传导发射和抗扰性》，对应 ISO 7637-2：2011，MOD。

业务/波段	频率/MHz	电平/dB(μV/m)											
		等级5			等级4			等级3			等级2			等级1		
		峰值	准峰值	平均值	峰值	准峰值	平均值	峰值	准峰值	平均值	峰值	准峰值	平均值	峰值	准峰值	平均值
广播																
LW	0.15~0.30	46	33	26	56	43	36	66	53	46	76	63	56	86	73	66
MW	0.53~1.8	40	27	20	48	35	28	56	43	36	64	51	44	72	59	52
SW	5.9~6.2	40	27	20	46	33	26	52	39	32	58	45	38	64	51	44
FM	76~108	38	25	—	44	31	24	50	37	30	56	43	—	62	49	42
TV Band Ⅰ	48.5~72.5	28	—	18	34	—	24	40	—	30	46	—	52	—	42	
TV Band Ⅲ	174~223	32	—	22	38	—	28	44	—	34	50	—	40	56	—	46
DAB Ⅲ	171~245	26	—	16	32	—	22	38	—	28	44	—	34	50	—	40
TV Band Ⅳ	470~566	41	—	31	47	—	37	53	—	43	59	—	49	65	—	55
	606~806	41	—	31	47	—	37	53	—	43	59	—	49	65	—	55
DTTV	470~566	45	—	35	51	—	41	57	—	47	63	—	53	69	—	59
	606~806	45	—	35	51	—	41	57	—	47	63	—	53	69	—	59
DAB L BAND	1447~1494	28	—	18	34	—	24	40	—	30	46	—	36	52	—	42
SDARS	2320~2345	34	—	24	40	—	30	46	—	36	52	—	42	58	—	48

图 5-11　辐射骚扰限值—ALSE 法示例（部分）

3）GB/T 21437.3—2021《道路车辆 电气/电子部件对传导和耦合引起的电骚扰试验方法 第 3 部分：对耦合到非电源线电瞬态的抗扰性》，对应 ISO 7637-3：2016，MOD。

沿电源线的电瞬态传导发射和抗扰性脉冲分为脉冲 1、2a、2b、3a、3b、A 和 B，原 5a 和 5b 脉冲已从 GB/T 21437 移到了 GB/T 28046.2 中。另外，在乘用车领域目前已较少有 OEM 在试验中对脉冲 A 提出要求，但在商用车领域，OEM 通常仍有此要求。

关于传导抗扰试验脉冲方面的介绍具体可参考 4.6.2 节。试验举例见表 5-19。

表 5-19　传导抗扰试验举例（12V 系统）

试验项目	电源线的电瞬态传导抗扰	信号线的电瞬态传导抗扰
试验脉冲及要求	脉冲 1：500 次（U_s=−75V），等级 Ⅲ 脉冲 2a：500 次（U_s=37V），等级 Ⅰ 脉冲 2b：10 次（U_s=10V），等级 Ⅲ 脉冲 3a：1h（U_s=−112V），等级 Ⅰ 脉冲 3b：1h（U_s=75V），等级 Ⅰ	快 3a：10min（U_s=−30V），等级 Ⅰ 快 3b：10min（U_s=+18V），等级 Ⅰ

5. 辐射抗扰（BCI/ALSE 法）试验

辐射抗扰的试验标准很多，具体可参考 5.2.2 节的内容。在实际的产品试验中，较常用的标准有两个，分别如下：

1）GB/T 33014.2—2016《道路车辆 电气/电子部件对窄带辐射电磁能

的抗扰性试验方法 第 2 部分：电波暗室（ALSE）法》，对应 ISO 11452-2：2004，MOD。

2）GB/T 33014.4—2016《道路车辆 电气/电子部件对窄带辐射电磁能的抗扰性试验方法 第 4 部分：大电流注入（BCI）法》，对应 ISO 11452-4：2005，MOD。

辐射抗扰试验的参数及功能等级要求举例见表 5-20。

表 5-20 辐射抗扰试验举例

试验方式	BCI 法	ALSE 法
试验参数及功能等级要求	频率范围：1~400MHz 场强：50mA 调制方式：AM 动作状态：特殊的 EMC 软件 功能等级：等级 I	频率范围：400~1000MHz 场强：50V/m 调制方式：AM，PM（>800MHz） 动作状态：特殊的 EMC 软件 功能等级：等级 I

5.7 寿命试验

寿命试验主要指运行及操作类耐久试验，此类试验的目的是用实际时间寿命试验或加速寿命试验（增加负荷），对功能负荷结合更多的环境负荷去检验 DUT，以发现其设计缺陷，试验通常仅用少量的 DUT 即可满足要求。此类试验取决于具体产品类型及客户要求，如具有按键或开关类的产品，即可通过运行耐久试验来检验其设计寿命是否符合要求。

5.8 DV/PV 试验

DV 试验是主要用于检验汽车电子零部件产品硬件设计质量的一种测试手段，DV 测试项目及等级通常依据 OEM 的企业标准（没企业标准的按国家标准或 ISO 标准）进行，产品通过试验后才能进入量产阶段。

PV 试验用于检验产品生产过程的可靠性，一般测试项目来自于 DV，但相较 DV 要少得多。PV 侧重于检验产品大批量生产的质量稳定性及一致性。

DV 试验要求必须是模具件，也就是硬模件，3D 样件或软模件是不行的，而 PV 试验要求必须是工装样件（Off Tooling Samples，OTS）样件，即全工装状态下非节拍生产条件下制造出来的样件。

目前汽车电子零部件行业常将 DV 试验与 PV 试验合并进行（DV PV Combined），这样可以节省时间、降低成本。DV 试验及 PV 试验都需要使用专门设计的测试台架，如图 5-12 所示为 EMC 试验专用测试台架。

DV 试验周期根据 OEM 的试验项目及试验要求有所差异，但差异并不大。在汽车行业，电子零部件的 DV 试验周期通常都在 4~6 个月，即使最顺利的情况也要 3 个月以上。如果测试有问题（尤其是EMC试验）还要反复整改调试，甚至更改设计（改硬件 1 个月以上，改模具可能要 2 个月以上），那么试验周期就会延长。行业内为降低 DV 试验失败的风险，通常在设计前期就会针对高

图 5-12　EMC 试验专用测试台架

风险试验项目进行摸底试验（EMC 摸底通常称为 Pre-EMC），提前发现风险并整改。

另外，DV 测试成本也很高，这个成本主要体现在两方面：一方面是试验本身的费用；另外就是 DV 测试台架的费用。以 EMC 测试为例，试验室通常按小时收费。目前国内的第三方试验室收费约为 1000 元人民币/h，很多测试项目一天是做不完的。另外，复杂产品的自动化 DV 测试台架也极其昂贵，可能动辄就得几十上百万元人民币。很多项目为了缩短试验周期，需要多项试验并行进行，这就要求增加 DV 测试台架的数量，所以试验成本和试验周期是直接相关的。

5.9　EOL 测试

EOL 测试是一种常用的产品下线测试方法，而非试验。EOL 测试的目的是保证工厂制造出的产品功能符合设计要求。在汽车行业，电子零部件的 EOL 测试通常通过专门设计的 EOL 测试台架来实现，整个测试过程由设备自动化完成并输出测试报告。EOL 测试台架如图 5-13 所示。

测试针床

EOL测试台架

插接器

图 5-13　EOL 测试台架

EOL 测试可以覆盖产品所有的硬件功能，如内存测试、输入信号检测、输出功能检测、静态电流测试、通信功能测试、屏幕显示测试、按键功能测试、声音测试等。除全功能测试外，通过 EOL 台架还可以对产品进行软件刷写、产品序列号刷写、软件配置、数据标定等功能。

5.10　小结

第 5 章主要介绍了汽车电子模块相关的行业标准，包括国际标准、国家标准及 OEM 标准，以及汽车电子模块为满足车载应用所需要进行的相关试验。国际标准或国家标准提供了很多基础的试验项目及测试方法，可以作为一种很好的参考；同时，OEM 及 Tier 1 根据这些标准及车载应用的要求不断地进行实践及经验总结，逐步形成了更加完善的测试方法，包括试验的分组、样品的数量、样品前期检查方法、测试流程图、测试等级等。

那么，电子模块在通过 DV 试验后便可以认为满足车载应用要求了吗？答案是不一定！实际上通过 DV 试验是一个必要但非充分条件。如图 5-14 所示，电子模块要满足车载应用就必须通过 DV 试验，但通过 DV 试验却未必就一定能够满足车载应用要求,这里还有 2 个前提及 1 个基础,2 个前提是采用车规级电子元器件及采用车规级设计方法,1 个基础是量产后要进行车规级变更管理。

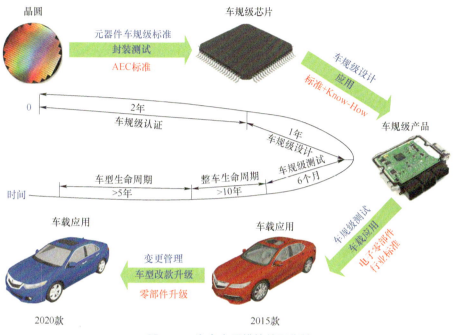

图 5-14 汽车电子模块的可靠性

第 6 章将着重介绍针对汽车电子元器件车规级认证的行业标准——AEC 标准,包括 AEC 标准的简介及其历史,以及主要的几个 AEC 标准,包括标准的范围、认证家族的概念、测试样品及流程、测试项目及变更认证等。AEC 标准不仅规定了对电子元器件的测试认证方法,还给出了如何对一个电子元器件及器件家族进行全生命周期质量管理的方法及理念,这种可靠性管理理念在本质上造就了车规级芯片的高可靠性及全生命周期的一致性。对一个由上千个电子元器件组成的电子模块的来讲,采用车规级电子元器件是保证车辆在整个生命周期内实现高可靠性的基础,同时也是保证在整个车型生命周期内电子模块高可靠性的基础。

第6章
AEC 标准

汽车行业常说的车规级器件就是指某个电子元器件通过了 AEC 测试认证，器件的手册上会注明符合哪个 AEC 标准的认证，但这个认证实际上并不是官方的；AEC 认证不同于汽车行业很多的其他认证，如 IATF 16949 认证，这是由官方认可的第三方认证机构进行认证，认证通过后颁发具有一定有效期的认证证书，过期后需要重新进行认证。而 AEC 认证实际上是一个自我声明式的认证，电子元器件供应商依据 AEC 的相关标准，对一个器件进行相应的测试，如果能够满足测试要求，如一个芯片，那么就可以在芯片手册中声明该芯片通过了 AEC-Q100 测试认证，即 AEC-Q100 Qualified。

6.1 AEC 组织及标准简介

AEC 的全称是汽车电子委员会元器件技术委员会（Automotive Electronics Council Component Technical Committee），简称汽车电子委员会或 AEC，从"Component"可以看出，AEC 专注于元器件级别。AEC 的官网：http://www.aecouncil.com/。在其官网上的一段话声明了 AEC 组织的作用：AEC 组件技术委员会是制定用于可靠及高质量的电子元器件标准的标准化机构。符合这些要求的元器件无须额外的器件级认证测试（Component-Level Qualification Testing）即可适用于恶劣而严苛的汽车环境。

6.1.1 AEC 的历史

创建 AEC 的想法产生于 1992 年夏天的联合电子设备工程委员会（Joint Electronic Device Engineering Council，JEDEC）会议上。通用汽车（GM）下属的德科电子（Delco Electronics）的 Servais 会见了克莱斯勒（Chrysler）的 Jennings，随后他们俩聊了在电子零件资格认证领域遇到的一些共同困难，随后提到了通用资格规范的想法，这是改善这种情况的一种可能的方法。

1993年，在德科电子的一次会议上讨论了每家公司使用的各种资格认证方法，这次会议决定通用认证规范的想法是可行的，此后不久就开始了Q100（集成电路应力测试认证）的工作，主要的集成芯片（Integrated Chip，IC）供应商都参与了标准的制定。AEC-Q100的初始版本（最初称为CDF-AEC Q100）在1994年6月提交给了所有的IC供应商，这个文件代表了克莱斯勒、德科电子和福特的首选认证资格。这个文件鼓励交换资格数据，并指出，如果一个部件符合该文件，则该部件对所有三家公司都具有资格。该文件不涉及定价问题，也不阻止三家公司使用其他资格要求作为特殊条件。

此后AEC又陆续制定了其他零件类别的认证规范，如用于分立半导体器件的AEC-Q101和用于被动器件的AEC-Q200。AEC每年举办一次可靠性研讨会，讨论标准相关的可靠性问题。

6.1.2 AEC的会员

AEC最初由克莱斯勒、福特和通用汽车牵头成立，最初AEC由质量体系委员会和器件技术委员会两个委员会组成，目前的委员是由一些企业的固定会员（Sustaining Members）及其他技术会员（Technical Members）、准会员（Associate Members）及特邀会员（Guest Members）的代表组成。

固定会员主要来自Tier 1供应商及器件制造商，包括安波福（Aptiv）、博世（Bosch）、博格华纳（BorgWarner）、大陆（Continental）、康明斯（Cummins）、电装（Denso）、镜泰（Gentex）、哈曼（Harman）、海拉（Hella）、科世达（Kostal）、李尔（Lear）、麦格纳（Magna）、法雷奥（Valeo）、维宁尔（Veoneer）、伟世通（Visteon）、采埃孚（ZF）等，在如今的汽车行业，这些公司依然扮演着重要的角色。AEC官网上展示了这些公司的名字及商标，如图6-1所示。

需要注意的是，图6-1中从系统集成商Tier 1到器件制造商Tier 2，几乎没有国内公司（Nexperia和ISSI已被国内公司收购）。所以国内的Tier 1及国产汽车芯片、电子元器件制造商还需要继续努力，未来汽车电子行业的发展空间巨大，当然门槛也很高。

此外，AEC标准文件全部都是免费，可以直接从其网站下载使用，这一点不同于通常了解到的其他付费标准，如ISO或GB/T标准。

因为制定标准需要组织，需要人来工作，所以就一定需要资金。虽然这些组织基本都是非营利性组织，但组织运转也是需要资金支持的。另外，工业标准本身就是市场的产物，本身就是商品，制定标准的成本实际上分摊在了那些从标准中获益的人。如DIN（德国工业标准）60%的工作是通过标准的收费来支撑的。如图 6-2 所示，与自动驾驶道路测试相关的标准 SAE J3018，价格是 91 美元。

图 6-1　AEC 固定会员

图 6-2　SAE J3018 标准的价格（https://www.sae.org/）

6.1.3　AEC 年度研讨会

AEC 组织每年都有固定的可靠性研讨会（Annual Workshops）。2019 欧洲 AEC 年度可靠性研讨会暨第二届欧洲汽车电子可靠性研讨会于 2019 年 10 月 15、16 日在德国慕尼黑举行，参加会议的有汽车电子 Tier 1 用户、Tier 2

供应商以及欧洲 OEM 公司的与会代表。会议讨论了影响汽车电子元件的 18 个主题报告，包括 7 个开放论坛小组讨论，各种 AEC 文件的讨论，以及对未来 AEC-Q 规范的开发和改进的建议。

2020 年及 2021 年的 AEC 年度可靠性研讨会暨第 22 届年度汽车电子可靠性研讨会，原定于美国密歇根州的底特律举行，因特殊原因已经取消。第三届欧洲汽车电子可靠性研讨会于 2023 年 10 月 4—5 日于法国迪亚戈拉会议中心举行。至此 AEC 组织在美国共计举办了 21 场研讨会，在欧洲举办了 3 场研讨会。

下面是几个 AEC 研讨会的议题，可以看出主要是和电子元器件的可靠性相关。

1）人体静电放电的调查。
2）电热导致的寄生栅极泄漏。
3）邦线工艺的评估和改进。
4）互补金属氧化物半导体（Complementary Metal Oxide Semiconductor，CMOS）器件不同 ESD 模型失效特征的比较。
5）制定一个 IC 因瞬态传导干扰导致闩锁的标准。

除了年度的可靠性研讨会外，还有定期的技术委员会会议（Technical Committee Meetings），如每周、每月及年度。另外，年度的技术委员会会议是和年度可靠性研讨会同时间举行的。

6.1.4　AEC 委员会与 IATF 16949 标准

AEC 最早成立时有两个委员会，质量体系委员会（Quality Systems Committee）和器件技术委员会（Component Technical Committee），前者现在已经没有了，所有关于质量体系的规范参考 IATF 16949 即可，也就是说，这个委员会的功能现在由 IATF 16949 标准来实现。所以目前在汽车电子行业，无论是电子元器件供应商，还是 Tier 1，IATF 16949 认证是一个基础要求。图 6-3 是一个 IATF 16949 证书的部分截图（图中隐去了被认证的公司信息，原证书为英文，为便于理解，图中内容译为中文）。

IATF 16949 标准（2016 年发布第 1 版，替代原 ISO/TS 16949：2009 标准（第 3 版））是由全球主要汽车制造商（以德国、日本、美国为主）成立的国际汽车工作组 IATF 牵头制定的，是一个用于指导汽车产业链零部件生产制造的、全球统一的质量管理规范。在此之前并没有一个适用于全球汽车制造行业的统一的质量管理体系标准。而 QS9000 是由美国克莱斯勒、通用、福特等汽车公司牵头，以 ISO 9000 质量体系标准（包括 ISO 9000、ISO 9001、ISO 9002、ISO 9004 等标准）为基础制定的质量体系。ISO/TS

16949标准第1版创建于1999年，即ISO/TS 16949：1999，从第3版ISO/TS 16949：2009开始往IATF 16949标准迁移，目前在全球范围内已逐步被IATF 16949：2016（第1版）取代，IATF 16949已成为全球公认的汽车行业质量体系标准。

图6-3　IATF 16949证书（部分）

IATF 16949标准可以认为就是用于汽车行业的ISO 9000标准。另外，IATF 16949证书的有效期都是3年，而且证书有效期内的每一年都需要年审，如果年审没过，或者没有去做，证书就会被撤销，一旦被撤销，企业就必须重新进行认证。现在几乎所有的OEM都强制规定其供货商质量管理系统必须符合IATF 16949的要求，并要求逐步扩展至2~3级供货商。

6.1.5　AEC会员及入会

AEC会员由以下四类的代表组成：

1）固定会员（Sustaining Members）。固定会员代表终端用户（End-User）的公司，如给OEM提供电子零部件或系统的Tier 1。固定会员负责AEC组织的运转，最初的会员来自克莱斯勒的德科电子和福特汽车。任何的Tier 1都可以请求成为固定会员，固定会员们需要一起分担支付每年举行研讨会的全部费用，积极参与每次的年度会议，并按章程承担相应职责。当然固定会员同时享有一些特权。

2）技术会员（Technical Members）。技术会员代表汽车市场（Automotive-Market）的公司，如使用电子元器件或电子元器件的制造商等Tier 2。技术会员也是以申请的方式加入，需要分担支付每年举行的研讨会的费用，并享有完整的投票权。

3）准会员（Associate Members）。准会员代表一些公司或组织，为汽车电子行业提供技术支持或服务的 Tier 3、分包商、大学等。准会员也是以申请的方式加入，但只需要支付一半的分担费用，不过投票权是受限的。

4）特邀会员（Guest Members）。特邀会员代表非汽车行业的电子市场公司或组织。特邀会员可以免费参会（但是鼓励缴纳费用时可以尽量缴纳一些），不过特邀会员没有投票权。

AEC 组织有一个会员准则，就是技术委员会成员只允许讨论与质量和可靠性标准化相关的内容，其他的诸如详细的质保信息、价格、供应、需求预期、参数设计等都是不允许讨论的。还有就是会员之间不能交换任何竞争性敏感信息，包括未来的价格、个人意向、未来动向、未来销售额、市场份额、利润、地域或客户信息等。另外，AEC 特别强调 AEC 会员不得从事任何与汽车电子元器件生产商相关的任何交易或其他与商务相关的活动。

AEC 会员的入会采用申请制，申请表部分截图如图 6-4 所示（原件为英文，图中文件进行了翻译）。申请表给出了四种类型的会员供选择，同时也给出了 3 个委员会供选择：Q100 集成芯片、Q101 分立器件、Q200 被动器件。申请表需要提供公司名称、公司地址、公司是属于 Tier 1 还是 Tier 2 等，还需要描述公司的业务、公司的代表人及职务、联系地址及邮箱等。

图 6-4　AEC 会员申请表部分截图

通过申请后申请人会收到接受函（Acceptance Letter），如图 6-5 所示（原件为英文，图中文件进行了翻译）。成为 AEC 会员后即可参加 AEC 组织的相关活动。另外，在收到接受函后，需要按 AEC 的要求提供公司 logo 文件，AEC 会更新网站，将新会员公司的 Logo 放到 AEC 官网上，并按照公司名称首字母进行排序（不是按加入的先后顺序）。另外，Logo 按 Tier 1 和 Tier 2 进行了分组，每组再按名称按 A~Z 进行排序。

Automotive Electronics Council
Component Technical Committee

2012.11.2

代表人姓名
公司
地址

尊敬的**先生

我代表 AEC 器件委员会很荣幸的通知您***公司申请成为技术会员的申请已经被批准，为了更新 AEC 的网站，请将贵公司的 Logo（JPEG 或等效格式，文件大小<100kB）及联系信息（主要及备选的代表人），这些信息将会发布在 AEC 网站上（www.aecouncil.com）。

作为技术委员会的一员，你将会被邀请参加所有 AEC 正在举办的活动。我们期待着您的参与和观点。委员会讨论新的和正在进行的 AEC 事务的电话会议通常在美国东部时间上午 10:30 召开，会议时长 90 分，正式的会议通知（同时会附上最近的会议纪要）会通过电子邮件例行的发送给你。

我代表所有 AEC 固定会员及全体技术委员会欢迎你加入 AEC 器件委员会，如果你有任何问题或想了解更多的信息，请随时联系我（我的联系方式附在下面）。你还可以联系任何一位 AEC 委员会的成员，这封信会附上所有会员的名单，你也可以在 AEC 官网上找到他们的联系方式。

图 6-5　AEC 会员接受函部分截图

6.1.6　OEM 与会员费

1. OEM 在 AEC 组织的角色

AEC 最初是由克莱斯勒、福特和通用汽车牵头成立的一个组织，经过二十多年的发展，AEC 的固定会员主要由行业 Tier 1 及 Tier 2 组成，虽然 OEM 公司在 AEC 标准化中仍旧扮演着重要的角色，但是为了组织的简化和高效，OEM 仅负责提供一些输入信息如对未来技术的应用视角及额外的特殊需求等。OEM 参与者的代表是作为顾问，在新的文档将要发布时，对文档进行审查，提出推荐的改进建议，但没有最终表决权。另外，AEC 强烈建议这些 OEM 代表需要具有半导体背景。

AEC 组织章程规定，只有两种为加强 AEC 与 OEM 之间联系的会议

OEM 才可以参加：

1）基于特定要求，如 OEM 发现一个紧急或关键的文档问题，需要 AEC 技术委员会马上处理。

2）如有需要，定期（如每季度、每半年）举行的交流会议，使 OEM 了解当前 AEC 的活动，同时使 AEC 了解 OEM 的问题或计划。

2. AEC 组织的会员费

加入 AEC 需要缴纳会员费吗？答案是：可以说有，也可以说没有。

AEC 入会从名义上来讲是不要求缴纳会员费的，但是除特邀会员外，其他会员需要均摊年度可靠性研讨会费用，这个费用可以看作是参会费，实际上类似于会员费。

AEC 会员费的计算方式：

1）固定会员和技术会员，均摊费用，比例是 1，无论是否参会均需缴纳。

2）准会员，均摊费用，比例是 0.5，无论是否参会均需缴纳。

3）特邀会员，可以免费参会，鼓励能够缴纳费用时可以尽量缴纳一些，但是不做强制性要求。

6.1.7　AEC 标准及相关文件

AEC 标准一共有 6 个，见表 6-1。其中关于集成芯片的标准 AEC-Q100 是最早制定并发布的，另外两个较早的标准分别是关于分立半导体的 AEC-Q101 和被动器件的 AEC-Q200，其余的 3 个标准都制定较晚，这个从其版本信息里也能看出来，AEC-Q101 已经升级到 H 版本了，而 AEC-Q102 是 A 版本，其余两个才是初版。

表 6-1　AEC-Q100 标准及发布时间

标准	标准名称	主版本	发布时间
AEC-Q100	集成电路的应力测试标准	Rev H	2014.09.11
AEC-Q101	分立半导体元件的应力测试标准	Rev E	2021.03.01
AEC-Q102	汽车应用的光电半导体应力测试标准	Rev A	2020.04.06
AEC-Q103	汽车应用的 MEMS 传感器应力测试标准	初版	2019.03.01
AEC-Q104	汽车应用的多芯片模块（MCM）应力测试标准	初版	2017.09.14
AEC-Q200	被动器件的应力测试标准	Rev D	2010.06.01

除标准文件外，AEC 还有 6 个指导性文件，见表 6-2。指导性文件的编号为 AEC-Q001~Q006，都是关于测试指导及认证要求，发布时间最早的是

发布于 2010 年的《无铅测试要求》，而最近发布的《汽车零缺陷指导原则》则是在 2020 年刚刚发布的，这也从侧面说明了 AEC 标准是一个鲜活的、一直在持续更新与迭代的标准。

表 6-2　AEC 指导性文件

标准	标准名称	版本	发布时间
AEC-Q001	零件平均测试指导原则	REV D	2011.12.09
AEC-Q002	统计式良品率分析的指导原则	REV B	2012.01.12
AEC-Q003	芯片产品的电性表现特性化的指导原则	REV A	2013.02.18
AEC-Q004	汽车零缺陷指导原则	初版	2020.02.26
AEC-Q005	无铅测试要求	REV A	2010.06.01
AEC-Q006	使用铜线互联的器件认证要求	REV D	2016.07.01

6.1.8　AEC 认证与证书

如果成功完成了 AEC 标准文件需要的测试，并对测试结果按要求进行了存档，那么将允许供应商声称他们的元器件通过了 AEC 认证（AEC-Q***Qualified）。需要注意的是，AEC 认证是一个由元器件供应商自我对外宣称的认证，AEC 没有运行任何官方认证机构或授权任何第三方认证机构来进行器件认证测试。

另外，AEC 认证也没有证书，也就是说不会有任何组织给元器件供应商颁发"AEC-Q***Qualified"证书；每个供应商根据 AEC 标准，自己去做认证测试，认证测试还需要考虑客户的应用需求；在认证测试通过后，可以将测试数据提交给客户，由客户核实测试是否符合 AEC 标准。总的来说，AEC 认证测试是一个自愿性的、非强制性的、自我宣称式的测试，任何器件在通过测试后，都可以宣称器件通过了认证；在客户需要时，元器件供应商可以提供测试报告供客户进行核实。

6.2　AEC-Q100 标准：芯片

AEC-Q100 是最早的一个标准，初版在 1994 年 6 月提交给了所有的 IC 供应商，现在的 Rev H 版本于 2014.09.11 发布，至今没有再进行更新。

6.2.1 标准的范围

AEC-Q100 标准的全称是 "Failure Mechanism Based Stress Test Qualification For Integrated Circuits"，即基于集成电路应力测试认证的失效机理，简称集成电路的应力测试标准，覆盖了所有集成芯片的认证测试。对汽车电子零部件来讲，集成芯片的重要性怎么强调都不为过，所以 AEC-Q100 标准通常也是被提到最多的一个 AEC 标准。AEC-Q100 除基础文件（Base Document）外，还有 12 个分标准，即 001~012。

1）AEC-Q100-001 Rev-C：邦线剪切测试。

2）AEC-Q100-002 Rev-E：人体模型静电放电测试。

3）AEC-Q100-003 Rev-E：机械模式静电放电测试（已废止），因为 JEDEC 标准已淘汰该认证测试。

4）AEC-Q100-004 Rev-D：集成电路闩锁效应测试。

5）AEC-Q100-005 Rev-D1：非易失性存储程序/擦除耐久性、数据保持性及工作寿命的测试。

6）AEC-Q100-006 Rev-D：热电效应引起的寄生门极漏电流测试（已废止），因为不需要认证测试。

7）AEC-Q100-007 Rev-B：故障仿真和测试等级。

8）AEC-Q100-008 Rev-A：早期寿命失效率。

9）AEC-Q100-009 Rev-B：电分配的评估。

10）AEC-Q100-010 Rev-A：锡球剪切测试。

11）AEC-Q100-011 Rev-D：带电装置模型的静电放电测试。

12）AEC-Q100-012 Rev-：12V 系统智能功率设备的短路可靠性描述。

以上 12 个文档中有 2 个已是废止状态，012 是专门为 12V 系统智能功率设备也就是常说的智能功率芯片如电子熔丝（Electronic Fuse，eFuse）、HSD 和 LSD 等制定的。如图 6-6 所示，芯片手册中明确指出其短路测试依据 AEC-Q100-012 标准，ESD 测试依据 AEC-Q100-002 和 011 标准。

短路保护的供电电压	$V_{BAT(SC)}$	0	—	24	V	Setup acc.to AEC-Q100-012
ESD敏感性 OUT vs GND&VS连接(HBM)	$V_{ESD(HBM)\_OUT}$	-4	—	4	kV	HBM[3] AEC Q100-002
所有Pin的ESD敏感性(CDM)	$V_{ESD(CDM)}$	-500	—	500	V	CDM[4] AEC Q100-011
边角Pin的ESD敏感性 (pins 1,7,8,14)	$V_{ESD(CDM)\_CRN}$	-750	—	750	V	CDM[4] AEC Q100-011

图 6-6　某 HSD 芯片手册（部分）

6.2.2 芯片的温度范围

对汽车电子零部件的车载应用来讲,温度对设计的影响至关重要,所以在芯片选型时,温度范围这个参数就显得非常关键。AEC-Q100 从 REV G 升级到 H 版后,删掉了等级 4,也就是不能用于车载应用的 0~70℃ 温度范围。见表 6-3。

表 6-3 AEC-Q100 对温度范围的规定

AEC-Q100 REV G		AEC-Q100 REV H	
温度等级	温度范围	温度等级	温度范围
等级 0	−40~150℃	等级 0	−40~150℃
等级 1	−40~125℃	等级 1	−40~125℃
等级 2	−40~105℃	等级 2	−40~105℃
等级 3	−40~85℃	等级 3	−40~85℃
等级 4	0~70℃		已删除此等级

6.2.3 认证家族与通用数据

1. 认证家族

AEC-Q100 为供应商和客户提供了一些使用通用数据来简化或加速认证程序的指导方针,基于这些指导方针,供应商和客户可以在有可用的通用数据的基础上,为如何使用这些数据进而达成一致。对于可以被归为一个认证家族的那些器件,他们必须是同样的产品,并使用相同的原材料、同样的制程。当一个认证家族成员成功地完成了认证(某些特殊要求除外)时,所有的被归为那个认证家族中的所有产品就同时得到了认证。

1)产品分类举例:产品功能相同,如运放、电压调节器、微处理器等;工作特性相同,如工作电压范围、温度范围、频率范围相同。

2)晶圆制造技术,如 CMOS、双极性等;晶圆制造过程,如电路元件特征尺寸、基板掩膜数、光刻工艺、掺杂工艺等。

3)组装工艺及地点等:封装的材质,如塑料或陶瓷,封装的类型,如 DIP、SOIC、QFP、PGA、PBGA 等;组装工艺,如引线框架基材、邦线材料及直径等;组装地点。

2. 通用数据

AEC 非常鼓励使用通用数据来简化认证程序。在获得可用的通用数据后就需要尽快地提交给用户,以确定是否需要进行额外的测试。通用数据必须基于特定的需求矩阵,以及与该器件的每个制造工艺相关联的特性。如果通用数据包含任何失效,则该数据不能作为通用数据使用,除非供应商已记录并实施了纠正措施，或对于失效情况的控制措施已获得用户的认可。

对于应力测试，如果在技术上论证是很合理的，那么两个或更多的认证家族可以组合起来进行认证测试。另外，如果某个建议的测试项目没有按照标准进行，那么器件供应商应该给出正式的解释。

3. 通用数据的产生及使用限制

可接受的通用数据的使用不受时间限制。如图 6-7 所示，可靠性数据的来源可以是一个特定的器件，或者是同一个认证家族中的一个器件。潜在的数据来源可以包含客户的具体数据，如制程变更认证和周期性可靠性监控数据。

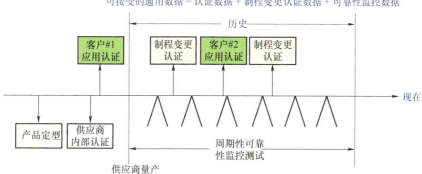

图 6-7　通用数据的时间线

6.2.4　测试样品

（1）样品批次

测试样品应该由认证家族中有代表性的器件构成，如果缺少通用数据就需要有多批次的测试，同时测试样品必须是由非连续的晶圆批次中近似均等的数量组成，并在非连续成型批次中装配；即样品在生产工厂内必须是分散的，或者装配加工线至少有一个非认证批次。任何与上述不符的地方都需要供应商提供技术说明。

（2）样品生产制造

所有要进行认证的器件必须是工装样件，所有的制造流程在制造工厂完成制造及生产（这个要求和零部件的 PV 试验基本一样）。

（3）样品的复用

已经用来做非破坏性认证测试的器件可以用来做其他认证测试，而做过破坏性认证测试的器件则除了工程分析外不能再使用。

6.2.5　测试流程图

AEC-Q100 的测试项目非常多，测试一共被分成了 A、B、C、D、E、F、G 共计 7 个测试组群，测试流程图如图 6-8 所示。

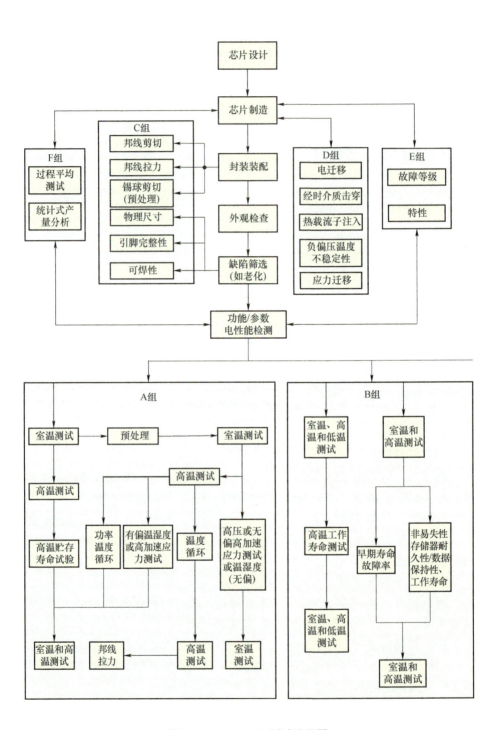

图 6-8 AEC-Q100 测试流程图

1）测试组 A：环境应力加速测试，如室温、高温、湿度、温湿度循环等。

2）测试组 B：使用寿命模拟加速测试，如室温、高低温寿命测试。

3）测试组 C：封装组装完整性测试，主要是邦线、引脚相关的测试。

4）测试组 D：芯片制造可靠性测试，如电迁移、热载流子等。

5）测试组 E：电气特性验证测试，如 ESD、EMC、短路、闩锁效应等。

6）测试组 F：缺陷筛选监控测试，过程平均测试及产量分析。

7）测试组 G：空腔封装完整性测试，包括机械冲击、振动、跌落等测试。

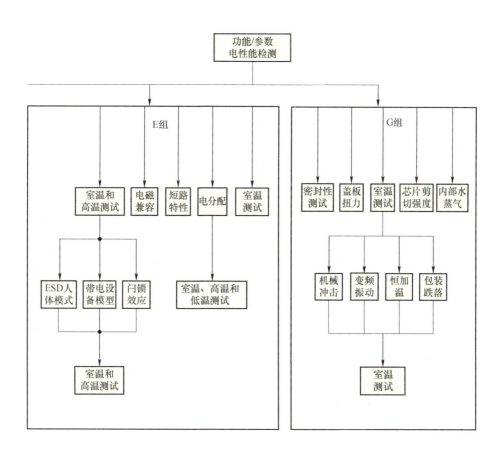

图6-8　AEC-Q100 测试流程图（续）

6.2.6 测试项目

AEC-Q100 的测试项目众多，这里仅列举几个作为举例，见表 6-4。

表 6-4 AEC-Q100 测试项目举例

测试项目	样品数量	要求	测试方法
温度循环	3 批，每批 77 个	0 失效	等级 0：-55~150℃，2000 个循环 等级 1：-55~150℃，1000 个循环 等级 2：-55~125℃，1000 个循环 等级 3：-55~125℃，500 个循环
高温贮存寿命	1 批，每批 45 个	0 失效	等级 0：175，1000h 或 150℃，2000h 等级 1：150，1000h 或 175℃，500h 等级 2、3：125℃，1000h 或 150℃，500h 陶瓷封装器件：250℃，10h 或 200℃，72h
高温工作寿命	3 批，每批 77 个	0 失效	等级 0：150℃，1000h 等级 1：125℃，1000h 等级 2：105℃，1000h 等级 3：85℃，1000h
早期寿命故障率	3 批，每批 800 个	0 失效	器件通过此测试后可以进行其他应力测试 可使用通用数据 此项测试前及测试后需要分别进行室温和高温测试

6.2.7 器件变更的重新认证

针对器件的变更测试，AEC-Q100 给出了详细的规定。只要供应商对器件进行了变更，无论是对产品或是对制造工艺的变更，只要影响到或潜在可能影响到产品的外形、适用性、功能（Form、Fit、Function）、质量和 / 或可靠性，器件都需要重新进行认证测试。另外，任何的产品或工艺变更，供应商的变更都需要满足客户使用需求。

AEC-Q100 将变更类型进行了细分，并用一个表格给出了指导，供应商可以根据特定的器件变更类型确定变更测试所需要选择的测试项目，或者同等情况下，通用数据是否可用于此测试。

如果重新认证测试失败，必须找到根本原因（Root Cause），只有在执行了相应的纠正和预防措施的情况下，器件才可以被认为具备了再次进行 AEC-Q100 认证的条件。

1. 变更类型

AEC-Q100 对变更类型按照设计、晶圆制造、组装这三个流程进行了细分。

1）设计：有源元件设计、电路重新布线、晶圆尺寸/厚度。

2）晶圆制造：光刻、芯片缩小化、离子注入/掺杂、多晶硅、金属化/通孔/接触、钝化/氧化物/夹层电介质、背面操作、制造场所转移。

3）组装：芯片模套/底部填充胶、引线框电镀、凸凹材质/金属化系统、引线框材料/尺寸、邦线、芯片划片/分离、芯片清洁准备、封装打码、芯片贴装、模塑料、模塑工艺、气密封装、新式封装、基板/中介层、组装场所转移。

2. 变更测试

AEC-Q100 对变更测试进行了详细的规定，这里仅列举几个作为举例，见表 6-5。

表 6-5　AEC-Q100 变更测试项目举例

变更项目	测试项目数量						
	测试组 A	测试组 B	测试组 C	测试组 D	测试组 E	测试组 G	共计
电路重新布线	2				7		9 项
芯片缩小化	3	3		5	8		19 项
制造场所转移	4	3	2	5	4	2	20 项
邦线	5		2		2	1	10 项
组装场所转移	4	2	6		2	3	17 项

以制造工厂转移为例，如果芯片的晶圆工厂换了个地方，那么就需要根据标准的变更管理规定进行相应的测试认证，认证的项目包括：16 项必做测试，包括温湿度、温度循环、邦线相关、电迁移、ESD 等；4 项选做测试，如带电温度循环，如果是电可擦只读存储器（Electrically Erasable Programmable Read Only Memory，EEPROM）还需要做存储耐久方面的测试。

6.3　AEC-Q101 标准：分立半导体

AEC-Q101 标准用于分立半导体器件，标准全称 "Failure Mechanism Based Stress Test Qualification For Discrete Semiconductors In Automotive Applications"，即汽车应用的分立半导体基于应力测试认证的失效机理，简

称分立半导体的应力测试标准。现在的 Rev E 版本是 2021.03.01 刚发布的最新版。

AEC-Q101 除标准基础文件外，还有 6 个标准文件，即 001~006。

1）AEC-Q101-001 Rev-A：人体模型静电测试。
2）AEC-Q101-002 Rev-A：机械模型静电测试（已废止）。
3）AEC-Q101-003 Rev-A：邦线剪切应力测试。
4）AEC-Q101-004 Rev-：多种测试。
5）AEC-Q101-005 Rev-：带电设备模型的静电测试。
6）AEC-Q101-006 Rev-：12V 系统智能功率设备的短路可靠性描述。

以上 6 个文档中有 1 个已经是废止状态，AEC-Q101-006 类似于 AEC-Q100-012，适用于那些不在 Q100 范围内的智能功率器件。

1．标准的范围

集成电路比较容易理解，分立半导体器件是相对于集成芯片来讲的，可以理解为不属于集成芯片的半导体器件。AEC-Q101 标准对器件按晶圆制造技术分为以下几种：功率 MOS、信号 MOS、IGBT、二极管、晶体管、整流管、肖特基管、快恢复管、稳压管、TVS、变容管、锗、砷化镓、晶闸管等。

另外，AEC-Q101 标准在从 RevD 更新到 RevE 后，光电半导体器件全部转到了新的 AEC-Q102 标准中。

2．温度范围的规定

关于器件的温度范围，与 AEC-Q100 标准针对芯片区分了 4 档温度范围相比，AEC-Q101 标准对分立半导体仅规定了最低温度范围：–40~125℃。因为对分立半导体来讲，耐高温特性一般都很好，如多数分立半导体器件手册中给出的操作温度范围都是 –55~150℃。

3．测试项目及变更

AEC-Q101 的测试项目整体比 AEC-Q100 要少很多，共分成 5 个测试组群，比 AEC-Q100 少了 2 个，测试项目共计 37 项，比 Q100 的 45 项少了 18 项。

关于变更，与 AEC-Q100 一样，AEC-Q101 中也专门为器件变更的测试项目给出了指导原则，详细规定了哪些变更需要做哪些测试。

6.4　AEC-Q200 标准：被动器件

AEC-Q200 标准用于被动器件，标准全称"Stress Test Qualification For

Passive Components",即被动器件应力测试认证。现行的 Rev D 版本发布于 2010.06.01,已经十几年没有更新了。

AEC-Q200 除标准基础文件外,还有 7 个标准文件,即 001~007。

1）AEC-Q200-001 Rev-B:阻燃性能测试。
2）AEC-Q200-002 Rev-B:人体模型静电测试。
3）AEC-Q200-003 Rev-B:断裂强度测试。
4）AEC-Q200-004 Rev-A:可恢复熔断器测试。
5）AEC-Q200-005 Rev-A:板弯曲 / 端子邦线应力测试。
6）AEC-Q200-006 Rev-A:端子应力（SMD 贴片元件）/ 剪切应力测试。
7）AEC-Q200-007 Rev-A:浪涌电压测试。

1. 标准的范围

被动器件是相对于主动器件来讲的,AEC-Q200 标准涵盖的范围包括电阻、电容、电感、变压器、压敏电阻、热敏电阻（含聚合物可恢复熔断器）、晶体共七种类型。

2. 温度范围的规定

温度范围方面,因为 AEC-Q200 中包含了电容等对温度较敏感的器件,标准区分了 5 档温度范围,最高到 150℃,见表 6-6。温度分档可以向下覆盖,如一个器件过了等级 1,就可以声称同时满足等级 2。

表 6-6 AEC-Q200 对温度范围的规定

温度等级	温度范围		被动器件类型	典型应用
	最低	最高		
0	−50℃	150℃	平板陶瓷电阻、X8R 陶瓷电容	所有车载应用
1	−40℃	125℃	排容,电阻,电感,变压器,热敏电阻,谐振器,晶体和压敏电阻,所有的其他陶瓷和钽电容器	大部分发动机舱应用
2	−40℃	105℃	铝电解电容	乘客舱高温应用
3	−40℃	85℃	薄膜电容器、铁氧体、阻容网络和微调电容器	大部分乘客舱应用
4	0℃	70℃		非车载应用

3. 测试项目及变更

AEC-Q200 的测试项目按种类分为 36 种。因为不同种类的器件特性、制程及应用等差异较大,AEC-Q200 按照种类分别规定了测试项目、测试要求及变更要求,有些变更要求是单独的,有些是一大类器件共用的。

相较于 AEC-Q100 和 AEC-Q101，AEC-Q200 没有具体的测试组群和流程图，只有测试项目。

关于变更，与 AEC-Q100 及 AEC-Q101 一样，AEC-Q200 中也专门为器件变更的测试项目给出了指导原则，根据器件类别，变更指导的表格也各不相同，大部分的表格都比较简单，毕竟被动器件本身就比较简单。

AEC-Q200 测试项目及变更测试要求见表 6-7。表中有些器件虽然分类不同，但是却共用相同的变更流程，如陶瓷电容 C0G 与 X7R 的应力测试项目不同，但是却共用同样的变更流程。而电阻大类、金属电阻、绕线电阻及贴片电阻虽然测试项目不同，但是却共用同样的变更流程。

表 6-7　AEC-Q200 测试项目及变更测试要求

分类	应力测试项目	变更流程
钽电容和铌电容	23	单独
陶瓷电容 C0G	23	陶瓷电容
陶瓷电容 X7R 和 X5R SMD	23	陶瓷电容
铝电解电容	27	单独
薄膜电容	22	单独
电感和变压器	22	感性器件
排阻、排容类（R-C/C/R）	29	排类及电阻
电阻大类	24	排类及电阻
碳膜引线固定阻值电阻	21	排类及电阻
金属膜引线固定阻值电阻	22	排类及电阻
金属氧化物引线固定阻值电阻	21	排类及电阻
绕线引线固定阻值电阻	21	排类及电阻
SMD 贴片电阻	23	排类及电阻
热敏电阻	22	单独
可调阻容	25	单独
压敏电阻	30	单独
石英晶体	22	单独
陶瓷振荡器	22	单独
铁氧体 EMI 滤波器	31	单独
聚合物可恢复熔断器	36	单独

6.5 AEC-Q102 标准：光电半导体

AEC-Q102 标准用于车载光电子半导体，标准全称"Failure Mechanism Based Stress Test Qualification for Optoelectronic Semiconductors in Automotive Applications"，即汽车应用的光电半导体基于应力测试认证的失效机理。现行的 Rev A 版本发布于 2020.04.06，是一个全新的标准。

AEC-Q102 除标准基础文件外，还有 2 个标准文件，即 001、002。

1）AEC-Q102-001 Rev-：露水测试。

2）AEC-Q102-002 Rev-：板弯曲测试。

1. 标准的范围

AEC-Q102 标准涵盖了所有的光电半导体，如 LED、光电二极管、激光器件等。AEC-Q102 最初专注于光电二极管，于 2016 年进行了修订后增加了 LED，适用于所有汽车内外部照明应用。

随着新技术和应用的发展，AEC 标准也在不断地发展。AEC-Q102 于 2020 年 4 月再次修订，为激光雷达系统应用添加了激光器。标准定义了光电子半导体认证的最低应力测试要求和参考测试条件，同时它结合了各种测试标准，如 JEDEC、IEC、MIL-STD，以及各种制造商资格标准，对器件提出了最高水准的测试要求。

光电半导体的使用寿命在很大程度上取决于应用。与外部应用相比，内部照明的要求就没那么严苛。而用于车辆外部时，可靠性要求就需要大幅度提高，如前照灯和激光雷达。另外，与乘用车相比，货车的应用对长寿命的要求可能要更高一些，这些在新标准中均有体现，而这些内容在之前的标准中是没有的。LED 及激光器件的可靠性验证要求（部分）见表 6-8。

表 6-8 LED 及激光器件的可靠性验证要求（部分） （单位：h）

测试项目	等级 2 外部超长寿命应用	等级 1 外部长寿命应用	等级 0 内部及外部普通 寿命应用
高温工作寿命 1	10000	4000	1000
高温工作寿命 2	10000	4000	1000
功率温度循环	2500	2500	1000

2. 温度范围的规定

温度范围方面，AEC-Q102 仅规定了最低温度的下限是 –40℃，最高操作温度则取决于具体器件的定义。

3. 测试项目及变更

AEC-Q102 测试项目类似于 AEC-Q100，共分 5 个测试组群，比 Q100 少了 2 个，测试项目共计 35 项，其中 A 组 7 项试验，B 组 5 项试验，C 组 14 项试验，E 组 5 项试验，G 组 4 项试验。

AEC-Q102 专门为器件变更的测试项目给出了详细的指导原则，规定了哪些变更需要做哪些测试。其中 LED 和激光器件的变更测试要求是单独的，而光电二极管和光电晶体管的变更测试要求是共用的。

6.6 AEC-Q103 标准：MEMS 传感器

AEC-Q103 标准用于车载 MEMS 传感器器件，分为 2 个标准文件，即 002、003。

1）AEC-Q103-002 Rev-：MEMS 压力传感器基于应力测试认证的失效机理。现行的初版发布于 2019 年 3 月，是一个全新的标准。

2）AEC-Q103-003 Rev-：MEMS 麦克风基于应力测试认证的失效机理。现行的初版发布于 2019 年 2 月，也是一个全新的标准。

1. 标准的范围

AEC-Q103-002 标准专门针对 MEMS 压力传感器，需要配合 AEC-Q100 使用。因为 MEMS 器件的失效类型类似于标准的 IC，所以还必须满足 AEC-Q100 的相关规定。在同时完成两个标准要求的测试认证后，允许供应商声明器件是"AEC-Q103-002 Qualified"。

AEC-Q103-003 标准是专门针对用于汽车座舱环境的 MEMS 麦克风器件的，同样需要配合 AEC-Q100 使用，也就是说器件必须在满足 AEC-Q100 的前提下，再去满足 AEC-Q103-003 的规定。在同时完成两个标准要求的测试认证后，允许供应商声明器件是"AEC-Q103-003 Qualified"。

另外还有一个比较特别的地方，AEC-Q103 在参考标准中引入了 ISO 16750-5（化学负荷），这在其他 AEC 标准中是没有的。ISO 16750 是汽车行业针对电子零部件的标准，因为 MEMS 器件本身就是一个小的机电系统，或者说是一个小型零部件，所以从某种意义上来讲，采用 ISO 16750 标准也是合适的。

2. 温度范围的规定

AEC-Q103-002 对 MEMS 传感器的温度范围规定同 AEC-Q100，但在此基础上另外增加了两个温度等级，见表 6-9。

表 6-9 MEMS 压力传感器温度等级

温度等级	操作温度范围
0A	–40~165℃
0B	–40~175℃

AEC-Q103-003 对 MEMS 麦克风器件的温度范围没有专门规定，可按照 AEC-Q100 进行。

3. 测试项目及变更

需要注意的是，AEC-Q103-002 及 AEC-Q103-003 标准是配合 AEC-Q100 使用的，在测试方面同样如此。除 AEC-Q100 规定的测试项目外，AEC-Q103-002 专门针对 MEMS 传感器制定了 19 项测试项目及测试规范，003 则制定了 25 项测试项目及规范。

AEC-Q103-002 专门为器件变更的测试项目给出了详细的指导原则，规定了哪些变更需要做哪些测试，但 AEC-Q103-003 并未给出针对 MEMS 麦克风器件的变更测试指导原则。

6.7　AEC-Q104 标准：多芯片模块

AEC-Q104 标准用于车载多芯片模块（MCM），标准全称"Failure Mechanism Based Stress Test Qualification For Multichip Modules（MCM）In Automotive Applications"，即汽车应用的多芯片模块基于应力测试认证的失效机理。现行的初版是 2017 年发布的，也是一个全新的标准。

AEC-Q104 仅有一个标准文件。

1. 标准的范围

AEC-Q104 标准很特殊。其他 AEC 标准全是规定电子元器件的，而 MCM 是由多个元器件组成的一个模组，从某种意义上来讲，它算是一个小型零部件，只不过 MCM 是把一些芯片和器件做成了一个独立封装的形式，对外连接可以通过焊盘或者是连接器。目前标准仅适用于那些设计为可以直接焊接在 PCB 上的 MCM。标准对 MCM 的定义如下：MCM 是由多个封装在一起的主动和/或被动电子元器件互连组成的，可以完成一个电子功能的复杂电路，这个模块必须设计为可直接回流焊接到一个PCB上来实现其功能。

AEC-Q104标准本身的范围并没有规定得很宽，标准明确规定不包括LED模组、MEMS器件、固态硬盘（Solid State Drives，SSD）、功率MCM以及带连接器的MCM器件。功率MCM如现在在电动汽车中大量使用的IGBT和Power MOSFET模组不在标准范围内，因为功率MCM可能需要一些专门的规定和测试程序，所以AEC-Q104标准范围暂未包含。另外，裸晶圆也不在标准范围内。

另外，AEC-Q104的参考标准包括AEC-Q100、AEC-Q101及AEC-Q200，这个可以理解，毕竟MCM是由多种电子元器件组成的；但是AEC-Q104还参考了ISO 16750-4（气候负荷）标准，在这其他AEC标准里是没有的。

AEC-Q104标准中明确指出，标准专注于MCM总成的认证测试，而对组成MCM的每一个子器件并未做要求，但是建议MCM的制造商利用AEC标准去对子器件进行认证，以使MCM达到最好的质量。

2. 子器件及温度范围的规定

子器件可以是任何器件，如集成芯片、分立器件、被动器件、PCB或用于互连的器件，只要是MCM的组成部分，都算是子器件。

AEC-Q104并未对MCM的温度范围做出详细要求，标准指出MCM的子器件温度范围依据AEC-Q100、AEC-Q101及AEC-Q200的规定，供应商需要在MCM的手册及认证报告中明确说明其操作温度范围。

3. 对子器件的要求

所有用于MCM的子器件要求达到或超过MCM自身的等级，包括终端用户应用时的操作环境温度，选用的子器件必须能够用于并承受这个温度、电压、电流等MCM要求的条件，并且在测试后不能出现降级。

在使用AEC-Q100、AEC-Q101及AEC-Q200标准不能完全覆盖认证测试时，使用AEC-Q104标准进行认证测试。

4. 通用数据及认证测试简化

AEC-Q104建议可以使用MCM中相应器件的AEC-Q100、AEC-Q101及AEC-Q200认证测试文件组成通用数据，进而来简化AEC-Q104的认证测试，如图6-9所示。

也就是说，用于MCM上使用的所有器件，包括：电阻、电容、电感等被动组件；二极管、晶体管等分立器件；以及集成芯片本身等若已经通过了AEC-Q100、AEC-Q101及AEC-Q200认证，则MCM产品只需进行AEC-Q104的测试组H内的7项测试：板级可靠性、低温贮存寿命、启动和温度步骤、跌落、破坏性温度分析、X-射线、声学显微法。若 MCM 上的组件未先通过 AEC-Q100、AEC-Q101 与 AEC-Q200，那必须从 AEC-Q104 的 A~H 8 大测项共 49 项测试中，依据 MCM 特性及应用决定测试项目。所以，如果 MCM 子器件采用非 AEC-Q 认证的器件，将比采用 AEC-Q 认证过的器件测试项目要多得多。

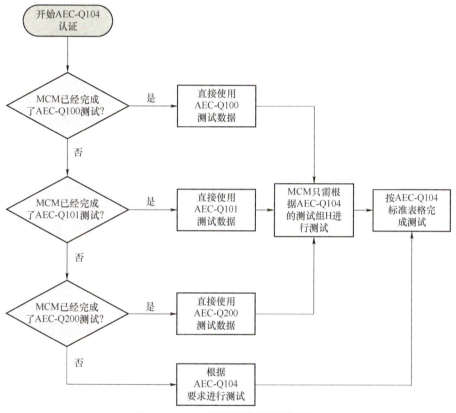

图 6-9　MCM 器件可选认证测试方法

5. 测试项目及变更

AEC-Q104 标准将认证测试分为 8 个测试组，其中 A 组 6 项，B 组 3 项，C 组 8 项，D 组 5 项，E 组 10 项，F 组 2 项，G 组 8 项，H 组 7 项，共计 49 项测试。H 组的 7 项测试分别为板级可靠性、低温贮存寿命、启动温度步骤、MCM 跌落测试、破坏性物理分析、X-射线分析、声学显微法分析。

AEC-Q104 也专门为器件变更的测试项目给出了详细的指导原则，规定了哪些变更需要做哪些测试。如果变更影响到了 MCM 的重要特性，则需要把变更测试流程要求的所有测试项目全部做一遍，这些项目包括：A 组 5 项，

B 组 3 项，C 组 7 项，D 组 5 项，E 组 8 项。

6.8 小结

第 6 章主要介绍了 AEC 标准，从 AEC 组织的历史，包括 AEC 的成立与第一个针对集成芯片的 AEC-Q100 标准的颁布，到每一个 AEC 标准的介绍，包括针对集成芯片的 AEC-Q100、分立半导体的 AEC-Q101、被动器件的 AEC-Q200、光电半导体 AEC-Q102、MEMS 器件的 AEC-Q103 及 MCM 器件的 AEC-Q104，其中较为详细地介绍了 AEC-Q100 标准，因为这个标准既是通常提到最多的一个标准，也是被其他标准参考及引用最多的标准，同时也是最具代表性的一个标准。

AEC 标准不仅规定了对电子元器件的测试认证方法，还给出了如何对一个电子元器件及器件家族进行全生命周期质量管理的方法及理念，包括器件的认证家族的定义，通用数据的积累及使用，初次认证时如何使用通用数据简化认证流程，以及后期发生变更后如何进行重新认证等，这种可靠性管理理念在根本上造就了车规级芯片的高可靠性及保证了一个芯片型号在全生命周期内的高一致性。

AEC 标准经过三十多年的发展，从最初的一个标准发展到了现在几乎能够涵盖所有电子元器件的 6 个标准家族，AEC 标准已成为事实上的汽车电子元器件行业标准，汽车电子元器件只有通过了其认证测试，也就是通常所说的达到了车规级，然后才可以作为车载应用。如今随着车辆电气化的加速，电子元器件的整车价值占比持续提高，车辆电子电气系统的安全性、可靠性及一致性也在面临着巨大的挑战，而在设计时采用车规级电子器件则是应对这种挑战的一个重要基础。

本章主要专注于 AEC 标准的历史及标准本身，第 7 章将重点介绍标准之外的一些内容，如车规级电子元器件的本质、电子元器件的可靠性问题、汽车零缺陷框架、器件的长期供货问题、AEC 标准对汽车电子行业的意义、车规级认证的相关问题、车规级与功能安全认证的区别、器件的车规级认证测试与零部件的车规级测试之间的关系及区别等。

第7章
车规级电子元器件

在汽车电子行业，车规级也称汽车级，或者车用级，以区别于工业级和消费级。其实无论哪种产品，一旦可以达到车载应用级别，就意味着其品质和可靠性是有保证的。而对汽车电子元器件来讲，AEC 标准的测试认证所代表的车规级却并不仅仅代表着高质量与高可靠性。AEC 标准同时解决了两个问题：器件本身的可靠性问题、长期供货的可靠性及一致性问题。

7.1 车规级电子元器件概述

建立 AEC 组织的初衷本来是为了解决电子零件资格的认证问题。创始者认为如果能够建立通用的认证规范，每家电子元器件公司就可以使用通用资格认证来替换原来每家公司使用的各种不同的资格认证方法，AEC 认证测试标准就这样产生了。

通用的资格证书推动了汽车用电子器件的通用化，如一个器件具备了该资格证书，则该器件对所有三家公司（克莱斯勒、德科电子和福特）都具有资格。现在看这个事情似乎很平常，但放在当时，以及更长的时间维度来看，这个针对电子元器件的通用资格认可意义极其重大。

在汽车行业，AEC 虽然不是一个强制性标准，也没有官方的认证机构及资格证书，但 AEC 标准极大地促进了汽车电子元器件的资格通用化，降低了零部件公司及 OEM 的器件选择、使用及变更成本，极大地提高了电子零部件及车辆的可靠性，提高了电子器件的通用化水平。而随着车辆电气化的发展及新需求的产生，AEC 的标准范围也会逐步覆盖越来越多的电子器件/部件，进而推动整个汽车电子行业的发展。

1. 车规级器件的选型

在汽车电子行业，真正与电子元器件打交道的除了 Tier 2 就是 Tier 1

的硬件工程师，但也并不是所有工程师都了解 AEC 标准与车规级的概念，尤其是在大型 Tier 1 公司工作的工程师。大型 Tier 1 公司通常在全球有多个研发分中心及工厂，采用全球共用的物料系统，物料分门别类由专人负责选型、测试认证及录入系统，然后供全球技术中心及工厂使用。

另外因为汽车电子产品更新换代较慢，一个项目的生命周期通常可长达 8 年左右，期间除变更及小改款外通常不会大改，这就导致很多工程师可能很多年都没有机会亲自去选一个芯片，结果自然就会导致工程师的选型能力薄弱。另外，即使在新项目中有器件选型权利及选型机会，也通常只能在现有物料系统中去选择，一方面是因为现有物料成本、采购周期及可靠性均有保证，另一方面是新认证物料通常耗时很长，且风险很难掌控，除非必须，通常工程师也不倾向于引入新物料。现有物料系统中所有电子元器件已经过系统审核及认证，车规级是基础要求，工程师选型时基本不用考虑车规级也不会选到消费级的物料，设计时从物料系统里面挑出来，拿来就用，这就导致工程师对车规级物料缺乏认知及选型能力。

而对小型公司的工程师情况就完全不同，不是有机会去选，而是必须亲自去选器件，这几乎是日常工作的一部分。这时器件选型的基础标准就是符合 AEC-Q 认证，这也是保证产品可靠性的基础，尤其对于小型公司来讲，设计能力本来就弱，产品种类少，应用经验也少，如果再用一些非车规的器件，那产品质量就更没法保证。

以某 Tier 2 官网上的器件筛选器为例，勾选 "AEC Qualified" 选项后，就会仅显示符合车规级的器件，如图 7-1 所示。

图 7-1　某 Tier 2 官网上的器件筛选器

另外在器件选型时还必须注意器件的状态，一定要选择状态为在生产（Active）的器件，也就是 Tier 2 在正常供货的产品，且最好使用在生产且被推荐（Preferred）或新（New）的器件，否则很可能不小心选择了即将停产的器件。其他如无铅无卤等根据需要进行选择；最后，如果有 PPAP 选项一定要选，没有 PPAP 的话可能表示这个器件还没进入量产阶段，无法进行批量供货。

2. 车规级器件的项目导入

汽车电子产品在新项目设计时较少直接采用全新方案，尤其是全新的主器件，一是为了保证项目周期，新技术新方案不可控的风险较大，一旦出现技术问题，项目就可能延期；二是为了降低 BOM 成本，新器件在刚量产时价格一般都比较高，通常需要经过几年的推广使用，上量后成本才能降下来；三是为了保证产品的可靠性，没有经过其他 Tier 2 验证的技术及器件，量产项目还是存在一定风险。

那怎么办呢？总不能一直不用新技术或新器件？汽车行业针对新技术及新器件有一套成熟的做法，那就是通过前期预研项目来验证新技术及新器件。以一个新的芯片为例，从芯片概念的发布到量产装车大概需要经过如下过程：

1）芯片供应商 Tier 2 制定芯片规划蓝图，提出芯片的技术概念，然后向各 Tier 1 及 OEM 进行前期调研。

2）确定芯片可以满足市场需求，Tier 2 和客户确定芯片开发计划及工程样品时间。

3）Tier 2 向客户提供免费工程样品，客户在合适的预研项目中设计导入。

4）Tier 2 向客户收集工程样品的技术问题及改进建议，这个迭代过程通常需要持续很长时间。

5）芯片达到量产状态，Tier 1 采用量产芯片进行 DV 验证。

6）Tier 1 采用新器件的项目达到 SOP 状态，产品量产。

7）OEM 采用此 Tier 1 产品的车型量产。

一个新器件从项目导入到量产的阶段如图 7-2 所示。

由图 7-2 新器件导入过程可以看出，一个新的芯片从概念到工程样品大概需要 2~3 年，到量产又需要 2 年左右；Tier 1 设计好还需要 2 年左右，整体大概需要 4 年左右，这已经算是比较快的了。对于汽车电子零部件，一个项目从立项到量产（Start Of Production，SOP）大概需要 3 年左右，如果再加上预研项目的技术验证时间，整个过程可能需要 6 年左右。

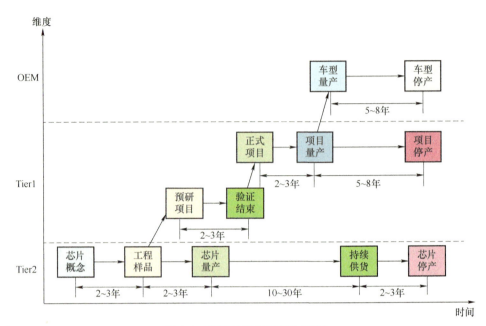

图 7-2　新器件的项目导入过程

那么能不能再快一点呢？答案是：可以。

跳过技术验证阶段及等待芯片样品到量产的阶段，在工程样品阶段就导入量产项目，使芯片与产品的量产时间几乎同步。芯片一旦量产，产品马上进入 DV，少则 3 个月，多则半年就可以达到临近 SOP 状态。这样可能只需要 3 年左右芯片就可以上车了，但这样做在缩短芯片上车时间的同时，项目的风险也会变得很大，所以实际量产项目较少采用这种做法，尤其是涉及安全功能的零部件。

3. 车规级器件的本质

对汽车电子元器件来讲，经过 AEC 标准的认证测试就意味着可以满足车载要求，成为事实上的车规级电子元器件。对 Tier 1 来讲，选择使用车规级器件是保证电子零部件高可靠性的基础，即使 OEM 不做要求，Tier 1 也不会采用非车规级器件。

在汽车电子行业，某些 OEM 会明确要求 Tier 1 使用全车规级电子元器件，并提供主器件的 AEC-Q 认证测试报告及 PPAP；但是也有不要求或不明确要求的，这就需要由 Tier 1 来把握。通常情况下，但凡有车规级器件可选，Tier 1 不会冒险使用非车规级电子元器件，除非对于某些不涉及安全的功能，如影音娱乐系统及附件系统。另外，大的 Tier 1 对电子元器件的管控本身都很严格，有一套严格的准入制度，非车规级电子元器件不可能进入物料系统，工程师也就没有机会去选择使用。

在乘用车领域，因为 12V 系统的芯片及电子元器件种类很全，加上乘用车行业体量要比商用车大得多，行业也就规范得多，使用车规级器件进行电子零部件设计几乎是一个默认的行业规范。而商用车行业则并不完全是这样的，因为体量小，24V 系统器件可选余地也小，如果 OEM 没有强制性要求，某些 Tier 1 可能会采用非车规级器件进行产品设计。这种情况在非道路车辆领域则表现的更加突出，Tier 1 的产品质量良莠不齐，存在很多使用工业级器件进行设计的产品。不过因为行业整体产量小、分散度高，质量缺陷不会被产量放大，但随着未来行业集中度的提高，这一现状可能有望得到改善。

采用非车规级器件需要面对的一个首要问题就是前期失效，也就是常说的零公里故障。很多使用非车规级电子元器件的公司，如某些给非道路车辆做控制模块的公司，通常都会采用前期老化的方法来对产品进行老化（Burn in）筛选，以剔除掉不合格品带来的较高的零公里故障率。老化的方法也很简单，其实就是带电持续运行，时间可以是 48h 或 72h 不等，温度可以采用常温或高温，通常采用一排排的老化台架，几百个产品装在上面带电运行。老化筛选是电子行业在电子元器件的可靠性不足以满足要求时采用的一种简单易行的降低产品前期故障率的方法，产品经过老化筛选后即可大幅提高产品的可靠性，效果好且容易操作。而如果采用了车规级电子元器件，那么老化筛选就完全没必要了。

从本质上来讲，车规级电子元器件的核心其实只有两点：

1）可靠性（Reliability）。可靠性有两层含义，一是器件的故障率低，使用起来不容易坏；二是使用寿命长，能够长期使用而性能不会发生衰减或劣化。

2）长供货周期（Longevity）。长供货周期也有两层含义，一是器件能够长期持续供货，在项目周期内断货或停产的风险较低；二是在长供货周内，即使器件存在变更，也能够保证变更前后的质量及一致性。

4. 车规级器件的成本

车规级器件的高可靠性和长供货周期在支撑零部件及车辆高可靠性和长生命周期的同时，也带来了器件成本的提高，简单来讲就是车规级器件相对非车规级价格更贵。如图 7-3、图 7-4 所示，图 7-3 为 TI 的几个电源芯片，图 7-4 为 Onsemi 的几个 IGBT。

表 7-1 汇总了几个车规级及非车规级器件，可以看出车规级价格更高，价格涨幅为 18%~70%。车规级器件与非车规器件相比，车规级器件的价格平均要高 34.17%，这个和平时大家的感受是差不多的，通常来讲，车规级器件的价格相对要高 30% 左右。

	Part Number 根据器件型号筛选	Topology	Vin (Min) (V)	Vin (Max) (V)	Vout (Min) (V)	Vout (Max) (V)	Switch current limit (Typ) (A)	Type	Approx. price (USD)	Rating
☐	LM5158-Q1 - 采用双随机展频技术的 3A、85V、2.2MHz 宽输入电压升压、反激式和 SEPIC 转换器 数据表：PDF｜HTML	Boost, Flyback, SEPIC	1.5	60	2	83	3.75	Converter	US$1.856 ｜1ku	Automotive
☐	LM5158 - 采用双随机展频技术的 3A、85V、2.2MHz 宽输入电压升压、反激式和 SEPIC 转换器 数据表：PDF｜HTML	Boost, Flyback, SEPIC	1.5	60	2	83	3.75	Converter	US$1.595 ｜1ku	Catalog
☐	LM5157 - 采用双随机展频技术的 6A/4A、50V、2.2MHz 宽输入电压升压、反激式和 SEPIC 转换器 数据表：PDF｜HTML	Boost, Flyback, SEPIC	1.5	45	1.5	48	7.5	Converter	US$1.300 ｜1ku	Catalog
☐	LM5157-Q1 - 采用双随机展频技术的 6A、50V、2.2MHz 宽输入电压升压、反激式和 SEPIC 转换器 数据表：PDF｜HTML	Boost, Flyback, SEPIC	1.5	45	2	48	7.5	Converter	US$1.664 ｜1ku	Automotive

图 7-3　电源芯片价格对比（TI）

产品	描述 搜索类型	价格 ($/Unit) 预算价格	认证 无铅 无卤 AEC PPAP	$V_{(BR)CES}$ Typ (V)	I_C Max (A)
⊕ AFGB40T65SQDN	IGBT, 650V FS4 High speed version, for OBC application in D2pak	$2.3938	Pb A P	650	40
⊕ FGH40T65SQD	IGBT、650 V、40A、场截止沟槽	$1.5514	Pb H	650	40
⊕ FGHL40T65MQD	IGBT - 650 V 40 A FS4 medium switching speed IGBT	$1.6067	Pb H	650 ⓘ	40 ⓘ
⊕ AFGHL40T65SQD	AEC 101 Qualified, 650V, 40A Fieldstop 4 trench IGBT	$2.7375	Pb A H P	650	40

图 7-4　IGBT 价格对比（Onsemi）

表 7-1　车规级及非车规级器件价格对比

车规级器件型号	非车规级器件型号	车规级器件价格 /$	非车规级器件价格 /$	价格倍数
TPS552828-Q1	TPS552828	2.9740	2.5200	1.1802
TLM5156H-Q1	TLM5156H	0.8600	0.7290	1.1797

(续)

车规级器件型号	非车规级器件型号	车规级器件价格 /$	非车规级器件价格 /$	价格倍数
LM5158-Q1	LM5158	1.8560	1.5950	1.1636
LM5157-Q1	LM5157	1.6640	1.3000	1.2800
AFGB40T65SQDN	FGH40T65SQD	2.3938	1.5514	1.5430
AFGHL40T65SQD	FGHL40T65MQD	2.7375	1.6067	1.7038
平均价格		2.08	1.55	1.3417

当然不同的 Tier 2、不同的器件类型、甚至不同的器件状态价格差异都较大。很多器件供应商的网站现在大都支持价格查询，如 TI、Onsemi、NXP、Infineon、ST 等较大的车规级器件供应商，在其官网都能查到器件的参考价格。需要说明的是，官网价格通常要比 Digikey 和 Mouser 等这些现货网站上的价格更具有参考价值，在新产品设计器件选型时可以参考及预估产品量产 BOM 的成本。如果有条件，可以联系 Tier 2 的销售进行报价，这样价格更准确。

器件的最终采购成本通常是和采购量直接相关，批发和零售价格肯定是不一样的。根据经验，以及参考汽车行业的莱特定律（莱特定律，即产量每累计增加一倍，成本价格就会下降 15%，而且会持续降低，如产量如果再翻一倍，价格将再次降低 15%。汽车行业从 1900 年就遵循这一规律），器件价格量产后基本可以降到样品阶段的 60% 或更低，具体还是要看采购量。另外，电子元器件通常还会有年降，随着一个器件行业用量的提升、生产工艺的成熟以及良率的提高，器件价格大概会以每年 2%~5% 的幅度降低，进而带来电子零部件及车辆价格的降低。

7.2 电子元器件的可靠性

可靠性工程的关键在于建立合理的失效模型并进行验证，进而得出失效率。失效模型的输入需要现场数据、测试数据、工程判断和故障的物理信息，可靠性工程师使用这些输入来构建和验证统计失败率模型，并估计相应的参数。如果没有足够多的故障数据，就无法获得足够的短期和长期经过校准的信息，进而进行准确的建模，但是可以使用浴盆曲线来做一些可靠性的模型估算。

7.2.1 浴盆曲线

浴盆曲线通常作为一个可视化的模型，来说明产品故障率的 3 个关键时期。典型的浴盆曲线如图 7-5 所示。浴盆曲线作为一个典型的设备与时间相关的失效率曲线，在可靠性研究领域已被广泛接受和认可，并被证明非常适合用于电子设备及电子系统。典型的浴盆曲线分为 3 个阶段，分别是 I 阶段早期失效、II 阶段正常生命期、III 阶段老化失效，特点为 II 阶段紧邻 I 阶段，III 阶段又紧随其后。

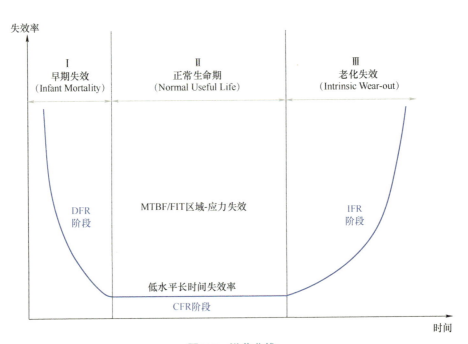

图 7-5　浴盆曲线

1. 早期失效

I 阶段为早期失效（Infant Mortality）阶段，也称故障率渐降（Decreasing Failure Rate，DFR）阶段。此阶段的特点是初始故障率较高，但后期又迅速降低。就像婴儿刚出生容易生病，抵抗力差一样，但是随着年龄的增长，抵抗力会快速提高。

早期故障率高通常是因为设计缺陷或制造缺陷，此类缺陷在早期如果没有被识别并进行控制，最终会表现为早期失效。早期失效可以通过在供应商端进行老化筛选来降低，只有进行过老化筛选的产品才被允许交付给客户使用,以降低客户端的早期失效问题。

2. 正常生命期

Ⅱ阶段为正常生命期(Normal Useful Life)阶段,也称固定失效率(Constant Failure Rate,CFR)阶段。此阶段的故障率在整个器件有用寿命期间都保持稳定。此故障率以 FIT 为单位表示,或以故障间隔平均时间(MTBF)表示。Ⅱ阶段相对于Ⅰ阶段故障率大幅降低,但并非不会失效。就像婴儿长大为成人后很少生病一样,但并不是一定不生病,而是概率很低,但每个人又不一样,身体好的人生病的概率可能比身体不好的人要低得多。

此阶段的故障率以偶发失效为主,原因为随机失效或偶发失效。这种失效既不能通过长时间的老化来消除,也不能过良好的使用维护或预防手段来杜绝。因为设备总是在一定的应用条件及达到特定的应力水平下运行的,一旦这个应力水平因为未知或随机的不可预期的原因超过了其应有的应力水平,设备便可能有一定的概率发生失效。

Ⅱ阶段通常要远长于其他两个阶段,这也是设计者及人们希望达到的效果。偶然失效的时间无法预测,且不可避免。尽管如此,在正常生命周期内,可以给定一段时间,通过分析设备的设计来确定发生失效的可能性或概率。如果偶然失效的概率太大,要么更改设计提高裕量,要么降低操作环境的恶劣程度,以降低设备运行时的应力水平。

3. 老化失效阶段

Ⅲ阶段为老化失效(Intrinsic Wear-out)阶段,也称故障率递增(Increasing Failure Rate,IFR)阶段。此阶段表示固有老化(劣化)机制开始占主导地位,并且故障率开始呈几何级增长。此阶段就像人老了以后身体开始变差一样,变差的根本原因就是身体机能的老化。

无论采用多么好的材料,使用多么好的设计,多么好的使用及维护条件,采取何种预防措施,老化都无可避免,设备最终都会因为老化而彻底失效。唯一可以预防老化失效的措施就是在设备失效前提前对老化设备进行更换或维修。

虽然可靠性理论及实践对涉及的这三种类型的故障均有研究,如图7-6所示。但人们最为关注的仍然是正常生命期内的随机失效故障,因为这些故障发生在设备的有效使用寿命内。如图7-6所示,对于早期失效,最有效的方法就是老化筛选;对于正常生命期内的偶然失效/随机失效,则只能通过各种可靠性设计来降低其失效率,而对于老化失效,则只能尽量避免。

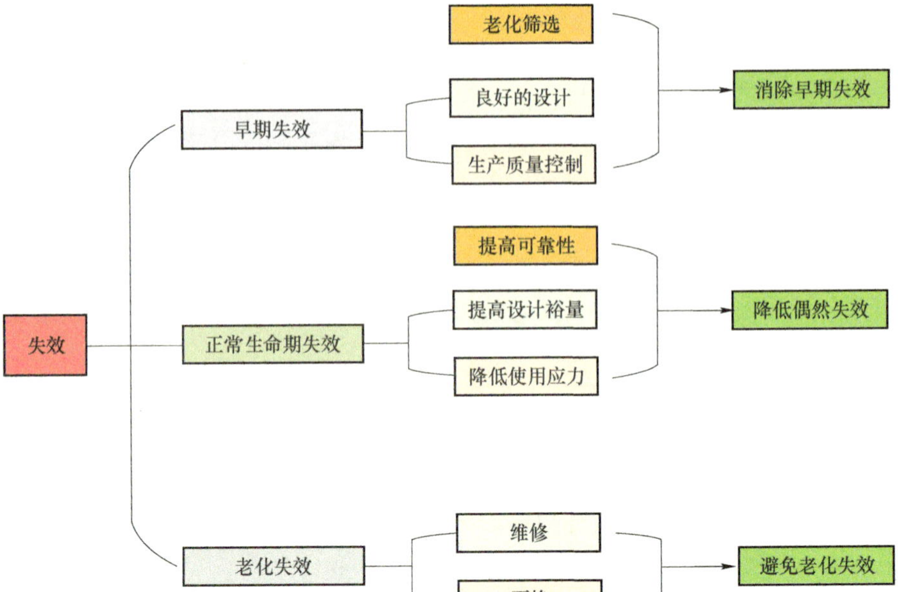

```
失效 ─┬─ 早期失效 ─┬─ 老化筛选
     │            ├─ 良好的设计      ──→ 消除早期失效
     │            └─ 生产质量控制
     │
     ├─ 正常生命期失效 ─┬─ 提高可靠性
     │                  ├─ 提高设计裕量  ──→ 降低偶然失效
     │                  └─ 降低使用应力
     │
     └─ 老化失效 ─┬─ 维修           ──→ 避免老化失效
                  └─ 更换
```

图 7-6　不同的失效类型及解决方法

7.2.2　早期失效问题

产品寿命（Lifetime）通常定义为从初始生产一直到出现劣化的时间周期，对汽车电子零部件来讲，其产品寿命是从 Tier 1 交付给 OEM 开始计算，所以早期失效，也就是零公里故障率也必须加以考虑。

1. AEC 标准中的 ELFR

对电子元器件来讲，AEC-Q100-008 对早期寿命失效率（Early Life Failure Rate，ELFR）有详细规定。标准规定，对于新的、未曾证明过的流程技术或设计方法，当没有有效的通用数据时，就必须进行 ELFR 测试。

ELFR 测试要求 3 批样品，每批 800 个，共计 2400 个样品。ELFR 测试根据高温工作寿命测试（High Temperature Operating Life，HTOL）条件要求，测试环境温度及时间如下：

1）等级 0：150℃，48h 或 175℃，24h。
2）等级 1：125℃，48h 或 150℃，24h。
3）等级 2：105℃，48h 或 125℃，24h。
4）等级 3：85℃，48h 或 105℃，24h。

ELFR 测试不允许出现失效现象，如果测试不能通过，就必须通知所有相关用户，并告知即将执行的纠正和预防措施。在客户批准且纠正和预防措施被正确实施的情况下，器件才可以被认为具备了再次进行 AEC-Q 认证的资格。ELFR 测试通过后，通用数据可以用来简化测试家族器件的认证测试，这就构成了一个闭环。

根据 AEC-Q100 标准规定，器件通过 ELFR 测试后才可以进行其他应力测试，所以说通过 ELFR 测试是进行其他应力测试的先决条件。

2. 针对早期失效的对策

早期失效是由设计缺陷或质量缺陷导致的，而对半导体器件施加应力，如温度、湿度、电压、电流等，可以在不改变其物理特性的情况下加速其潜在失效机制的产生，从而在短时间内发现问题，而不用等待很长时间才能发现器件潜在的缺陷，进而定位根本原因，改进设计，预防此种故障模式，这就是老化筛选的机理。

虽然老化筛选已被证明对最先进的半导体器件也是有效的，但老化筛选无法消除导致缺陷的根本原因，只有在设计和早期生产阶段找出故障，然后分析导致缺陷的根本原因，并通过重新设计及采取纠正措施，才能消除早期失效。

结合 AEC-Q100-008 ELFR 的要求，新器件、新设计及新工艺必须专门进行 ELFR 测试来解决器件的早期失效问题，那么半导体器件供应商是如何解决器件早期失效问题，并通过 AEC 认证测试的呢？方法其实很简单，就是通过对每个器件进行 ELFR 测试及老化筛选来消除器件的的早期失效，同时也可以满足 AEC 标准的要求。

所以从某种意义上来讲，只要器件通过 AEC 认证测试，那么就可以认为器件已经消除了早期失效问题，从器件交付给客户开始计算，器件的可靠性就直接进入了 II 阶段正常生命期，只存在固定失效问题，也就是偶然失效问题。如图 7-7 所示，消费级器件的失效率就是正常的浴盆曲线，而车规级器件则是没有 I 阶段的浴盆曲线，如果提高器件的应力设计水平，也就是提高器件的应力裕量（或者在器件选型时提高器件的设计裕量，又或者降低器件在应用环境下的应力水平，道理都是一样的），那么器件的 II 阶段就可以被扩展，从而延长器件的正常生命期，也就是提高了器件的可用寿命。

3. 车规级与非车规级

综上可见，车规级器件的失效率在进入 III 阶段前是平的，也就是说从交付给客户起器件就只存在偶然失效，这是车规级器件不同于非车规级器件很重要的一个区别。因为器件在交付给客户前已经经过了器件供应商的 ELFR 测试及老化筛选，而消费级和工业级则是没有，这是汽车电子零部件极低零公里故障的重要保障和前提。

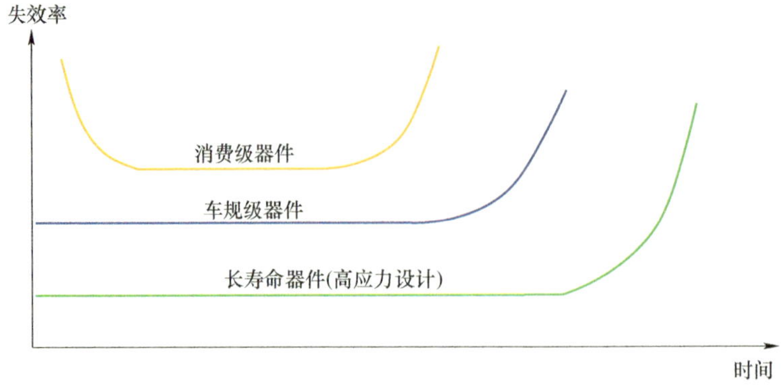

图 7-7　车规级可以消除器件早期失效

因为多数车规级电子元器件供应商同时也制造非车规级的器件，如果仔细去看其在网站公布的质量管理指南就可以发现，车规级与非车规级器件在前期生产测试的一个重要差异就是，非车规级器件仅有常温测试（功能测试），少了高温测试（老化筛选测试）。

AEC 标准实际上并未规定供应商必须对器件进行老化筛选测试，但为满足 AEC 标准认证测试，供应商必须在生产阶段对器件进行老化筛选，筛选出故障器件，以保证参加 ELFR 测试的 2400 个样品通过测试。一旦测试失败，就必须通知所有相关用户，并告知即将执行的纠正和预防措施。在客户批准且纠正和预防措施被正确实施的情况下，器件才可以被认为具备了再次进行 AEC-Q 认证的资格。所以车规级器件供应商在生产过程中采用了 100% 测试及老化筛选的方法，降低了器件的早期失效率，从而可以将 I 阶段拉成一条直线。

这就是为什么汽车电子零部件供应商在采用了车规级电子元器件之后，在产品交付客户之前就不需要再进行老化筛选来消除早期失效的原因了，所以从某种意义上来讲，是 AEC 标准降低了车规级器件的早期失效问题，避免了汽车电子零部件供应商在产品交付前再额外进行老化筛选测试，同时也降低了测试成本。所以在汽车电子行业，产品在交付给 OEM 之前，Tier 1 通常仅需要进行一道 EOL 功能测试即可，测试的重点是对产品的硬件功能进行确认。

7.2.3　正常生命期失效问题

通常意义上讲的产品寿命实际上就是指产品的正常生命期，对汽车电子零部件来讲，作为一个不可维护件，其寿命必须等于或大于汽车的使用寿命，即必须达到或超过 15 年寿命。

正常生命期（也就是 CFR 阶段）是最值得关注的，也是采用很多可靠性工程设计方法的基础。因为这个阶段的失效率是固定的，故障时间适用指数分布来进行分析，这也是设计预测失效模型的一个基础。指数分布的工程分析方法简单易用，可以广泛用于由许多部件组成的复杂设备或系统。如果设备在其操作环境所受的应力水平是合适的，那么其偶然失效率应该处于一个正常水平，而随机失效则可以给定一段时间，通过分析设备的设计来确定发生失效的可能性或概率。

正常生命期内的失效既不能通过长时间的老化来消除，也不能过良好的使用维护或预防手段来杜绝，只能通过一定的手段使其降低。对于车规级半导体供应商，一方面可以提高器件的应力设计水平，也就是提高器件的应力裕量，以降低器件在未知的过应力时偶然失效的概率；另一方面就是建立可靠性模型，通过设计、生产质量管控及产品测试来尽可能降低器件的失效率。

可靠性分析及可靠性保障手段包括：

1）选择和评估适用的应用任务剖面（温度、速度、功率、使用寿命、负载循环等），AEC-Q100 集成芯片测试应用任务剖面见表 7-2，表中包含了应力测试项目、基于车辆 15 年生命周期的任务剖面、应力情况、根据应力加速模型计算得出的测试时间以及 AEC-Q100 的测试时间。

2）利用测试条件和测试时长，模拟和加速产品实际使用的环境和负载。

表 7-2 AEC-Q100 集成芯片测试应用任务剖面

应力测试项目	任务剖面（基于车辆 15 年生命周期）	应力情况	根据应力加速模型计算得出的测试时间	AEC-Q100 测试时间
高温工作寿命（HTOL）	t_U=12000h（15 年平均操作使用时间） T_U=87℃（使用环境下的平均芯片结温）	T_i=125℃（处于测试环境下的芯片结温）	t_i=1393h	1000h
温度循环（TC）	n_U=54750cls①（15 年使用时间的发动机 on/off 循环次数） ΔT_U=76℃（使用环境下的平均热循环温度变化幅度）	ΔT_i=205℃（处于测试环境下的热循环温度变化幅度：−55~150℃）	n_i=1034cls	1000cls

（续)

应力测试项目	任务剖面（基于车辆15年生命周期）	应力情况	根据应力加速模型计算得出的测试时间	AEC-Q100测试时间
有偏温湿度（THB）	t_U=131400h（15年的平均on/off时间） RH_U=74%（使用环境下的平均相对湿度） T_U=32℃（使用时的平均环境温度：on:9%@87℃; off: 91%@27℃）	RH_i=85%（测试环境下的相对湿度） T_i=85℃（测试环境下的环境温度）	T_i=960h	1000h
高加速蒸汽试验（可选）（HAST）	t_U=131400h（15年的平均on/off时间） RH_U=74%（使用环境下的平均相对湿度） T_U=32℃（使用时的平均环境温度：on:9%@87℃; off: 91%@27℃）	RH_i=85%（测试环境下的相对湿度） T_i=130℃（测试环境下的环境温度）	T_i=53h	96h

① cls 为循环，即 cycles 的缩写。

3）通过专门的可靠性设计应对已知失效机制，从而确保产品的耐用性。

4）在设计时就保障使用寿命期间的稳健性，通过电气和机械稳健性测试（如静电放电、闩锁、软错误、跌落或振动冲击）进行检查。

5）对于新技术、新产品和新生产流程（如新配方、新设备、新工艺、新材料、新设计/施工）的开发和变更，采用加速的可靠性测试方法，以在合理的时间内模拟应用的整个使用寿命。

6）通过测试直至失效（Test-To-Failure，TTF）理念确定器件的可靠性能力，提高认证测试时间（长于标准要求的时间），同时评估产品的任何物理或电性能退化情况。

7）通过与特定应用领域相关的一致性测试来评估器件的可靠性。采用潜在失效模式和结构相似性规则的知识来定义测试要求及测试规则，测试数据可以作为通用数据用于家族器件的测试中。

8）当有新的失效模式、新的或已修改的加速模型或模型参数时，更新相应的测试要求及测试规则。

高可靠性设计可延后触发耗损失效期，也就是说器件的Ⅱ阶段就可以被扩展，从而延长器件的正常生命期，同时也可以降低器件在正常生命期的失效率，最终实现在正常生命期内的超低故障率，这也是 AEC-Q004 汽车零缺陷指导原则的初衷，也是众多车规级元器件供应商所提倡的零缺陷理念。

7.2.4 老化失效问题

对现代汽车电子零部件来讲，虽然其电子元器件主要由集成芯片或半导体器件组成，除电迁移效应外实际上几乎没有短期磨损机制，所以在正常应用期间如果应力水平一直在允许范围内，可以认为半导体器件是不会发生磨损的，但实际上在应用过程中总会存在非预期的或偶然的超过设计水平的应力，最终导致材料老化失效的情况。

图 7-8 为半导体集成芯片的一部分在经受多次电过应力后的内部结构对比照片，左上角深色的部分为经历过电过应力的部分，对比右半部分可发现颜色明显变深，这张照片提供了一个明显的电过应力是如何导致半导体器件老化的证据。

所以对汽车电子元器件来讲，如果要延长其正常生命期，延缓其进入劣化阶段的时间，可以采用以下几种方式：

图 7-8　半导体器件电过应力带来的老化

1）通过芯片设计，依靠芯片的内建诊断机制及保护机制，降低和减少器件在应用中承受的过应力的次数及时间。

2）通过芯片设计提高芯片的耐应力水平。

3）在应用中降额使用，相当于提高芯片设计时的应力裕量。

4）降低器件在应用环境下的应力水平，如提供更好的散热，增加额外的 TVS 来对非预期的脉冲电压进行抑制等。

7.3　AEC-Q004 汽车零缺陷框架

AEC 于 2020 年发布了一个针对汽车电子元器件的标准，即 AEC-Q004 Rev-（初版）：Automotive Zero Defects Framework，汽车零缺陷框架，如图 7-9 所示。这个文件提供了一个面向零缺陷的定义策略的框架，在所有的 AEC 标准文件中该文件发布较晚，目前还是初版。AEC-Q004 涵盖了目前所有的半导体器件范围，包括 AEC-Q100、AEC-Q101，AEC-Q102、AEC-Q103 及 AEC-Q104，如果 AEC-Q200 被动器件是适用的，也可以涵盖。零缺陷框架中的流程、方法和工具清单全部基于行业最佳实践，当然器件供应商可以使用他们自己开发或者专有的方法来减少缺陷，目的都是尽可能地降低器件的故障率，最终达到零缺陷的目标。

图 7-9　AEC-Q004 汽车零缺陷框架

1. 零缺陷框架

零缺陷框架提供了众多的行业中常用的最佳实践，使半导体供应商可以从列表中进行选择。这些最佳实践可以帮助供应商从工艺设计、产品设计、生产和制造等阶段进行改进，并最终迈向零缺陷的目标。

零缺陷框架如图 7-10 所示。以产品设计为例，其中包括设计稳健性（汽车大量设计规则的模拟）、为实现可测试性的设计、为实现可靠性的设计、DFMEA、高测试覆盖率等。从工艺/产品的设计和开发，到验证与认证，再到产品量产后的持续生产，在这个过程中伴随的是持续的反馈、评价及纠正预防措施。随着产品的持续生产及纠正预防措施的不断实施，产品的故障数将不断降低，最终迈向零缺陷的目标。

零缺陷框架适用于以下几种具体情况：
1）采用全新技术开发的新产品。
2）采用已在汽车行业认证过的技术开发的新产品。
3）采用尚未在汽车行业认证过的技术开发的新产品。
4）供应商为车载应用专门设计的非汽车级产品。

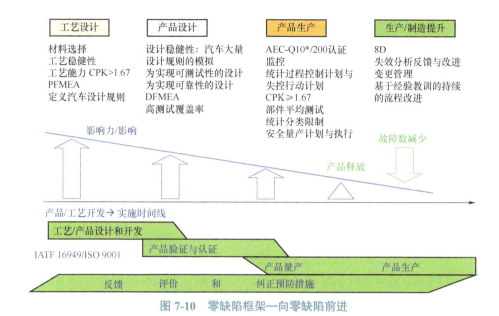

图 7-10 零缺陷框架—向零缺陷前进

2. AEC-Q004 的主要内容

零缺陷框架由 6 大支柱组成：产品设计、制造、测试、应用与适用性、持续改进方法以及问题的解决。

1）产品设计，主要包括设计失效模式及影响分析（Design Failure Mode and Effects Analysis，DFMEA）、冗余设计、内建自诊断机制、可测试性设计（Design for Test）、可分析性设计（Design for Analysis）、可制造性设计（Design for Manufacturability，DFM）、可靠性设计（Design for Reliability）、建模与仿真、数据收集与特性描述。

2）制造，主要包括过程失效模式及影响分析（Process Failure Mode and Effects Analysis，PFMEA）、方差统计分析、控制计划、统计过程控制、批次接受门、审核（管理体系、制造过程和产品）。

3）测试，主要包括零件平均测试、良率分布及统计分析、数据收集存储和检索、筛选。

4）应用与适用性，主要包括行业标准、环境应力测试、应力强度分析、系统工程、降额。

5）持续改进方法，主要包括晶圆等级的工艺监控、工艺及产品的改进、产品可靠性的监控、缺陷监控。

6）问题的解决，主要包括问题解决的技巧、失效分析流程。

3. 内建自诊断机制

内建自诊断机制（Built-in Self-Test，BIST）是一种在电路上内置一个逻辑方案来进行自诊断的方法,是在集成电路上设计一些额外的硬件和软件用于电路自我诊断的技术,可以用于电路自身的功能和/或参数测试,因此可以降低对外部自动化测试设备的依赖。BIST 是一种可以简化产品测试的可测试性设计(Design for Testability,DfT)技术,同时也可以使产品的测试更快、更高效、测试成本更低,如 BIST 技术可以用于静态随机存取存储器(Static Random Access Memory,SRAM)及非易失性存储器(Non-Volatile Memory,NVM)的位映像等。

在实施 BIST 时需要考虑的问题有:

1)BIST 需要涵盖哪些故障?如何测试这些故障?

2)BIST 电路将占用多少芯片面积?

3)BIST 需要的外部输入和激励条件。

4)BIST 测试的有效性及所需时间。

5)BIST 测试的灵活性以及 BIST 的可配置性,即 BIST 是否可以通过片上的只读存储器(Read Only Memory,ROM)重新编程。

6)BIST 测试将如何影响已经在生产中使用的电气测试流程?

实施 BIST 的优点如下:

1)更低的测试成本(因为可以减少使用外部自动化电气测试设备)。

2)更好的故障覆盖范围(因为可以直接将特殊的测试结构合并到产品中去)。

3)缩短测试时间(如果 BIST 可以同时测试更多的结构)。

4)更简单的客户支持。

5)在特殊情况下,如作为安全概念的一部分,可以在产品电气测试环境之外执行测试,甚至可以让消费者自己测试产品。

实施 BIST 的缺点:

1)BIST 电路需要额外的芯片面积。

2)减少了访问时间。

3)需要额外的引脚,可能需要更大的封装尺寸。

4)其他潜在的问题,如 BIST 电路本身可能出现故障。

4. 可测试性设计

可测试性设计是一种在合理时间内使尽可能多的节点能被测试到的电路设计方法。测试计划应该提前进行评审以确保最大的测试覆盖效率。允许通过增加额外的电路来加速测试,以提高元件或电路的测试效率。此外,可测试性设计可以通过允许直接访问和控制产品中无法通过输入/输出(Input/Output,I/O)直接访问的电路或元件来提高故障覆盖率。通过直接访问还可以更好地观察测试结果或影响产品测试。

举例来讲，可以使用可测试性设计的场合包括扫描卡滞及转换故障、静态时序分析中的关键时序路径、I/O 接口的功能/速度模式测试、模拟 I/O 的电压斜坡模式和直流测试、驱动强度和摇摆率测试，以及客户应用程序代码测试。

可测试性设计的成本可能包括布局复杂度提高、潜在的设计时间增加及需要专门开发测试软件，但好处是可以更有效地筛查出产品的缺陷。

5. 可靠性设计

为使产品在指定使用条件下、在整个生命周期内不会发生磨损老化，可靠性设计需要总结所有在开发过程中为设计产品所做出的努力。这需要一个系统性的设计方法，这种方法是建立在对故障物理学的真实使用和精确应用的认识和考虑上的。可靠性设计可以使用各种工具，可以支持设计规则、产品及工艺设计，包括但不限于材料选择、计算机辅助工程（Computer Aided Engineering，CAE）分析和仿真工具、冗余设计（如金属化中的冗余通道）、物理特性等。

可靠性设计提供了测量和预测产品可靠性寿命的能力。可靠性设计可以在不牺牲产品性能的情况下，通过提高电路、布局及结构的设计裕量来避免可靠性问题，硅片级的可靠性设计可以通过器件上的测试结构来进行监测。

与非结构化、被动的设计/构建/测试方法相比，试验设计法可以提供一种结构化的、主动的方法来提高可靠性及稳健性（鲁棒性），这是靠理解产品和工艺参数对产品可靠性的影响、以及处理参数之间相互作用的影响来实现的。在设计流程的早期阶段就使用 CAE 技术的分析和仿真工具，这样可以更高效及更低成本地提高产品的可靠性，而不是等着搭建好产品原型，然后再去测试。可靠性设计如有限元分析、流体流动分析、热分析及基于故障物理学的分析等。

可靠性设计的成本可能包括在开发阶段需要增加裸片的尺寸。优点包括降低后期开发和认证失败的风险、降低后期设计修改的可能性、以及降低应用中失效的风险。

可靠性设计举例：

1）基于特定操作环境范围进行设计（如产品是用在乘客舱还是用于发动机管理，两者的外部环境完全不一样）。

2）设计可以使应力和热负荷最小化，或能够平衡应力与热负荷（如通过优化功率部分的多邦线设计，使温度均匀分布）。

3）在设计中增加裕量（如放大或增加金属走线宽度设计）。

4）提供子系统冗余（如采用双通道设计）。

5）错误纠正（如采用 NVM、软错误检测和纠正、数据存储裕量设计）。

6）使用经过验证的具有较好可靠性的元件、材料、知识产权（Intellectual Property，IP）和库（如复用经过验证的 I/O 单元）。

7）加固设计元件及其相互连接的数量以减少其失效的机会。

6. 仿真与建模

仿真是一种对器件最终成品或部分成品的功能或可靠性进行建模的方法，采用过程元素模型、封装的物理及材料模型以及设计指南来验证产品在整个生命周期内的功能和性能。

随着硅基半导体产品的复杂性和多样性的增加，仅通过对产品进行应力试验来验证其可靠性事实上已经不可能。仿真可以提供极大量的参数种类变化，这将远超在真实产品上进行验证（仿真可以从技术上支持各种可靠性模型），也使得为任务剖面设置最差情况下的多失效模式成为可能。

仿真建模的成本可能包括为开发仿真程序而需要投入额外的资源，或者需要购买仿真程序并进行数据分析。优点可能包括减少设计中的缺陷，从而使缺陷不至于流到产品生产制造环节。

要详细描述一个器件的验证覆盖度是一件很困难的事情，而仿真却可以应对这种挑战，增加验证的覆盖度：

1）高温工作寿命测试并不能对电迁移进行足够的加速，从而使器件达到寿命终点。电迁移主要依靠电流和温度应力，如等到温度应力条件的时间达到器件寿命要求后，其他应力机制已经远超器件的寿命。

2）偏置温度不稳定性与热载流子注入试验具有完全相反的最差情况。偏置温度不稳定性是静态刺激，而热载流子注入是高频率刺激（对数字电路和一些模拟电路而言）。对于模拟电路，待机状态或静态输入状态通常是偏置温度不稳定性的最差情况；但对任务模式来讲，热载流子注入通常才是最差情况。对于某些产品，热载流子注入的最差情况可能在低温情况下，而偏置温度不稳定性的最差情况却在高温情况下。

3）封装和产品结构仿真、建模及虚拟原型可以用来优化产品设计，以及对了解器件关键位置的应力非常有用，如热建模、热机械建模和电气建模。

7. 数据收集与特性描述

收集和分析数据的过程是为了理解产品的属性、行为及工艺的限制。特性描述是为了生成和验证产品规格，或者验证数据表及工艺限制，目的是通过温度、电压、频率等这些产品的参数性能来确定需要对晶圆厂、组装和测试的哪些区域进行持续的监控。

特性描述需要以统计为基础。基于统计的特性描述需要执行显著的高置信区间，这可以通过理解基础制造流程的变化来源来实现。以下几点考虑很重要：

1）批量分析需要非常大的样本量及许多的批次，以包含足够多的不同来源及情况。

2）需要进行特性描述的器件可以来自为实现某些功能，特意使用特别的材料或工艺加工的产品，或某些使用极限组装技术的产品批次。

3）对器件的子种群进行排序，这样可以包含某些极端参数值，或者产品具有后应力特征，如电压应力或未钳位的电感电压应力。

对影响的分析是数据驱动的，可以通过公认的统计方法、应用级别的特性描述，或产品级加速寿命或环境压力测试，以帮助确定是否存在一种可能性，可以集中技术、优化设计或收紧限制，以筛选出性能不好的材料。

涉及的成本可能包括需要额外的各种各样的参数测试，如温度、电压、频率等；还可能包括为制造极限参数批次的产品所付出的成本，不同的参数如 MOSFET 的门限电压、漏极电容、串联阻抗等。好处可能包括可以使工艺中心化，同时可以确立更精准的工艺及测试限值。

8. 筛选测试

筛选测试是一个可以应对一批器件的任何缺陷与失效机制，从而保障器件的性能与可靠性的工具。筛选测试可能会导致成本的增加，包括增加专门的测试设备及影响产能，测试的项目越多，所花费的时间也越长。但是优点也很明显，筛选测试可以更好地保护用户，包括使用户的产能不会因为部件缺陷而降低，同时还可以降低客户应用中的故障率。

筛选测试并不能发现所有类型的潜在缺陷，也并不是为了去定位缺陷，同时筛选测试也不能影响器件本身的可靠性裕量。筛选测试举例：

1）静态供电电流测试、高电压应力测试、极低电压测试、有相关关系的参数测试、老化测试。

2）使用先进的剔除异常值分析方法来提高筛选的有效性和筛选效率。

3）在少数已知的质量敏感层，通过高速光学检查设备对晶圆（Wafer）与裸片（Die）进行 100% 的视觉筛选，用于识别和处理个别有风险的晶圆或器件裸片。

9. 环境应力测试

环境应力测试是一种经过客户和使用者同意的、专门设计的测试方法合集，环境应力测试用于保证产品可以满足所有的质量和可靠性要求。加速测试用于建立一个基准线，进而评估器件的磨损老化和缺陷问题。环境应力测试还可用于评估单个产品在实际应用时的抗老化性能，因为在应用过程中受自然因素的影响，产品会发生老化及性能衰减，这些自然因素包括物理的、机械的、电气的及环境的压力。

对于硅器件设计，缺陷包括异常的温度依赖性、性能不一致、性能边缘化及功能问题。对于晶圆制造工艺，缺陷包括时间或温度缺陷、未预料到的早期失效问题、潜在缺陷及磨损机制。对于封装，缺陷包括结构完整性、异常封装相关问题（分层、爆孔）、敏感性及装配相关的缺陷，这些缺陷都将影响产品的质量和可靠性，但主要问题是这些缺陷是不是可以检测。

AEC-Q100及AEC-Q101中对环境应力测试方法有详细的描述，如温度循环测试、高温贮存寿命测试、功率温度循环测试、高温工作寿命、机械冲击及包装跌落等。

10. 应力强度分析

应力强度分析是一种基于给定器件，对其施加过应力进而分析其失效概率的方法。应力强度分析方法通常采用测试直至失效（Test-to-fail）原则，进而分析故障分布数据。应力强度测试侧重的是施加应力至失效（Stress-to-fail）而非施加时间至失效（Time-to-fail），如高加速应力筛选、高加速寿命测试、邦线剪切测试、邦线拉力测试等。从这个意义上来讲，应力强度测试不同于环境压力测试和晶圆级内在可靠性测试，如经时介质击穿、电荷击穿、热载流子注入、偏置温度不稳定性、电迁移等，这些通常都是施加时间至失效类型的测试。

应力强度测试的成本可能包括测试本身、材料成本、统计软件及数据分析所需的资源等。优点可能包括对设计裕量的了解及对设计稳健性的验证。

11. 系统工程

系统工程是一种使系统设计与用户应用保持一致的方法。系统工程的实践包括将用户需求转换为系统需求，然后通过架构和设计来实现。系统由一组实体及其关系组成。电子元器件产品因汽车系统的复杂性是需要系统工程实践的，这些复杂的系统可以被分解为涉及不同需求的实体。在每一个层级上都可以采用集成、验证和确认这个流程（对应汽车电子零部件的开发流程，实际上就是V模型），如独立的实体可能包括硬件和/或软件。

系统工程的成本可能包括在产品整个生命周期内为用户和供应商所耗费的工程资源。系统工程带来的优点包括合作分析和/或共同开发系统的各个子部件，进而使系统满足要求。

为了实现零缺陷目标，系统级架构设计时需要同时考虑可靠性设计、可制造性设计及可测试性设计。在产品开发早期，产品的规格书及验证计划都必须确保满足了系统需求。此外，具有功能安全要求的产品在系统工程设计时就需要考虑ISO 26262标准，系统开发人员与产品供应商需要一起协同提高整个系统的质量，如寿命、性能及安全等。

系统开发人员和产品供应商之间的联合开发活动包括联合工程协作定义及产品验证，从而使产品可以满足特定的汽车系统设计要求。联合开发是一种特定系统开发项目，系统开发人员在新产品开发时，将系统需求进行转化后提供给产品供应商，并在产品特性及数据手册需求方面为供应商提供建议。对于联合开发项目，开发资金通常由供应商提供，且供应商必须：

1）考虑产品的系统任务剖面、应用寿命、可靠性设计及可靠性评估。

2）在产品设计和/或验证时，产品性能必须同时考虑系统的真实使用环境。

3）功能安全方面的联合开发包括联合定义产品的安全机制，用于对产品的随机故障进行系统检测及报警。

汽车系统也可以采用不是为系统专门设计的"现成的"产品。对于汽车系统使用现成产品，在系统设计者提供有关现成产品的系统需求信息时，供应商可以：

1）基于系统的任务剖面及应用寿命分析产品的寿命。

2）提供数据手册及说明书。

3）提供产品的安全机制相关信息，安全机制可以对产品的随机故障进行系统检测及报警。

12. 缺陷监控

实现零缺陷目标依赖于半导体产品级别所有供应商的共同努力。通过监控来检测缺陷，并在缺陷流到最终产品之前消除它们，这是实现零缺陷项目的关键。缺陷监控是定期观察或检查产品材料质量的系统过程。缺陷监控可通过对产品、结构或裸测试晶圆进行取样，监控项目可以包括电气测量、目视检查、物理内联或去处理分析等。

缺陷可以通过许多不同的影响因素引入制造过程中，包括工艺、设备、环境、人为因素等。这些缺陷的一部分可能通过电测试和老化测试，但在实际应用时，受环境影响，这些缺陷将会暴露出来并导致产品失效。

在产品整个生产流程的关键阶段采用缺陷检查，如刀具监控检查可以按时间间隔或使用频率进行。缺陷检查带来的成本可能包括设备、缺陷检查流程本身、潜在的材料报废等。优点包括产量和可靠性提高，特别是减少了产品在应用时的早期失效。

7.4 长期供货问题

汽车作为一种耐用消费品，其使用寿命通常可达 10 年以上；同时，一个车型的生命周期也可以达到 8 年左右，有些畅销车型的生命周期甚至能长达几十年。车辆的长使用寿命和车型的长生命周期也同时对电子零部件及其采用的电子元器件提出了三个要求：一是可靠性要高，正常生命期要足够长，也就是使用寿命要足够长，能够长期使用且性能不会衰减或劣化；二是电子零部件及其采用的电子元器件要支持长周期供货，也就是元器件能够长期持续供货，不能在车型量产周期内有断货或停产的风险；三是在极长供货周期内，即使元器件存在变更，也能够保证变更前后质量的一致性。

车辆这种耐用消费品的特性导致汽车产业链相关零部件及元器件的持续供货时间相应要比消费级长得多。举例来讲，使用超过 3 年的一部手机损坏后可能无法维修，因为很可能需要更换的那个电子零件已经停产。消费类电子产品的更新换代时间极快，通常 3 年就差了一代，相应的电子元器件无论是新产品或是售后可能都已经不再使用，所以消费级电子元器件的持续供货时间通常也就 3 年左右，而车规级汽车元器件持续供货时间则通常需要达到 15 年甚至 20 年以上。

7.4.1 器件的生命周期

对一个车型来讲，持续生产时间一般为 5~8 年，而对电子零部件来讲，OEM 为降低成本，经常将同一电子零部件原封不动或稍作改动后用于不同车型，这种设计称为沿用（Carry Over）设计，所以电子零部件的实际供货时间通常会长于车型的生命周期，如图 7-11 所示。

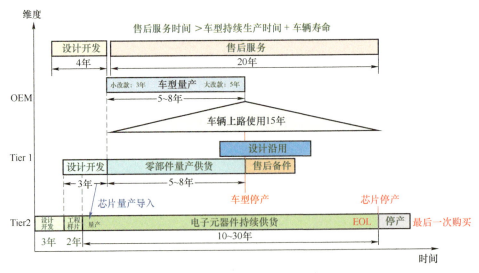

图 7-11　电子元器件的生命周期

针对车规级电子元器件，Tier 2 通常都有相应的产品长期供货计划，如恩智浦（NXP）就专为汽车领域产品提供了 15 年的供货保证，且特殊情况下还可以延长产品的供货年限。NXP 的部分长期供货计划产品如图 7-12 所示，长期供货年限至少为 10 年，扩展后可达到 20 年以上。

类别	系列	产品	发布日期	长期供货年限（年） 10年	15年	扩展的	属于长期供货计划产品，截止时间：
		Filter by...					
处理器	i.MX 6系列	i.MX 6SoloLite	2012年11月	✓	-	-	2022年11月
处理器	i.MX 6系列	i.MX 6SoloX	2015年2月	✓	-	✓	2035年12月
处理器	i.MX 6系列	i.MX 6SoloX（工业、汽车用）	2015年2月	-	✓	✓	2035年12月
处理器	i.MX 6系列	i.MX 6Solo	2012年11月	✓	-	✓	2035年12月
处理器	i.MX 6系列	i.MX 6Solo（工业、汽车用）	2012年11月	-	✓	✓	2035年12月
处理器	i.MX 6系列	i.MX 6Dual	2012年11月	✓	-	✓	2035年12月
处理器	i.MX 6系列	i.MX 6Dual（工业、汽车用）	2012年11月	-	✓	✓	2035年12月
处理器	i.MX 6系列	i.MX 6DualLite	2012年11月	✓	-	✓	2035年12月
处理器	i.MX 6系列	i.MX 6DualLite（工业、汽车用）	2012年11月	-	✓	✓	2035年12月
处理器	i.MX 6系列	i.MX 6Quad	2012年11月	✓	-	✓	2035年12月

图 7-12　NXP 的部分长期供货计划产品

同样，对于产品的供货连续性，德州仪器（TI）也承诺产品生命周期通常为 10~15 年，并且通常可以延长使用寿命。同时，对于标准产品寿命，TI 的内部政策为标准产品只要符合以下三种条件之一，则不会被淘汰：

1）该产品在过去 5 年内有过出售（对于汽车类产品或高可靠性产品，该年限可达 7 年）。

2）该产品可以生产，并且投入生产的时间不到 10 年。

3）该产品目前有客户需求。

基于以上供货策略，实际应用中的确就很少见到 TI 的产品停产。

所以要实现车规级电子元器件的长期连续供货，必须要求 Tier 2 承诺产品的生命周期足够长，且 Tier 2 具备产品长期供货的能力。如 NXP 就表示为了维护产品长期供货计划，可能需要执行以下操作：

1）NXP 可能会将此计划下的产品转让到另一家制造厂进行生产制造。在这种情况下，NXP 将对新工厂制造的长期供货计划下的产品重新进行质量认证（也就是制造场地变更引起的器件重新认证）。

2）NXP 可能会要求客户转用外形、尺寸和功能与此计划下的产品相兼容的产品（也就是器件变更，变更后老型号的器件停产，器件型号变更为新的型号，需重新进行认证测试）。

3）NXP 可能会修正产品，维护安全功能或修补漏洞，或者双管齐下。

选用电子元器件时需要注意其产品状态。通常来讲，产品状态可分为正在供货、正在供货但不推荐用于新设计、已停产。如 TI 就将产品状态细分为五种，见表 7-3。

表 7-3 TI 的产品状态分类

产品状态	说明
预发布	此产品的原型/试验产品可供出售，但尚未量产。正式量产前，该产品在工程验证流程中可能会有变更
正在供货	此产品已上市，且可供购买。可提供某些产品的较新替代品
不推荐用于新设计	为支持现有客户，该产品仍然在生产中。产品页面可能保留有相关的配套资料、软件和工具，但是 TI 对此产品不提供或仅提供有限的设计支持
最后期限采购	此产品处于停产状态。客户仍可通过联系 TI 销售代表或授权经销商购买有限数量产品
已停产	此产品不再投入生产

TI 产品状态分类的含义：

1）预发布（Preview）：可以理解为器件目前处于样品阶段，距离量产还有一段时间，但如果新项目的时间节点合适，或者是预研项目，则可以直接选用。

2）正在供货（Active）：已量产，正常供货，新项目可以选用，工程师在选用器件时通常也是推荐优先选择采用此状态的器件。

3）不推荐用于新设计（Not Recommended for New Designs）：新设计不推荐用，老产品继续使用，暂不影响；此状态的器件在未来将会停产，但具体停产时间可能尚未确定，所以新项目不推荐使用，有停产风险。

4）最后期限采购（Last Time Buy）：器件已停产，但还可以下单采购。用到此器件的 Tier 1 需要抓紧时间下单采购，如一次买够 1 年的用量，在此期间抓紧时间尽快变更。

5）已停产（Obsolete）：这种器件在 Tier 2 官网按分类可能就找不到了，只能通过搜索或其他途径找到。有些 Tier 2 对此状态的定义是停止供货（Discontinued）或停产（End of Liftime，EOL），意思是一样的。

TI 的产品状态分类还算比较多的，有些 Tier 2 如英飞凌就分三种，即推荐、新设计禁用及停产。所以对于新项目的器件选型，建议工程师选型前一定要上官网了解器件的状态，或者联系 Tier 2，把选好的型号发给销售或应用工程师进行确认，以免选到即将停产的器件。

7.4.2 器件的变更

一个器件在长达 10 年以上的生命周期中，变更几乎是无可避免的，如芯片，AEC-Q100 对变更类型按照设计、晶圆制造、组装三个流程细分如下：

1）设计：有源元件设计、电路重新布线、晶圆尺寸/厚度。

2）晶圆制造：光刻、芯片缩小化、离子注入/掺杂、多晶硅、金属化/通孔/接触、钝化、氧化物/夹层电介质、背面操作、制造场所转移。

3）组装：芯片模套/底部填充胶、引线框电镀、凸凹材质/金属化系统、引线框材料/尺寸、邦线、芯片划片/分离、芯片清洁准备、封装打码、芯片贴装、模塑料、模塑工艺、气密封装、新式封装、基板/中介层、组装场所转移。

只要供应商对器件进行了变更，无论是对产品或是对制造工艺的变更，只要影响到或潜在可能影响到产品的外形、适用性、功能、质量和/或可靠性，器件都需要重新进行认证测试。通常最常见的器件变更有几种：一是为了修改或更新器件，增加了器件家族，老型号的器件可能还会继续供货；二是为降低芯片成本的材料变更，如邦线由金线改为了铜线，也就是常说的金转铜；三就是场所转移，包括晶圆制造场所转移和组装场所转移。

所有的涉及变更的器件在重新认证时都会同时变更器件的物料编码以示区分，老物料编码的器件可能会停产，也可能不会，但这会增加 Tier 2 的管理难度。如图 7-13 所示，如果一个器件 A 因为产能问题新增了一个晶圆工厂或需要部分转产到新工厂，那么根据 AEC 标准，新的晶圆工厂生产的同样的器件就需要再次进行认证测试，新晶圆工厂生产的器件物料编码变更为 A1，与 A 并存供货，但这会增加库存成本及物料管理难度。这种情况下，通常 Tier 2 会再次变更器件的物料编码，将老器件 A 和新器件 A1 的编码统一升级至 A2，后续就可以统一供货，不再进行区分。整个变更过程，Tier 2 需要向 Tier 1 发两个 PCN（产品变更通知），也就是说 Tier 2 也需要变更两次，最终将器件 A 变更为器件 A2。

无论对于 Tier 2 还是 Tier 1，在极长的产品生命周期内，电子元器件及由电子元器件组成的电子零部件都将经历无数次的变更，变更几乎伴随了产品 70% 的生命周期。所以对于产品可靠性而言，变更管理的重要性几乎等同于产品设计。

图 7-13 电子元器件的变更

在器件量产后,Tier 2 会对器件进行持续改善,改善内容通常可分为产品及工艺两方面。在 Tier 2 更新产品设计、生产工艺,或者转移制造场所时,就需要采用变更管理系统来策划、鉴定和执行变更。变更管理系统需要评估变更对使用了相关产品/工艺的系统的潜在影响,以及对已交付产品的影响进行分析。在变更流程正式实施前,需要确保相应的验证已经完成,同时完成了变更记录。Tier 2 需要使用正式的产品变更通知流程,向客户告知会影响外形、适用性、功能或对产品质量或可靠性产生影响的重大变更。对于车规级器件的变更流程,AEC 标准有详细描述,可参考第 6 章器件变更的相关内容。

如果变更可能影响产品适用性、外形、功能、质量和可靠性,Tier 2 需要在变更实施前的一定时间(如 90 天)内,通过 PCN 与客户沟通。通知内容需要包括变更信息、生效日期、受影响的器件物料编码和联系人等所有信息。图 7-14 为英飞凌一个电子元器件的 PCN,PCN 中详细列举了器件变更的内容,包括组装场所的转移、材料的变更、邦线金转铜、标签及器件丝印的变更等。

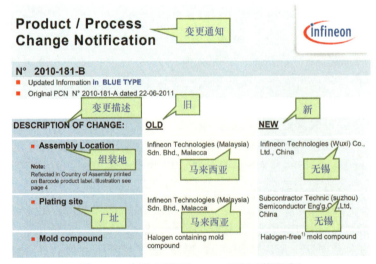

图 7-14 产品变更通知 PCN 举例(英飞凌)

同时 PCN 中还将给出详细的变更计划表，如图 7-15 所示，包括最终认证报告的时间、可以提供新器件样品的时间、新器件开始供货的时间、老器件最后可以下单采购的期限及最后的交付期限。

```
TIME SCHEDULE:
■ Final qualification report:        See attachment 2_cip10181_a
■ First samples available:           From July 2011 onwards
■ Start of delivery:                 From October 2011 onwards
                                     Earlier customer deliveries on special customer agreement possible.
■ Last order date of unchanged product:    30-12-2011     30-06-2012
■ Last delivery date of unchanged
  product:                                 30-06-2012     31-12-2012
```

图 7-15　PCN 中的变更计划表举例（英飞凌）

车规级器件任何影响到或可能影响到产品的适用性、外形、功能、质量或可靠性的变更都需要进行评估及审核，评估内容可能包括：

1）变更是否会带来风险？什么风险？
2）降低风险的评估计划是什么？
3）有哪些标准可确定评估是否成功？
4）变更影响外形、适用性、功能或可靠性？

7.4.3　器件的停产

车规级器件真正的停产并不多，如 TI 就承诺标准产品只要在过去 5 年内有过出售，或目前有客户还有需求，产品就不会停产。另外 TI 努力避免出于方便而停产产品。方便是指低出货量产品、良率不佳、客户采用率有限或类似情形。

通常所说的某个器件停产，多数是指某个型号停产，停产的原因通常是由于工艺变更、材料变更或场地转移，如图 7-16 所示，器件 A 因变更停产，器件 A 变更后型号更新为 A1，继续为客户供货。客户在 A1 可以正常供货前，通常有 1 年时间来切换到 A1 继续使用，在此期间器件 A 仍可以保持供货。

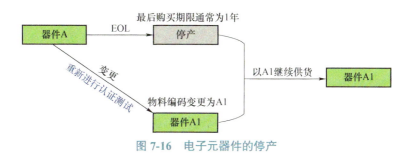

图 7-16　电子元器件的停产

对于车规级器件，通常在器件停产通知生效之日起长达 12 个月内，客户可以继续订购停产产品，也就是通常所说的最后一次购买（Last Time Buy，LTB）。如果一个器件需要停产，Tier 2 会提前至少 6 个月通知 Tier 1 客户，客户通常还可以有 6 个月到 1 年的下单时间，如 TI 的停产退市计划就提供了比行业标准更长的交货周期。TI 为最后一个订单留出了 12 个月的交货周期，并将停产产品的最终交货周期（Last Delivery Date，LDD）再延长 6 个月，总共就是 18 个月（在汽车电子元器件行业，LTB 通常为 6 个月到 1 年，LDD 为 6 个月）。

工程师在选用器件时一定要注意器件的产品状态，特别是新项目的器件选型，最好选择 Tier 2 推荐的产品状态，也就是正在供货且可以用于新设计的器件。如果不小心选了即将停产的器件，可能等到项目量产后器件就停产了。产品刚量产就需要进行变更，这是任何项目都不希望遇到的。

7.5 车规级认证与功能安全认证

车规级认证和功能安全认证实际上是两个不同的概念，互不干涉，两者侧重点完全不一样。狭义的车规级通常是指通过 AEC 标准认证测试的电子元器件，广义的车规级也可以包括电子零部件。车规级认证测试仅仅是一种自我宣称的认证，而非通过第三方认证机构进行的认证。而功能安全认证则是通过第三方认证机构进行的，是一种资格认证。很多人搞不清楚两者之间的关系与区别，经常把两者放到一起，认为车规级就必须同时符合 AEC-Q 认证与 ISO 26262 功能安全认证，这是不正确的，这样很容易产生混淆，其实车规级和功能安全根本就是两码事。

车规级认证与功能安全认证的关系如图 7-17 所示。

图 7-17 中，车规级元器件认证依据的是 AEC 标准，AEC 标准及 AEC-Q 认证在第 6 章有过详细介绍。AEC 认证测试的对象必须是实物，且仅针对电子元器件（不包括零部件），如集成芯片、分立半导体、被动器件、MEMS 器件、MCM 模块等，认证由器件供应商 Tier 2 来进行认证测试，测试通过后可以宣称器件符合 AEC-Q*** 认证，这是一种非强制性的自我认证，无须第三方认证机构，也没有认证证书。而功能安全认证则是指依据 ISO 26262 功能安全标准（对应 GB/T 34590.1—2022~GB/T 34590.12—2022，以及 ISO 26262-1：2018~ISO 26262-12：2018）进行的认证，功能安全认证的范围很宽，对象可以是实物，如元器件，也可以是零部件，或是虚拟的非实体，如

认证一个公司流程（包括研发及生产），认证一个软件等。

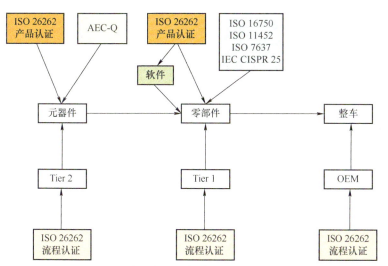

图 7-17　车规级认证与功能安全认证的关系

7.5.1　ISO 26262 的基本概念

ISO 26262《道路车辆功能安全》适用于安装在量产道路车辆上的包含一个或多个电子电气系统的与安全相关系统（ISO 26262：2011 升级到 ISO 26262：2018 后，将使用车型范围由最大总质量不超过 3.5t 的量产乘用车扩展到了货车、公交车、挂车及半挂车、摩托车（不包含轻便摩托车））。ISO 26262 基于 IEC 61508《电气/电子/可编程电子系统的功能安全》制定。ISO 26262 标准提供：

1）汽车生命周期（管理、研发、生产、运行、服务、报废）和生命周期中必要的改装活动。

2）决定风险等级的具体风险评估方法（汽车安全完整性等级，Automotive Safety Integrity Level，ASIL）。

3）使用 ASIL 方法来确定获得可接受的残余风险的必要安全要求。

4）确保获得足够的和可接受的安全等级的有效性和确定性措施。

5）功能安全受开发过程（包括具体要求、设计、执行、集成、验证、有效性和配置）、生产过程和服务流程以及管理流程的影响。

ISO 26262 标准针对由安全相关电子电气系统的故障行为而引起的可能的危害（对人身健康的物理损害或破坏），包括这些系统相互作用而引起的可能的危害。标准不针对与触电、火灾、烟雾、热、辐射、毒性、易燃性、反应性、腐蚀性、能量释放等相关的危害和类似的危害，除非危害是直接由安全相关电子电气系统的故障行为而引起的。另外，标准不针对电子电气系统的标称性能，即使这些系统（如主动和被动安全、制动系统、自适应巡航系统）有专用的功能性能标准。

针对 ISO 26262 标准的适用范围，以下内容需要重点关注：

1）仅适用于道路车辆，不包括特殊用途车辆，如非道路车辆及残疾人用车。

2）适用于由电子/电气（Electronic/Electrical，E/E）和软件组件组成的系统。简单来说就是不适用于纯机械结构件，如车玻璃，虽然和安全相关，开车期间车玻璃突然炸裂可能会发生安全事故，但也不列在功能安全标准范围内，而是列在《中国乘用车强制性国家标准》的被动安全里。

3）与安全相关的系统，如娱乐系统就不包括在内，开车过程中音乐播放功能失效，没法听歌，但不涉及功能安全。

根据 ISO 26262 标准对安全的定义，安全是相对于危害而言的，以 GB/T 34590 为例，如图 7-18 所示。

1 范围

本标准针对由电子电气安全相关系统的故障行为而引起的可能的 危害，包括这些系统相互作用而引起的可能的 危害。本标准不针对与触电、火灾、烟雾、热、辐射、毒性、易燃性、反应性、腐蚀性、能量释放等相关的危害和类似的危害，除非危害是直接由电子电气安全相关系统的故障行为而引起的。

2.56

伤害 harm

对人身健康的物理损害或破坏。

2.57

危害 hazard

由相关项(2.69)的功能异常表现(2.73)而导致的 伤害(2.56)的潜在来源。

注：该定义仅限于 GB/T 34590；危害的一个更通常定义是伤害的潜在来源。

图 7-18　GB/T 34590 标准范围及术语定义

由标准定义可知：

1）和安全相关是指因 E/E 系统的故障行为而引起的可能的危害（Hazard）。

2）危害的定义是由相关项的功能异常表现而导致的伤害（Harm）的潜在来源。

3）伤害的定义是对人身健康的物理损害（Injury）或破坏（Damage），也就是说只有能够危害到人身健康，导致人员受伤的功能才可以适用于功能安全标准。

简单来讲就是：功能安全只包括因 E/E 系统的故障可能导致人员伤亡

的功能，并且，功能安全一定是基于一个具体的功能而言的。如车辆的转向系统，基于一个具体的功能，如果车辆行驶过程中方向盘无法转动导致转向失效，这就很具体，因为转向失效还包含方向盘在没有操作的情况下自己转动的情况，需要具体分析。再然后就是安全，如车停在那里车门自动解锁打开，然后车内物品被盗，这也是安全，但这是财产安全，不包括在功能安全里，因为没有人员受伤。如果是行驶过程中门突然自己打开，人从车上掉落，这就是功能安全，需要基于功能再叠加场景进行区分。

7.5.2 功能安全流程认证与产品认证

功能安全认证由专门的第三方认证机构进行认证，认证服务可以分为两种：流程认证和产品认证，如图 7-19 所示。通过认证后即可获得认证证书，证书也分两种：流程认证证书和产品认证证书。

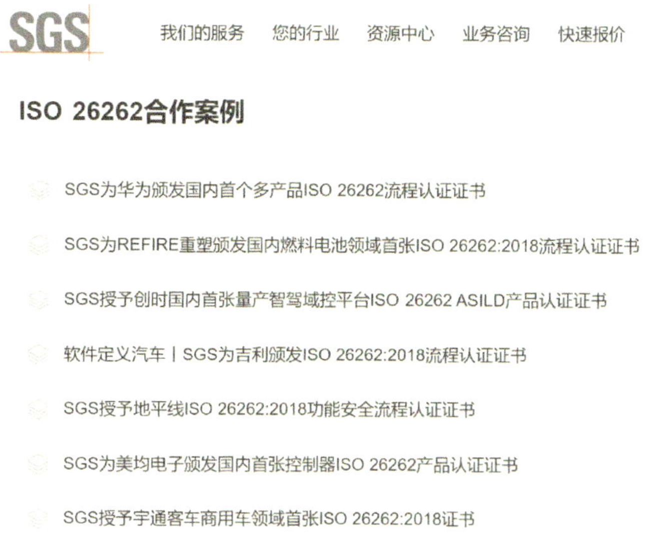

图 7-19 功能安全认证（SGS）

流程认证和产品认证的定义及区别如下：

1）流程认证：依照 ISO 26262 标准中描述的流程来评估被认证公司/企业的流程体系建设水平。由于不同 ASIL 等级产品所需要开展的活动不完全相同，所以 ASIL 等级代表了被认证公司/企业构建的流程体系对于功能安全产品开发的支撑程度。

2）产品认证：依照标准中描述的各环节过程（包括输入、流程、输出）来评估被认证公司/企业产品的某一项或几项功能的功能安全等级，重点是交付物的技术水平和工程化能力。产品认证需要全面完善的开发过程证据（如项目的需求输入、设计分析过程、测试报告等），所以 ASIL 等级代表了这个产品的功能安全实践水平。

流程认证和产品认证虽然没有绝对意义上的前后关系，但是完整的产品认证一般要建立在具备一定的流程水平的基础上，所以对于没有相应经验的公司，认证机构一般都是建议先做流程认证，通过流程认证后，功能安全团队和流程能力也基本上培养起来了，下一步做产品认证就相对容易些。

因为流程认证相较于产品认证要求会低一些，工作量也小得多，认证周期也要短得多；即使现有团队缺乏功能安全相关知识及流程经验，经过认证机构培训及辅导，短则半年，多则一年，一般都能通过，取得功能安全流程认证证书。流程认证一般也是基于一个具体的真实项目开展（一般是基于一个简单的产品，不推荐基于太复杂的产品进行，难度太大），而不是凭空只做流程文档。当然也可以这么做，但一般不会这么做（认证机构也不推荐）。通常来讲，流程认证一般是产品认证的第一步，对于没有经验的公司，先通过流程认证，建立起相应的团队能力及流程规范，然后再去做产品认证，循序渐进。

如图 7-20 所示（图中为证书局部内容，隐去了被认证的公司信息，原证书为英文，图中内容经过了翻译），功能安全流程认证证书中会明确认证的范围为管理流程，并且明确了根据 ISO 26262 标准，功能安全管理能力可以开发的功能安全相关产品的功能安全等级最高为 ASIL D。同时，证书中明确了证书的有效期，到期后需要重新进行认证。流程认证意味着根据 ISO 26262 标准，公司 / 企业的功能安全管理能力可以开发的安全相关的项目最高可以达到的等级。那么可以做 ASIL C 级吗？当然可以，不过认证机构通常都会推荐直接做 ASIL D 级。因为对于流程认证来讲，C 级和 D 级的难度差别并不大，所以流程认证大都是按最高级别 ASIL D 级进行认证。

相较于流程认证，产品认证就比较复杂，要求很高。做产品认证的难度和流程认证完全不同，需要的人员数量要多很多。同时，对于功能安全产品认证，可能还要求公司 / 企业具备以下系统 / 工具的应用能力：

1）配置管理工具。
2）代码和模型检查工具。
3）测试覆盖度统计工具。
4）缺陷管理 / 变更管理工具。
5）代码编译器工具。
6）需求管理工具。
7）软件架构设计工具。

8）故障树分析（Fault Tree Analysis，FTA）工具。

图 7-20 功能安全流程认证证书举例

如图 7-21 所示（图中为证书局部内容，隐去了被认证的公司信息，原证书为英文，图中内容经过了翻译），产品认证证书中明确规定了产品的功能安全等级，以及安全功能。图中的产品为电机控制器，功能安全等级为 ASIL C，安全功能为"电机控制器单元保证电动机产生的扭矩大小和方向与 VCU 要求的驱动扭矩要求相匹配。"同时，证书给出了有效期至 2023 年 4 月 1 日。

图 7-21 功能安全产品认证证书举例

7.5.3 功能安全认证周期及费用

流程认证比较简单，周期通常需要 1 年左右，认证顺利的话预估为 6~9 个月。产品认证相对流程认证更务实。产品认证通常需要 2~3 年，认证顺利的话估计也要 2 年。产品认证比较复杂，工作量很大，认证周期及费用和以下方面的因素有关：

1）企业现有的技术水平及流程完善程度。

2）产品本身的复杂度，如复杂的电子模块肯定要比简单的小模块难度大。

3）需要认证的 ASIL 等级，等级越高，设计越复杂，难度越大。

4）产品设计方案，如直接用更高 ASIL 等级的器件，难度就要低一些，当然 BOM 成本就要高一些。

5）需要认证的功能越多认证过程就越难，认证周期就越长。

6）企业的人力投入，人力投入越大，认证周期就越短。

产品认证难度较大，尤其是零部件级别的产品认证，ASIL C 级还好，ASIL D 级就非常困难，需要企业投入的资源很多，周期很长，费用很高。

一般来说，采用功能安全流程开发的产品，与原有开发方法相比，在同样的开发内容的基础上，项目设计开发的投入为原有的 2~3 倍。企业原本的开发流程越规范，采用功能安全流程开发的投入也就越小；越不规范，投入就越高。ISO 26262 本质上也是个 V 模型，与汽车行业原本的零部件开发流程一致。对于规范的企业来讲，在开发安全相关的产品时，如硬件方面，DFMEA、FMEDA、FTA 等工作本身就在做，贯穿在开发流程中，这部分能力本来就不欠缺。又如软件方面，配置管理工具、代码静态分析及测试工具等如果本来就在使用，认证就会简单得多，所以不能一概而论。简单来讲，企业越大、越正规，认证越容易通过。

关于具体的认证费用，流程认证一般为 100 万元人民币左右（含咨询费用及认证费用），最低（有折扣）估计为 60 万元人民币左右。因为目前国内除 TUV 及 SGS 等公认的认证机构外，还有其他较多的可以进行认证的机构。产品认证以业内应用较多的 VCU 为例，VCU 产品硬件比较成熟，也比较简单，不包括开发费用，单纯因功能安全认证产生的费用大概为 300 万元人民币，具体还要看产品设计及 OEM，不能一概而论。

另外需要提醒的是，功能安全证书都有有效期，不管是流程认证还是产品认证，到期后可能需要现场审核，单纯的续证审核也会产生费用，一般为几万元人民币。

7.5.4 电子元器件的功能安全

对于电子元器件的功能安全认证，一般都是复杂芯片类产品（被动器件和分立半导体器件因复杂度较低，不需要通过认证的途径来解决功能安全设计问题）。如MCU，一般作为一个系统设计的核心；或PMIC及系统基础芯片（System Basis Chip，SBC），作为系统的电源，功能安全设计就很重要。如图7-22所示，以英飞凌为例，功能安全芯片主要是MCU、PMIC、栅极驱动IC及电机控制芯片，与TI的功能安全芯片差不多。

图 7-22　符合功能安全认证的产品类别举例（英飞凌）

器件的ASIL级别是独立于具体的环境安全要素的。因为器件供应商并不清楚器件的具体应用及功能，所以器件的ASIL级别与具体的产品硬件、系统应用无法直接进行关联。芯片供应商并没有办法给出某个具体硬件设计或应用具体能达到的ASIL级别，而是给出了一个芯片能达到的最高级别，最终产品某个具体功能的ASIL级别取决于Tier 1的设计。

TI对电子元器件的功能安全认证进行了详细的分类，见表7-4。

表 7-4　TI对电子元器件的功能安全认证分类

分类	项目	功能安全型	功能安全质量管理型	功能安全合规型
开发流程	TI质量管理流程	●	●	●
	TI功能安全流程			●
分析报告	功能安全时基故障率（FIT Rate）计算	●	●	●
	失效模式分布（FMD）和/或引脚FMA[①]	●	包含在FMEDA中	包含在FMEDA中
	FMEDA[②]		●	●
	故障树分析（FTA）			●
诊断说明	功能安全手册		●	●
认证	功能安全产品证书[②]			

① 可能仅适用于模拟电源和信号类产品。
② 适用于部分产品。

表 7-4 可分解为三部分：

1）开发流程。开发流程分为质量管理流程（即企业现有流程）和功能安全流程（依据 ISO 26262 开展的管理流程，需要认证），前者就是常规的流程，后者则要复杂许多，两者的耗时和工作量不是一个数量级。

2）文档。文档包括时基故障率计算、失效模式分布（FMD）、FMEDA、FTA 和功能安全手册。

3）证书。即产品功能安全认证证书。

TI 把功能安全相关的器件分为三类：

1）功能安全型（Functional Safety-Capable）：TI 可以提供功能安全设计所需的 FIT 值计算和 FMD（失效模式分布）信息，帮助 Tier 1 产品设计人员进行安全分析。流程方面，器件不是根据功能安全标准要求的流程开发，而是根据 TI 通用质量管理流程开发。

2）功能安全质量管理型（Functional Safety Quality-Managed）：TI 提供一系列文档来帮助 Tier 1 设计人员进行功能安全设计，以降低产品认证的工作量及认证难度，提供的文档包括器件的功能安全 FIT 值计算、FMEDA 及功能安全手册等。器件不是根据功能安全标准要求的流程开发，而是根据 TI 的通用质量管理流程开发。

3）功能安全合规型（Functional Safety-Compliant）：采用功能安全开发流程，文档多了 FTA（故障树分析），有功能安全证书。

简单来讲：

第一类产品：不属于功能安全器件产品类别。此类器件通常没有集成安全相关功能，但是开发功能安全系统时又离不开此类器件的参与，TI 提供的 FIT 值和 FMD 信息将有助于 Tier 1 产品设计人员进行安全分析。因为很多器件，如被动器件和分立半导体器件（因为 TI 很少涉及这类器件，就没涉及），但设计时用得又多（比起芯片数量要多得多，不是一个数量级），供应商一般也不提供 FIT 值和 FMD 信息，需要工程师找数据进行计算。

第二类产品：属于功能安全器件产品类别，器件通常已集成了复杂的内部监控及诊断功能，同时 TI 又提供了比较多的支持文档。此类器件并不按照认证过的功能安全开发流程开发，而是按照 TI 的标准质量管理流程进行开发。此类器件可用于功能安全产品设计，可以大幅降低产品认证的工作量及认证难度。

第三类产品：功能安全合规产品。此类器件通常是集成了安全特性的复杂器件，且自身足够复杂，几乎能够自成系统，如 MCU、处理器、电机驱动芯片、电源管理芯片等。此类产品是在 TI 通用质量管理流程的基础上，采用 TI 的功能安全流程开发，可以提供 FTA，有功能安全认证证书。采用此类器件可大幅降低功能安全产品的设计难度及认证难度，或者说，是设计功能安全产品的唯一高效途径。

图 7-23 为功能安全质量管理产品与功能安全合规产品的产品手册对比举例。

功能安全合规

TPS6594-Q1具有5个降压转换器和4个LDO且适用于汽车安全相关应用的电源管理IC(PMIC)

1 特性

- 符合汽车应用要求
- 具有符合 AEC-Q100 标准的下列特性：
  - 器件的输入电源电压范围为3V至5.5V
  - 器件温度等级1：-40℃～+125℃环境工作温度范围
  - 器件 HBM 分类等级 2
  - 器件 CDM 分类等级 C4A
- 符合功能安全标准
  - 专为功能安全应用开发
  - 有助于使ISO 26262系统设计符合ASIL-D的文档
  - 有助于使IEC 61508系统设计符合SIL-3的文档
  - 系统功能符合ASIL-D
  - 硬件完整性符合ASIL-D

功能安全质量管理

TCAN4550-Q1 带有集成控制器和收发器的汽车控制器区域网灵活数据速率（CAN FD）系统基础芯片

1 特性

- 符合面向汽车应用的AEC-Q100标准
  - 器件温度等级1：-40℃～+125℃，TA
- 功能安全质量管理型
  - 有助于进行功能安全系统设计的文档
- 带有集成 CAN FD 收发器和串行外设接口(SPI)的CAN FD 控制器
- CAN FD 控制器支持 ISO 11898-1:2015 和 Bosch M_CAN 修订版 3.2.1.1
- M_CAN 3.2.1.1版本
- 符合 ISO 11898-2:2016 的要求
- 支持CAN FD数据速率高达8Mbps，且SPI时钟速率高达18MHz

图 7-23　功能安全质量管理产品与功能安全合规产品的产品手册对比举例（TI）

从图 7-23 两个产品手册的描述可以看出：

1）器件首先是 AEC-Q 认证的，这是车载应用的基础。

2）合规产品会注明功能安全合规"Functional Safety-Compliant"，同时注明器件的系统级、硬件级 ASIL 等级，文档可支持的 ASIL 等级等信息。

3）质量管理产品会注明功能安全质量管理"Functional Safety Quality-Managed"，同时注明器件的文档有助于进行功能安全系统设计。

7.5.5　车规级认证与功能安全认证

车规级认证（即 AEC-Q 认证，基于 AEC 标准）与功能安全认证（基于 ISO 26262 标准）从多个维度均存在较大差异，见表 7-5。表中从认证范围、认证方式、认证目的、侧重点、交付物、是否强制、认证机构、认证报告、证书有效期等 9 个维度对车规级认证与功能安全认证进行了对比。

表 7-5　AEC-Q 认证与功能安全认证的区别

项目	AEC 标准	ISO 26262 标准
认证范围	仅针对电子元器件	流程或产品
认证方式	测试	流程文档

（续）

项目	AEC 标准	ISO 26262 标准
认证目的	资格通用化	功能安全
侧重点	器件可靠性及一致性	流程合规性
交付物	测试报告	流程文档及证书
是否强制	否	否
认证机构	无，自测或三方试验室	有，三方认证机构如 TUV，SGS
认证报告	无，仅有测试报告	有，由认证机构颁发
证书有效期	无	有，到期后需再次审核

针对表 7-5，分析对比可以看出：

（1）认证范围

1）AEC 标准认证的范围仅针对电子元器件，如集成芯片、分立半导体、被动器件、MEMS 器件、MCM 模块等，由器件供应商 Tier 2 进行认证测试。

2）ISO 26262 标准认证范围则包括流程（对公司）及产品（实体或非实体）。

（2）认证方式

1）AEC 标准认证方式就是测试，测试通过后在产品手册上注明符合标准即可。

2）ISO 26262 标准认证涵盖了产品的设计、测试、生产等全生命周期，重点在于产品的设计与测试，认证方式最终体现在产品设计文档上，而非仅仅局限于产品测试。

（3）认证目的

1）AEC 标准认证的最初目的是为了器件资格通用化，现在基本上是器件车载应用的一个基本要求。

2）ISO 26262 标准认证的目的就是证明公司的开发流程或产品本身的功能安全设计符合标准。

（4）侧重点

1）AEC 标准的侧重点是器件的可靠性及长期供货的一致性（主要体现在变更流程要求）。

2）ISO 26262 标准的侧重点是设计及开发流程的合规性（主要通过工具、流程、设计分析及测试文档）。

（5）交付物

1）AEC 标准认证测试后，交付物就是测试报告。

2）ISO 26262 标准认证后，交付物就是流程文档及认证证书。

（6）是否强制

1）AEC 标准和电子零部件测试标准一样，都是非强制的，但是如果要做车载应用，那么通过 AEC 标准是基本要求。

2）ISO 26262 标准同样也是非强制标准，是否需要认证取决于客户要求，标准同时树立了行业门槛。

（7）认证机构

1）AEC 标准没有专门的认证机构，元器件供应商自己根据标准进行测试即可。

2）ISO 26262 由专门的合规认证机构，认证必须由机构进行。

（8）认证报告

1）AEC-Q 没有认证报告的，只有测试报告。

2）ISO 26262 认证通过后，将由合规认证机构颁发认证证书。

（9）证书有效期

1）AEC-Q 测试报告基本没有有效期，但是只要产品发生变化，就需要重新进行认证测试。

2）ISO 26262 证书有有效期，一般为 3~5 年，到期后需要重新审核，且需要一定的审核费用。

7.5.6 功能安全认证产品的范围

功能安全产品认证的范围既可以是实体，如电子元器件、电子零部件或开发工具，也可以是虚拟的非实体，如软件操作系统或软件工具。

1. 电子零部件的功能安全认证

具体产品的功能安全认证是最常见的，不管是 OEM 还是 Tier 1，一般说产品的功能安全认证，就是指某个电子零部件的认证，而相应的功能，就是这个电子零部件所能实现的功能之一。

另外，产品的功能安全等级要求一定是来源于 OEM 的。OEM 作为整车功能安全等级定义的主导者，负责对整车所有与功能安全相关的功能进行功能安全等级定义，然后再和 Tier 1 进行协商，分配到具体的零部件功能，让相应的 Tier 1 来实现。如转向柱锁功能，如果全部让转向柱锁供应商负责实现 ASIL D 级，难度比较大，成本也比较高。OEM 可以从整车设计角度进行功能安全等级分解、降级，让其他零部件承担相应的功能安全等级，共同实现 ASIL D 级的功能安全目标，从而降低单个零部件设计难度及成本，进而降低整车开发成本。

2. 软件的功能安全认证

纯软件产品，如代码测试工具 Helix QAC，或者单纯的软件，如 QNX

操作系统，也可以单独进行产品认证，道理是一样的。如图 7-24 所示，Helix QAC 最高可以达到 ISO 26262 要求的 ASIL D 级认证。Helix QAC 是权威的 C/C++ 代码合规性静态分析工具，可以用于车载 ECU 的嵌入式软件开发，开发团队可以使用 Helix QAC 快速地满足功能安全项目合规性的需要。

通过 ISO、IEC 和 EN 合规性认证

Helix QAC已通过独立合规认证。Helix QAC由Programming Research/PRQA开发，现在是Perforce的一部分。

TÜV南德意志集团认证

Helix QAC已通过TÜV·SÜD认证，符合关键功能安全标准：

- ISO 26262（汽车）高达 ASIL D 级。
- IEC 61508（一般工业）高达 SIL 4。
- EN 50128（铁路）至 SW-SIL 4。
- IEC 62304（医疗设备）高达软件安全等级 C。
- IEC 60880（核电）

ISO 9001 |TickIT 加基础级认证

喜力QAC还通过了ISO 9001认证，滴答加基础级别。

ISO 9001是最广泛采用的标准之一。它确保组织努力通过持续改进来满足并超越客户的要求和满意度。

图 7-24　Helix QAC 符合 ASIL D 级认证

QNX 操作系统是一种商用的、广泛用于车载应用的类 UNIX 实时操作系统，目标市场主要是面向嵌入式系统。如图 7-25 所示，QNX 操作系统是纯软件产品，其产品功能安全认证证书中明确其功能安全等级最高可以达到 ASIL D 级。QNX 操作系统在这里作为一个软件产品进行认证，最终的功能安全级别取决于具体的设计应用。

IEC 61508 安全完整性等级 3（SIL）3

QNX 安全操作系统经过认证，符合国际电工委员会（IEC）标准 61508 安全完整性等级 3（SIL3）的要求。IEC 61508 是电子系统功能安全的标准，在运输、能源生产、过程控制和其他行业的安全关键系统中使用时，可提供非常高的可靠性和降低风险。满足IEC 61508要求需要由独立认证机构进行系统评估。®

ISO 26262 汽车安全完整性等级（ASIL）D

QNX 安全操作系统经评估符合 ISO 26262 汽车安全完整性等级（ASIL D）。ISO 26262 是改编自 IEC 61508 的标准，定义了汽车市场中电子系统、电气系统和软件组件的功能安全。®

查看认证

图 7-25　QNX 符合 ASIL D 级认证

7.6 车规级认证相关问题

汽车行业自 2020 年以来，因全球"缺芯"带来了汽车芯片的国产化替代浪潮；叠加车辆电气化、智能化及自动驾驶技术对芯片的大量需求，为国产器件推进车载应用创造了一个很好的契机。随着汽车芯片的国产化推进，"车规级"这个词也随之越来越多地出现在了公众的视野中。因为如果要进行车载应用，车规级 AEC-Q 认证就是一个最基本的要求。芯片及元器件供应商不能仅靠 IATF 16949 认证及产品符合 PPAP 流程，或者器件温度等级达到了车载应用要求，就声称器件达到了车规级，而是要深入地研究 AEC-Q 标准，了解认证测试及车规级器件对芯片设计、制造、封测等的相关要求，逐渐掌握车规级器件的设计制造及测试流程，建立起器件认证数据及应用数据的数据库，逐步丰富器件家族，利用通用数据逐步降低认证难度，稳步推进国产器件的车规级认证，使越来越多的"AEC-Q***Qualified"出现在国产器件的手册上，这才是器件供应商要做的事情。

图 7-26 为某国产车规级电源芯片手册，手册中明确了该器件符合 AEC-Q100 温度等级 1 认证，也就是说器件是车规级的，同时温度等级达到了等级 1：–40~125℃。

3.5V 至 60V 输入, 2.5A/3A 输出，同步降压型开关电源

1 特性

- 通过汽车等级 AEC-Q100 Grade 1 验证
- 超低的 27μA 静态电流
- 宽输入电压范围：3.5V 至 60V
- 宽输出电压外部可调：1V 至 V_{IN}
- 集成上下功率 MOS 管最高达 2.5A/3A 的输出电流
- 超低 EMI 通过 CISPR25 Class 5 标准

2 应用范围

- 汽车电子电源管理
- 工控系统的电源管理
- 宽电压电池供电系统的电源管理

3 描述

LN10X62/3Q1 是一款高效率，高密度的同步降压

图 7-26 某国产车规级电源芯片手册（部分）

1. 车规级认证基础知识

AEC 目前共有 6 个标准，每个标准对器件的认证测试及变更流程的要求均有所不同，但在器件认证要求的描述方面是统一的。AEC-Q100 标准中明确规定了 6 点：

1）完成所有 AEC-Q100 标准文档要求的测试及数据存档后，方可声称

器件是"AEC-Q100 Qualified"。

2) AEC组织不会为任何机构或公司颁发"AEC-Q100 Qualified"证书。

3) AEC组织也没有运行任何认证机构来认证器件。

4) 每个供应商根据AEC标准，自己去做认证，同时需要考虑客户需求。

5) 认证后将数据提交给客户，由客户来核实认证测试是否符合AEC标准。

6) 批准（Approval）是指客户批准某器件用于客户的产品，这个是标准之外的。

这就意味着AEC-Q认证是没有官方授权的，也没有官方认证机构，AEC-Q认证是自愿性的，是一种自我宣称（Claim）；同时，AEC标准不是强制标准。

2. AEC-Q认证机构

基于对标准的分析，以一个芯片为例，根据测试项目及变更流程，可以看到一个器件的车规认证涉及设计、晶圆制造（Wafer Fab）、封装（Assembly）三个方面，如今大部分的芯片供应商一般不涉及晶圆制造，这种纯设计、芯片制造外包的模式称为无工厂（Fabless）模式，甚至很多供应商连芯片的封测都不涉及，全部外包，芯片供应商就专门做芯片设计，行业分工非常明确及细分。所以在这种情况下，器件要做AEC-Q认证需要三方一起配合。

检测机构方面，因为AEC-Q认证没有专门的认证和测试机构，AEC标准本身也没有涉及检测机构，理论上来讲，国内具备中国合格评定国家认可委员会（China National Accreditation Service for Conformity Assessment, CNAS）认证资质的第三方检测机构都是可以的，其出具的报告都是权威的。对元器件检测来讲，主要看检测机构的设备、测试能力及测试经验，目前国内多数检测机构在车规级器件认证测试方面相关经验比较欠缺，同时国内的车规级器件供应商通常又没有自己的测试试验室及测试能力。随着国产器件的车规化（即新器件的车规级设计、生产、测试，以及对现有非车规级器件进行车规级改造，包括对设计的更改、生产制造工艺、制造、组装及封测工厂的改造、器件的车规级认证测试等）的推进，大型器件供应商一定会逐步具备车规级器件的测试能力，并建立起自己的检测机构，这是毋庸置疑的。器件供应商提升自己的检测能力，一方面可以降低测试成本，另一方面就是方便器件的变更测试。根据AEC标准对器件变更流程的规定，车规级器件的每一次变更，都需要重新进行认证测试（Requalification）。随着器件供应商所生产器件种类的不断增加，器件应用时间的不断拉长，这种变更测试就会变得非常频繁，这时如果还依靠第三方检测机构显然不可能，成本和效率都不允许。

3. AEC-Q 认证的门槛

AEC-Q 认证的门槛目前来讲相对比较高，因为 AEC 标准是欧美制定的，主要的汽车半导体供应商也都是欧美的，国产车规级器件占比仍然较低，国内从车规级芯片设计、晶圆制造、封装及测试等全产业链力量仍显薄弱。AEC-Q 认证涉及设计、晶圆、封测三个方面，Fabless 的器件供应商需要协调三方进行认证测试，如何寻找有经验的试验室，并协助试验室了解 AEC 测试标准，制定相对应的测试验证方法及测试步骤，使器件顺利通过 AEC-Q 认证，是一件极其艰难的事情。

另外，虽然通过 AEC-Q 认证就意味着器件达到了车规级，但同时也要认识到，AEC 标准对车规级的意义远不止于 AEC-Q 测试本身。一个器件要通过一次 AEC-Q 认证测试并没有想象中的那么难，难的是在器件生命周期内的多次变更带来的重新认证，以及基于 AEC 标准要求的对产品质量及可靠性的长期坚守。

如器件生命周期的问题，车载器件一般要求 10~15 年的稳定供货周期，作为车规级器件供应商 Tier 2，是否有信心对 Tier 1 保证一个器件可以持续供货 10~15 年，或者说，是否有信心保证自己的公司可以持续经营 15 年？在 Tier 1 有国际大公司车规级器件可以选择的情况下，为什么选择国产车规级器件？

即使因为缺芯或 Tier 1 有国产化替代政策，必须用国产器件，那么在长达 15 年甚至更长的时间内，器件变更将无可避免，实际上会极度频繁地变更。那么在器件长达 15 年以上的供货周期中，器件批次间品质的一致性又该如何保证？

所以如果 Tier 2 规模较小，除设计外其他都外包，又没有相关经验，初次认证肯定比较难，如需要晶圆厂及封测厂配合等，但认证肯定能通过，难的是无数个器件不断地变更及重新认证，在这个过程中如何保证器件长周期供货的品质稳定性。就像长期坚持做一件事情，没有一种积极的理念和文化是不行的；同样道理，对于器件的车规级认证，建立质量理念和质量文化才是核心。

4. 质量理念的坚守

如图 7-27 所示，NXP 一直在倡导全面质量把控，以及质量把控的理念与文化。不仅是 NXP，所有的车规级器件供应商都在倡导对质量理念的坚守，作为国内的车规级器件供应商 Tier 2，要树立一直为客户提供高质量、零缺陷的、超越客户预期产品的理念与文化。这是一种客户与企业之间的深度信任，这背后需要企业的质量理念及文化来支撑。质量理念要达到的目标并不仅仅是符合标准，而是持续改进，超越标准，超越客户预期。这部分内容在 7.3 节汽车零缺陷框架中介绍过。

全面质量把控

全面质量把控促使我们让互联世界变得更美好、功能更安全、信息更安全。恩智浦希望给客户留下的第一印象是全面质量把控——一次到位的开发、设计和验证，零缺陷交付，完美客户支持。

质量把控理念与文化

我们继续实现零缺陷的目标，按照质量要求将创新技术产品及时推向市场，并提供卓越的客户支持，兑现我们对全面质量把控的承诺。我们的最终目标是超越客户的期望。

"全面质量把控"由质量把控理念和文化来推动，体现在我们的主要基石中：

图 7-27　NXP 的全面质量理念

图 7-28 所示为英飞凌的零缺陷理念。

图 7-28　英飞凌的零缺陷理念

英飞凌的零缺陷理念坚持：

1）交付质量水平达到 1ppm 以下。

2）零缺陷生产及交付，全年 365 天，每周 7 天，每天 24h 生产及交付零缺陷产品（除每年最后 3s 外，也就是说，其 ppm 按照每年 31536000s 计算，可以高达 3/31536000，也就是 0.095ppm）。

3）多数 8D 问题在 14 天内关闭（8D 问题解决法，Eight Disciplines

Problem Solving，简称 8D）。

4）强大的本土化能力，失效分析试验室实现区域网络化。

5）用于电子器件的零分层法（即通过产品结构、引线框架设计、材料选择及工艺管控进行产品的质量因素分析的一种方法）。

6）零缺陷，90% 的产品已实现零缺陷（Zero Defect）。

有了坚定的质量理念，还需要供应链里核心供应商的支持、流程的控制、问题的解决、Know-How 的积累及持续改进，这中间就涉及 IATF 16949、PPAP 等汽车行业标准及流程体系的支撑。

产品质量有了保证，长期的客户信任才能建立起来，客户才能放心大胆地用国产车规级产品。汽车电子元器件不同于消费级元器件，产品的长生命周期带来的持续供货及质量一致性要求既是一种行业需求，对企业来讲也是一种社会责任。企业要长期坚守质量理念，而不是只喊口号，以为通过了认证就万事大吉，换个材料或改个流程，自己认为关系不大，就可以私自升级，这种心态或行为千万不能有。该重新认证就重新认证，该通知客户就通知客户进行变更评估，该升级料号就升级料号，严格按 AEC 标准要求进行车规级器件管理。国产器件的车载应用道阻且长，只有脚踏实地，国产车规级器件及 Tier 2 才能走得更远。

5. 可靠性知识的积累

国产半导体供应商在通往车规级应用的道路上，需要学习的知识、积累的经验还很多，不得投机取巧。关于这一点，欧美头部车规级元器件供应商的经验值得学习。国产半导体供应商要学习欧美头部供应商关注产品质量以及在预期应用中的可靠性的质量理念，把产品质量和真实的产品使用环境结合起来，并在其整个生命周期内持续收集及积累产品在特定环境中、特定使用条件（Characterized Mission Profile）下暴露于相关环境及功能负载的数据画像，通过基于知识的产品认证方法论，了解产品的可靠性能力并积累产品在特定领域中包含产品的应用组件的可靠性能力。

恩智浦（NXP）的可靠性知识框架（Reliability Knowledge Framework）可以作为一个很好的参考：

1）分析相关失效机制，并对失效风险进行评估。

2）采用潜在失效模式和结构相似性规则的知识来定义测试及其要求。

3）通过内建可靠性（Built-in Reliability）应对已知失效机制，从而确保产品的耐用性。

4）采用加速的可靠性测试方法，在合理的时间内模拟产品在实际应用环境下的使用寿命。

5）采用测试直至失效（Test-to-Failure）理念确定产品的可靠性能力。

6）延长可靠性测试时间，即用长于认证要求的测试时间，来评估产品的任何物理或电性能退化情况。

7）对于组件或整个产品，可通过与特定应用领域相关的一致性测试来评估可靠性。

8）对于已发布产品的衍生产品，采用已知模型、规则及测试方法；当有新的失效模式、新的或已修改的加速模型或模型参数时，更新结构相似性规则、模型及测试方法，通过评估—验证—改进，进行持续迭代。

恩智浦的可靠性知识框架如图7-29所示。

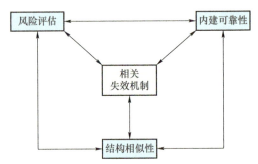

图7-29 可靠性知识框架（恩智浦）

图7-29框架的理念有点类似于自动驾驶产业的场景—数据—算法模型，场景就是器件的具体使用环境及使用条件，数据包括测试数据、应用的可靠性数据等，算法就是芯片的设计、制造生产流程、工艺、Know-How等，这就形成了一个闭环，可以持续迭代，继续改进。

6. 认证测试的简化

随着车规级器件的应用，Tier 2可以持续地积累相关经验，并对质量理念进行持续迭代。在这个过程中，随之而来的还有大量可用于AEC-Q认证的通用数据的积累。关于通用数据（Generic Data）与认证家族在6.2.3节有详细介绍，通用数据包括数据的积累和数据的使用。通用数据可以用来简化新器件的测试，同时通用数据还可以用来简化器件家族的认证测试。关于这一点，AEC标准有详细的描述可以参考。

AEC标准为使用通用数据进行认证测试简化及加速认证测试提供了指南，车规级器件供应商及用户可以基于此指南，在如何利用通用数据及何时使用通用数据方面达成一致。如一个器件家族中，如果一个家族成员通过了测试认证，那么整个产品认证家族中的所有器件也可以被认为同时通过了认证（特殊测试除外）。同时，AEC标准还详细规定了家族的定义，如同样的产品类型、同样的封装、同样的晶圆厂、同样的生产工艺、同样的封装厂、具有同样的功能、共享同样的制程、材料等，以 AEC-Q100 标准为例：

1）类似的产品功能，如运放、调压器、微处理器、逻辑类芯片。
2）规定的操作电压、操作温度或操作频率范围。
3）制造技术的设计库单元，如存储器 IP、数字设计库单元等。
4）存储器类型及大小、有源电路设计规则等。

如果有不同的操作电压范围（如 5V 和 3.3V），则需要相应的认证家族数据，如电压范围就需要 5V 和 3.3V 的数据。另外，不同的操作温度范围、不同的制造技术（如 CMOS、双极性等）、不同的制程工艺、不同的晶圆厂、不同的组装工艺、不同的组装厂等，AEC 标准也有详细规定。

随着一个 Tier 2 推出器件数量及种类的增多，通用数据就会越来越多，新器件及家族器件的认证就会越来越简单，也越来越快，认证成本也会越来越低，器件的可靠性也会越来越高，这就形成了一个正向循环。总结一下：

1）AEC-Q 认证本身并不难，门槛没有想象得那么高。
2）一次认证容易，持续认证很难。
3）关键是要建立一种质量理念，并为之坚守。
4）积累器件的可靠性知识及通用数据，搭建可靠性能力框架，持续迭代。

7. AEC-Q 认证的周期及费用

AEC-Q100 认证测试所需要的时间要视具体情况，如果是新器件、新技术或新材料，则测试项目就比较多，时间就比较长。如果有通用数据，测试就可以简化，所以不能一概而论。以等级 1 认证测试的部分测试项目为例，认证测试要求见表 7-6。

表 7-6　AEC-Q100 等级 1 认证测试的部分项目要求

测试项目	测试条件	测试时长	每批数量	批次	总数	要求
有偏温湿度或有偏加速应力测试	85℃/85%RH	1000h	77	3	231	0 失效
有偏高加速应力测试	110℃/85%RH	264h	77	3	231	0 失效
温度循环	−55~150℃	1000 个循环	77	3	231	0 失效
功率温度循环	−40~125℃	1000 个循环	45	1	45	0 失效
高温贮存寿命	150℃	1000h	45	1	45	0 失效
高温工作寿命	125℃	1000h	77	3	231	0 失效
早期寿命失效率			800	3	2400	0 失效
非易失性存储器耐久性、数据保留和操作寿命			77	3	231	0 失效

表 7-6 中的 6 项测试总时间超过 4000h，而一年才 8760h。当然很多试验可以并行，在一定程度上是可以缩短测试时间。但整体来看，测试时间短则几个月，长则几年都是可能的。如 AEC-Q100 中的温度循环测试，等级 0 要求 2000 个循环，是所有测试中时间最长的。另外，测试所需的样品数量也非常大。以表 7-6 为例，所需样品数量达到 3600 多个，如果器件单价很高，这也是很大一笔费用。当然对于高单价芯片，AEC-Q104 标准中也进行了说明，测试样品数量可以和客户协商，以降低测试成本。

AEC-Q100 共分 7 个测试组群，各类试验项目共 45 项，如果是新器件初次进行认证测试，全部测试下来要很长时间。如果测试出现问题，还需要整改，时间还要拉长。

关于测试费用，基于测试项目、所用测试设备的不同，相应的费用也不同，并且测试成本和测试是否顺利也有很大关系。测试不顺利，反复整改再测试，时间和成本都会成倍上升。另外，费用也和测试机构有关，Tier 2 自己测试肯定成本更低，第三方测试机构测试成本就要高一些。

具体时间方面，以一个国产 MCU 为例，从声称达到了车规级，到通过 AEC-Q100 测试，经历了 3 年，从后装走到了前装。一方面说明 AEC-Q100 初次测试耗时较长、难度较大；另一方面也说明测试费用较高，Tier 2 先通过后装验证，通过实际装车应用验证，确认器件的可靠性后，再通过认证测试，以降低认证测试失败风险，这是一个较好地实现器件车规化的途径。最后是 Tier 2 自建测试能力，以降低长期测试成本。

图 7-30 为一个分立半导体器件的部分 AEC-Q 认证测试报告，可见测试项目是基于 AEC 标准指定的，但是具体的测试条件及样品数量可以进行调整。

Test	PC	Std ref.	Conditions	SS	Steps	Failure/SS Lot 1	Note
Package Oriented Tests							
THB	Y	JESD22 A-101	T=85℃ / RH=85% / V= 100V	80	168h	0/80	
					504h	0/80	
					1000h	0/80	DPA compliant to AEC-Q101
TC	Y	JESD22 A-104	Ta = [-65℃ to 150℃], 2 cycles/hour	31	100cycles	0/31	
					500cycles	0/31	
					1000cycles	0/31	DPA compliant to AEC-Q101
AC	Y	JESD22 A-102	T=121℃ / RH=100% / P=2 BARS	74	96h	0/74	
Die Oriented Tests							
HTRB	N	JESD22 A-108	Tj=150℃ / V=171V	77	168h	0/77	
					504h	0/77	
					1000h	0/77	

图 7-30 一个分立半导体器件的 AEC-Q 认证测试报告（部分）

8. 车规级器件国产化展望

如图 7-31 所示,从 2019 年汽车半导体市场格局可以看出,汽车半导体市场的前 10 家公司,第 1、2、5、6 名都是欧洲的公司,第 3 和第 10 名是日本的公司,其他都是美国的公司,车载半导体市场几乎全部被欧美日占据。

图 7-31　2019 年汽车半导体市场格局(数据来源:IHS)

2020 年以来,汽车行业的"缺芯"一直并未缓解,这在很大程度上与车载半导体的整体行业占比还太低有很大关系。2018 年车载半导体占比约 12%,而计算机和通信半导体占比超过 60%。以车规级 MCU 为例,台积电包揽了全球 70% 的 MCU 产量,但台积电自己的财报表明,汽车芯片仅占台积电销售额的 5%,并不处于战略核心地位;而苹果一家订单在台积电的占比就超过 25%。汽车芯片占比太低,显然会造成车企在排产或者争抢订单时处于弱势局面。

长远来看,虽然目前汽车芯片整体占比较低,但是增长速度较快。仅 2021 年增长就超过了 30%。虽然国产芯片供应商目前还没有发展壮大,但是国内市场容量极大,目前中国仍是全球最大的半导体单一市场,总结来讲就是高增长、大市场。只要有市场需求,车规级器件的国产化就有机会。国产器件要想做到车规级,虽然门槛很高、路很难走,但必须坚定地走下去。

目前国产车规级器件的种类及数量还很少,某些所谓的"车规级器件",实际上根本没有通过 AEC-Q 认证,只是温度范围达到了车载应用要求。有的是按照零部件试验标准,如通过了 IEC CISPR 25 和 ISO 16750 测试,然后就声称达到"车规级",这是极不严谨的。

车载半导体器件方面，国内目前的差距还是很大，目前开始往车规级方向做得比较多的是 MCU 和电源芯片，自动驾驶方面的车规级芯片也在做。功率器件方面，国产的 IGBT 不少，但车规级 MOSFET 却很少，应该说是分立半导体方面国产都较少，这些车载半导体器件目前基本都是欧美各大半导体公司的天下。

被动器件方面，国产的仍然较少，日本几乎处于全球主导地位，包括阻容、电感、晶振、滤波器等，因为品类多、单价低、BOM 占比低，国产厂商要在这方面实现替代，目前看来还有很长的路要走。另外从数据来看，国产芯片目前的自给率为 30%，而车规级器件国产化率不足 5%。相对于消费电子类芯片，汽车芯片产品相对独立和封闭，这个从前面分析的车规级器件产业链中也能够得到印证。

但同时也要看到已经有越来越多的国产器件供应商真正开始着手对器件进行 AEC-Q 认证，并自建了试验室。以某国产车规级 MCU 公司为例，该公司很早就开始布局车规级 MCU 产品线，2012 年其车规级 MCU 开始在汽车后装市场上有所应用。2015 年该公司推出了第二代基于自有内核的车规级 MCU，同时引入 AEC-Q100 器件可靠性测试规范，进入汽车前装市场，期间历时 3 年。2019 年该公司发布已量产多年且得到大批量装车验证的 17 款满足 AEC-Q100 可靠性认证的 8 位 MCU，同年还量产了基于其自有内核的 32 位车规级 MCU，入主汽车领域中高端市场，完成产品和应用市场的双向升级。同时，车规级 MCU 成了该公司近年来发展的核心业务和主要增长点；该公司这几年也在不断完善车规级 MCU 的管控流程并积累相关应用经验，从芯片的设计、制造到品控，每一个环节均遵循车规级标准及规范，并通过持续投入，自建了可靠性试验室，以保障 AEC-Q100 的可靠性测试流程，进而不断提升其车规级 MCU 的性能及可靠性。2021 年，其车规级 32 位 MCU 产品实现大规模量产，并成功与国内多家大型 OEM 及国际 Tier 1 达成战略合作，应用领域覆盖车身、底盘线控、BMS、车载充电机（On Board Charger，OBC）、仪表、多媒体等领域。

这家公司的发展历程很具有参考价值，该公司历经近十年时间，将车规级 MCU 产品从汽车后装市场做进了前装市场。其一开始就按照车规级标准来进行布局，先在后装市场落地，再引入 AEC 认证测试拿到前装资格，积累应用经验，建立客户信任，逐步完善管控流程，最后自建试验室保障 AEC-Q 测试。

因受目前"缺芯"及国际形势的影响，国内从 OEM 到 Tier 1 都已经开始着手考虑芯片供应链的安全问题，加上国家层面的芯片国产化率提升的需求,叠加车辆电动化及国内汽车厂商崛起的双重红利,国内芯片业以及其他电子元器件企业未来机会巨大。

7.7 车规级认证测试与电子零部件测试

对于电子元器件来讲,通过 AEC-Q 认证测试便可以认为器件达到了车规级,可以称为车规级器件,具备了车载应用的条件,在零部件设计选型时便可以被采用。而对于汽车电子零部件来讲,达到车载应用的条件是通过依据 OEM 企业标准制定的一系列测试项目,测试通过后便可以称为车规级零部件。电子零部件的这个测试也通常称为 DV 测试,OEM 的这些企业标准通常基于国际标准或国家标准。

电子元器件基于 AEC 标准的车规级认证测试与电子零部件基于 OEM 企业标准的 DV 测试目的都是为了对产品进行一种资格认证测试,以确认其是否具备车载应用的条件。适用于电子元器件认证测试的 AEC 标准与适用于电子零部件的一系列国际标准或国家标准虽然在测试的侧重点上有所不同,但二者之间也存在较多的相同点。

电子零部件的测试标准基于类型可以分为两大类:环境测试与 EMC 测试。环境测试又可以分为温湿度类、防护类、电气类、机械类测试,EMC 测试可以分为干扰类与抗干扰类测试。对 AEC 标准中规定的测试项目也可以按此分类进行对比分析,进而了解器件级测试与零部件级测试之间的关系,以及采用车规级器件对汽车电子零部件通过 OEM 测试标准的作用。

7.7.1 汽车电子模块的测试标准

第 5 章详细分析了汽车行业针对电子模块的试验标准及测试项目,见表 7-7。

表 7-7 汽车电子零部件相关试验标准

国家标准	国际标准	标准内容
GB/T 28046.1—2011	ISO 16750-1:2006,MOD	环境条件和试验:一般规定
GB/T 28046.2—2019	ISO 16750-2:2012,MOD	环境条件和试验:电气负荷
GB/T 28046.3—2011	ISO 16750-3:2007,MOD	环境条件和试验:机械负荷
GB/T 28046.4—2011	ISO 16750-4:2006,MOD	环境条件和试验:气候负荷

(续)

国家标准	国际标准	标准内容
GB/T 28046.5—2013	ISO 16750-5：2010，MOD	环境条件和试验：化学负荷
GB/T 30038—2013	ISO 20653：2006，MOD	防护等级（IP 代码）
GB/T 4208—2017	IEC 60529：2013，IDT	外壳防护等级（IP 代码）
GB/T 18655—2018	CISPR 25：2016，MOD	传导发射及辐射发射
GB/T 21437.1/2/3—2021	ISO 7637-1：2015，MOD， ISO 7637-2：2011，MOD， ISO 7637-3：2016，MOD	瞬态传导发射和抗扰性—电源线及信号线
GB/T 19951—2019	ISO 10605：2008，MOD	静电放电抗扰性
GB/T 33014.2—2016	ISO 11452-2：2004，MOD	抗扰性试验：电波暗室法
GB/T 33014.3—2016	ISO 11452-3：2001，MOD	抗扰性试验：横电磁波（TEM）小室法
GB/T 33014.4—2016	ISO 11452-4：2005，MOD	抗扰性试验：大电流注入（BCI）法
GB/T 2423.17—2008	IEC 60068-2-11：1981	试验 Ka：盐雾

电子模块通过车规级试验是电子零部件车载应用的基础，拿到电子模块的测试报告后才说明产品通过了设计验证，产品设计才可以冻结，然后才可以量产装车。DV 测试报告需要提交给 OEM，有条件的 OEM 还会进行抽样复测。所以 DV 测试实际上就是一个电子模块的车规级认证测试，测试通过后才表明这个产品达到了车载应用的要求。根据表 7-7，基本上可以把试验分为三类：

1）电气及气候负荷类：ISO 16750-2（电气及部分 EMC）和 ISO 16750-4（气候、温湿度等）。

2）机械与防护相关：ISO 16750-3 机械和防护类和 ISO 16750-5 化学、Ka 盐雾、IP 代码。

3）EMC 相关：IEC CISPR 25 传导发射及辐射发射、ISO 7637 瞬态传导发射和抗扰性、ISO 11452 电磁抗扰性、ISO 10605 静电放电抗扰性和 ISO 16750-2（部分抗扰性）。

7.7.2 电气及气候负荷相关试验

汽车电子零部件标准中的电气负荷试验主要是一些电压相关的测试，如电压范围、过电压、反向电压、开路、短路、地漂等，这些都是针对电子零部件的测试项目，与 AEC 标准的关系不大，主要和产品整体设计有关。但 AEC 标准对所有器件全部要求进行电气性能测试，如被动器件进行电气特性测试、芯片进行电分配测试、分立器件进行无钳位感性开关测试等。虽然 AEC-Q100-012 及 AEC-Q101-006 中也涉及芯片的短路测试，但只是针对智能功率器件如 HSD、LSD 等，而 AEC-Q103 中的短路特性则引用自 AEC-Q100。整体来讲，电子零部件的电气负荷测试与产品本身的设计方案关系更大一些，但 AEC 标准对器件电气特性测试方面的要求对电子零部件通过零部件级测试有一定帮助。AEC 标准中的电气类测试项目见表 7-8。

表 7-8 AEC 标准中的电气类测试项目

测试项目	类型	相关 AEC 标准
电分配	电气类	AEC-Q100，AEC-Q101，AEC-Q102，AEC-Q103，AEC-Q104
经时介质击穿	电气类	AEC-Q100，AEC-Q103
短路特性	电气类	AEC-Q100，AEC-Q101，AEC-Q103
电介质完整性	电气类	AEC-Q101
无钳位感性开关	电气类	AEC-Q101
电气特性	电气类	AEC-Q200
冲击电压	电气类	AEC-Q200

电子零部件标准中的气候负荷试验项目主要是关于高低温、温度循环、温湿度等的测试项目，其中温湿度及循环类与 AEC-Q 标准关系非常大，因为 AEC-Q 很大一部分测试项目就是关于温湿度类和耐久循环类的，这部分测试项目占整个测试项目的 40% 左右。但是不同于电子零部件标准，AEC 标准要求的测试项目更多，且很多项目是针对电子元器件的，如有偏温湿度或有偏高加速应力测试、高温反向偏压等，见表 7-9。

表 7-9 AEC 标准中的气候负荷类测试项目

测试项目	类型	相关 AEC 标准
有偏温湿度或有偏高加速应力测试	温湿度类	AEC-Q100，AEC-Q101，AEC-Q103，AEC-Q104，AEC-Q200
高压或无偏高加速应力测试或无偏温湿度测试	温湿度类	AEC-Q100，AEC-Q101，AEC-Q103，AEC-Q104
温度循环	温湿度类	AEC-Q100，AEC-Q101，AEC-Q102，AEC-Q103，AEC-Q104，AEC-Q200
功率温度循环	温湿度类	AEC-Q100，AEC-Q101，AEC-Q102，AEC-Q103，AEC-Q104

(续)

测试项目	类型	相关 AEC 标准
高温贮存寿命测试	温湿度类	AEC-Q100, AEC-Q103, AEC-Q104, AEC-Q200
高温工作寿命	温湿度类	AEC-Q100, AEC-Q102, AEC-Q103, AEC-Q104
早期寿命失效率	温湿度类	AEC-Q100, AEC-Q103, AEC-Q104
非易失性存储器耐久性、数据保留和操作寿命	耐久类	AEC-Q100, AEC-Q103, AEC-Q104
脉冲寿命	耐久类	AEC-Q102
高温反向偏压	温湿度类	AEC-Q101, AEC-Q102
高温正向偏压	温湿度类	AEC-Q101
高温栅极偏压	温湿度类	AEC-Q101
温度循环热试验	温湿度类	AEC-Q101
温度循环分层测试	温湿度类	AEC-Q101
高温高湿反向偏压	温湿度类	AEC-Q101, AEC-Q102
高温高湿正向偏压	温湿度类	AEC-Q101
高温湿度工作寿命	温湿度类	AEC-Q102
间歇性工作寿命	耐久类	AEC-Q102
低温工作寿命	温湿度类	AEC-Q102, AEC-Q103
湿度和温度循环	温湿度类	AEC-Q103
低温存储	温湿度类	AEC-Q103
压力和高温操作寿命	温湿度类	AEC-Q103
压力和低温操作寿命	温湿度类	AEC-Q103
偏置脉冲压力温度循环	温湿度类	AEC-Q103
焊锡耐热性	温湿度类	AEC-Q200
热冲击	温湿度类	AEC-Q200

　　由表 7-9 可见，电子零部件的气候负荷测试和 AEC-Q 标准中的测试项目存在较多重叠，如温度循环、高温贮存、高温工作、高温高湿、温湿度循环、热冲击等测试，如 AEC-Q100-005 规定了非易失性存储器耐久性、数据保留和操作寿命测试，AEC-Q100-008 规定了芯片的早期寿命失效率。也就是说，通过 AEC 认证测试的器件，其气候负荷特性及耐久类特性是有保障的；这也就意味着如果电子零部件采用车规级器件，电子零部件在进行气候

负荷及耐久类测试时，车规级器件可以更好地保障零部件通过相关测试，或者说，降低零部件在相关测试中失效的概率。

7.7.3 机械及结构材料相关试验

AEC 标准中涉及机械结构、材料、防护相关的测试项目占整个标准测试项目的 45% 左右，见表 7-10。

表 7-10 AEC 标准中的机械结构类及防护类测试项目

测试项目	类型	相关 AEC 标准
板弯曲	机械类	AEC-Q200
邦线剪切	机械类	AEC-Q100，AEC-Q101，AEC-Q102，AEC-Q103，AEC-Q104
邦线拉力	机械类	AEC-Q100，AEC-Q101，AEC-Q102，AEC-Q103，AEC-Q104
可焊性	机械类	AEC-Q100，AEC-Q101，AEC-Q102，AEC-Q103，AEC-Q104，AEC-Q200
锡球剪切	机械类	AEC-Q100，AEC-Q103，AEC-Q104
破坏物理试验	机械类	AEC-Q101，AEC-Q103
机械冲击	机械类	AEC-Q100，AEC-Q101，AEC-Q102，AEC-Q103，AEC-Q200
变频振动	机械类	AEC-Q100，AEC-Q101，AEC-Q102，AEC-Q103
振动	机械类	AEC-Q200
等加速度	机械类	AEC-Q100，AEC-Q101，AEC-Q102，AEC-Q103
包装跌落	机械类	AEC-Q100，AEC-Q103
盖板扭力	机械类	AEC-Q100，AEC-Q103
晶圆剪切	机械类	AEC-Q100，AEC-Q101，AEC-Q102，AEC-Q103
晶圆拉剥	机械类	AEC-Q103
基底剪切	机械类	AEC-Q103
引线强度	机械类	AEC-Q101，AEC-Q102，AEC-Q103，AEC-Q104，AEC-Q200
盖板强度	机械类	AEC-Q102，AEC-Q103
端子强度（贴片器件）	机械类	AEC-Q200
密封性	防护类	AEC-Q100，AEC-Q101，AEC-Q102，AEC-Q103

（续）

测试项目	类型	相关 AEC 标准
硫化氢	防护类	AEC-Q102
流动混合气体	防护类	AEC-Q102
用硫黄冷凝湿度	防护类	AEC-Q103
腐蚀性大气	防护类	AEC-Q103
耐化学特性	防护类	AEC-Q103
爆破压力	防护类	AEC-Q103
耐受压力	防护类	AEC-Q103
盐浸	防护类	AEC-Q103
盐雾	防护类	AEC-Q200
灰尘	防护类	AEC-Q103
耐溶剂性	防护类	AEC-Q200

由表 7-10 可见，多数车规级器件在邦线、抗锡球剪切、可焊性、引线强度、密封性等可靠性方面是有性能要求的，另外 AEC-Q200-003/005/006 还专门规定了断裂强度、板弯曲（针对表贴器件）及端子应力测试，AEC-Q102-002 也专门规定了表贴光电半导体器件板弯曲测试。AEC-Q200-005 标准规定的板弯曲测试布置如图 7-32 所示。

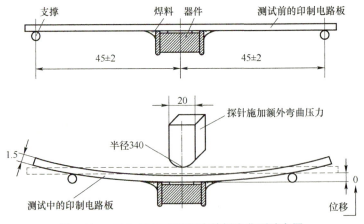

图 7-32　AEC-Q200-005 规定的板弯曲测试布置

被动器件被焊接在印制电路板上后，将焊接面朝下，把印制电路板两端通过支撑结构放置后，对器件所在位置的电路板背面用探针施加能够使电路板弯曲变形的压力,以测试器件在电路板受应力变形后,器件的端子焊接强度及器件材料本身对应力的耐受能力。以常见的多层陶瓷电容为例,其在应用中发生最多的失效模式就是应力导致的器件断裂引起的电容层间短路失效。如图7-33所示,电路板受到应力变形后,电容的端子电极边缘会出现裂纹,导致电容层间短路,从而引起电容短路失效。举例来讲,对于靠近连接器附近位置的ESD电容或电源滤波电容,插拔连接器时的推拉力极易使电路板发生应力形变,导致贴片电容发生应力失效。所以从某种意义上来讲,因为车规级被动器件对抗板弯曲性能的要求,在一定程度上保障了其车载应用的高可靠性。

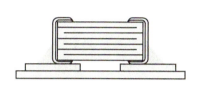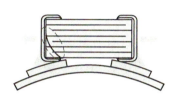

端子电极边缘出现裂纹

图 7-33　多层陶瓷电容机械应力失效

电子零部件与材料及结构设计相关的测试主要包括:插接器相关测试(插拔力、推拉、扭转等)、振动、跌落、外表强度(划痕、耐磨)、耐化学品、盐雾、防护等级(防尘防水)等,对电子零部件试验来讲,结构主要是指壳体结构,如结构设计、材料选型、连接器选型设计等,理论上来讲这些零部件级试验大部分和元器件本身关系不大。

对插接器相关的测试,如插拔力、推拉、扭转等会造成电路板变形,采用螺栓对电路板进行固定也可能会造成电路板产生形变,从而导致器件应力失效。所以AEC标准对电子元器件本身的机械结构强度及抗应力性能的测试要求,在一定程度上保障了其车载应用的高可靠性。

振动及跌落试验也和器件的机械结构强度及抗振动冲击性能密切相关,虽然壳体会承受大部分的机械冲击,但是对器件的冲击也是不可避免的。所以从AEC-Q100到AEC-Q104、AEC-Q200,每个AEC标准都涉及了机械冲击及振动测试。除AEC-Q200外,每个半导体器件都需要进行邦线剪切、邦线拉力及晶圆剪切测试,芯片类还需要进行锡球剪切测试及包装跌落测试。

另外,AEC-Q103规定MEMS压力传感器必须进行严苛的防护类测试,如腐蚀性大气、耐化学特性、爆破压力、盐浸等。AEC-Q200对排阻/排容器件的测试中也有关于盐雾测试的要求。

综上，电子零部件的结构材料相关的测试项目和 AEC-Q 标准是密切相关的，也就是说电子零部件在进行机械结构及防护类测试时，车规级器件可以更好地保障零部件通过相关测试，并保障其车载应用的高可靠性，进而保证电子零部件的高可靠性。

7.7.4 EMC 相关试验

与 EMC 相关的 AEC 标准本质上只有 AEC-Q100，虽然 AEC-Q103 和 AEC-Q104 也有涉及，但 AEC-Q103 的测试分组中并未包含 EMC 测试项，仅体现在流程变更测试要求中，AEC-Q104 的测试分组及变更测试中也均未包含 EMC 测试项。本质上来讲，AEC-Q103 和 AEC-Q104 都是要配合 AEC-Q100 使用的，所以还是需要回到 AEC-Q100。

AEC-Q100 的 E 组中有一项是 EMC 测试，流程变更测试要求也涉及 EMC，变更部分的测试同样基于 E 组，所以需要重点了解 AEC-Q100 中要求测试的 EMC 具体是哪方面的，因为 EMC 测试范围很宽，测试项目很多。

AEC-Q100 的附件 5 中写得很详细，EMC 只涉及辐射干扰（也称辐射发射），即通过电磁波的方式发射干扰能量导致干扰到了别的零部件或设备。测试要求是 1 个批次，仅 1 个样品即可。对于电子零部件，这属于 IEC CISPR 25 标准的范畴，对于电子零部件设计，虽然单个芯片的辐射发射性能对这个零部件来讲并不是决定性的，但对零部件整体的辐射发射性会有较大影响。

AEC-Q100 详细规定了需要做 EMC 测试的器件：

1）采用数字技术的芯片、大规模集成电路芯片、有振荡器或任何潜在可能会产生辐射干扰并有能力对通信接收器产生干扰的技术，如微处理器、高速数字芯片、有电荷泵的场效应晶体管、有看门狗的器件、开关模式的调压器或驱动芯片等。

2）所有的新器件，以及重新进行认证的器件，或曾经存在潜在的会产生辐射干扰并有能力对通信接收器产生干扰，但在此基础上进行了设计升级或修改的集成芯片。

AEC-Q100 标准还给出了可能影响辐射的因素，如：

1）时钟驱动（内部或外部）的输入或输出。

2）制造工艺或材料构成降低了上升及下降时间。

3）最小特征尺寸，如微缩制程的晶圆。

4）封装或引脚配置。

5）引线框架材料。

另外，AEC-Q200-007 涉及了铝电解电容的浪涌测试，这个和 ISO 7637 及 ISO 11452 稍微有点关系，但是整体来讲关系不大。

还有就是 ESD，ESD 测试属于一种抗干扰测试，可以把它放到广义的 EMC 范畴里。但无论对电子元器件还是电子零部件，通常都会单独进行 ESD 测试，其测试方法较其他 EMC 测试项也存在较大差异。AEC 标准要求所有的电子元器件进行 ESD 测试，也就是说，所有的车规级器件，ESD 测试都是必需的。如 AEC-Q100-002 及 AEC-Q100-011、AEC-Q101-001 及 AEC-Q101-005 分别规定了集成芯片及分立半导体的 HBM 及 CDM 静电测试，AEC-Q200-002 专门规定了被动器件的人体模型静电测试。所以说电子零部件的 ESD 测试和 AEC-Q 标准是密切相关的，即便是在零部件的 ESD 设计时可以采用一些 ESD 保护措施，但器件本身的 ESD 性能会对零部件的 ESD 性能有较大保障及提升作用。

AEC 标准中规定的与 EMC 相关的测试项目较少，见表 7-11。

表 7-11 AEC 标准中与 EMC 相关的测试项目

测试项目	类型	相关 AEC 标准
人体模型静电测试	ESD	AEC-Q100，AEC-Q101，AEC-Q102，AEC-Q103，AEC-Q104，AEC-Q200
带电装置模型的静电测试	ESD	AEC-Q100，AEC-Q101，AEC-Q102，AEC-Q103，AEC-Q104
辐射干扰	EMC	AEC-Q100，AEC-Q103，AEC-Q104

综合来讲，车规级芯片可以更好地帮助电子零部件通过 EMC 方面的辐射干扰测试，同时车规级器件也有助于零部件通过 ESD 测试，其他 EMC 测试则完全取决于电子零部件本身的设计，与是否采用车规级器件几乎没有关系。

7.7.5 车规级器件与零部件的车规级测试

采用车规级电子元器件的电子零部件就一定能通过零部件的车规级测试吗？答案是不一定。

1. 汽车行业车规级器件的使用现状

以目前的汽车行业为例，乘用车行业的 OEM 普遍要求 Tier 1 的零部件采用车规级电子元器件，以保障车辆电子零部件的质量与可靠性。一些 OEM 会在开发过程中有强制性要求，要求 Tier 1 提供器件清单及相应的 AEC-Q 报告，但很多 OEM 未必做强制性要求。在商用车行业则是另一种情况，以国内商用车行业为例，相较于乘用车，因为货车销量普遍较小，国产商用车整体价格偏低，缺乏高端车型及高价值车型，低端市场竞争激烈，整个供应链的体量也远小于乘用车；加之货车电气化进程远远落后于乘用车，电子电气零部件的整车业价值占比偏低，商用车整体还是作为一种生产工具，机械属性偏强，OEM 也就缺乏对 Tier 1 电子零部件方面的具体要求，而车规级电子元器件属于下级供应链 Tier 2 的位置，OEM 也就普遍未对车规级器件进行要求，只要电子零部件通过相应测试标准即可。

另外，商用车行业不存在合资车，除了国产车就是进口车，这是行业政策决定的。目前国产商用车普遍价格较低，使用寿命较进口车型明显要短。以重型货车为例，虽然我国重型货车产销量早已是全球第一，但国产重型货车在车辆的耐用性和可靠性方面仍存在较大差距。国产重型货车普遍使用寿命不长，新车在前 3 年内的出勤率、可靠性等方面尚可接受，一旦过了 3 年，性能便会急转直下。一辆进口重型货车 1 年跑 30 万 km 没问题，使用 5 年以后 1 年跑 30 万 km 可能仍没有问题；但国产重型货车前 3 年每年跑 30 万 km 干线物流可能没问题，3 年后可能就得边维修边跑了，干线物流肯定就没法跑，只能转短途运输。在同样的工作强度下，进口货车可以保证运行 200 万 km 无大修，而国产货车 100 万 km 都很难保证；所以在长期用车的可靠性上，国产货车与进口货车在短期内还是存在较大差距。

基于以上分析，乘用车电子零部件行业更为成熟，为满足客户要求及产品的可靠性要求，较少采用非车规级器件，而商用车因电气化程度较低，整车使用寿命较短，基于成本要求及行业体量的现状，非车规级器件的应用可能仍将长期存在。

2. 车规级器件对零部件早期失效的价值

7.1.3 节介绍了某些给非道路车辆做控制模块的公司，因为产品全部使用了非车规级器件，发现产品可靠性有问题，零公里故障率很高，便在出货前增加了 48h 老化筛选，问题便得到了解决。而车规级器件区别于非车规级器件的一个重要特点就是，车规级器件在生产过程中就会通过前期老化的方法对器件进行老化筛选，以剔除不合格品。

高温老化筛选为什么就能解决零公里故障率的问题呢？其原理是什么呢？参考 TI 的一些研究：对半导体器件施加应力，如温度、湿度、电压、电流等，的确可以在不改变其物理特性的情况下加速其潜在失效机制的产生，从而在短时间内发现问题，而不用等待很长时间才能发现器件潜在的缺陷，进而定位根本原因，改进设计，预防此类故障模式。

那么半导器件体供应商采取了哪些措施来解决这个问题呢？以恩智浦为例，NXP 通过对每个器件进行测试及老化来筛选产品的早期失效，进而降低了早期失效率。也就是说，车规级器件经过了半导体供应商的筛选，而消费级和工业级器件则没有经过类似的筛选。

另外，TI也在一个文件中简要回答了车规级和非车规级器件测试的差异：非车规级器件仅有常温测试，没有高温测试，而且仅有应力后测试，没有应力前测试。也就是说，非车规级和车规级产品在筛选时相差了一个前后高温测试。高温测试就是为了提前发现器件缺陷，这也是老化筛选的意义所在。不过这仅仅只是前期失效，如果放到整个器件生命周期内的失效率，两者差异就更大了。

那么AEC-Q认证是如何保证器件不会因器件缺陷发生早期失效呢？实际上，AEC-Q认证本身无法保证器件的早期失效问题，器件要通过AEC-Q认证，实现测试过程中的零失效，半导体供应商就需要加一道老化筛选流程来应对AEC-Q认证测试中的早期寿命失效率（ELFR）测试。所以对于Tier 1来讲，如果不想在产品出货前增加一道老化筛选流程，那么选择通过AEC-Q认证的器件就可以很好地解决器件早期失效的问题。

同理，采用车规级元器件在降低零部件早期失效率的同时，也将有助于降低其在DV测试过程中的早期失效，进而提高测试通过率，降低试验成本。不过因DV测试样品数量通常较少，非车规级器件也有一定概率通过测试；但对量产后大批量应用，车规级器件的早期失效率及正常生命期失效率将远低于非车规级器件，这才是电子零部件必须采用车规级器件进行车载应用的根本原因。

3. 车规级器件对零部件测试的价值

对于汽车电子零部件来讲，采用车规级元器件有助于其通过车规级测试，尤其是ESD、气候负荷及机械负荷相关的测试项目。对集成芯片来讲，车规级器件对EMC的测试要求在一定程度上可降低零部件的辐射干扰，提高测试的通过性。器件与零部件测试的相关度汇总见表7-12。

表7-12 器件与零部件测试的相关度汇总

电子零部件标准	与AEC标准相关项	器件与零部件测试的相关度
EMC	仅集成芯片与辐射干扰相关	中
ESD	人体模型及带电装置模型	强
电气负荷	电分配、电气特性等	弱
气候负荷	温湿度、耐久、循环类	很强
机械负荷	机械冲击及振动	很强
盐雾	仅AEC-Q200与盐雾相关	较弱
防护等级	仅AEC-Q103与防护相关	较弱

由表 7-12 可见，器件的电气负荷测试与零部件相关性不大，主要原因是 AEC 测试仅针对单个元器件，而零部件测试则是针对产品整体性能而言，所以即使零部件采用了非车规级器件，通过合适的电路原理设计也能够达到较好的性能，进而通过零部件测试。

气候负荷对电子元器件来讲是一个硬性的要求，如温度等级，如果达不到测试要求，零部件是无法正常工作的，更不用说通过测试。但非车规级器件也有高温度等级的，除消费级器件外，某些工业级器件和所有军工级器件的温度等级是可以满足车载应用要求的。

机械负荷方面，虽然车规级器件具有更好的抗机械冲击、振动及板弯曲等方面的性能，但非车规级器件如果采用较好的结构设计，如通过壳体支架进行减振设计，通过打胶进行器件的抗振设计，通过器件布局设计提高抗板弯曲能力，采用非车规级器件的零部件也能通过机械负荷方面的相关测试。

除被动器件与 MEMS 压力传感器外，盐雾与防护方面的测试与元器件本身相关度并不大，对于有防护等级要求的电子零部件，产品的防护能力主要取决于其自身的结构防护设计，这主要体现在产品的壳体及连接器密封设计方面，电子元器件本身被封装在产品的壳体内，杜绝了与外界的接触。甚至在某些应用，如某些传感器应用中，通常采用整体灌胶设计来提高产品的防护等级，这种设计就和电子元器件本身的防护等级没有关系了。

综上，车规级器件基于 AEC 标准的一系列测试有助于零部件通过车规级测试，但零部件的车规级测试更多依赖于零部件产品的整体设计，如电路设计、EMC 设计、结构设计、防护设计等，即使采用非车规级器件，如采用较高温度等级的工业级器件，电子零部件也可以通过车规级测试。同时因为零部件测试对样品数量并未有强制性要求，样品数量完全取决于 OEM 及 Tier 1，即使测试中有失效的情况，整改后还可以继续进行测试。

4. 车规级器件的延伸价值

虽然说电子零部件只有通过车规级测试才能进行车载应用，但车规级测试仅仅是一个测试，是零部件车载应用的必要条件，而非充分条件。同理，电子元器件通过 AEC-Q 认证测试也仅是其车载应用的必要条件，而非充分条件。测试在一定程度上验证了被测样品的性能及可靠性，但却无法保证产品的批量失效率、批量一致性及长期可靠性。

作为车载应用，汽车电子元器件需要在极其严苛的环境下长时间工作，加上汽车的产量巨大，车型生命周期较消费级产品要长得多，单个器件的失效率叠加汽车巨大的销量及长期的使用便会急剧放大。事实上，OEM 因一个零部件缺陷而召回几十万辆车的案例并不少见。

从标准角度来讲，汽车电子零部件的测试标准仅侧重于测试，具体的测试项目、测试流程、步骤、试验设置、样品数量、判定条件等则取决于 OEM 及 Tier 1。所以零部件的车规级测试无法从产品的设计、生产、测试、变更等全生命周期维度来保证其可靠性，通过测试仅意味着其具备了车载应用的基础。

而 AEC 标准不仅仅是一个测试标准，更是一种对电子元器件进行全生命周期管理的指导实践方法。AEC 标准严格规定了器件的测试项目、测试流程、步骤、试验设置、样品数量、通过标准等认证测试要求，更详细规定了器件从设计、生产、封测、变更的全生命周期的管理方法。虽然 AEC-Q 认证仅仅是器件的一个测试报告，同时，AEC-Q 也并非强制性的认证制度，但经过了 30 年的发展，AEC 标准目前已成为公认的车载电子元器件通用测试标准，已成为电子元器件是否适合于汽车应用的一个标志。AEC 标准在解决器件本身可靠性的同时，在器件极长的生命周期内，在器件面对一系列变更时，通过对重新认证测试的强制要求，以及对变更测试流程的详细规定，保证了器件的长期一致性和可靠性，解决了器件长期供货的可靠性问题。

当然，器件本身针对具体应用的可靠性及供货的长周期保证都取决于具体的半导体供应商。在选择车规级器件时，AEC-Q 认证是一个基础，同时还需要关注的是器件的其他信息，如该器件在行业内的应用案例及可靠性数据、供应商在该器件领域是否擅长、该器件是否是其主推产品、该产品是否契合具体的应用设计等。

7.7.6 本节总结

整体来看，车规级器件和零部件测试标准的关系还是挺紧密的，抛开汽车行业对器件准入门槛的要求不谈，在汽车电子零部件设计中，采用车规级元器件对电子零部件通过相关汽车行业测试标准肯定是有很大帮助的。但同时也要认识到，元器件本身作为电子设计的基础，仅仅是一个方面，产品设计和客户的试验要求在其中也起到了关键的作用，这是一个系统工程。并不是说用了车规级器件，电子零部件就一定能通过测试，而用工业级器件，产品就一定不能通过测试。

采用车规级器件与零部件是否能通过测试没有必然关系，既不充分也非必要。但是，采用车规级器件可以更好地帮助零部件产品通过测试，降低产品的设计成本及测试成本，并最终降低产品在车载应用中的失效率。

最后需要强调的是，电子零部件试验的目的并不是为了通过试验，而是为了验证产品的设计，所以 DV 被称为设计验证，而不是测试。零部件试验标准的意义在于指导产品设计及应用，正如 AEC 标准的意义远远不止于器件的车规级认证，标准最终的目的都是为了保障车辆长期使用的可靠性。

7.8 小结

第 7 章主要介绍了车规级电子元器件相关的内容，包括器件的选型及成本，器件的可靠性及 AEC-Q104 汽车零缺陷框架，器件的长期供货问题，车规级器件认证与功能安全认证的关系；同时还介绍了车规级器件认证的相关问题，如认证机构、认证门槛、周期及费用等，以及对车规级器件国产化的展望等；最后分析了器件车规级测试与零部件车规级测试之间的关系。

对于汽车电子零部件产品来讲，采用车规级电子元器件至少可以带来以下几方面的价值：降低产品的早期失效率，降低产品生命周期内的失效率，保证长期供货的稳定性，保证长供货周期内产品之间的质量一致性以及产品的长期可靠性等。但车规级器件对电子零部件的可靠性来讲仅仅是一个基础，在这个基础上，决定电子零部件质量和可靠性的是产品的设计分析、测试验证及变更管理，其本质是电子模块制造商的设计、制造及应用经验的积累，也就是通常所说的 Know-How（诀窍、技巧、专有知识），如产品的设计分析方法、各种检查清单、测试用例、生产制造工艺、经验教训总结等。

本章主要专注于电子元器件的车规级，第 8 章将重点介绍汽车电子模块的设计开发，如设计开发阶段的划分、产品的开发流程及 V 模型、产品的设计方法及分析方法，以及设计开发文档、文档规则、文档存档要求、物料编码规则、文档变更流程等。

第 8 章 电子模块的设计开发

对于普通产品的设计，通常首先考虑的是其功能的实现，在此基础上再考虑其他一些有形或无形的要求，但对于汽车电子零部件的开发，首先需要满足相关的行业标准，这是基础；其次是满足客户需求，包括功能要求、技术要求、BOM 成本要求、项目开发周期要求等。

8.1 开发阶段

在汽车行业，从整车开发到零部件开发，从车型规划到样车试装，从零部件报价到设计分析，各个阶段无不遵循着严格的开发流程及开发周期。图 8-1 为整车及零部件开发阶段、开发周期的示例。

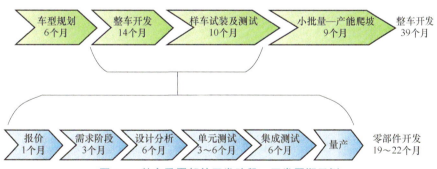

图 8-1 整车及零部件开发阶段、开发周期示例

整车开发会早于零部件约 6 个月，在车型规划结束、进入整车开发阶段后才会涉及具体的零部件开发，OEM 才会向 Tier 1 发出零部件开发需求，也就是常说的需求规范（Specification Of Requirements，SOR）。对于乘用车来讲，整车开发周期大概为 3~4 年，而零部件开发则通常为 2~3 年，但目前行业内普遍存在缩短开发周期的行为，甚至缩短开发周期逐渐变成了一种趋

势；如整车开发时间缩短到 3 年内，零部件开发时间缩短到 2 年内。但无论开发周期如何缩短，整体所遵循的开发阶段及开发流程都是一样的。汽车电子零部件产品开发可以分为以下几个阶段：

1）第 0 阶段：报价阶段。OEM 向多个 Tier 1 发出开发需求，Tier 1 根据需求规范进行技术评估，在要求时间内进行报价（包括开发费用及产品量产价格）并参与项目竞标。

2）第 1 阶段：需求定义及系统设计阶段。某个 Tier 1 拿到项目定点，开始对产品进行需求分析及系统级设计。

3）第 2 阶段：设计分析阶段。此阶段会开始产品的详细设计，包括硬件的原理图设计、PCB 设计，软件的详细设计、产品的结构设计等。

4）第 3 阶段：单元测试阶段。此阶段将对产品进行单元级测试，如电源部分的电气性能测试、驱动芯片的带载能力测试、功率芯片的热测试、通信芯片的物理层测试等。

5）第 4 阶段：集成测试及文档释放。此阶段侧重于产品系统级的功能测试，包括实车功能测试及产品的 DV 测试等，DV 测试通过后硬件设计及结构设计便可以进行设计冻结，待软件功能确认后，所有设计便可冻结，同时准备文档释放，为量产做好准备。

6）量产阶段：产品量产阶段。进入此阶段便意味着产品的设计开发工作基本告一段落，设计文档已释放至生产部门，生产部门根据产品的生产工艺及量产要求开发相应的工装夹具及测试设备，并根据量产时间节点，提前进行小批量试生产，为批量供货做好准备。

8.1.1 报价阶段

产品询价请求（Request For Quotation，RFQ）在汽车行业通常称为报价。释放给 Tier 1 的整个报价文件需要包含具体的项目信息、开发要求及商务条款等。项目信息如车型平台、产品名称、产品线、上市时间、车型生命周期、生产工厂地址、拟上市的地区、生命周期内的预计年销量；开发需求包括功能需求、测试需求、测试标准等；商务及费用方面包括模具费用、开发费用、样品费用等如何支付，以及付款方式、付款周期、具体的商务条款、质量条款等。

SOR 作为 RFQ 的一部分，由技术部门编写，经各部门会签后发采购部门（或资源开发部门）进行招标定点。OEM 的产品工程师主要编写的部分是产品要求，如零件的数量和配置车型、功能、性能要求、测试要求等；外观件需要对颜色等进行定义；电子零部件需要提供对应的功能需求、接口信息、网络通信及诊断要求等信息。涉及供应商协同设计的部分，

OEM 的技术部门会提出相应的设计要求及试验标准，如产品的 DV 试验项目及合格判定标准等；质量部门会提出零件质量的要求、质量保证、变更通知管理要求、质量责任、召回和三包、违约责任等，质量要求包括 PPM 值、质保、包装物流要求、售后要求、模具工装检具要求、入库检验要求等；商务部门会提出付款方式、付款周期、具体的商务条款等要求；最后所有的信息汇总成一个完整的 SOR 文件包，提供给 Tier 1 作为报价的需求文档。

汽车电子零部件的报价通常可以分为 5 个阶段，报价阶段通常需要 1 个月左右的时间周期。报价阶段的主要工作可分为竞品分析、需求分析、I/O 框图设计、BOM 成本分析、开发费用及开发周期分析、竞标等。典型的汽车电子零部件报价阶段及周期如图 8-2 所示。

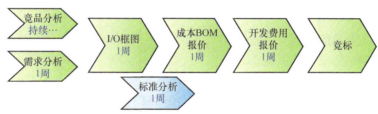

图 8-2　典型的汽车电子零部件报价阶段及周期

另外，对于 Tier 1 来讲，每年都会收到很多 RFQ，所以就逐渐形成了一套成熟的 RFQ 流程。图 8-3 所示即为一种 RFQ 处理流程。

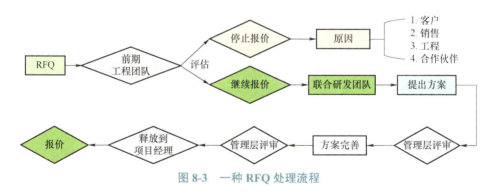

图 8-3　一种 RFQ 处理流程

RFQ 可能来自客户、销售团队、前期工程团队或合作伙伴，前期工程团队需要基于 RFQ 输入对项目信息进行汇总，并对项目可行性进行初步评估；同时联合销售团队，基于公司的远景规划（Long-Range Planning，LPR）及产品策略对 RFQ 做出是否继续进行报价的决策，如果此时客户、销售、工程团队及合作伙伴任意一方认为报价不应该继续进行，如销售认为与此客户合作存在风险，或工程团队认为项目存在可行性问题，那么则停止报价，反之报价工作继续进行。

继续报价则需要联合开发团队，负责此报价项目的项目经理（Project Manager，PM）会组建一个报价团队，团队成员来自各个技术团队，如系统、软件、硬件、结构及测试团队等，共同对 RFQ 进行分解并提出设计方案。如开发团队首先需要对客户需求进行详细分析，看是否可以沿用以往的成熟产品，或基于成熟产品进行变体设计；如 RFQ 需要全新方案设计，则首先需要评估此 RFQ 的技术可行性，在技术可行的情况下，看是否有储备的设计方案可供参考，或某些竞品的设计方案可供参考。

然后项目工程团队需要给出详细的设计方案，方案需要包含以下内容。

1）产品特性清单。
2）系统框图。
3）主要性能参数。
4）网络需求及诊断需求。
5）软件设计方案。
6）结构设计方案，如壳体、PCB、连接器、支架、3D 爆炸图等。
7）测试团队需要输出设计验证计划（Design Validation Plan，DVP）。
8）硬件团队需要输出产品的初始 BOM。
9）报价澄清。
10）开发计划。

然后工程团队还需要根据以上假定的设计方案给出开放问题列表，在报价时与客户进行沟通确认。

详细设计方案需要由各个技术团队向管理层进行汇报，管理层评审后，各技术团队再次对设计方案进行细化及完善，形成最终的确定方案，并基于最终方案评估工程、设计及测试费用（Engineering、Design & Testing，ED&T），这个评估需要系统、软件、硬件、结构及测试团队的共同参与，最终给出项目的时间计划表。

最终的设计方案、ED&T 及时间计划表需要再次经过管理层的评审，评审需要各技术主管、核心技术人员及前期工程团队人员全部参与，评审结束后由具体负责的硬件工程师输出 BOM，项目经理输出 ED&T，团队输出工程设计方案。项目经理将所有文档打包提供给销售团队，同时还需要财务部门提供年度百分比利率（Annual Percentage Rate，APR），然后销售团队就可以根据 OEM 要求的时间前去竞标，如果获得定点，则由项目经理与管理层确定项目团队进行项目开发。

报价最核心的两个数据是 BOM 成本及 ED&T 费用，BOM 成本决定了产品的量产售价，ED&T 费用决定了开发费用。BOM 成本比较好理解，也就是组成产品的各个子部件的成本总和，对电子零部件来讲基本就是电子元器件与 PCB，以及其他结构件如壳体、螺钉、支架等，Tier 1 在 BOM 成本的基础上根据年销量给出产品价格矩阵，见表 8-1。

表 8-1 产品价格矩阵

采购量 / 万件	不同年份售价 / 元				
	2023 年	2024 年	2025 年	2026 年	2027 年
5	315.17	305.71	296.54	287.65	279.02
10	267.89	259.86	252.06	244.50	237.17
50	176.13	170.85	165.72	160.75	155.93
100	149.71	145.22	140.87	136.64	132.54

ED&T 费用主要包含三部分。

1. 工程费用

工程费用主要包括模具费用、软件及工具链费用、三方服务费用（技术授权、技术服务、培训、认证等）等。

2. 设计费用

设计费用主要是人力成本支出及差旅费用，即企业需要耗费的人力资源成本。人力成本支出可以通过表 8-2 示例来进行确定，主要和工作量即工作小时数有关。

表 8-2 人力成本支出举例

人员	2020 年工作量 /h	2021 年工作量 /h	2022 年工作量 /h	总工作量 /h
项目经理	510	714	918	2142
系统工程师	1326	510	612	2448
硬件工程师	1734	1326	714	3774
软件工程师	1122	1326	918	3366
结构工程师	1122	714	306	2142
测试工程师	306	1530	510	2346
总工作量 /h				16218
人力成本支出 / 万元人民币				696.2

3. 测试费用

测试费用主要包括测试台架（软件台架、EMC 台架、DV 台架、EOL 台架等）费用、测试样品（A 样、B 样、DV 样品等）费用、测试项目（耐久、环境、机械、EMC 等）费用。试验室的测试费用主要和测试项目及所需测试时间即测试小时数有关，以 EMC 测试费用为例，见表 8-3。

表 8-3 EMC 测试费用

测试项目	试验室	测试周期	单价/元	总价/元
辐射抗干扰（RI）	第三方	24h	1000	24000
大电流注入（BCI）	第三方	48h	1000	48000
辐射干扰（RE）	第三方	48h	1000	48000
传导发射（CE）	第三方	24h	1000	24000
传导瞬态发射（CTE）	第三方	24h	1000	24000
瞬态传导—电源线	第三方	12h	1000	12000
瞬态传导—信号线	第三方	12h	1000	12000
便携式发射机抗扰	第三方	48h	1000	48000
ESD	第三方	24h	800	19200
台架及样品运输费用	第三方	1	1000	1000
费用总计				260200
含税（6%）				275812

最终的报价明细可参考表 8-4。

表 8-4 报价明细

项目	费用/万元人民币
人力成本	696.2
软件台架	1.5
EMC 台架	2
EMC 摸底	5
A、B 样品（30 套）	15
DV 样品（50 套）	25
DV 台架（2 个）	30
DV 测试（不含 EMC）	40

(续)

项目	费用/万元人民币
DV 测试（EMC）	27.58
EOL 台架（2 个）	70
射频测试台架	5
三方服务费	200
模具费	50
差旅费	5
合计	1172.28

以乘用车行业为例，目前国内一个车身控制器开发费约为 1000 万人民币，不同的电子模块开发费用差异较大。同时，开发费用中，三方服务费用及软件开发工具链成本也很高。如果 OEM 做一个全新架构，以整车 70 个电子电气模块为例，把所有的模块都开发到量产的状态，在软件缺陷比较少的情况下上市交付，至少需要几十亿元人民币的投入。以各大主机厂软件中心的投入为例，人力成本占比相对较高，一个软件开发人员的年度综合成本约为 100 万元；假设软件队伍有 1000 人，则一年人员投入为 10 亿元人民币。以国内几个 OEM 为例，2021 年人均研发支出见表 8-5。

表 8-5 国内几家 OEM 人均研发支出对比（数据来源：OEM 财报）

OEM	研发人数	研发支出/亿元人民币	研发支出/研发人数/万元人民币	2021 年销量/台
OEM 1	4809	46	95	91429
OEM 2	5271	41	78	98155
OEM 3	3415	33	96	90491
OEM 4	21137	91	43	1280993

整个报价阶段通常需要 1 个月左右。

8.1.2 需求阶段

需求阶段也称为需求分析阶段。在项目获得 OEM 定点、经管理层批准后，管理层便会指定一个项目经理，同时组建项目团队。团队成员包括各个职能模块，如技术项目主管、系统工程师、硬件工程师、软件工程师、网络工程师、结构工程师、测试工程师、工艺工程师、质量工程师、生产工程师等。

在项目团队组建完成后，项目经理会组织召开项目启动会（Kick-Off Meeting），介绍项目背景信息，包括客户信息、车型平台、产品名称、产品线、车型上市时间、生命周期、产品生产工厂、车型生命周期内的预计年销量、项目量产时间、项目时间节点要求等。然后项目经理会建立项目团队通讯录、项目文件夹、项目周例会等，最后安排每个团队的具体工作内容，后续在周例会时根据项目时间节点核对每个团队的工作偏差项，处理各种发现的问题，并协调资源进行应对。

最先介入需求阶段的是系统工程师，系统工程师需要从客户的角度了解产品需求，并与客户进行详细沟通，以便了解客户的期望及确切要求。系统需求的确定是一项非常重要的活动，因为大多数客户可能并不确定他们到底需要什么，需要系统工程师组织内部资源与客户进行多轮沟通，对模糊的需求进行明确，对不合适的需求进行修改，对不合理的需求进行协商，最终形成相关文档并转化为内部设计开发要求。

在需求阶段，各职能团队的工作内容如下。

1）系统工程师负责输出产品功能规范、网络需求、诊断需求、包装需求、功能安全需求、系统框图、系统级潜通路分析等，并协同硬件工程师输出产品的 I/O 功能定义、热分析计划、硬件开发计划，协同硬件及测试工程师输出 DVP、DV 与 PV 测试需求及 EOL 测试需求，协同软硬件输出系统、软件、硬件功能安全计划。

2）软件工程师输出软件需求规范、软件测试说明、软件开发计划等，并提出软件测试台架及开发工具需求。

3）硬件工程师输出硬件需求规范、连接器接口定义、硬件测试说明、硬件开发计划等，并提出测试设备需求。

4）结构工程师输出安装定义、结构需求、结构件 DVP、结构开发计划等。

5）测试工程师输出测试需求规范、测试设备需求、测试台架需求、测试计划等。

在需求阶段，系统工程师的工作内容最多、工作量最大，需要澄清及协调的事情也最多。系统工程师需要将客户需求转化为内部开发需求分解到各个职能部门，并协调各部门按照客户需求开展工作。

所有的需求文档的分析都必须经过项目团队评审，最终形成文档，并按要求存储于项目文件夹内，以供项目团队成员查阅、客户审核及后续项目参考。需求阶段需要输出的文档较多，从系统到测试，从软件到硬件及结构，各个部门都需要输出相应的文档。需求阶段文档示例见表 8-6，其中最重要的需求文档包括产品功能规范、功能安全需求、系统框图、I/O 功能定义、系统接口定义、DV 测试计划、DV 及 PV 测试设备需求、EOL 测试需求、结构需求等。

表 8-6 需求文档举例

序号	文档名称	责任部门	备注
1	产品功能需求规范	系统	来源于客户
2	包装需求规范	系统	来源于客户
3	DV 测试计划	系统	释放给 OEM
4	通信需求规范	系统	来源于客户
5	诊断需求规范	系统	来源于客户
6	输入输出功能框图	系统	来源于客户
7	系统框图	系统	来源于客户及内部
8	系统级潜通路分析	系统	基于客户电气系统进行分析
9	热分析计划	硬件	内部文档
10	DV 及 PV 测试设备需求	测试	内部文档
11	EOL 测试需求	测试	冻结后释放给工厂
12	硬件需求规范	硬件	内部文档
13	硬件开发计划	硬件	内部文档
14	功能规范设计评审表	团队	内部文档
15	软件需求规范	软件	内部文档
16	软件需求测试规范	软件	内部文档
17	软件开发计划	软件	内部文档
18	软件需求规范评审	团队	内部文档
19	系统接口定义	结构	内部文档
20	安装方式定义	结构	释放给 OEM
21	结构需求规范	结构	内部文档
22	测试设备说明	结构	内部文档
23	结构开发计划	结构	内部文档
24	结构需求规范评审	团队	内部文档

整个需求阶段通常需要 3 个月左右。

8.1.3 设计分析

设计分析阶段几乎是整个开发阶段中最重要的一个阶段，在这个阶段需要确定产品的具体设计，并基于具体设计，通过各种分析手段及方法对设计进行分析。产品的具体设计包括硬件框图、硬件原理图、PCB 设计、软硬件接口规范、硬件 BOM、软件架构设计、软件单元设计说明、软件代码编写、结构 3D 设计、2D 图样设计、结构可制造性分析、结构装配说明、产品图样、结构 BOM 等。

各技术团队因职能不同，采用的设计分析方法及手段均不相同。

1）硬件的设计分析，包括电路仿真、FTA、DFMEA、FMEDA、潜通路分析、PCB 的可制造性分析、PCB 的 EMC 分析、热分析、WCCA 等。

2）软件的代码分析，包括软件缺陷、语言执行错误、不一致性、危险代码等。

3）结构的设计分析，包括结构可制造性分析、DFMEA、有限元分析（Finite Element Analysis，FEA）、热分析、模流分析、热流体分析、连接器分析等。

设计阶段需要输出的文档见表 8-7。

表 8-7 设计阶段需要输出的文档

序号	文档名称	责任部门	备注
1	硬件框图	硬件	内部文档
2	软硬件接口规范	硬件及软件	内部文档
3	硬件原理图	硬件	内部文档，设计冻结后释放
4	硬件原理图评审表	团队	内部文档
5	FTA	硬件	内部文档
6	DFMEA	硬件	释放给工厂
7	FMEDA	硬件	内部文档
8	潜通路分析	硬件	内部文档
9	热分析	硬件	内部文档
10	WCCA	硬件	内部文档
11	初始 BOM	硬件	内部文档

(续)

序号	文档名称	责任部门	备注
12	PCB	硬件	设计冻结后释放给工厂 释放源文件内部受控
13	PCB 设计评审	团队	内部文档
14	PCB 的 EMC 评审	团队	内部文档
15	元器件工程	硬件	内部文档
16	含合格供应商清单的 BOM	硬件	设计冻结后释放给工厂
17	硬件设计阶段评审	硬件	内部文档
18	软件架构设计说明	软件	内部文档
19	软件架构设计评审	软件	内部文档
20	软件代码	软件	设计冻结后释放可执行程序给工厂 释放源文件内部受控
21	代码设计评审	软件	内部文档
22	3D 数模	结构	内部文档，冻结后释放
23	2D 图样	结构	结构设计冻结后释放给工厂
24	结构可制造性评审	团队	内部文档
25	产品图样	结构	释放给 OEM
26	结构仿真（FEA、热分析、模流分析等）	结构	内部文档
27	特殊特性清单	结构、硬件	释放给 OEM
28	结构设计评审	结构	内部文档

表 8-7 中所有的设计分析工作并非都是必需的，各职能团队需根据项目需要进行设计分析。如项目不涉及功能安全需求，通常就不需要进行 FMEDA 及 FTA 分析；产品工作温度要求不高，且不涉及功率器件设计，可能就不需要进行热分析。

所有的具体产品设计及设计分析都必须经过项目团队的评审，并最终形成设计文档，按要求存储于项目文件夹内，以供项目团队成员查阅、客户审核及后续项目参考。

整个设计分析阶段通常需要 6 个月左右。

8.1.4 单元测试

单元测试是相对集成测试而言的，是指产品单元级别的软硬件测试。硬件的单元测试包括单元电路的基本功能及性能，如电压特性、电流特性、时间特性、时序、热特性、保护及诊断特性等。软件的单元测试也是指具体的功能电路，如 MCU 测试、驱动芯片测试、射频芯片测试、输入电路测试等。产品的单元测试最好由产品的设计工程师而非测试工程师来做，因为测试时需要知道产品内部电路及程序设计的细节知识，设计工程师更容易发现设计问题。

以如图 8-4 所示的 ECU 最小系统为例，硬件的单元测试可以包括电源芯片、信号处理、MCU、负载驱动等电路等。

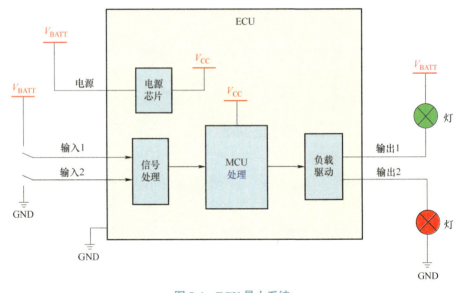

图 8-4　ECU 最小系统

如果 ECU 要实现的一个功能是输入 1 有效，则输出 1 有效，那么集成测试就是闭合输入 1 开关，使输入 1 有效，看输出 1 是否有效，绿灯是否亮起；而单元测试则可以单独测试信号处理电路的特性参数，如电路对不同输入电压的特性、对不同输入阻抗的特性、对电压波动的抗干扰特性、抗地漂移的特性、对开关抖动的防抖动特性等。

如针对输入电压及阻抗测试，以 12V 系统为例，输入 1 开关的单元测试表格见表 8-8。表中基于不同的输入电压及输入阻抗分别对输入 1 开关进行测试。在不同的给定电源电压下，通过调节输入 1 开关的阻抗参数，测试信号处理电路是否能够检测到开关动作，●表示测试通过，电路可以检测到开关动作。

表 8-8 输入 1 开关的输入电压及输入阻抗特性测试

开关阻抗 /Ω	电源电压 /V												
	2	3	4	5	6	7	8	9	10	11	12	13	14
10				●	●	●	●	●	●	●	●	●	●
30				●	●	●	●	●	●	●	●	●	●
50				●	●	●	●	●	●	●	●	●	●
100				●	●	●	●	●	●	●	●	●	●
500				●	●	●	●	●	●	●	●	●	●
1k				●	●	●	●	●	●	●	●	●	●
10k					●	●	●	●	●	●	●	●	●
20k						●	●	●	●	●	●	●	●
50k							●	●	●	●	●	●	●
100k									●	●	●	●	●
200k													

通过对输入信号开关的电压及阻抗进行组合测试，可以得到信号处理电路的性能参数，确认电路设计是否符合客户要求，如对于 12V 系统的硬线输入信号，OEM 通常要求：

1）高有效电压≥7V。
2）低有效电压≤3V。
3）开关闭合阻抗 <50Ω。
4）开关断开阻抗 >100kΩ。
5）地漂移为 ±1V。

单元测试可以针对任意单元电路、功能电路、芯片、器件等，具体测试的维度及颗粒度可以根据客户需求，基于具体设计及项目时间计划进行。如针对成熟电路、成熟应用等可以简化单元测试，针对新设计、新应用就应该细化测试维度，积累测试数据，确保单元设计的可靠性。如有一个项目曾针对所使用继电器的电气特性进行了详细的多维度测试，测试了继电器在三种电压下（9V、13.5V 及 16V），叠加三种温度下（-40℃、25℃、85℃）的吸合电压、释放电压、吸合时间、释放时间参数。这样，一个继电器就需要测试 36 个数据。所以单元测试工作的工作量可能很大，也可能不大，具体根据客户要求及项目情况而定，针对新的芯片，甚至可以将芯片手册上的数据进行逐个测试，以确认芯片的性能参数。

几乎所有的硬件单元测试都会涉及 MCU 及芯片，都需要软件工程师共同参与，或者需要由他们提供支持。所以软件单元测试是实现多数硬件单元测试的基础，如驱动芯片测试，需要软件工程师先完成驱动部分的代码编写并进行单元测试后，硬件工程师才可以进行硬件的单元测试。

另外，绝大多数采用处理器的汽车电子模块都采用嵌入式操作系统，包括所有与安全及实时性相关的功能。还有某些并不要求实时性与安全的功能，基于成本及可靠性考虑也会采用嵌入式系统。嵌入式系统的一大特点就是软件系统和硬件的结合非常紧密，定制化很强，也就是说软件几乎无法脱离特定的硬件独立运行，硬件在没有特定软件的支持下也无法使用。基于嵌入式系统的这种特性，多数的单元测试都需要软硬件结合进行，不同的测试可能就需要使用不同的测试软件，以及不同的电路参数。

单元测试阶段需要输出的文档见表 8-9。

表 8-9 单元测试需要输出的文档

序号	文档名称	责任部门	备注
1	样品制作申请	硬件	内部文档
2	硬件单元测试说明	硬件	内部文档
3	样品历史记录表	硬件	内部文档
4	硬件单元测试报告	硬件	内部文档
5	热测试报告	硬件	内部文档
6	软件单元测试规范	软件	内部文档
7	软件单元测试说明评审	团队	内部文档
8	硬件单元测试评审	团队	内部文档
9	软件单元测试报告	软件	内部文档
10	软件单元测试评审	软件	内部文档
11	结构零部件测试报告	结构	内部文档
12	结构零部件测试评审	团队	内部文档

根据不同的项目情况，单元测试阶段可能需要 3~6 个月。

8.1.5 集成测试

集成测试是相对单元测试而言的，在单元测试结束后即可进行集成测试。集成测试是单元测试的逻辑扩展，集成测试最简单的形式是两个已经测试过的单元组合成一个组件，测试它们之间的接口。集成测试会将各个单元组合并进行测试，以验证它们在集成时是否能够按预期要求进行工作，测试的主要目的是验证模块之间的接口，将经过单元测试的模块一个接一个地组合成组件，然后测试组件的功能。集成测试的最后就是将构成产品的所有单元组合在一起进行测试，这就是系统测试。

对嵌入式系统来讲，因为软硬件的结合非常紧密，几乎不存在独立的硬件集成测试，硬件集成测试通常基于特定的软件进行。软件集成测试的重点在于验证模块之间的接口，而系统集成测试则是基于系统整体需求规范的黑盒类测试，测试需要覆盖系统包含的所有部件。系统测试是针对整个产品系统进行的测试，目的是验证系统是否满足客户需求，并找出与需求不相符合或与自相矛盾的地方。系统测试的对象包括需要测试的产品系统的软件及软件所依赖的硬件、外设甚至包括某些参数、某些支持环境及其接口等，因此，必须将系统中的软件与各种依赖的资源结合起来，在系统实际运行环境下进行测试。

系统测试包括功能测试与性能测试两部分。功能测试主要是指应用层面的功能性测试，而性能测试的范围则更广一些，可以包括一般性能测试、稳定性测试、耐久性测试、压力测试、参数测试、稳健性测试、边界测试、非法测试及极端测试等。对于汽车电子模块，DV 测试就属于典型的性能测试。

软硬件的集成测试前期通常都是基于 Tier 1 的测试台架进行，测试台架会集成一些和电子模块相关的汽车零部件，如作为输入信号的组合开关、传感器等，作为输出负载的电动机、灯泡、电磁阀等，作为实现网络通信的相关电子模块等。测试台架可以用来模拟实车的运行环境。台架上所需的零部件通常由 OEM 根据实车的零部件提供给各 Tier 1 进行测试，OEM 无法提供或不适合集成于台架的零部件，则由 Tier 1 设法通过其他设备进行模拟测试。

以车辆的碰撞解锁功能为例，测试台架的测试步骤如下。

1）设置车身控制模块的电源电压 V_S=8V，温度为室温 T=25℃。

2）设置地漂移电压 V_{Offset}=0V。

3）以 200ms 脉冲宽度来模拟安全气囊的碰撞输出信号，以 1s 的时间间隔施加到车身控制模块的碰撞输入信号口，共计 200 个循环。

4）监控车身控制模块的车门锁解锁功能。

5）以 5ms 的步长将脉宽从 50ms 增加到 200ms，每个脉宽循环 10 次。

6）监控车门解锁功能并记录成功解锁的脉冲参数。

7）以不同的地漂移电压重复步骤 2）~6），地漂移电压 V_{Offset}=1V，1.5V，2V，2.5V。

8）以不同的工作电压重复步骤 1）~7），工作电压 V_S=12V，15V。

9）以不同的环境温度重复步骤 1）~8），T=−40℃，85℃。

部分测试统计结果见表 8-10。

表 8-10 碰撞解锁功能的台架测试统计结果（部分）

测试条件：V_S=8V，T=25℃			
V_{Offset}/V	脉冲宽度 /ms	循环次数	测试结果
0	200	200	OK
1	200	200	OK
1.5	200	200	OK
2	200	200	OK
2.5	200	200	OK

台架测试波形记录如图 8-5 所示。

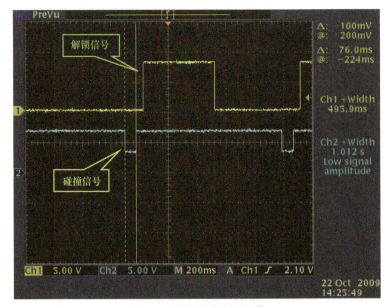

图 8-5 台架测试波形记录

以车辆的碰撞解锁功能为例,实车测试的测试统计结果见表 8-11。

表 8-11 碰撞解锁功能的实车测试统计结果

测试序号	初始条件	输入	输出	测试结果 车型:GF			
				GF2		GF3	
1	IGN = OFF	激活安全气囊	无动作	OK	OK	OK	OK
2	IGN = ACC	激活安全气囊	无动作	OK	OK	OK	OK
3	IGN = IG1	激活安全气囊	左右转向灯被激活,蜂鸣器动作,车门状态为解锁(解锁输入执行)	OK	OK	OK	OK
4	安全气囊处于激活状态	用中控开关锁门	无动作,门上锁功能被禁止	OK	OK	OK	OK
5	安全气囊处于激活状态	用钥匙锁门	无动作,门上锁功能被禁止	OK	OK	OK	OK
6	安全气囊处于激活状态	车速≥10km/h	无动作,自动再次上锁功能被禁止	OK	OK	OK	OK

OEM 制造完成工程样车后,会为相关 Tier 1 提供工程样车进行实车测试,此时的车辆状态虽然尚处于前期阶段,车辆通常无法行驶,大多数电子零部件也都处于样品阶段,Tier 1 仅能进行车辆静态状态下的测试。除与车辆行驶状态紧密相关的电子模块(如发动机 ECU、VCU、ABS 等)外,大多数电子模块的功能测试并不依赖于车辆运行,所以 Tier 1 可以基于工程样车完成大多数前期静态条件下的系统测试工作。

在系统级功能测试进展到一定程度后,即可通过测试结果确认产品的硬件设计功能是否能够满足客户需求。如果不能满足,那么就需要升级硬件版本;如果可以满足,那么接下来重点就是要对硬件进行系统级的集成测试,这个测试的侧重点在于硬件及结构设计的性能而非功能,这就是汽车行业常用的 DV 测试。

DV 测试通常会于一轮台架测试及一轮样车测试后开始,此时的硬件通常已经迭代了 3 次左右,样件状态已经从 A 样、B 样到了 C 样,而且 C 样可能也已经从 C1 到了 C2。如果此时硬件设计的功能已经确认可以满足客户需求,而软件功能需要继续进行测试,那么硬件设计通常便可以进行设计冻结，产品便可以尽快进入 DV 测试。因为 DV 测试通常需要 3~6 个月，只有 DV 测试通过后产品设计（硬件设计与结构设计）才可以正式冻结，而软件则可以继续进行测试更新。所以基于项目的时间进度考虑，通常在系统级功能测试完成后，产品便会立即进入 DV 测试阶段。

因为 DV 测试持续的时间较长，即使软件的集成测试在 DV 开始时尚在进行，但通常可以在 DV 测试结束前后完成测试，此时便可以认为产品设计已经可以满足客户需求，接下来的工作就是设计文档的释放、PV 及产品量产。

集成测试阶段需要输出的文档见表 8-12。

表 8-12 集成测试阶段需要输出的文档

序号	文档名称	责任部门	备注
1	硬件集成测试说明	硬件及软件	内部文档
2	硬件台架测试报告	硬件及软件	内部文档
3	硬件集成测试报告	硬件及软件	内部文档
4	硬件集成测试评审	团队	内部文档
5	软件集成测试规范	软件	内部文档
6	软件台架测试报告	软件	内部文档
7	软件集成测试报告	软件	内部文档
8	软件集成测试评审	团队	内部文档
9	软件验证报告	软件	内部文档
10	软件验证测试评审	团队	内部文档
11	软件释放控制文档	软件	释放给工厂

根据不同的项目情况，集成测试阶段可能需要约 6 个月。

8.1.6 文档释放

对于汽车电子零部件开发，文档释放通常特指生产文档的释放，文档的释放（Release）也常称为文档受控，文档受控便意味着产品设计完全冻结，具备了进入小批量试生产阶段的条件。受控文档通常仅占所有设计文档的极小一部分，大部分设计文档均为需求文档、设计分析文档、测试文档及其他过程文档，但受控文档却对产品的生产极其重要，这也就是必须对它进行严格管控的原因。在文档释放并受控后，如果还需要对产品设计或受控文档进行任何更改，那就需要走变更流程。任何变更都需要经过评审，然后才可以进行变更，变更经过审核及批准后才可以生效。变更后的文档在释放并受控后，原来的受控文档便自动废止。

汽车电子零部件的生产文档释放列表示例见表8-13。

表8-13 生产文档释放列表示例

序号	文档名称	注释	文档要求
1	5C6F10F02_DWG-AC.pdf	产品总成图样	dwg、pdf格式电子档及签字扫描档
2	5C6F10F02_TRE-AC.xlsx	文档目录索引文件	Excel电子档及签字扫描档
3	5C6F10F02_EOL-AC.doc	下线测试说明	Word电子档
4	5C6F10F02_QVL-AC.xlsx	物料合格供应商清单	Excel电子档及签字扫描档
5	2C6F12F02_SRD-AC.pdf	软件释放控制文档	签字扫描档
6	2C6F12F02_PPS-AC.doc	器件烧程说明	Word电子档
7	2C6F12F02_SW-AC.zip	软件源代码压缩包	Zip压缩包
8	2C6F13F02_SRD-AC.pdf	软件释放控制文档	签字扫描档
9	2C6F13F02_PPS-AC.doc	器件烧程说明	Word电子档
10	2C6F13F02_SW-AC.zip	软件源代码压缩包	Zip压缩包
11	2C6F14E02_ASM-AC.pdf	PCB贴片位置图	pdf格式电子档及签字扫描档
12	2C6F14E02_XYDAT-AC.xlsx	PCB贴片坐标图	Excel电子档
13	2C6F14F02_SCH-AC.pdf	电路原理图	pdf格式电子档及签字扫描档，原理图源文件
14	361015627_FAB-AA.PDF	PCB Gerber pdf格式	pdf电子档
15	361015627_GERBER-AA.zip	PCB Gerber文件	Zip压缩包，PCB源文件
16	2C6F15N02_DWG-AC.pdf	标签子总成图样	dwg、pdf格式电子档及签字扫描档
17	369967165_DWG-AA.pdf	空白标签图样	dwg、pdf格式电子档及签字扫描档
18	361090100_DWG-AB.pdf	上壳图样	3D，dwg、pdf格式电子档及签字扫描档

(续)

序号	文档名称	注释	文档要求
19	361090200_DWG-AB.pdf	下壳图样	3D，dwg、pdf 格式电子档及签字扫描档
20	361090300_DWG-AD.pdf	上支架图样	3D，dwg、pdf 格式电子档及签字扫描档
21	361090400_DWG-AD.pdf	下支架图样	3D，dwg、pdf 格式电子档及签字扫描档

表 8-13 中的文档基本可以分为三类：

1）图样类文档，如产品的总成图样、壳体图样、零件图样、标签图样等。图样类文档是最重要的设计输出文档之一，可用于产品说明及质量检验等，但通常并不直接用于产品的生产。

2）生产类文档，如下线测试说明、物料清单、PCB 相关文件、软件烧写程序等。此类文档与产品的生产过程密切相关，如物料采购需要依据物料清单，产品贴片生产需要 PCB 相关文件，产品软件烧写需要烧写程序文件等，这些文档释放到工厂后，工厂才能够安排生产。

3）辅助类文档，如文档目录索引文件（树文件，即文件类似树状结构，Tree，简称 TRE 文件）、器件烧程说明、软件释放控制文档等。此类文档用于文档释放控制及生产辅助，如文档目录索引文件是所有文档释放时的总目录及控制文件，用于说明项目信息、文档释放的原因、文档的版本及历史记录、文档之间的关系、文档的作用等，器件烧程说明用于说明软件应该如何烧写等。

此外，需要进行释放控制的文件基本都需要进行签字，一般需要三级签字，即需要设计、审核、批准三级签字才能够进行释放，如果涉及多个部门，就需要多人进行会签。一般来说，文档目录索引文件、BOM、软件释放控制文档、图样类文档等都需要打印扫描签字或电子签名后才能释放，以保证文档释放的可控性。

文档释放通常可分为线上及线下两部分，文档释放流程如图 8-6 所示。文档释放工作通常由硬件团队主导，也就是由硬件工程师发起，针对项目在线上新建变更。无论对于新项目首次文档释放，还是老项目变更后的文档释放，都需要走变更流程。文档释放工作通常由硬件部门发起，硬件工程师在线上申请相关物料编码及文档编号后即可编写 TRE 文件，并将 TRE 文件释放给相关职能的设计工程师，由各职能工程师根据 TRE 文件输出相关文档并进行线下签审（签字扫描或电子签），然后将签审后的文件（包括源文件）

打包上传系统，由硬件工程师审核后提交，经系统签审后，变更即可通过，并正式生效。

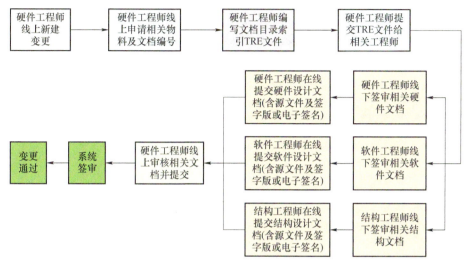

图 8-6　文档释放流程

释放所需要的相关文档需要工程师花费大量时间进行编写及校对，某些文档还需要开会进行团队评审，大部分文件还需要书面审核及批准，最后才是上传系统进行线上审核，所以整个文档释放过程通常需要 1 个月或者更长的时间。

8.1.7　产品量产

通常文档释放即意味着产品设计冻结，产品可以由设计开发阶段进入生产准备阶段。但产品设计开发的结束并不意味着产品已经达到了量产状态，如 DV 测试通常要求必须是模具件，而 PV 测试要求必须是 OTS 样件，即全工装状态下非节拍生产条件下制造出来的样件。因为 DV 测试的侧重点在于验证产品的设计，而 PV 测试的重点是验证产品的生产过程。

虽然文档释放意味着产品设计工作已经告一段落，设计工程师基本可以从项目中释放出来，但对工厂来讲，产品量产工作才刚刚开始。产品从设计阶段进入量产阶段中间其实还隔着两个阶段，也就是 APQP 的第三阶段过程确认和第四阶段量产确认。

APQP 第三阶段的主要工作是过程设计和开发，包括包装标准和规范、产品/过程质量体系评审、过程流程图、PFMEA、新设备/工装和试验装备清单、试生产控制、作业指导书、检验指导书、测量系统分析、过程能力研究等。此阶段的工作就是设计产品如何生产，类似于产品开发中的设计分析阶段。

APQP 第四阶段的主要工作是量产确认，包括小批量试生产、初始过程能力研究、量产控制、产品过程审核等。此阶段的工作就是验证工厂的量产能力，类似于产品开发中的设计验证阶段，第四阶段结束后即可认为工厂已经具备了产品大批量生产的能力，也就是说产品可以进入量产阶段。

8.2 开发流程

汽车电子模块的产品开发流程通常遵循 V 模型，V 模型是一个产品开发的全周期模型，流程执行以 V 形顺序进行。V 模型也称为验证（Verification）和确认（Validation）模型。V 模型由瀑布模型演变而来，也是目前汽车行业运用最广的产品开发模型。瀑布模型顾名思义就是像瀑布一样自上而下，下一开发工序基于上一工序的工作结果完成任务输出。在开始下一工序之前，需确认上一工序的工作结果。在确认了上一工序的工作结果后才能继续进行下一步的工序。否则返回上一工序，甚至更前面的工序。

温斯顿·罗伊斯（Winston Royce）在 1970 年提出了瀑布模型，该模型分为五个阶段：需求分析及规范、设计、实现及单元测试、集成及系统测试以及操作和维护。开发步骤始终按这个顺序执行，不会重叠。开发人员必须完成上一阶段后才能开始下一阶段。瀑布模型开发流程如图 8-7 所示，可以看出整个流程类似于瀑布的级联。

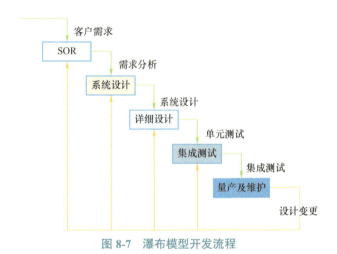

图 8-7 瀑布模型开发流程

采用瀑布模型进行项目开发具有以下优势。

1）模型易于实现，所需的资源数量也很少。

2）需求简单且已被明确声明，同时在整个项目开发过程中需求保持不变。

3）每个阶段的起点和终点都是固定的，所以每个阶段的项目进度较容易进行把控。

4）完整产品的发布日期及其最终成本可以在开发之前确定。

5）基于严格的报告系统，客户可以很容易控制并掌握项目信息。

同时瀑布模型也存在一些缺点，具体如下。

1）模型中的风险因素较高，因此模型不适用于较重要或较复杂的项目。

2）模型无法接受开发过程中需求的变化，这也就意味着一旦需求输入发生变更，项目便无法进行下去。

3）回到上一阶段变得很困难。例如，如果应用程序现在已切换到编码阶段，但是需求却发生了变化，那么就很难返回去并依据新的需求进行设计变更。

4）由于测试是在较晚的阶段完成，因此在早期阶段无法识别挑战和风险，自然也就很难在早期阶段准备好降低风险的策略。

基于瀑布模型的上述特点，针对更为复杂的汽车行业项目开发需求，汽车行业便采用了由瀑布模型演变而来的 V 模型开发流程，如图 8-8 所示。V 模型的左侧是设计，右侧是测试。开发过程中的测试称为验证测试，即确保产品按照设计要求进行设计，也就是说保证把事情做正确。最终的产品测试称为确认测试，即确认要交付的产品的确是客户需要的，也就是说做的是正确的事。

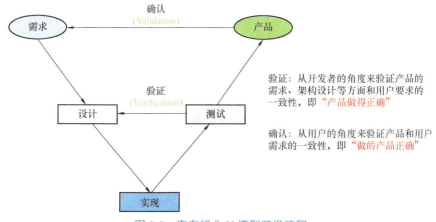

图 8-8　汽车行业 V 模型开发流程

V模型是对瀑布模型的变形，相对瀑布模型，V模型的优势如下。

1）降低了开发风险，可以适用于较复杂的开发项目。

2）解决了瀑布模型中每个阶段严格分离很难实现的问题，即使需求发生变更，项目仍然可以继续进行。

3）设计阶段的回溯较为方便快捷，即使发现问题，或是需求发生变化，都可以由当前阶段回溯到上一阶段。

4）每个阶段都有对应的验证或确认，测试得以提前，所以可以及早发现问题并解决问题。

5）问题的可追溯性更好。

6）提高了开发效率，同时降低了开发成本。

8.2.1 V模型介绍

图8-8是一个简化的V模型，汽车电子行业根据自身的特点对V模型进行了相应的细化及完善，典型的针对汽车电子产品的项目开发V模型开发流程如图8-9所示。V模型整体是从上到下、从左到右，类似于瀑布模型的从上到下的开发流程。从上到下依次分为客户需求、需求分析/系统测试、详细设计/单元测试、设计实施共四个阶段。V模型最重要的特点就是每个开发阶段都对应一个测试阶段，V模型左侧为设计开发，右侧即为验证确认。从左到右，输出对于输入的确认过程称为验证（Validation），用于确认输出结果的确是根据输入的要求；而从右到左，输入对于输出的反向确认过程称为审查（Review），用于审查输入是基于所要求的输出制定的。另外，V模型是一个高度严格的模型，下一阶段必须在上一阶段完成后才能开始，且每个阶段都有特定的可交付成果和审查过程，交付成果包括设计文档及测试验证文档。

以需求阶段为例，在Tier 1接到客户开发需求后，基于设计准则对客户需求进行分析并进行系统设计，在设计方案完成后需要依据检查列表（Checklist）进行评审，确认系统设计是依据客户需求进行的。在系统设计完成后即可进入详细设计阶段，如果此时客户需求发生变化，那么只需回溯到系统设计阶段，对系统设计进行变更，经审查符合客户需求后，便可以再次进入详细设计阶段，依据变更后的系统设计对详细设计进行变更即可，所以V模型非常适合对复杂多变的项目进行快速迭代。这也就意味着V模型可以不需要每次都把四个阶段全部走完，项目可以在任意阶段进行回溯及迭代。如在详细设计阶段，经过单元测试发现了一个设计问题，如果是详细设计问题，那么就对设计进行迭代，暂时不再进入系统测试阶段。如果发现是需求分析出现了问题，那么就回溯到需求分析阶段，对需求进行变更，然后再次进入详细设计阶段，根据需求对设计进行变更，再重新进行单元测试。

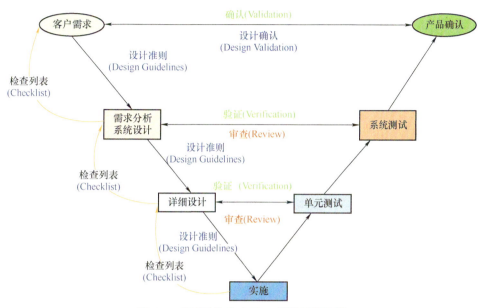

图 8-9 典型的汽车电子 V 模型开发流程

基于 V 模型的汽车电子项目开发流程可以轻松应对随时快速变化的需求及项目风险，每一阶段都需要经过审核及验证，以确保流程被正确地理解和执行，在此基础上才能进入下一阶段。如只有经过单元测试确认了详细设计后，项目才能进入系统测试；在经过系统测试、验证了系统设计后，项目才会进入产品确认阶段，最终才可以确认产品是否满足客户需求。

根据汽车电子产品的特点，产品设计可以分为：硬件设计、软件设计和结构设计，所以基于 V 模型又延伸出了针对软硬件及结构的 V 模型，基于本书主旨，在此仅介绍硬件及软件的 V 模型。

8.2.2 硬件的 V 模型

基于汽车行业的 V 模型，针对汽车电子模块的硬件开发又延伸出了硬件开发的 V 模型，如图 8-10 所示。

硬件开发的 V 模型也遵循从上到下、从左到右的开发流程，每个开发阶段都对应一个测试阶段。模型左侧为设计开发，右侧即为验证确认。同时，每个阶段都有特定的可交付成果和审查过程，交付成果包括设计文档及测试验证文档。

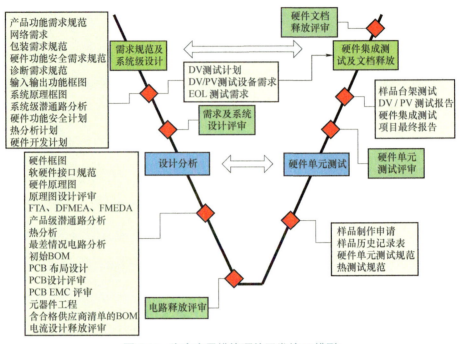

图 8-10　汽车电子模块硬件开发的 V 模型

由图 8-10 可见，硬件设计开发需要交付文档较多的阶段在需求及系统设计阶段和设计分析阶段，测试阶段主要输出文档为测试报告，在设计冻结后，开发阶段即告一段落，最后由硬件团队释放硬件设计文档，此时需要输出较多的受控文档，文档工作量也较大。

8.2.3　软件的 V 模型

软件开发的 V 模型如图 8-11 所示。软件开发流程不同于硬件，软件需要进行架构设计，软件架构设计又分为软件架构高层设计（High Level Design，HLD）与软件架构底层设计（Low Level Design，LLD）。实际的汽车电子产品软件开发通常会采用模块化设计，模块化设计的软件 HLD 又可分为架构 HLD、应用模块 HLD（Application Module HLD）、网络 HLD；软件 LLD 又可分为软件模块 LLD—模块详细设计、网络模块 LLD、软件模块 LLD—应用逻辑设计。根据 V 模型要求，每个设计从左到右的每一流程都将对应一个测试阶段。

采用 V 模型的汽车电子模块软件开发流程如图 8-12 所示。软件的 V 模型基本类似于硬件，每个阶段都有特定的可交付成果和审查过程，在每个阶段结束后都需要进行阶段性的评审，然后才能进入下一阶段，在软件通过验证后即可进行软件代码释放。

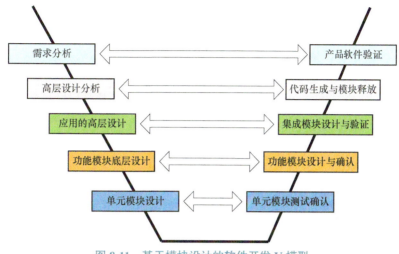

图 8-11 基于模块设计的软件开发 V 模型

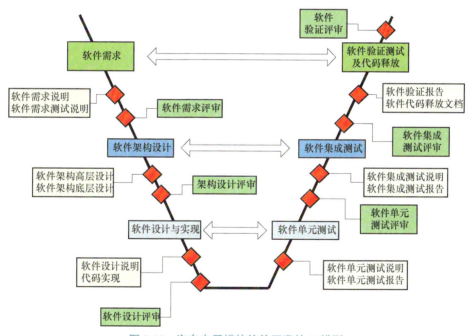

图 8-12 汽车电子模块软件开发的 V 模型

8.2.4 文档要求

文档作为汽车电子项目开发过程中的重要输入和输出，在项目管理中扮演着重要的角色。在需求阶段，Tier 1 需要客户的需求文档作为产品系统设计的输入；在设计分析阶段，软件、硬件及结构团队需要系统设计作为设计输入，如软件团队需要明确的通信及诊断输入，硬件团队需要明确产品的输出输入接口信息，结构团队需要了解产品的防护等级要求、安装需求等。此外，文档的重要性还体现在：

1）作为设计输入。在项目开发的早期阶段，文档就是设计规格说明书。如果文档质量不佳或不准确，会影响设计的正确性。

2）作为设计接口。汽车电子模块的开发会涉及多个职能部门的配合，每个设计者都需要与多方进行交流及沟通，而接口文档就是一个沟通及达成共识的基础，产品设计也需要建立在已有接口文档的基础上。如软硬件接口规范，这个文档通常由软硬件工程师共同来完成，可以帮助软件工程师正确理解产品的硬件设计。而在此之前，硬件工程师需要了解软件是如何操作硬件的，在此基础上，硬件工程师开始编写软硬件接口规范，向软件工程师提供硬件设计说明及相关硬件功能的解释，以便软件工程师在设计软件时理解这些功能。同时，这个文档在整个设计阶段都是一个鲜活的、由软硬件工程师共同维持更新的文档。

3）作为设计输出。输入和输出是相对的，如客户的输出就是 Tier 1 的输入。众多的设计输出文档同时也作为各职能团队的接口文档或说明文档，帮助各团队更好地理解产品的特性及设计要求，在最大程度上降低沟通理解的成本，使各团队对产品设计的理解基于同一基础，进而提高了设计效率，缩短了项目开发周期。

4）作为设计支撑。可以作为设计支撑的文档主要是设计分析阶段产生的众多文档，这些文档可以在设计过程中对产品的具体设计提供设计支撑。如 FTA 及 DFMEA 为产品的可靠性设计提供设计支撑，电路最差情况分析为硬件电路设计提供理论支撑等。

5）作为设计工作的阶段记录。在很多重要的设计活动结束时，按流程要求需要技术团队进行评审（Peer Review），评审结束后需要形成评审记录，这个记录便是这个设计工作阶段的记录。这个记录有两个作用，一是证明当前设计工作已经完成，二是对设计工作进行检查及审核，保证设计是正确的，同时还是满足设计要求的。

6）作为设计工作的阶段性控制。在每个阶段结束前，需要对当前阶段的设计输出进行评审，评审由各个技术团队的相关工程师共同参与，评审通后才可以结束当前阶段，进入下一阶段。

根据 V 模型的要求，汽车电子产品开发过程中需要形成和输出的文档较多，设计团队基于不同的职能划分，按照流程阶段的要求，整个开发过程中要输出的文档汇总如图 8-13 所示。

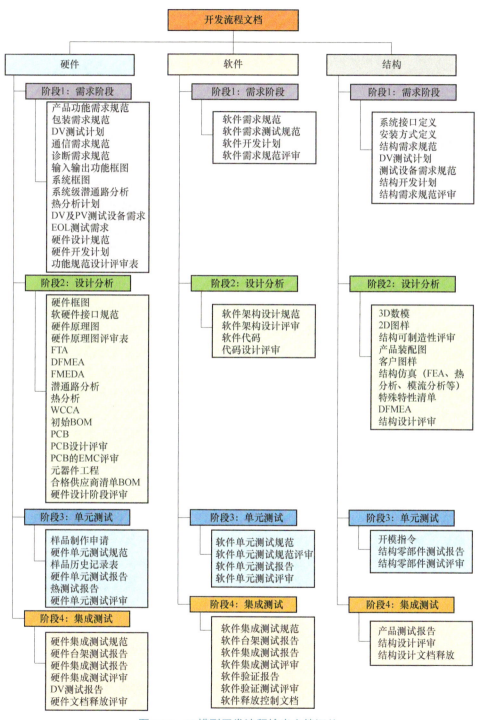

图 8-13 V 模型开发流程输出文档汇总

由图 8-13 可见，硬件团队输出了绝大多数的文档，尤其是在需求及设计分析阶段文档数量最多。并且，除流程文档外，在由硬件团队主导的文档释放阶段，硬件团队需要输出的受控文档数量也是最多的。

8.3 基于电气负荷标准的设计

汽车电子模块属于典型的机电软一体化产品（机械、电气、软件相结合），产品的功能由软件配合硬件来实现，软件以硬件电路作为载体，软硬件紧密结合；机械部分的连接器用来实现产品的电气连接，机械结构的壳体要具有一定的机械强度及防护能力，壳体在作为硬件电路板安装载体的同时，还可满足产品的实际应用安装及环境防护要求，保证硬件电路可以在各种严苛的车载应用环境下正常工作。

汽车电子模块的设计工作通常可分为硬件设计、软件设计及结构设计。不同于软件设计，硬件设计和结构设计都属于具体的实物设计。硬件设计主要包括器件选型、原理图设计、PCB 设计等，设计时主要考虑测试标准、输入输出电路的电气参数要求、工作环境温度要求、电路功能的实现等。结构设计通常包括壳体设计、连接器设计、散热设计、防护设计等，设计时主要考虑产品尺寸、安装方式、安装位置、防护等级、机械强度等。软件设计则主要是软件架构及软件代码设计，包括底层、模块及应用层设计等。

汽车电子模块作为一个机电软一体化、软硬件紧密结合的嵌入式系统产品，产品的可靠性与硬件设计紧密相关。因为软件本身的可靠性不同于硬件，不存在失效率的浴盆曲线，不存在早期失效与老化，采用 V 模型流程开发的汽车电子嵌入式软件，在量产前会经历大量的台架测试验证及实车路试验证，量产后通常不存在可靠性问题。而硬件设计则不然，即使通过了各种性能测试及 DV 试验，也无法完全保证硬件设计在整车全寿命周期内的可靠性，所以汽车电子产品的可靠性与硬件设计紧密相关，硬件的可靠性是汽车电子模块实现高可靠性的基础。

1. 电子模块的设计

汽车电子模块的设计首先必须基于车规级试验标准。以如图 8-14 所示的硬件原理图设计为例，电路为一个 12V 系统中的嵌入式最小系统，实现的功能是根据输入信号 1、2 的输入状态控制输出 1、2 的输出状态。MCU 通过信号采集电路（由分压电阻组成）采集信号 1 及信号 2 的电压，MCU 基于预设的功能逻辑进行判断，然后通过控制高边芯片 U3 与低边芯片 U4 控制输出 2 与输出 1 的输出状态。MCU 通过驱动芯片将控制信号转变为实际的驱动能力，进而驱动外部负载。

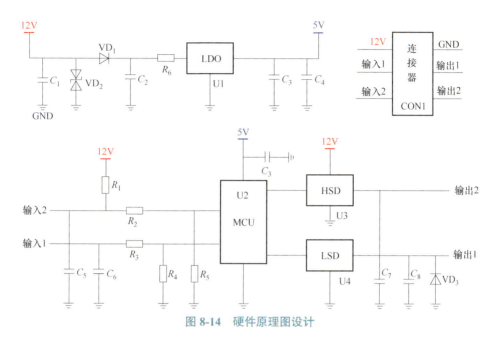

图 8-14　硬件原理图设计

图 8-14 电路可以分为四部分：

1）电源部分。电源部分负责为内部电路提供稳定的工作电压，电路包含电源输入和电压转换。LDO 所在电路即为电源电路，LDO 将 12V 系统电源电压转化为 MCU 工作所需的 5V 电压。

2）输入信号部分。由电阻 $R_1 \sim R_5$ 组成的电路就是输入信号电路。输入信号可以是高有效（开关闭合时接通电源）或低有效（开关闭合时接通车身地）信号，信号经 $R_1 \sim R_5$ 组成电阻分压网络分压后，转化成 MCU 可识别的电压信号供 MCU 进行处理。

3）处理部分。一个嵌入式系统中负责信号处理及逻辑运算的单元通常就是 MCU，即图中的 U2。MCU 会被预先写入设计好的程序，之后 MCU 会基于设计的功能逻辑，根据输入信号的状态控制 ECU 的输出。

4）输出部分。MCU 作为处理芯片，受限于驱动能力，通常无法直接驱动任何负载，所以在 ECU 设计中会使用专门的驱动电路或芯片来直接或间接驱动负载工作。图中 U3 及 U4 即为驱动芯片，可以直接驱动灯类或电动机类负载工作。

以电气环境—电气负荷试验标准 GB/T 28046.2—2019（对应 ISO 16750-2：

2012)为例,产品设计需要满足多方面的电气设计要求。

2. 供电电压范围

对于 12V 系统,正常供电电压范围通常为 9~16V,这个电压范围对于硬件电路设计主要有两点需要考虑:

1)MCU 的电源设计。这部分电源设计通常难度不大,因为 MCU 的工作电压通常为 5V 或 3.3V,都远低于 9V,即使考虑到电源防反二极管 VD_1 有 1V 左右的电压降,LDO 的输入输出电压差也在 3V 左右,这个电压差对于 LDO 来讲毫无压力。LDO 通常可以做到 0.5V 电压差,也就是说即使输入电压为 5.5V,LDO 仍能保证输出稳定的 5V 电压,这也就意味着采用 LDO 的硬件电路支持的最低输入电压可以为 6.5V 左右。

2)输入信号电路设计。因为输入信号可以是高有效或低有效信号,输入电压变化对低有效信号其实并没有什么影响,电压变化主要影响的是高有效信号,也就是开关闭合时接到电源的信号。信号经电阻分压网络分压后输入到 MCU,所以如果输入电压过低就可能导致有效的输入信号无法被 MCU 识别。MCU 数字输入口对数字信号的识别范围见表 8-14。

表 8-14 MCU 数字输入口对数字信号的识别范围

符号	参数	最小值 /V	最大值 /V
V_{DD}	I/O 供电电压	4	5.5
V_{ih}	输入高电平电压	$0.65V_{DD}$	$V_{DD}+0.3$
V_{il}	输入低电平电压	$V_{ss}-0.3$ ①	$0.35V_{DD}$

① V_{ss} 指 MCU 的 GND 电压,通常可认为是 0V。

以 MCU 的电源电压 $V_{DD}=5V$ 为例,MCU 数字输入口可识别的有效电平见表 8-15。

表 8-15 5V MCU 数字输入口可识别的有效电平

符号	参数	最小值 /V	最大值 /V
V_{DD}	I/O 供电电压	4	5.5
V_{ih}	输入高电平电压	3.25	5.3
V_{il}	输入低电平电压	−0.3	1.75

也就是说,输入信号为 3.25~5.3V 的电压,MCU 识别为高电平;输入信号为 −0.3~1.75V 的电压,MCU 识别为低电平。表 8-16 为电阻网络分压范围计算示例。

表 8-16 电阻网络分压范围计算示例

输入电压 /V	电阻网络分压比			
	0.3	0.35	0.37	0.4
	输出电压 /V			
9	2.7	3.15	3.33	3.6
10	3.0	3.5	3.7	4.0
11	3.3	3.85	4.07	4.4
12	3.6	4.2	4.44	4.8
13	3.9	4.55	4.81	5.2
14	4.2	4.9	5.18	5.6
15	4.5	5.25	5.55	6.0
16	4.8	5.6	5.92	6.4

表 8-16 中，输入信号的电压范围同整车供电电压范围，为 9~16V。以电阻网络的分压比分别为 0.3、0.35、0.37 及 0.4 为例，分别计算经电阻网络分压后的输出电压。由表 8-16 中的计算结果可知，没有一个分压比可以满足设计要求。

1) 在分压比最小为 0.3 时，只有在电压达到或超过 11V 后，MCU 才可以识别高有效信号。

2) 在分压比为 0.35 时，只有在电压达到 10V 后，MCU 才可以识别高有效信号，但是如果电压升高到 16V，则分压后的电压将达到 5.6V，已经超过了 MCU 最高允许的 I/O 供电电压 V_{DD} 的最大值 5.5V，这个电压是不允许的。

3) 在分压比达到 0.37 后，9~14V 范围内的电压在分压后都可以被 MCU 识别为高电平，但在超过 14V 之后，分压的电压全部超过了 MCU 的允许范围。此外还有一个问题，那就是电阻网络的分压和 MCU 的电压范围都是基于一定精度的。如采用 1% 精度的电阻，分压后的精度通常可以达到 3%，LDO 的输出电压精度一般为 2%，如果叠加这个误差范围，9V 时，在 0.37 的分压比下，3.33V 的输入电压可能就已经无法被 MCU 识别了。

4) 将分压比提高到 0.4 后，基本可以保证 9~13V 范围内的电压在分压后都可以被 MCU 识别为高电平，超过 13V 的电压全部超过了 MCU 的允许范围。

通过以上的计算分析可知，供电电压的大范围波动将严重影响输入信号的采集，对输入电路的硬件设计提出了较高的要求。

在实际设计中，对于这种输入电压采集电路，如果没有一个合适的分压比可以满足全电压范围内的信号采集要求，那么可以用两个办法解决问题。

1）采用 MCU 的模拟信号输入（Analog to Digital，AD）口，也就是通常所说的 AD 口。MCU 的 AD 口通常可以以 10 位（$2^{10}=1024$）分辨率来识别 0~5V 的电压信号，识别精度接近 5mV，也就是说几乎 0~5V 的任意电压都可以被识别，这样就可以通过软件来定义高电平门限和低电平门限。以分压比 0.3 为例，软件可以定义 2.3V 为高电平门限，那么 2.7V 即可被识别为高电平，这样就实现了 9~16V 全电压范围内的输入信号识别。但同时也要注意，虽然 MCU 的 AD 口比较好用，但数量却较少，通常都会优先给模拟信号使用，而非用于采集数字开关信号。

2）采用输入电压钳位设计，也就是说对超过 MCU 输入口高电压范围的电压进行钳位。以分压比为 0.4 为例，供电电压达到 14V 时，如果无钳位设计，此时分压电路输出电压为 5.6V；如果钳位电压设置为 5.4V，则即使供电电压达到或超过 14V，分压电路的输出电压将不会超过 5.4V，从而达到保护 MCU 输入口的目的，同时又实现了使用 MCU 数字口来进行输入信号采集的目的。如今的 MCU 基本都在 I/O 口内部设计了钳位电路，所以对于数字信号采集应用来讲，目前基本不需要对每个信号进行电压钳位电路设计。

3. 过电压

供电电压发生过电压的情况有以下两种。

1）发电机调节器失效引起的发电机输出电压上升到高于正常电压，试验标准要求是在 T_{max} -20℃施加 18V（24V 系统为 36V）电压并保持 60min。

2）针对 12V 系统，如果发生跳线启动，输入电压有可能达到 24V，也就是说有人使用货车的 24V 电压系统为 12V 系统进行跳线启动。按照试验标准要求，模拟辅助起动时，向 DUT 输入的过高电压的条件是在室温下施加 24V 电压并保持（60±6）s。

针对上述两种过电压的情况，受影响最大的就是电源部分电路，也就是 LDO 芯片的设计，这个需要考虑两个方面，首先是 LDO 的耐压设计，其次就是 LDO 的功率及散热设计。

以 12V 系统为例，LDO 的耐压必须超过 24V，所以通常选择的 LDO 耐压都在 28V 以上，一般可达到 40V，这样 24V 的过电压就不会超过 LDO 的最高输入电压，保证 LDO 不会发生过电压损坏。

还有就是 LDO 的功率及散热设计。通常小电流 LDO 或封装较小的 LDO 热阻较高，能够支持的散热功率都较小，大电流 LDO 或封装较大的 LDO 则可以支持较高的散热功率。以表 8-17 为例，在环境温度为 65℃的情况下，如果供电电压上升到 16V，LDO 的结温已达 143℃，接近 LDO 允许的最高结温 150℃；在过电压条件下，供电电压为 18V 时，结温达到 158.6℃，已超过最高允许结温，说明这个 LDO 的热阻已经无法满足设计要求。

表 8-17 LDO 结温与供电电压的关系（LDO 热阻为 78℃/W）

输入电压/V	LDO电压[①]/V	输出电流/mA	散热功率/W	LDO热阻/(℃/W)	LDO温升/℃	环境温度/℃	LDO结温/℃
9	8	100	0.3	78	23.4	65	88.4
10	9	100	0.4	78	31.2	65	96.2
11	10	100	0.5	78	39	65	104
12	11	100	0.6	78	46.8	65	111.8
13	12	100	0.7	78	54.6	65	119.6
14	13	100	0.8	78	62.4	65	127.4
15	14	100	0.9	78	70.2	65	135.2
16	15	100	1	78	78	65	143
18	17	100	1.2	78	93.6	65	158.6

① LDO 电压为输入电压减去防反二极管的管电压降，此处管电压降按 1V 计算。实际情况下，管电压降与二极管型号、前向电流、温度等因素综合相关。

此时有两种解决方案，一是在 LDO 前端串联电阻为 LDO 进行分压，降低 LDO 在过电压时所承受的电压，同时考虑 LDO 在 9V 时的输入电压必须高于 5.5V，以保证 LDO 能够正常输出 5V。按此要求进行计算，防反二极管电压降为 1V，串联电阻可以分压 2.4V，9V 时 LDO 的输入电压为 5.6V，18V 时 LDO 的输入电压为 14.6V，此时 LDO 结温为 142.8℃，已经低于 150℃。电阻通常加在逻辑电源部分的防反二极管和 LDO 之间的位置，如图 8-15 中的 R_6 所示。同时这个电阻的设计需要考虑其功耗与可靠性，设计中通常会采用两个等阻值的电阻并联的方式，这样做一是可以分担散热功率，方便设计选型，二是可以提高电路的可靠性。

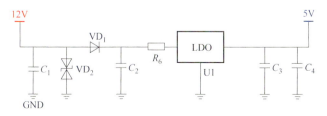

图 8-15 输入 LDO 串联电阻设计

还有一种解决方案是选择封装较大、热阻较低、散热较好的LDO，见表8-18。

表8-18 LDO结温与供电电压的关系（LDO热阻为46℃/W）

输入电压/V	LDO电压[①]/V	输出电流/mA	散热功率/W	LDO热阻/（℃/W）	LDO温升/℃	环境温度/℃	LDO结温/℃
9	8	100	0.3	46	13.8	65	78.8
10	9	100	0.4	46	18.4	65	83.4
11	10	100	0.5	46	23	65	88
12	11	100	0.6	46	27.6	65	92.6
13	12	100	0.7	46	32.2	65	97.2
14	13	100	0.8	46	36.8	65	101.8
15	14	100	0.9	46	41.4	65	106.4
16	15	100	1	46	46	65	111
18	17	100	1.2	47	56.4	65	122.4

① LDO电压为LDO芯片的输入电压，是输入电压经过防反二极管后的电压，为简化计算，表中防反二极管的管电压降统一以1V进行计算。

由表8-18可见，即使供电电压升高到18V，因为LDO的热阻降低为47℃/W，LDO的温升得到明显的改善，最高结温仅有122.4℃，远低于150℃。

在计算LDO结温时，通常不考虑三重最差情况，也就是说，在考虑最高供电电压时，不同时考虑此时的环境温度为最高且工作电流为最大。以78℃/W热阻的LDO为例，如果在16V时考虑最高环境温度为85℃，则LDO的结温将达到163℃，已经不能满足要求。而如果热阻为46℃/W，则即使环境温度为85℃，结温也才131℃，仍能满足设计要求。

4. 供电电压波动

以GB/T 28046.2—2019为例，供电电压波动的相关试验有三个：叠加交流电压、供电电压缓升缓降，以及供电电压瞬时下降。

1）叠加交流电压。此试验是为了模拟直流供电下出现的纹波电压，如对于12V系统，按严酷等级划分，交流电压的峰峰值分为1V、4V和2V。

2）供电电压缓升缓降。此试验是为了模拟蓄电池逐渐放电和充电时的电压变化。

3）供电电压瞬时下降。供电电压瞬时下降即供电电压瞬间跌落，此试验是为了模拟其他电路内的常规熔断器熔断时引起的电压瞬时下降。

上述三种供电电压波动试验中，叠加交流电压和供电电压缓升缓降对ECU 的硬件设计来讲其实是比较容易满足的，如对于叠加交流电压试验，通过适当的输入电容组合设计即可将交流电压对电路的影响降到最低，同时不会影响电路的正常工作。对于供电电压缓升缓降，因试验要求功能状态等级为 D 或者 C 级，常规的车规级电路设计即可满足。

但对于供电电压瞬时下降试验，功能状态等级要求达到 B 级，12V 系统的设计要求要高于 24V 系统，见表 8-19。24V 系统的电压值从最低电压 16V 下降为 9V 并保持 100ms，这个电压对于 24V 系统中 5V 电源的 LDO 是比较容易做到的，因为 LDO 前端电压为 8V 左右。但是 12V 系统在电源电压降低为 4.5V 后，LDO 的输入电压将无法维持正常的 5V 输出，有可能导致MCU 发生欠电压复位，以及其他逻辑部分电路无法正常工作。

表 8-19　供电电压瞬时下降试验

12V 系统		24V 系统	
电压值	LDO 电压	电压值	LDO 电压
最低电压 U_{Smin}=9V	8V	最低电压 U_{Smin}=16V	15V
下降为 4.5V	3.5V	下降为 9V	8V

针对供电电压瞬时下降试验，一种低成本的解决办法是在逻辑部分电源输入端加一个较大的储能电容，如 220μF 或 330μF 电容，如图 8-16 中 C_2 所示。

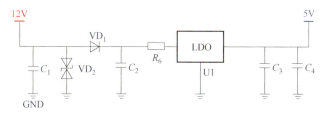

图 8-16　逻辑部分电源输入端增加电容的设计

储能电容 C_2 通常加在逻辑电源输入口的防反二极管后端，这样在输入12V 电压发生瞬时下降时，C_2 中存储的电量就可以在 100ms 内为电路提供短时的供电，保证电路功能正常。同时，由于防反二极管 VD_1 的存在，C_2 的电量并不会泄漏到整车的 12V 系统中去，从而保证了 C_2 可以将其所储存的电量全部用于内部电路。

5. 启动特性

此试验的目的是为了检验被测模块在车辆启动时的性能。根据标准要求,启动波形电压 U_{s6} 最低可以跌到 3V,这个电压对 ECU 的影响主要有以下两点。

1)在启动过程中 ECU 不能发生复位。对 ECU 来讲,这个情况有点类似于供电电压瞬时下降,所以也可以采用增加输入电容的方式来解决,靠电容来对 ECU 的工作电压进行保持,保证 ECU 不会发生欠电压复位。

2)在启动过程中输出不能断开。与启动功能相关的功能如启动继电器的输出控制、IGN 继电器的控制等必须能够保持,这些功能主要是负载驱动相关的功能,如图 8-17 所示。

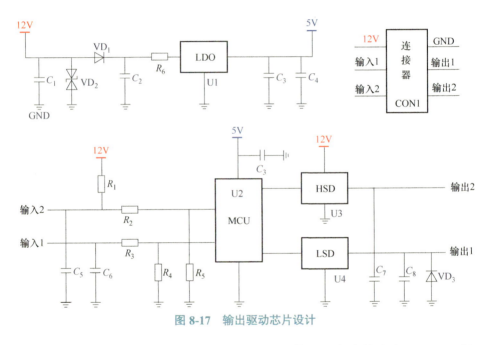

图 8-17 输出驱动芯片设计

图 8-17 中 U3 与 U4 为驱动芯片,它们的供电通常直接来自于 12V,所以输入电容 C_2 并不能为其提供欠电压时的电压支撑。针对这种情况,一种可行的设计方式是采用支持启动特性的驱动芯片,或者支持低保持电压的继电器设计,以保证在 12V 系统发生严重欠电压时,输出驱动部分能正常工作。如图 8-18 所示,该驱动芯片为在启动过程中保持功能正常的应用进行了专门设计,启动过程中的最低电压($V_{\text{USD\_Cranking}}$)可以支持到 3V。这种启动过程中的极低电压通常发生在发动机低温冷启动时,所以这种专用芯片特

别适合驱动在启动过程中需要保持功能正常的应用。

特性

最大瞬态供电电压	V_{CC}	40 V
操作电压	V_{CC}	4~28 V
最小启动供电电压	$V_{USD\_Cranking}$	3 V
典型导通阻抗	R_{ON}	1.3 mΩ
典型电流限制	I_{LIMH}	200 A
最大待机电流	I_{STBY}	20 μA

PowerSSO-36

- 通过AEC-Q100认证
- 超低操作电压，适合深度冷启动应用(符合LV124，2013版)

图8-18　适用于启动过程中需要保持功能正常的驱动芯片

6. 抛负载

此试验的目的是为了检验被测模块在车辆发生抛负载时的抗干扰性能。对于12V系统，脉冲A波形（原5a波形）的峰值电压为101V，24V系统则为202V。虽然在乘用车领域目前已较少有OEM在试验中对脉冲A提出要求，但在商用车领域，OEM仍通常有此要求。对于抛负载脉冲，通常采用的设计就是在电源输入口增加TVS作为电压钳位设计，如图8-17所示。VD_2即为钳位TVS，VD_2可以在发生抛负载时对过电压进行抑制。以24V系统为例，抑制效果如图8-19所示，被TVS抑制前的电压幅值高达202V，在被TVS抑制后，电压的波峰被抑制到56V，所以TVS可以有效地保护后级电路免受抛负载过电压脉冲的影响，避免电路发生过电压损坏。

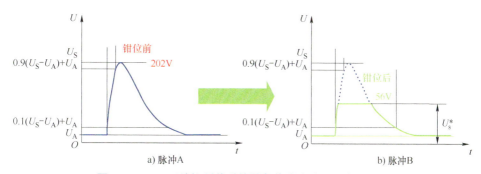

图8-19　24V系统抑制前后的抛负载脉冲波形及电压对比

以24V系统中TVS抑制抛负载电压为例，TVS的规格通常选择33V或者 36V，峰值功率为 6600W。如图 8-20 所示，TVS 的型号为威世（Vishay）的 SM8S36A，标称关断电压为 36V，标称最大钳位电压为 58.1V。图中波形测试条件为：U_s=202V，R_i=4Ω，t_d=350ms。由图中波形可知 TVS 的峰值电流达到 38A，TVS 将抛负载脉冲 A 钳位到 56V 的低压，实际钳位电压低于标称最大钳位电压。

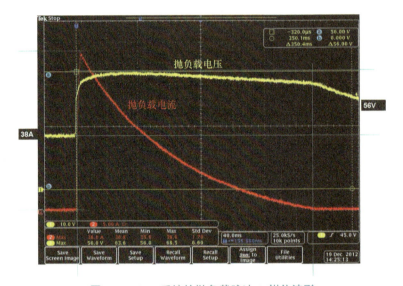

图 8-20　24V 系统的抛负载脉冲 A 钳位波形

7. 反向电压

反向电压试验的目的是为了模拟车辆辅助启动/跳线启动时对蓄电池的反向连接。对于 12V 系统，反向电压为 –14V，时间为（60±6）s，对于 24V 系统则是 –28V，时间不变。

所有的车载电子模块都需要进行反向电压测试，以免在遇到电源反接的情况时模块发生损坏。需要指出的是，几乎所有的集成芯片都不支持反向电压，一旦电源反接，所有的集成芯片都可能会损坏。为了应对反向电压，最简单的方法就是为电路增加一个防反接设计，如图 8-21 所示。

图 8-21 在逻辑电源部分 LDO 的前级串入一个防反二极管 VD_1，通常可以选择 400V 耐压，电流为 1A 的二极管，即可满足逻辑电源部分的需求。而对于电流需求较大的功率驱动部分电源，则不能采用二极管进行防反，通常需要采用 MOSFET 设计（图 8-21 中的 VF_1），对于电流不是很大的应用，可以选择使用 PMOS，驱动电路简单，成本较低；对于电流较大的应用则必须采用专用驱动芯片加 NMOS 的设计。

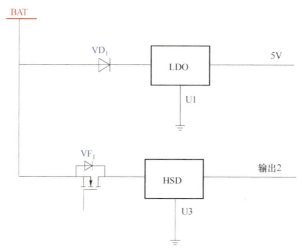

图 8-21　LDO 电源防反接设计

对于反向电压问题，除了 LDO 电源需要防反外，对于采用高边驱动芯片的电路也需要进行电源防反设计。如采用 HSD 芯片驱动外部负载的设计，如果负载为电动机类感性负载，通常需要在输出端对地加一个续流二极管（Freewheel Diode）作为电感能量的续流回路，在 HSD 芯片关断瞬间将电感产生的反向电压（可能高达上百伏）钳位在一个很低的水平（1V 左右），避免感性负载的反向电压对 HSD 芯片造成损坏。图 8-22a 为电源正常情况下，续流二极管 VD_1 可以为负载电动机提供感性能量的续流。正常情况下，在没有进行续流时，VD_1 处于截止状态。图 8-22b 为电源反接，ECU 输入为反向电压时，VD_1 刚好与 HSD 芯片 U1 内部的体二极管构成了一个从 GND 到电源的反向导通回路，导致电源直通，这是最坏的一种情况，会直接导致 VD_1 及 U1 烧毁。

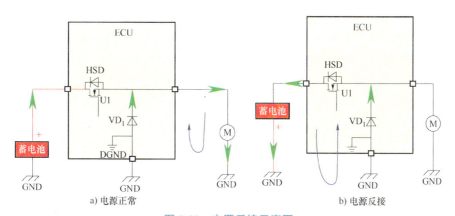

图 8-22　电源反接示意图

在这种情况下，为了避免电源反接时的电源直通，就必须在 ECU 的电源端或者 GND 端增加防反设计，如图 8-23 所示。图中电源端防反采用 MOSFET 设计，N 型或 P 型 MOSFET 均可以使用，这种防反设计也称高端防反。防反 MOSFET 如图中 VF_1 所示，MOSFET 位于电源输入和 HSD 芯片之间，如果电源发生反接，则 VF_1 不会导通，从而避免了直通的产生。还有另外一种设计就是在 GND 端增加一个 NMOSFET，这种防反设计也称低端防反，如图中 VF_2 所示。需要注意的是，图中 VF_1 及 VF_2 在使用时均处于反接状态，与常规的使用方式相反，也就是说无论 MOSFET 的栅极是否存在驱动电压，MOSFET 均处于导通状态，区别在于栅极没有驱动电压时，体二极管导通，此时导通电压较高，功耗较大，发热严重；栅极有驱动电压时，MOSFET 导通，此时导通电压大幅降低，发热较小。

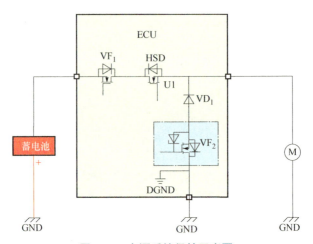

图 8-23　电源反接保护示意图

高端防反和低端防反只需采用一种即可，实际设计中较多采用高端防反。如图 8-24a 所示，因为低端防反只能防止 VD_1 和 U1 发生直通，却无法防止反向电流通过负载及 U1 的体二极管发生反向导通，此时二极管发热会非常严重，有损坏的风险；而如果采用高端防反设计，如图 8-24b 所示，高端防反 MOSFET VF_1 即可阻止此反向电流，防止任何反向电流通过 U1 的体二极管，从而保护 U1 在电源反接时不会发生损坏。

8. 参考接地和供电偏移

此试验的目的是检验在被测模块存在两条或多条供电线路时组件的可靠性，如对电源接地与信号接地的参考点不一致的组件就需要进行此试验。根据 GB/T 28046.2—2019 的规定，DUT 的偏移电压被定义为 (1±0.1) V。试验过程中 DUT 的功能状态应达到 A 级。

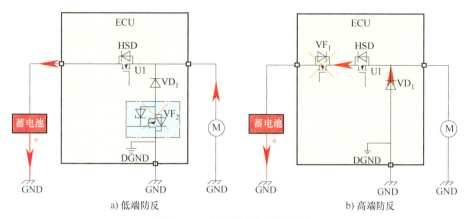

图 8-24 高端防反与低端防反

实际车载应用中的确有较多的 ECU 存在两条或多条供电线路的情况，这种情况通常可以分为以下三种。

1）多个电源。ECU 采用多个电源供电线路分别为 ECU 内部不同的功能电路提供电源，因为各电源相互独立，即使电压存在差异，对实际应用来讲通常影响不大。

2）多个 GND。如果一个 ECU 存在多个 GND，一旦不同 GND 之间出现电压偏移，对 ECU 的正常工作就可能造成影响，对于这种情况，ECU 在设计时必须将所有逻辑电路部分的参考地进行统一，保证逻辑电路部分可以正常工作，而功率部分电路的地漂移对 ECU 实际功能来讲影响并不大。

3）传感器应用。如图 8-25 所示，ECU 为一个远端的传感器供电，同时采集传感器的输出信号。如果传感器采用远端接地，一旦传感器所在位置的 GND 与 ECU 所在位置的 GND 存在地漂移，那么 ECU 采集到的模拟电压就会不准确。根据标准规定，这个漂移电压可能达到 (1 ± 0.1) V。消除这个漂移电压最简单的方法就是 ECU 为传感器供电时，采用双线制供电而非单线制，传感器的电源线及地线均由 ECU 进行提供，这样就可以完全消除地漂移，使 ECU 采集到准确的传感器电压，而不再受地漂移的影响。

9. 短路特性

此试验的目的是检验被测模块在输入或输出端发生短路时的性能，因为在车载应用中，任意一根线束因振动或长期使用而发生绝缘皮磨损，从而破皮搭铁或短路到电源的情形是真实存在的。按照 GB/T 28046.2—2019 的规定，DUT 的所有有效输入和输出端应分别依次连接到系统最高电压 U_{Smax} 及地，信号线持续时间为 (60 ± 6) s，负载电路持续时间根据客户要求，其他输入和输出端保持开路或根据客户要求。

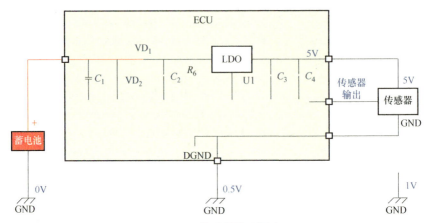

图 8-25　传感器的地漂移

短路特性对于电子模块的影响主要体现在以下三个方面：

1）开关类信号输入口。如图 8-26 所示，图中输入 1 及输入 2 均为开关类输入信号。输入 1 为高有效开关输入信号，在开关断开时，ECU 内部有下拉电阻 R_6 保证输入口处于低电平状态；在开关闭合时，输入 1 接到系统电源。以 12V 系统为例，此时输入 1 的电压即为 12V，R_6 为开关闭合时提供所需的湿电流（湿电流通常设定为 5mA@12V 左右），以提高开关的操作寿命。输入 2 为低有效开关输入信号，在开关断开时，ECU 内部有上拉电阻 R_1 保证输入口处于高电平状态；在开关闭合时，输入 2 接到系统地，R_1 为开关闭合时提供所需的湿电流。ECU 的开关类信号输入口在设计时已具备短路到电源或 GND 的能力，唯一需要考虑的就是上拉电阻 R_1 及下拉电阻 R_6 的功率，必须保证这个电阻能够长时间承受电路设计的湿电流。

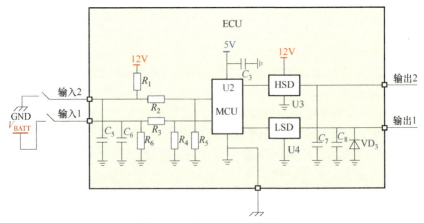

图 8-26　输入输出短路特性

2)通信类信号输入口。通信类信号包括各种数字信号输入,如 CAN、LIN 通信,以及模拟信号如传感器、摄像头等输入信号,这些输入信号电路必须能够承受电路短路到电源或地时的电压应力而不发生损坏。对于车规级芯片来讲,芯片供应商已考虑了芯片通信接口的短路测试要求,见表 8-20,CAN 收发器芯片的接口均已具备了对地及对电源短路的能力。如果接口芯片本身不具备短路到电源或 GND 的能力,就需要在设计时考虑对短路电流进行限制,避免短路时接口电路发生损坏。

表 8-20 CAN 收发器芯片通信接口的短路特性

参数	情况	最小值 /mA	标准值 /mA	最大值 /mA
显性时短路输出电流	pin CANH;$V_{CANH}=15\sim40V$	−100	−70	−40
	pin CANL;$V_{CANL}=15\sim40V$	40	70	100
隐性时短路输出电流	$V_{CANH}=V_{CANL}=-27\sim32V$	−5		5

3)输出口。输出口包括信号输出和功率输出。对于信号类输出口,在设计接口电路时,必须考虑对地或对电源短路对接口电路或芯片的影响,在发生短路时对短路电流进行一定的限制或对接口进行一定的保护,避免接口电路发生损坏。功率输出可分为两种:一种是传感器电源输出(见图 8-25),LDO 必须支持板外输出应用(Off-Board Application),也就是具有对地及对电源保护功能的 LDO(普通的 LDO 不支持),如跟随 LDO(Tracking LDO);另一种是功率类高、低边驱动芯片输出。需要指出的是,通常板内应用采用的高、低边驱动芯片都不支持短路保护功能,如板内的负载开关(Load Switch)与继电器驱动芯片,就像普通的 LDO 与跟随 LDO 的区别一样。如果高、低边驱动芯片需要对外输出(见图 8-26),低边输出 1 与高边输出 2 均需要采用具有短路保护特性的驱动芯片,即 U4 必须支持对电源短路保护,U3 必须支持对地短路保护。

8.4 基于 EMC 标准的设计

汽车电子模块的车载应用需要面对极其复杂的电磁环境挑战,所以在产品设计前期就需要考虑 EMC 相关问题,而这个输入条件就是客户的试验标准。在试验标准确定后,产品的设计便可以基于这些标准进行。产品的

EMC 设计大体可以分为 ESD 防护设计与 EMC 相关设计。

8.4.1 静电放电

静电放电的试验标准为 GB/T 19951—2019（对应 ISO 10605：2008），对于车载应用来讲，产品设计时必须考虑静电放电方面的要求。供电状态的静电放电主要模拟操作过程中的静电放电现象，放电点主要集中在零部件的把手、按键、开关等操作件位置，或车内乘员容易接触的表面如触摸屏等位置；非供电状态的静电放电主要模拟生产运输及装配过程中的静电放电现象，放电点主要集中在产品本身，如连接器接口的针脚及壳体的缝隙处等。

1. ESD 防护器件

防静电对电子模块的设计来讲主要体现在两方面：一是结构缝隙方面的防静电设计，主要通过合理的结构设计及使用防静电材料来解决；二是电子部分尤其是连接器端口的防静电设计，主要是使用相关的防静电器件。

防静电器件按其特性可以分为三种，见表 8-21。

表 8-21　防静电器件分类及其特性

类型	响应速度	结电容	漏电流	成本	备注
多层陶瓷电容（MLCC）	—①	nF②	—	低	无极性，仅适用于 ESD 防护，无寿命限制
多层压敏电阻（MLV）	μs	nF③	μA	中	无极性，钳位电压偏差大，适用于各类脉冲防护；随着使用时间的增长，漏电流会逐渐增大，性能发生下降，存在寿命限制
瞬态抑制管（TVS）	ns	pF	nA	高	钳位电压偏差小，适用于各类脉冲防护；有极性，分单向和双向 TVS，无寿命限制

① "–" 指此参数不适合描述该器件特性。
② 多层陶瓷电容的这个参数是指用于 ESD 防护的 MLCC 容量级别通常为 nF 级。
③ 目前也有制造商推出了 pF 级的 MLV，但通常来讲，MLV 的结电容还是比较高的。

由表 8-21 可知，TVS 的响应速度最快，可以达到 ns 级。响应速度越快，越能有效地保护电路中的元器件。另外在选择防静电器件时还需要考虑其漏电流及电容量，漏电流越小，对被保护电路的影响越小；同理，电容值越小，对被保护电路的信号传输影响越小。综合对比可以发现，TVS 具有响应时间快、钳位电压偏差小、结电容小、反向漏电流小和无寿命限制等优点，因而较适合于信号质量要求高、漏电流要求小等接口的 ESD 防护，如高速数据信号传输线、时钟线等的应用。

MLV 适合用于各类脉冲防护，同等条件下，MLV 可以吸收的能量较 TVS 要大，特别适合电感类及能量较大的电压脉冲应用。MLV 的缺点也很明显，即随着使用时间的增长，漏电流会逐渐增大，性能发生下降，存在寿命限制，但成本较 TVS 要低一些。同时，相较 TVS，由于 MLV 具有一定的结电容，在非保护状态，可以起到一定的滤波作用。

2. ESD 电容防护原理及计算

MLCC 严格来讲并不属于静电防护器件，仅仅用来作为端口的静电防护而已。电容可以防静电，从本质上来讲就是利用电容可以存储电量的原理来吸收静电的电量，将静电放电的电荷量转移到端口电容的一个过程。根据 ESD 试验标准 GB/T 19951—2019（对应 ISO 10605：2008，MOD），静电发生器的特性参数见表 8-22。

表 8-22 静电发生器的特性参数

类型	电压 /kV	上升时间 /ns	储能电容 /pF	放电电阻 /Ω	输出极性
接触放电	2~15	0.7~1.0	150 或 330	330 或 2000	正极和负极
空气放电	2~25		150 或 330	330 或 2000	正极和负极

忽略 ESD 电容的一些寄生参数，静电放电及 ESD 电容充电的过程可以简化表示为

$$C_{model}V_{model}=(C_{model}+C_{cap})V_{cap} \tag{8-1}$$

式中，C_{model} 为 ESD 放电模型的电容量，单位为 F；V_{model} 为 ESD 放电模型的放电电压，单位为 V；C_{cap} 为 ESD 电容容量，单位为 F；V_{cap} 为 ESD 电容吸收静电放电后电容两端的电压（也可以看作是被保护电路需要承受的被抑制后的静电放电电压），单位为 V。

根据式（8-1），基于 ESD 标准即可计算 ESD 电容容量，见表 8-23。表中基于 ESD 放电模型的放电电压及放电模型的电容量，分别对不同容量的 ESD 电容在吸收静电放电后的电容端电压进行了计算。

表 8-23 静电放电电压与 ESD 电容容量计算

V_{model}/kV	C_{model}=150pF		C_{model}=330pF	
	C_{cap}/nF	V_{cap}/V	C_{cap}/nF	V_{cap}/V
8	10	118	10	256
8	22	54	22	118
8	47	25	47	56

(续)

V_{model}/kV	$C_{model}=150pF$		$C_{model}=330pF$	
	C_{cap}/nF	V_{cap}/V	C_{cap}/nF	V_{cap}/V
8	100	12	100	26
15	10	222	10	479
15	22	102	22	222
15	47	48	47	105
15	100	22	100	49
20	10	296	10	639
20	22	135	22	296
20	47	64	47	139
20	100	30	100	66
25	10	369	10	799
25	22	169	22	369
25	47	80	47	174
25	100	37	100	82

由表 8-23 可知，ESD 电容容量 C_{cap} 越大，吸收静电放电后的峰值电压 V_{cap} 越低。还有一个简单的工程测算方式，就是对 MLCC 来讲，电容的耐压通常可达到额定耐压值的 2.5 倍左右，也就是说 100V 的 MLCC 可以承受的峰值电压约为 250V。所以实际设计中需要注意计算后的 V_{cap} 不能超过所选 ESD 电容型号额定耐压的 2.5 倍。以 25kV/150pF 静电放电模型为例，使用 22nF/100V 的 ESD 电容，抑制后峰值电压为 169V，在其额定电压的 2 倍以内，说明这个电容选型就合适。

在选取静电电容时，除了需要考虑电容的耐压外，还需要考虑两个因素：

1）ESD 电容的封装。小封装的 ESD 电容由于尺寸较小，可能导致爬电距离不足，静电放电可能直接跳过 ESD 电容作用于被保护电路，导致保护失效。汽车电子端口 ESD 静电电容通常选择 0805 封装、耐压为 100V 的 MLCC，可以在保证爬电距离的同时降低器件成本（电容封装越大，电压越高，成本也越高）。

2）ESD 电容与被保护电路的串联电阻。经 ESD 电容抑制后的电容端电压相较静电放电电压已大幅降低（降低为静电电压的 1/10 左右），但对于被保护电路来讲仍然较高，脆弱的集成电路芯片通常并不能直接承受如此高的脉冲电压，这时就需要加入串联电阻，削弱峰值电压对电路的影响。如图 8-27 中输入 2 所示,还是以 25kV/150pF 静电放电模型为例,C_5 使用 22nF_100V 的 ESD 电容。假如被保护电路(MCU 的输入 pin)最大可以承受的脉冲电流为 3mA,假设 R_2 与 R_5 的输入分压比为 2/3,可以通过 $\left(169\text{V} \times \dfrac{2}{3}\right) \div 3\text{mA}$ 得到需要串联的电阻 R_2 为 37.6kΩ,那么选择一个 47kΩ 的串联电阻即可满足设计要求。

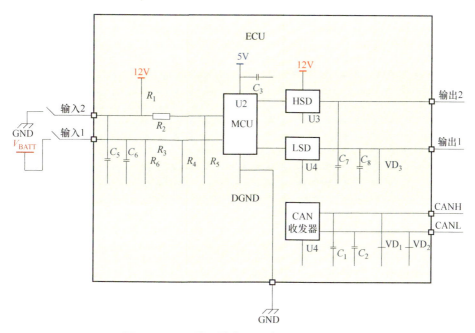

图 8-27　通用输入输出端口的 ESD 防护设计

3. 端口的 ESD 防护设计

端口的防静电设计可以分为以下三种:

1)通用输入输出口。通用输入输出口的开关信号或驱动信号都属于低速信号,信号响应时间通常为 10ms 以上,信号对电路输入电容不敏感,同时电容还能起到一定的滤波作用,考虑到物料成本,采用 ESD 电容是比较通用的设计方案。图 8-27 中所有的输入输出端口都属于低速端口,全部可以采用 ESD 电容进行防静电设计。C_5、C_6、C_7、C_8 均为 ESD 电容,R_2 及 R_3 为 ESD 电容后级的串联电阻,用来降低被抑制后的静电电压带来的浪涌电流对 MCU 的冲击。普通 MCU 端口的耐电流冲击能力一般可以达到 3mA 以上,R_2 及 R_3 选取 40kΩ 左右即可满足要求,考虑到设计裕量,可以采用 47kΩ 或 68kΩ 的串联电阻。

2)CAN/LIN 通信接口。CAN/LIN 通信相较开关类通用输入输出口,速率比较高，但相较以太网等高速信号速率又比较低，同时线路还需要一定的电容进行滤波，所以适合采用 TVS 加电容的方式进行端口的防静电设计。另外需要注意的是，在进行 PCB 布局时，需要将 ESD 防护器件尽可能地靠近连接器的端口处，以便达到最好的 ESD 防护效果。PCB 布局时的 ESD 电容及 TVS 位置如图 8-28 所示，图中所有的 ESD 电容均尽可能地靠近连接器端口放置，而对于 CAN/LIN 通信接口同时采用 TVS 和 ESD 电容时，优先放置 TVS，使 TVS 尽可能靠近端口位置，其次才是 ESD 电容，如图中红色圈内布局，黑色的 SOT-23 封装的 TVS 距离连接器最近，其次是两边的电容。

图 8-28　PCB 布局时的 ESD 电容及 TVS 位置

3）高速通信口。如 USB 端口、以太网接口、数字摄像头接口等，由于通信速率极高，对静电防护器件的输入电容及漏电流要求极高，通常需要采用专门用于高速信号口的 ESD 器件，如图 8-29 所示。TVS 的结电容仅为 0.13pF（双向），符合车规级标准，适用于 USB3.0、音视频接口、通信、计算机等高 ESD 性能应用。

超低电容分散式TVS系列

超低电容分散式TVS系列为全世界最具挑战性的高速串行接口提供单向和双向ESD保护。超低电容可在最具挑战性的消费电子产品中实现极佳的信号完整性，比如USB 3.1、HDMI 2.0、DisplayPort和V-by-One®。

特征和优势：
- 最高0.13pF双向，最高0.25pF单向
- ESD, IEC61000-4-2, ±20kV（触点），±20kV（空气）
- 10V低箝位电压@ IPP=2A（双向）　(tp=8/20μs)
- 小尺寸0201和0402 DFN包装
- 实现极佳的信号完整性
- 符合ELV标准
- 符合AEC-Q101标准
- 无卤素，无铅，符合RoHS

应用：
- 超高速数据线
- USB 3.1, 3.0, 2.0
- HDMI 2.0, 1.4a, 1.3
- DisplayPort™
- Thunderbolt（Light Peak）
- LVDS接口
- 带有高速接口的平板电脑和外部存储设备
- 需要小尺寸封装、高ESD性能的应用

图 8-29　适用于高速信号口静电防护的 TVS

4）复杂电磁脉冲环境的端口。如某些信号采集端口可能与启动信号线、IGN 线等关联在一起，这些线路上通常可能存在较高的电磁脉冲电压干扰，但峰值电压不高，持续时间较静电放电要长得多，此时采用 ESD 电容就不能满足设计要求。但同时这种接口对信号采集速度又没有特殊要求，采用小功率 TVS 即可满足设计要求，如图 8-30 所示。

950W分散式单向瞬态抑制二极管

单向AQ22-01FTG专为低速和直流应用的电子设备而设计。它可防止灵敏的设备因静电放电（ESD）和其他瞬态现象而损坏。AQ22系列可在±30kV（接触放电，IEC 61000-4-2）条件下安全地吸收反复性ESD震击，并且性能不会下降。此外，还可在极低的箝位电压下安全耗散27A的8/20μs波形浪涌电流（IEC 61000-4-5第2版）。

特征和优势：
- ESD, IEC 61000-4-2, ±30kV接触放电, ±30kV空气放电
- EFT, IEC 61000-4-4, 40A (5/50ns)
- 雷击, IEC 61000-4-5第2版, 27A (tP=8/20μs)
- 低箝位电压
- 泄露电流低
- 小型SOD323封装适合0805种尺寸
- 符合AEC-Q101

应用：
- 开关/按钮
- 测试设备/仪器
- 销售点终端机
- 医疗设备
- 笔记本电脑/台式机/服务器
- 计算机外围设备
- 汽车应用

图 8-30　适用于复杂电磁脉冲环境端口的 TVS 管

图 8-30 中的 TVS 符合车规级标准，功率达到 900W，具有一定的脉冲抑制功率，适用于开关、按钮等低速和直流应用。

8.4.2　EMC 相关

汽车电子模块的 EMC 设计可以分为三方面：EMC 设计、EMC 器件的使用及 PCB 布局。

1. EMC 设计

EMC 设计根据类型可以分为骚扰/干扰设计和抗干扰设计。

对于骚扰设计，前期侧重点在于骚扰源的识别，后期在于骚扰源的定位及处理。只要一个电子模块对外产生了骚扰，或干扰到了别的模块或系统，那么这个电子模块内部就一定存在骚扰源，在设计前期需要注意尽量识别及减少骚扰源。常见的骚扰源可以分为：

1）模块内部的电源，尤其是开关电源，需要重点关注。通常设计时为降低电感成本，同时提高开关电源的效率，常用的方法是提高开关电源的频率。目前常见的开关电源频率通常都在 MHz 级别，如果选用的电源芯片在

EMC方面性能比较差,加上差的电路设计及PCB布局,极易导致电源部分产生较大的EMC干扰。所以在前期进行器件选型时,一定要关注电源芯片的EMC性能,选择EMC特性较好的芯片,如带有展频功能的电源芯片即可明显提高EMI性能。图8-31为具有超低传导和EMI特性的电源模块。从数据手册可见,该模块具有低噪声封装,输入路径集成的电容可以有效降低开关振铃;同时通过外置电阻还可以调节开关斜率,进一步提高了模块的EMI性能;最后手册还指出该模块符合IEC CISPR 11及32骚扰等级B。

TLV13610 高密度,3-V 到36-V输入,8A峰值电流同步降压 DC/DC 功率模块

1 特性

- 超低的传导和辐射EMI特性
  - 低噪声封装,具有双输入路径并集成了电容,可以有效降低开关振铃
  - 外置电阻可调开关斜率
  - 符合CISPR 11及32骚扰等级B

图 8-31 具有超低传导和良好 EMI 特性的电源模块

2)通信接口,包括板内的 SPI 通信、模块间的 CAN 通信、以太网通信、低频通信、射频通信、蓝牙通信,以及模块对外输出的 PWM 信号等,都可能产生 EMI 问题,设计时需要考虑器件的选型以及相应 EMI 滤波器件的使用,以降低这些功能电路产生的传导及辐射干扰。

3)处理器及高速数字信号电路,如 MCU,处理器、高速存储器、视频处理(显示屏、摄像头)等高速数字电路,工作频率从数十 MHz 到 GHz,这些器件及电路是 EMC 设计中需要关注的重点。设计中通常需要注意三点,一是集成芯片电源部分的滤波电容设计,二是晶振等时钟电路的设计,三是相应高速接口电路部分的设计。

2. EMC 器件的使用

EMC 器件在设计中主要针对传导干扰及抗干扰应用。

对于传导干扰,EMC 器件的作用在于阻止或降低电子模块内部干扰源产生的干扰信号通过传导路径对外界造成干扰。EMC 器件包括滤波电容、电感、共模电感、磁珠、三端电容等，这些器件可以阻止或降低干扰信号，方式有三种：一是将干扰信号（如差模型号）导入 GND，如电容等；二是将干扰信号反射回去，如电感等；三是将干扰信号的能量进行吸收并转化为热量，如共模电感及磁珠等。

对于传导抗干扰，EMC 器件的作用在于阻止或降低外部干扰信号通过传导的途径对电子模块造成干扰，EMC 器件包括 TVS、压敏电阻、滤波电容、共模电感、磁珠等，尤其是 TVS、压敏电阻等电压脉冲抑制器件在传导抗干扰的抑制中起到了主要作用。

对于传导干扰或抗干扰，在设计中有可供选择使用的 EMC 器件众多，同时配合相应的线束设计，如屏蔽线、双绞线等；而对于辐射干扰或抗干扰，则主要依靠结构设计、屏蔽罩及屏蔽材料等的使用，同时配合线束设计，以及壳体在整车的接地等。EMC 器件的使用举例见表 8-24。

表 8-24 EMC 器件的使用举例

干扰方式	电磁环境	EMC 设计	EMC 器件 / 结构设计
干扰 / 骚扰	传导干扰	降低干扰源通过电源线及信号线等传导途径对外造成干扰	在输入输出口使用滤波电容、电感、共模电感、磁珠、三端电容等滤波器件
	辐射干扰	降低干扰源通过电磁辐射对车辆其他电子零部件造成干扰	板级采用 PCB 屏蔽罩等屏蔽设计，产品级采用导电海绵、铝箔、铜箔及金属壳体等结构设计
抗干扰	传导抗干扰	干扰信号通过电源线及信号线等传导路径进入电子模块造成干扰	在输入输出口使用滤波电容、TVS、压敏电阻、电感、共模电感、磁珠等滤波器件，同时配合线束设计如屏蔽线、双绞线等
	辐射抗干扰	干扰信号通过电磁辐射对电子模块造成干扰	产品级采用金属壳体等结构屏蔽设计，配合线束设计如屏蔽线、双绞线等

从实际设计经验来看，如果产品的传导干扰性能较好，则辐射干扰性能通常也不会差；反之如果传导干扰无法通过测试，那么辐射干扰通常也会超标。从某种意义上来讲，传导和辐射是相伴而生的，是一个干扰源对外实现能量传递的两种途径和方式。一个好的 EMC 设计可以同时实现良好的传导及辐射性能，反之差的 EMC 设计在传导干扰超标的同时通常也伴随着超标的辐射。

综合来讲，对于传导，无论是传导干扰或者是传导抗干扰，除了器件选型及电路设计外,还有相应的 EMC 器件可以用于干扰/骚扰信号的抑制及消除;但是对于辐射,除了采用结构屏蔽、线束屏蔽外,设计者唯一能做的就是从设计上降低和消除干扰源对外的辐射,而这方面最重要的就是 PCB 布局及走线设计。当然,良好的 PCB 设计可以在很大程度上降低或消除干扰源对外的干扰,包括传导干扰及辐射干扰,同时还可以提高电子模块本身的抗干扰能力。

3. PCB 布局及走线设计

PCB 设计可以分为两部分,一是整体布局,二是具体的走线。设计时首先需要确定整个 PCB 的布局,尤其是关键器件、芯片的布局,板内电流的流向,以及信号的走向/路径等。PCB 设计中需要注意的问题及设计原则非常多,常见的一些基础设计规则如下:

1)电源是否进行了基于磁珠和电容的 Π 形滤波设计?

2)屏蔽线进入模块壳体后是否尽快地进行了接地处理?

3)如果模块采用金属化的屏蔽壳体设计,PCB 的 EMC 地是否连接到了金属壳体?

4)被识别出的潜在可能产生 EMC 干扰的走线是否直接从源端走线到了终端(是否形成环路)?

5)为避免串扰,是否避免了所有的平行走线(尤其是高速信号线)?

6)数字电路的电源线是否远离了 GND(为避免时钟及晶振电流耦合到电源线)?

7)进出一个 EMC 保护区域的所有导线是否已经有了合适的滤波设计?

8)开关电源的大电流开关部分电路是否尽量靠近(环路最小)?

9)所有 IC 电源是否已放置合适的陶瓷电容?

10)是否避免了在所有滤波器件或磁珠下的 GND 走线(为避免容性耦合)?

11)所有的信号线及时钟线是否遵循了最短走线原则?

12)是否避免了在时钟线及高频信号线中设计 GND 走线(避免串扰)?

13)CAN 的共模电感走线是否已远离 GND?

14)晶振电路周围的 GND 走线是否很好地连接到了 GND 层?

15)长数据线是否在源端(数据驱动端)串联了 100Ω 左右的电阻(线路阻抗匹配,避免信号振铃)?

16)是否尽可能近地在所有连接器端口位置放置了旁路电容(ESD 及滤波作用)?

17)是否在非 GND 层存在无专门用途的接地层?

18）是否在高频信号附近存在地尖端（Ground-Tips）？如图 8-32 所示。

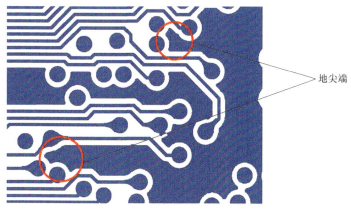

图 8-32　高频信号附近的地尖端

19）滤波器走线及滤波器件是否是如图 8-33 所示的 Π 形设计？

20）所有的旁路电容（C_2 及 C_4）是否靠近其储能电容（C_1 及 C_3）并连接到同一个接地点？

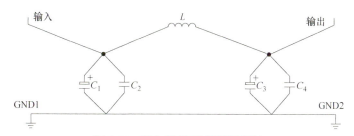

图 8-33　输入输出 Π 形滤波设计

一个好的 EMC 设计，器件选型及电路原理设计是基础。在此基础上，PCB 设计就是产品实现良好 EMC 性能的关键，PCB 是一个电路设计理念的物理实现，PCB 布局及走线设计在很大程度上决定了产品的 EMC 性能。对于产品设计人员来讲，设计前期就需要识别潜在可能的干扰源及对干扰信号敏感的电路，在电路设计时采用 EMC 器件对干扰源进行抑制，对敏感电路进行防护。在 PCB 设计阶段，对重点电路及器件，尤其是电源、集成芯片、时钟、高速信号线等容易对外产生干扰的部分进行专门的 EMC 设计。在此基础上，根据电子模块的特性及试验标准要求，决定是否采用屏蔽线、双绞线、屏蔽罩、屏蔽材料及全金属壳体设计，从物理上降低对外的辐射干扰及提高辐射抗干扰能力。

8.5 基于可靠性的设计

对于汽车电子模块设计来讲，使用车规级器件是实现基础可靠性的前提，在此前提下，对电子模块进行基于实际应用环境的电路设计才是实现其高可靠性的关键。如产品是用在乘客舱还是用在发动机舱，两者的外部环境完全不一样。从实际设计及应用经验来讲，汽车电子模块可靠性设计需要面对的两大挑战分别是环境温度变化及供电电压变化，除此之外，设计者还需要面对器件参数的离散性，以及电路参数在极长的整车生命周期内，因电压应力、环境温度应力等原因导致器件老化带来的参数变化。

8.5.1 环境温度的变化

汽车电子模块的工作温度取决于两个方面，一是车辆的外部环境温度，一是模块所处的安装位置的车辆环境温度。车辆的应用场景则覆盖了极地到沙漠，从极低环境温度到极高环境温度两个极端。在叠加外部环境温度后，根据安装位置的不同，汽车的驾驶舱工作温度范围为 −40~85℃，而发动机舱则可以高达 125℃，某些低温区域也要求达到 105℃。所以汽车电子元器件的工作环境温度范围必须非常宽，工作温度范围是对汽车电子性能的一个基础要求。

车载应用要求的极宽温度变化范围，对汽车电子设计来讲是一个极大的挑战。因为对于电子元器件来讲，高温会带来很多问题。以电阻器为例，电阻器的额定功率会随温度升高而降低，设计时就必须考虑温度变化产生的降额，如在温度超过 70℃ 后，功率需要按 1.25%/℃ 进行降额使用。又如功率芯片，如果最高允许结温为 170℃，而环境温度为 125℃，再叠加 PCB 处于密封的结构壳体带来的温升影响，及功率芯片因高温带来的导通阻抗升高、发热增大，综合影响下，仅剩下不到 40℃ 的设计裕量。

为了应对如此大范围的环境温度变化，汽车电子模块在设计时除了需要进行详细的设计分析外，还需要借助仿真软件对电路设计及 PCB 设计进行仿真与建模，最大程度上从设计前端保证设计的可靠性。在实际工程设计中，基于器件的温度特性，通常有两种处理方式。

1. 功率型器件

对于有功率要求的器件，设计时需要考虑最高环境温度，然后对其额定功率进行降额处理。如图 8-34 所示，以常用的厚膜电阻为例，在环境温度为70℃及以下时，功率可以达到100%额定功率；而在环境温度超过70℃后，功率需要按1.25%/℃进行降额使用。如果环境温度为85℃，密闭壳体带来的内外温差为15℃，则模块内部温度即为100℃，以0805封装额定功率为0.25W的电阻为例，此时功率需要降额37.5%使用，即此时该电阻的额定功率应降为0.156W。

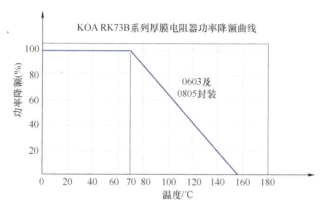

图8-34 电阻功率降额的温度特性

电阻根据环境温度降额后的功率计算公式为

$$P_{res\_derateing}=P_{res}[1-(T_A-70)\times 1.25\%] \tag{8-2}$$

式中，$P_{res\_derateing}$为电阻降额后的功率，单位为W；P_{res}为电阻的额定功率，单位为W；T_A为电阻所处的环境温度，单位为℃。

如果电阻降额后的功率已不能满足设计要求，就需要选择封装及功率更大的电阻。

2. 功率复合参数型器件

对于要求参数性能的器件，或除参数性能外还对功率有要求的器件，设计时则需要考虑环境温度对其造成的功率降额及参数变化的复合影响。以温度导致的参数变化为例，图8-35分别为MLCC及二极管的温度特性曲线。其中图8-35a为10μF/10V MLCC的温度特性曲线，图8-35b为200V/1A整流二极管的前向管电压降V_F与电流I_F的温度特性曲线。

由图8-35曲线可见，MLCC的电容量在0~40℃基本保持稳定，随着温度的升高或降低，电容量都会发生衰减。而二极管的前向管电压降则是随着电流的增大而增大，同时随着温度的升高而降低。

与电容及二极管类似，晶体管及MOSFET的特性曲线同样受温度影响较大。图8-36a为NPN型晶体管电流I_C与放大倍数h_{FE}的温度特性曲线，图8-36b为NMOSFET的V_{GS}与导通阻抗R_{DSon}的温度特性曲线。

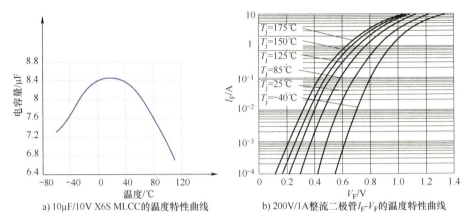

图 8-35 电容及二极管的温度特性曲线

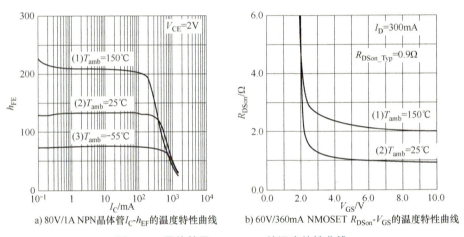

图 8-36 晶体管及 MOSFET 的温度特性曲线

以图 8-36a 中的晶体管为例,在不同环境温度下,其直流增益从低温时的 50 到高温时的 210,数据差异极大。为了保证电路在所有环境条件下都能够正常工作,必须降低对其直流增益的设定。根据实际设计经验,汽车电子设计中对晶体管用作开关时的直流增益的设定通常不超过 40,这种基于极低增益的设计可以有效保证电路在所有温度下正常工作。另外,如果晶体管设计为放大状态工作,还必须考虑其额定功率受环境温度的影响。同样,MOSFET 作为纯功率型器件,其导通阻抗受环境温度影响极大。如图 8-36b 所示,MOSFET 在 150℃下的导通阻抗是 25℃下的 2 倍,所以在高温环境下计算 MOSFET 的发热功率时必须同时考虑其导通阻抗随温度的升高,基于这个参数才可以计算其在高温下的实际功率。

8.5.2 供电电压的变化

汽车电子模块可靠性设计需要面对的另一大挑战是供电电压的变化，这个挑战甚至比严酷的外部温度环境更加严苛。以 12V 系统为例，要求电子模块能够正常工作的供电电压范围为 9~16V，过电压为 18V/60min，跳线启动为 24V/1min，抛负载为 35V/400ms，启动过程中电压可能低至 3V。整车生命周期内电气系统的电压参数汇总如图 8-37 所示。

12V系统电压

反向电压	熄火	启动	正常蓄电池电压	过电压	跳线启动	抛负载
−14V	0V	3~6V	9V	16V	18V	24V	35V
60s	120000h	65ms	10000h	10000h	60min.	60s	400ms
(23±5)℃	−40~85℃	−40℃	−40~85℃	−40~85℃	65℃	(23±5)℃	(23±5)℃

24V系统电压

反向电压	熄火	启动	正常蓄电池电压	过电压	抛负载
−28V	0V	6V~10V	16V	32V	36V	58V
60s	85000h	65ms	45000h	50000h	60min.	350ms
(23±5)℃	−40~85℃	−40℃	−40~85℃	−40~85℃	65℃	(23±5)℃

图 8-37 整车生命周期内电气系统的电压参数汇总

以供电电路中的 LDO 为例，在环境温度为常温 25℃、65℃及高温 85℃的情况下分别计算 LDO 的温升及结温，计算结果见表 8-25。

表 8-25 LDO 结温与供电电压的关系（热阻为 78℃/W）

输入电压/V	输出电流/mA	LDO 温升/℃	环境温度/℃	LDO 结温/℃
9	100	23.4	25	48.4
			65	88.4
			85	108.4
16	100	78	25	103
			65	143
			85	163
18	100	93.6	25	118.6
			65	158.6

由表 8-25 可知，在环境温度为 25℃时，输入电压由 9V 上升到 18V 后，LDO 的温升从 23.4℃上升到 93.6℃，电压升高 2 倍，而温升则达到了原来的 4 倍，可见随着供电电压的升高，LDO 的温升会急剧升高。LDO 温升与输入电压的关系如图 8-38 所示。

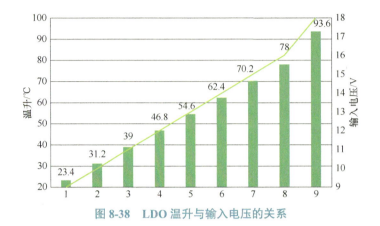

图 8-38 LDO 温升与输入电压的关系

LDO 的结温与三方面的条件有关：LDO 输出电流、环境温度与输入电压。根据应用经验，在实际工程设计中通常不考虑三重最差情况，也就是说，在最高供电电压情况下，如果考虑最高环境温度，则不考虑叠加最大输出电流的情况。这种不考虑多重最差情况的思想同时也体现在了试验标准对极端情况的规定上，如试验标准对过电压的规定要求在 T_{max}-20℃下施加 18V（24V 系统为 36V）的电压，而非在 T_{max} 下施加过电压。

利用环境温度变化组合供电电压的变化来对设计进行校核的方法几乎可以覆盖汽车电子车载应用的所有可能情况，所以汽车电子在设计中最常考虑的最差情况便是二者的叠加，这种思想同时也可以运用在产品测试中，即常见的 5V/T 法检查。如果对 5V/T 法进行延伸，再增加 4 个测试点便是常见的三温三压测试，如图 8-39 所示。

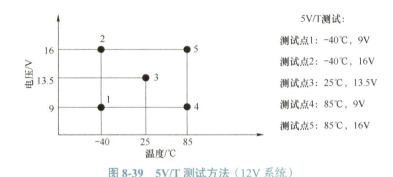

图 8-39 5V/T 测试方法（12V 系统）

产品在测试中需要选取 5 个点，而在设计时则通常只需要考虑极限情况，也就是只需要对点 1 及点 5 进行设计校核即可，这种只关注极限情况的分析方法便是最差情况分析。

8.5.3 器件参数的离散性

以一个高边驱动（HSD）芯片为例，其部分特性参数见表 8-26，其中包括数字口输入电压门限、数字口输入参数、供电电压参数、工作电流参数、休眠电流参数、钳位电压、导通特性参数、热保护特性、电流检测特性等。

表 8-26 HSD 部分特性参数

参数	最小值	典型值	最大值
数字口输入电压门限 /V	0.8	1.3	2
数字口输入电流－高（V_{DI}=2V）/μA	2	10	25
数字口输入电流－低（V_{DI}=0.8V）/μA	2	10	25
供电欠电压关闭电压 /V	1.8	2.3	3.1
最低供电操作电压 /V	2	3	4.1
休眠状态供电电流（$T_J \leq 85$℃，V_S=18V）/μA		0.03	0.6
休眠状态供电电流（T_J=150℃，V_S=18V）/μA		5	20
通道打开状态下操作电流（I_{GND}，V_S=18V）/mA		3	4
DS 钳位电压（T_J=−40℃）/V	33	36.5	42
DS 钳位电压（$T_J \geq 25$℃）/V	35	38	44
导通延迟（V_S=13.5V）/μs	10	35	60
关断延迟（V_S=13.5V）/μs	10	25	50
导通时间（V_S=13.5V）/μs	30	60	110
关断时间（V_S=13.5V）/μs	15	50	100
导通阻抗（T_J=25℃）/mΩ		9.5	
导通阻抗（T_J=150℃）/mΩ		19.5	
启动状态导通阻抗（$T_{Cranking}$=3.1V）/mΩ		24	
热保护关断温度 /℃	150	175	200
SENSE 饱和电流（V_S=8~18V）/mA	4.4		15
SENSE 故障状态电流 /mA	4.4	5.5	10
电流检测比例（I_{L05}=100mA）	−38%	5000	+38%
电流检测比例（I_{L08}=250mA）	−34%	5000	+34%
电流检测比例（I_{L11}=1A）	−22%	5000	+22%
电流检测比例（I_{L13}=2A）	−9%	5000	+9%
电流检测比例（I_{L15}=4A）	−6%	5000	+6%
电流检测比例（I_{L17}=7A）	−5%	5000	+5%

在具体的电路设计中，表 8-26 中的参数全部都需要用到。参数的离散性或者说误差会对设计带来很多的不确定性，而好的设计就是要兼容这种不确定性，将不确定性变为确定性。例如：

1）在数字口控制电路设计时，必须基于数据手册中给定的数字口输入电压门限及输入电流范围控制输入阻抗，确保在任何情况下输入口的控制电压均能高于给定电压门限的最大值。以 MCU 控制电路为例，MCU 的输出电压最小值通常为 $0.8V_{DD}$，以 V_{DD}=5V 为例，$0.8V_{DD}$=4V，数字口输入电流取最大值 25μA@2V，此时控制回路的输入阻抗就必须小于 80kΩ，这样才能保证 HSD 芯片控制的可靠性。这只是一个粗略的计算，具体计算还需要考虑 MCU 电源电压的偏差以及输入电阻精度的偏差等因素。

2）在设计模块的休眠状态供电电流时，需基于芯片手册给出的休眠状态供电电流值，考虑高温叠加高输入电压情况下静态电流的增大，需要按最大值 20μA 来计算模块的整体静态电流是否满足设计要求。

3）在设计 HSD 芯片带感性负载的钳位能量时，需基于 DS 钳位电压，叠加高输入电压情况下计算感性负载关断时的钳位能量，以此决定是否需要增加电压脉冲抑制器件，确保 HSD 不会因感性负载的能量而发生损坏。

4）在设计 HSD 芯片驱动 PWM 负载时，需考虑其开关特性，基于开关延迟、上升沿及下降沿时间计算 HSD 允许的最大开关频率，确保 PWM 信号控制的可靠性。

5）在计算 HSD 芯片的带载能力时，需考虑其导通阻抗的变化，考虑到导通阻抗随温度的升高而升高，基于 T_j=150℃时的导通阻抗，计算 HSD 在高温时的发热功率，得到器件的结温，结合热保护关断温度，从而确定器件在高温情况下的带载能力能否满足设计需求。

6）在设计 HSD 芯片电流检测电路时，需要利用 SENSE 引脚的饱和电流值和故障状态电流，以确定其串联电阻的大小，保证 MCU 检测口的安全电流。

7）在计算 HSD 芯片负载电流时，需要用到 HSD 芯片电流检测比例，虽然这个比例值几乎是固定的，但是其精度是随负载电流大小而变化的，电流越小，电流检测误差越大。这就导致如果需要提高检测精度，需要对每个芯片进行不同负载电流值的下线标定，以确定其在每个电流下的电流检测比例，消除检测误差。

汽车作为一种需要大批量生产的耐用消费品，在设计时必须考虑一批器件之间的参数差异以及器件批次之间的参数差异。以 MOSFET 为例，一个 MOSFET 由一组在硅晶圆表面制造的并联单元格（Cell）组成，所有的单元格在相同的条件下同时被制造出来，每个单元格的结构及热特性几乎完全相同。在 MOSFET 完全导通后，因为所有单元格相互临近，所以温度也相近，每个单元格通过的电流也会尽可能地达到平衡，所以对于单个 MOSFET 来讲，其参数很容易被定义。但是对于同一个晶圆（Wafer）上的不同 MOSFET 的裸片（Die）来讲，其相互之间的参数偏差便会形成一个参数范围。同理，在同一产品批次中不同晶圆之间的裸片参数范围会变得很大，而不同批次产品之间的参数范围会变得更大，所以即使 MOSFET 是同一型号，其参数偏差往往也会很大。当然，所有的参数都会包含在器件手册（Datasheet）的参数范围内，超出手册参数范围的器件是不被允许使用的。

器件参数的这种离散性事实上就是各个参数误差的来源，这是由器件的物理特性所决定的，虽然可以通过筛选来降低参数之间的离散性以减小参数的误差，但是这会带来额外的成本，而工程设计则要求在性能和成本之间进行平衡，这是设计人员必须面对的一个挑战。

综上所述，在具体的电路设计过程中，根据电路设计功能的不同，需要用到相关器件不同维度的参数，而这些参数几乎都是一个范围，这就势必会给设计带来很多的不确定性，而可靠性设计就是要将这些器件或芯片参数的不确定性变为整个电路的确定性，基于此，最终才能实现电子模块设计的可靠性。

8.5.4 器件的老化

对电子模块来讲，器件的老化可以分为两类：半导体器件的老化和被动器件的老化。

集成芯片及分立半导体都属于半导体器件，半导体器件除电迁移效应外实际上几乎没有短期磨损机制，所以在正常应用期间如果应力水平一直在允许范围内，则可以认为半导体器件是不会发生磨损的，但实际上在应用过程中总会存在非预期的或偶然的超过设计水平的应力，最终导致材料老化失效。对于半导体器件，避免其老化磨损的方法就是在设计时对其应力水平进行计算分析及评估，确保其在应用过程中不会发生非预期的或偶然的超过设计水平的应力，所以半导体器件的老化实际上是可以通过设计来避免的。

除半导体器件外，其他电子元器件主要由被动器组成，如电阻、电容、电感等。在实际电路设计中，考虑较多的便是电阻和电容的老化。老化对被动器件的影响可以分为两方面，一是导致器件寿命缩短，二是导致其性能参数劣化。

以汽车电子模块设计中常用的厚膜电阻为例，老化的主要原因是电负荷高温老化。任何情况下电负荷均会加速电阻器的老化进程，并且电负荷对加速电阻器老化的作用比升高温度的加速老化后果更显著。电负荷老化会导致电阻器寿命明显缩短，需要在设计时对其电应力水平进行计算分析及评估，采用降额设计，通过增加功率裕量来尽量减缓电负荷导致的老化。

汽车电子模块设计中常用的电容可以分为两种：电解电容和多层陶瓷电容（MLCC）。以铝电解电容为例，其老化主要是指温度升高带来的电解液消耗及长时间使用后电解液的自然挥发，电解电容老化表现为容量下降及寿命缩短。对电解电容来讲，温度每升高10℃，寿命小时数减半，对此设计中常用的方法是选择耐高温电容及长寿命电容。电解电容在设计中常被用作储能电容，实际电路设计中可以使用较大容量的电容，保留一定的裕量；同时，作为储能电容即使容量有所下降，通常也可以满足电路要求，对电子模块的整体功能及性能影响不大。

另外，MLCC是电路中使用数量及种类最多的电容器。其静电容量会随着使用时间的推移而逐渐变小，这种特性就是MLCC静电容量的老化特性。电路应用中实际使用的MLCC老化主要由其介质特性所导致，主要表现为介电常数随时间延长而缓慢降低，老化率是介电常数随时间递减的变化率，与时间呈对数关系。在实际应用中，MLCC的失效通常是由于机械应力或电应力失效，老化并不会直接导致其失效或寿命缩短。

为了降低产品在指定使用条件下整个生命周期内的磨损老化，设计时可以通过设计分析尽可能地提高器件裕量，降低其电应力带来的寿命衰减、参数老化或失效风险。需要注意的是，通过设计可以减缓应用环境导致的电阻器及电容器的老化，但却无法避免其老化，在电子模块的整个生命周期内，老化带来的器件参数变化必须在设计时予以考虑，电路设计必须兼容这种参数变化，将这些器件参数的不确定性通过设计变为整个电路的确定性。

以电阻器及MLCC为例，在汽车电子模块的实际电路设计分析时，标称精度为1%的电阻器，需要按照3%来进行设计，标称精度为5%的电阻器，需要按照8%来进行设计；标称精度为5%的电容器，需要按照14%来进行设计，标称精度为10%的电容器，需要按照19%来进行设计，这种设计思想的具体体现就是电路最差情况分析（WCCA）。

8.6 设计分析方法

汽车电子模块设计中用到的设计分析方法很多，基于产品类型的不同，设计分析的方法和工具也不尽相同。通常来讲，设计分析方法可以分为两类：一是基于 EDA 软件的仿真分析，如采用 Pspice 进行电路设计分析；还有就是基于特定分析方法的分析，如潜通路分析、最差情况电路分析、设计失效模式与影响分析（FMEA）、失效模式影响及其诊断分析（FMEDA）、制造可行性分析（DFM）等。

8.6.1 仿真分析

电路仿真的目的主要有两个：一是电路功能的仿真，也就是原理性的验证，即快速验证设计原理是否可行或功能是否能够实现；二是性能仿真，也就是在确认电路原理正确的基础上，对电路进行性能分析及参数优化，包括极限模拟等。仿真软件或者说 EDA 软件可以节约大量的时间成本和试错成本，借助仿真工具，工程师不需要实际操作就能够直观、快速地通过图形化界面更好地了解产品特性，设计产品原型，以节省开发时间、提高工作效率。

以汽车电子模块设计中常用的电路仿真软件如 Multisim、LTspice、Pspice 为例，其共同特点就是基于元器件的模型进行仿真，器件模型的精度越高，模型本身也就越复杂，所要求的模型参数个数也越多，仿真的精度也就越高，仿真结果的可信度就越高。

除了这些专门的仿真软件外，一些芯片供应商也提供了一些仿真软件，如德州仪器的 Tina、亚德诺的 LTspice、英飞凌的 Infineon Designer 等。这些 Tier 2 提供的仿真软件都有一个共同特点，那就是元器件仅限于 Tier 2 自家的器件，如果要仿真其他的器件就需要自己导入器件模型；但优点也很明显，那就是器件模型的精度可以很高，仿真精度也可以做到很高。

以意法半导体（ST）的一款专门仿真高边驱动芯片的仿真软件 TwisterSIM 为例，这款软件特别适合仿真 ST 的 LSD、HSD 芯片及 H 桥芯片，在这些芯片用于负载控制或电动机控制时，通过精确的模拟，可以对芯片进行热仿真、负载兼容性、线束优化、故障条件影响等分析。相较于复杂的工程评估，使用 TwisterSIM 有助于缩短设计解决方案的周期。该软件集成了诸如诊断行为分析、动态热性能分析、冲击电流分析等功能，可帮助工程师在设计前期进行器件选型及评估，同时通过动态电热分析，了解具体器件在目标应用下的特性。

图 8-40 为一个 20mΩ 的 HSD 芯片驱动一个 12V/55W 灯泡的 TwisterSIM 仿真结果，仿真时间为 0.1s。

图 8-40 上半部分为 HSD 芯片的结温随芯片打开时间的变化波形，下半部分为 HSD 芯片的输出电流随芯片打开时间的变化波形，仿真条件如下：

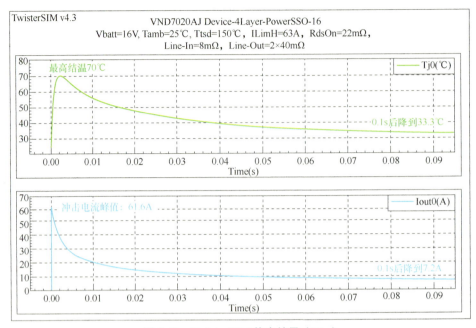

图 8-40　TwisterSIM 仿真结果（0.1s）

1）芯片封装为 PowerSSO-16，PCB 层数为 4 层，顶层及底层铜厚为 70μm。

2）电源电压为 16V，环境温度为 25℃。

3）HSD 芯片导通阻抗为 22mΩ，电源输入线阻抗为 8mΩ，输出线阻抗为 2×40mΩ。

4）仿真时间为 0.1s，步长为 1μs，数据记录时间为 1μs。

由图 8-40 波形可见，在芯片打开的一瞬间，因为白炽灯泡的容性负载特性，芯片在打开的一瞬间承受了极大的冲击电流。冲击电流在 0.2ms 内达到峰值 61.6A，随后快速下降，在 0.1s 便降到了 7.2A，并逐渐趋于稳定。在芯片打开的一瞬间，冲击电流导致的瞬态电热效应使芯片结温由室温 25℃上升到 70℃，随后温度快速下降，并在 0.1s 后降到 33.3℃，且逐渐趋于稳定。但这仅仅是 0.1s 的瞬态热仿真结果，并不能体现实际应用条件下长时间带载时的芯片温升。

图 8-41 为将测试时间拉长到 1000s（步长为 10μs，数据记录时间为 200μs）后的仿真结果。可见随着时间的拉长，芯片温升随着芯片的发热逐步积累，导致结温逐渐升高，并在 1000s 后达到 42.7℃。灯泡电流稳定得非常快，在大约 200ms 后即迅速降低到 6A，并最终稳定在 5.8A。与图 8-40 中冲击电流 61.6A 对比，可以发现冲击电流达到稳态电流的 10.6 倍，冲击非常之大，符合灯泡作为容性负载的冲击电流特性。

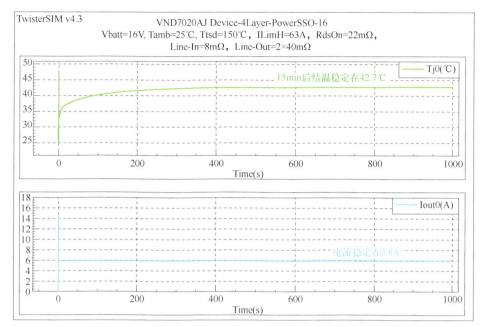

图 8-41　TwisterSIM 仿真结果（1000s）

仿真软件存在的问题是根据不同的仿真参数设置，得到的仿真结果不同，甚至有时差异很大。图 8-41 与图 8-40 相比，仿真时间从 0.1s 拉长到 1000s 后，为缩短仿真时间，仿真的步长及数据记录时间均变得很长，导致冲击电流的仿真精度大幅下降。因为冲击电流的尖峰仅有数百 μs，时间极短，仿真步长及数据记录时间变长后就无法再精确地捕捉到这个冲击电流。图 8-41 1000s 仿真的波形中，冲击电流尖峰仅有 14.8A，与图 8-40 中的 61.6A 相去甚远。所以为了得到正确的仿真结果，设置正确的仿真参数尤为重要，这需要工程师深入了解被仿真器件及整个系统的详细特性。

利用仿真软件除了可以对芯片进行动态电热分析及稳态电热分析外，还可以基于实际负载电流对 PCB 进行稳态电热分析。图 8-42 为一个乘客舱接线盒 PCB 的热仿真结果，仿真条件如下：

1）环境温度为 85℃，电源电压 13.5V。

2）PCB 为 2 层，顶层及底层设计铜厚均为 210μm，最终铜厚均为 178.5μm。

3）PCB 安装在壳体内部，通风情况为自然通风。

4）产品安装方式为垂直安装。

5）PCB 走线的电流参数基于车辆实际运行状态进行设置，总输入电流为 196.7A。

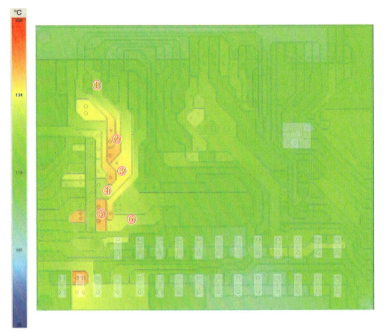

图 8-42　乘客舱接线盒 PCB 的热仿真结果

在 PCB 上取 6 个测试点进行标记，其温度见表 8-27。

表 8-27　热仿真测试点温度

测试点	测试点位置	测试点温度 /℃
1	顶层	122.3
2	顶层	134.5
3	顶层	131.6
4	顶层	128.0
5	顶层	138.7
6	顶层	128.8

以环境温度为 85℃ 为例进行分析，壳体内 PCB 的最高温度为测试点 5，达到 138.7℃，温升为 53.7℃，基于汽车电子模块的设计经验，50℃ 的温升对设计来讲是允许的，所以从仿真结果来看，该 PCB 设计可以满足要求。

8.6.2　潜通路分析

潜通路分析（Sneakpath Analysis，SPA）是一种对系统及模块进行可靠性分析的手段，侧重于系统级或模块级电路中潜在的可能导致系统不能正常工作或对系统产生危害的通路；这些通路在系统正常工作时可能并不存在或不会对系统产生影响，但是在系统故障或系统处于非正常工作模式，如电源线及信号线暴露于过电压脉冲干扰时（根据 GB/T 21437 或 ISO 7637 标准，电源线及信号线均存在过电压脉冲干扰），就可能对系统产生危害；轻则导致系统不能正常工作，严重的可能导致系统损坏，所以这些通路称为潜通路。潜通路分析可以分为系统级潜通路分析和模块级潜通路分析。

系统级潜通路分析有两个侧重点：供电部分和信号采集部分，因为这两部分线路通常存在较多的并联节点，同时模块内部电路还易受电源线及信号线上的过电压脉冲形成的潜通路影响。

1. 系统级潜通路分析—供电部分

供电部分系统级潜通路分析的目的是为了确保在熔断器或易熔断链路意外断开的情况下，没有其他电路能够为新打开的电路提供电流。除熔断器熔断以外，这种情况在车辆运输过程中也很常见。在运输过程中，熔断器经常被拔出以降低车辆的静态电流，防止蓄电池亏电。

供电部分系统级潜通路分析需要列出与所分析的系统有电气连接的所有模块或组件，分析每个模块和组件的连接，以确定该连接是否可以为系统提供电流。然后根据分析结果从列表中删除不能为该模块或组件的任何外部连接提供电流的模块或组件。在模块列表中列出连接到每个模块和组件的所有熔断器或易熔断链路，需要提前根据模块列表获取每个模块和组件的详细电气原理图。

分析时选择一个易熔断链路进行分析，找到易熔断链路连接蓄电池的供电线。分析的目的是确定如果链路由于某种原因被打开，并且在新打开的电路上放置一个负载时会发生什么。沿着每个导体穿过所有模块和组件，寻找返回蓄电池的路径。如果发现电流源，记录通路中的熔断器或易熔断链路及相应的模块引脚，然后进行下一步分析。仔细记录每个分支的位置，以确保没有漏掉任何分支电路。分析完所有分支后，回到熔断器列表中继续对下一个熔断器或易熔断链路进行分析。通过对每一条电路分支进行搜索，分析任一熔断器因任何原因打开将会发生什么，最终目的是确保新打开的电路不会由另一个易熔断电路供电。

以图 8-43 为例，图中控制器有两路供电分别来自驾驶室接线盒不同的熔断器，而这两路不同的熔断器又来自发电机舱接线盒不同的熔断器，这种设计可以从供电原理上为控制器提供供电冗余，防止任一熔断器熔断后导致控制器断电。但采用此种冗余供电架构有一个问题，就是如果控制器内部直接并联或是通过 MOSFET 防反设计将两路供电并联使用时，一旦发动机舱接线盒中的任一路熔断器 FU_1 或 FU_2 熔断，就可能因潜通路问题导致控制器损坏。图 8-43 中，假设 FU_2 发生故障熔断，而 VF_2 仍保持导通状态，蓄电池便会通过 FU_1、FU_4、VF_1、VF_2、FU_5、FU_6 为负载 2 供电，这就是一条潜通路。这个潜通路可能会导致 VF_2 因负载 2 的电流过大导致过电流损坏，或间接导致 FU_4 熔断，进而导致控制器两路供电全部断电。对于这种供电冗余设计，如果控制器采用 MOSFET 进行防反设计，则必须注意在任一路供电出现问题时，及时切断故障供电回路，即图中 VF_2，切断后即可防止电流反向通过 VF_2 流出为负载 2 供电。

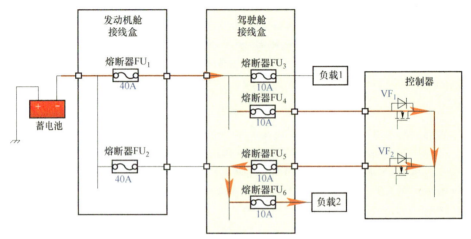

图 8-43　系统级潜通路分析（供电部分）

2. 系统级潜通路分析—信号采集部分

信号采集部分系统级潜通路分析的目的是为了确保在任何情况下，从任意节点及并联信号节点采集信号的控制器都能够正确地采集到信号，且不对其他控制器造成影响，同时在信号线暴露于过电压脉冲时，不受其形成的潜通路影响。在汽车电子设计中，信号采集部分的线路通常存在较多的并联节点，设计时必须注意其潜通路问题。以图 8-44 为例，控制器 1、2 同时采集同一路信号，这种情况在汽车电子设计中经常存在，如位置灯信号及车门状态信号，BCM 采集位置灯信号对位置灯进行控制，仪表采集位置灯信号对屏幕亮度进行控制（判断白天或夜晚）；门模块采集门状态信号判断车门状态，仪表则需要在车门打开后将其状态显示在仪表上。

对于这种两个或多个模块同时采集一路开关信号的情况，最容易出现的潜通路问题是一个模块的输入信号会被另一个模块干扰，从而导致信号采集出错。图 8-44 为两个 24V 系统控制器，24V 系统的输入信号采集通常采用内部 12V 上拉设计，此设计可以使输入口同时兼容高有效或低有效开关信号，同时还能够识别开关打开/悬空状态。即在开关接到24V电源时,MCU检测到24V即为高;在开关接地时,MCU检测到0V即为低;在开关打开时,MCU检测到12V状态即为无效状态。以图8-44a为例,在开关闭合时,开关输入为24V,两个模块都能检测到开关为闭合状态;在开关打开时,控制器2输入口理论上应该是悬空状态,但因为有控制器1的内部上拉,控制器2的输入口被强制上拉到12V状态,此时如果控制器2对高有效开关的检测门限过低,如门限为8V,控制器2就可能无法检测到开关打开。对于此种潜通路问题有两种解决方案:一是OEM需要统一各控制器的内部上拉电压门限;二是统一控制器高有效检测电压门限,这两点通常来讲难度都较大。一种简单的办法就是在所有开关输入口上串联二极管,如图8-44b所示,加入二极管VD_1后,控制器2的输入口便不会再被控制器1的上拉电压拉高,导致误检测。

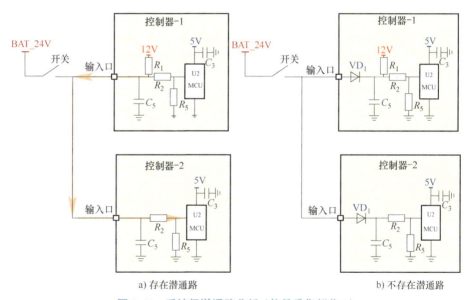

a) 存在潜通路　　　　　　　　　b) 不存在潜通路

图 8-44　系统级潜通路分析(信号采集部分1)

除此之外,还有一种潜通路的情况在12V系统也比较常见。如图8-45所示,输入信号为低有效,控制器1和控制器2均在内部设计了12V上拉。如果控制器2处于休眠状态,控制器2可能会关闭内部的12V及5V电源,或使内部5V系统处于低功耗状态,但此时控制器1却会通过输入口将12V电压倒灌进控制器2,如果控制器2的MCU端口串联电阻器R_2阻值较小,其5V电源没有过电压保护器件,该5V电源可能会被倒灌的12V电压通过MCU拉高到一个比较高的电压,从而导致控制器2内部的某些器件产生过电压损坏。

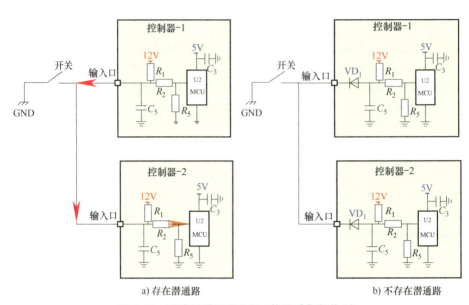

图 8-45 系统级潜通路分析（信号采集部分 2）

为防止这种潜通路问题的发生，某些 OEM 会在项目开发时对信号采集电路提出设计要求，强制要求在所有开关信号输入口串联防反二极管，以防止系统级潜通路问题。需要注意的是，在输入口串联二极管后需要考虑二极管管电压降对信号电压采集造成的影响，电路最差情况分析需要考虑温度对二极管管电压降的影响，保证信号采集的正确性。另外，输入口串联防反二极管仅可用于开关信号采集接口，模拟信号因对二极管管电压降的变化较为敏感，不适合采用此设计。

除此之外，还有几种防止信号采集部分出现系统级潜通路的设计，如图 8-46 所示。图 8-46a 中，控制器 1 的低有效输入口在其内部 12V 上拉电源处串联了防反二极管 VD_1 和 VD_2，这种设计有两个作用：一是防止各输入口之间发生潜通路问题，即输入口 1 无法通过其内部共用的 12V 上拉将非预期的电压信号传导到输入口 2；二是防止非预期电压（如传导干扰的正、负脉冲电压）通过输入口串入控制器内部，如输入口存在正电压脉冲时，或者控制器 1 处于休眠状态时，控制器通常会关闭其内部的 12V 上拉信号，但此时控制器 1 的输入口却会被其他模块的 12V 上拉电压倒灌，因上拉电阻通常较小（为保证湿电流，12V 系统常用的上拉电阻通常为 2kΩ 左右），倒灌的电流有可能会对控制器产生影响。图 8-46b 中 VD_1 和 VD_2 的作用则是防止开关输入口与控制器 2 的 GND 之间产生潜通路，如输入口存在负电压脉冲时。

3. 模块级潜通路分析

模块级潜通路分析类似于系统级，分析都有两个侧重点：供电部分和信

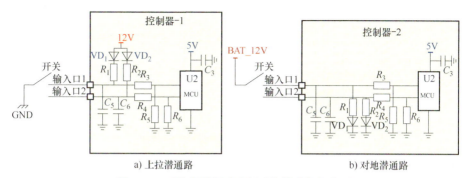

a) 上拉潜通路　　　　　　　　　　　　b) 对地潜通路

图 8-46　系统级潜通路分析（信号采集部分 3）

号部分，因为这两部分的线路通常存在较多的并联节点及潜通路，同时模块内部电源还存在因过电压脉冲导致的潜通路。模块级潜通路分析的目的是为了确保在任何情况下，从并联信号节点采集信号的电路都能够正确地采集到信号，控制电路也能够正确地输出控制信号，且不对其他电路造成影响，同时在电源线暴露于过电压脉冲时，不受其形成的潜通路影响。在汽车电子设计中，供电及信号部分的线路通常存在较多的并联或共用节点，在设计时必须注意其潜通路问题。

供电部分包括所有的共用电源及 GND，共用电源包括各个电源轨及各个电源开关的分支，共用 GND 包括逻辑地及功率地。图 8-47 为一个共用 GND 导致的潜通路举例。

图 8-47 中，两个 / 组 HSD 芯片使用了不同的电源，但是共用了同一个 GND，这就导致如果电源 2 上存在负脉冲，一旦负脉冲电压峰值高于 HSD 的钳位电压，共用的 GND 就会被拉低，进而导致 U1 的控制引脚 IN 的输入电压被变相抬高，如果电压超过其门限电压，将导致电源 1 上所有处于关闭状态的 HSD 输出同时打开。

信号部分则包括所有存在共用信号的电路分支，如图 8-48 所示，两个 HSD 芯片共用了一个电流检测口，以减少使用 MCU 模拟输入口的数量。在此情况下，如果 U2 的 GND 发生丢失，此时该 HSD 芯片就无法对无论正脉冲还是负脉冲进行钳位，导致流过电流检测口 SEn 的电流不受限制（如果两个 SEn 口直接并联），这个电流可能导致一个或两个 HSD 芯片故障或损坏。为避免这种情况的发生，建议在所有需要并联的信号接口上串联一个电阻，将冲击电流降低到合理范围之内。串联电阻的方式几乎可以用于所有需要进行信号并联的设计，即可以用于数字信号，也可以用于模拟信号；既可以用于芯片控制或信号控制，也可以用于信号反馈；串联电阻可以有效抑制过电压脉冲产生的过电流，从而避免电路及芯片因过电压脉冲产生故障或损坏。

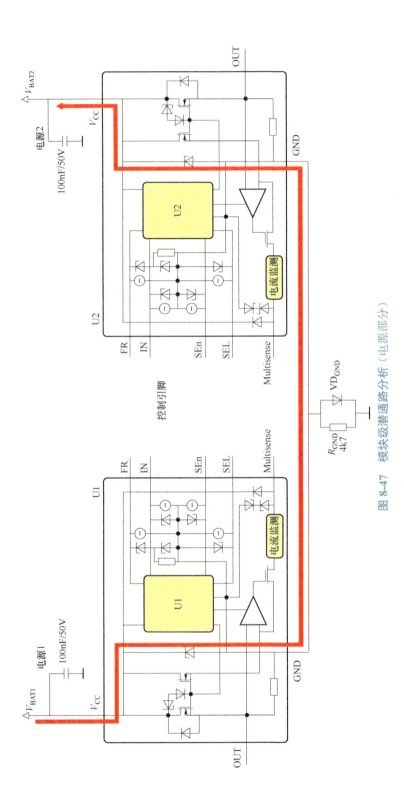

图 8-47 模块级潜通路分析（电源部分）

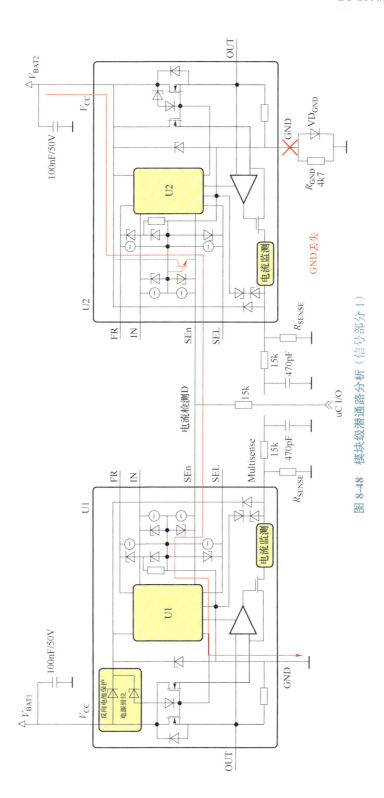

图 8-48 模块级潜通路分析（信号部分 1）

还有一种因共用信号带来的潜通路问题，预防这种潜通路问题的设计需要用到二极管而非电阻。在汽车电子模块设计中经常存在需要共用信号的设计，如图 8-49 所示。图中一个控制电路需要和 MCU 共同采集一个输入口信号，如输入 1，作为跛行模式（Limp Home）的控制。因为输入 1 为高有效信号，设计中控制电路的信号采集线串联了一个二极管 VD_1，防止控制电路中非预期的电压影响到输入 1 的信号电平。同样，如果控制电路的输出信号线也存在共用的情况，图中控制电路需要同时控制 HSD 芯片 U3 及 LSD 芯片 U4，那么就需要将控制信号一分为二，分别在两个控制信号线上各串联一个二极管 VD_2 及 VD_3，防止共用信号之间产生潜通路，导致电路故障。对于这种应用，通常最可靠的设计就是采用二极管，而非采用串联电阻的方式连接到 U3 及 U4 的输入口，因为电阻直接连接对控制口来讲极易产生潜通路，进而导致电路故障。

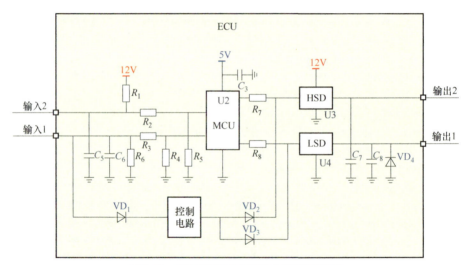

图 8-49　模块级潜通路分析（信号部分 2）

4. 潜通路分析方法

整体来讲，无论系统级潜通路还是模块级潜通路，其分析方法可以总结见表 8-28。

表 8-28　潜通路分析方法总结

参数	分析方法	目的
系统级供电	1. 基于熔断器或易熔断链路 2. 对每条电路分支进行分析 3. 假设熔断器或易熔断链路打开 4. 在新打开的电路上放置一个负载 5. 寻找电流源	确保在熔断器或易熔断链路意外打开的情况下，没有其他电路能够为新打开的电路提供电流

(续)

参数	分析方法	目的
系统级信号	1. 基于信号线及共用信号线 2. 对每条电路分支进行分析（考虑上、下拉） 3. 考虑信号线暴露于正、负脉冲电压时产生的潜通路	确保输入信号能够正确地被采集且不对其他控制器造成影响，同时控制器可以承受信号线过电压脉冲的影响
模块级供电	1. 基于共用电源及共用 GND 的线路 2. 考虑某个电路的电源或 GND 发生丢失的情况 3. 考虑电源线暴露于正、负脉冲电压时产生的潜通路	确保在某个电源或 GND 意外丢失的情况下，没有其他电路能够为故障电路提供电流；同时任一电源线暴露于正、负脉冲电压时产生的潜通路不会对其他电路/芯片造成影响
模块级信号	1. 基于共用信号线 2. 对每条电路分支进行分析 3. 考虑电源或 GND 发生丢失的情况 4. 考虑电源线暴露于正、负脉冲电压时产生的潜通路	确保并联的输入信号能够正确地被采集，并联的控制信号能够正常实现控制功能，同时存在并联信号的电路/芯片可以承受电源线过电压脉冲的影响

供电部分的系统级潜通路分析重点在于熔断器或易熔断链路，信号采集部分的系统级潜通路分析重点在于信号的共用，但同时也需要考虑信号线过电压脉冲产生的潜通路对模块的影响。模块级潜通路分析的重点在于内部共用的供电部分及信号部分，同时需要考虑电源过电压脉冲产生的潜通路对电路及芯片的影响。

5. 防潜通路设计

系统级潜通路分析在系统设计阶段即可开始，这需要 OEM 的支持和各 Tier 1 的配合。系统级潜通路分析的输入即整车的电气原理图及所有电子电气零部件的系统级原理图，后者对于 OEM 来讲获取难度较大。OEM 通常很难完全获得整车所有电子电气零部件的系统级原理图，有些是因为在系统设计阶段，某些 Tier 1 的系统原理图尚未完成；有些则是因为 Tier 1 提供的原理图不详细，这都会导致系统级潜通路分析中产生遗漏或错误，从而导致整个系统存在潜通路风险。

1) 对于供电部分，一个简单的解决办法就是在系统级供电设计时，也就是整车电气架构设计时，减少熔断器的共用，如多个后级负载共用同一个熔断器；还有就是尽量减少单个模块的多路供电设计，如果采用多路供电，必须保证多路电源之间相互独立，在模块内部不存在潜通路。

2) 对于信号采集部分，系统设计前期通常无法确认存在共用信号的电子模块内部的详细原理图，一个简单的解决办法就是要求所有的数字信号采集接口加入串联的防反二极管，切断潜通路。

模块级潜通路分析在电路设计阶段即可开始，在初版原理图完成后，针对共用电源、共用GND、共用输入信号、共用控制信号的电路及芯片，对每个电路分支，结合芯片内部的电路原理逐个进行分析，分析时需要考虑模块的工作模式，如正常模式、跛行模式、待机模式、休眠模式等。

1）串联电阻。针对模块级潜通路，在不影响电路功能的前提下，建议在所有需要并联的信号接口上串联一个电阻，防止电路暴露在过电压脉冲时因过电压脉冲形成的潜通路导致电路故障或损坏，串联电阻可以将冲击电流降低到合理范围之内，从而对电路及相关芯片起到保护作用。

2）串联二极管。串联电阻的方式几乎可以用于所有需要进行信号并联的设计，如果并联信号采用串联电阻会产生影响正常功能或可能导致电路损坏的潜通路，则可以考虑串入防反二极管，阻断潜通路的形成。

潜通路分析的目的是在设计阶段提前发现潜通路，在保证电路功能正常的情况下，将潜通路对电路的影响降到最低。如果一个潜通路可能导致模块或电路发生故障或损坏，则必须阻断此潜通路的形成。

8.6.3 最差情况电路分析

最差情况电路分析（WCCA）的目的是为了保证在最坏情况下，电路的性能依然可以达到设计要求，同时器件所受的电应力也在其额定参数范围内，不会引起器件失效或性能劣化，从而导致其寿命缩短，无法满足设计使用寿命要求。

1. WCCA介绍

电子元器件的特性参数会随着环境温度变化或电应力的变化而变化，这种参数变化会直接导致电路的工作参数发生变化，进而影响电路的性能甚至导致电路发生故障。引起器件参数偏差的因素包括初始制造偏差、电压变化、电流变化、温度变化、湿度变化、老化等，基于车载应用的严苛要求，车规级电子元器件对初始制造偏差、批量一致性及温度特性通常已经有了一些基础的要求。

以常用的车规级电阻器和电容器为例，车规级电阻器常见的误差通常为1%或5%，极少采用10%或20%误差的电阻器，其温度系数（Temperature Coefficient of Resistance，T.C.R.）通常为±200~±400ppm/℃，工作温度范围通常为-55~155℃。车规级电容常见的材质为C0G及X7R，温度范围为-55~125℃，C0G的温度系数为±30ppm/℃，X7R的全温度范围静电容

量变化为 ±15%。所以无论车规级电阻器或电容器，其工作温度范围、初始误差及温度系数等参数要求通常均高于同等的消费级及工业级器件。但即便如此，在汽车电子模块设计时，仍需要考虑各种因素导致的器件参数变化及器件电应力变化对电路或器件产生的影响，WCCA 可以用来检查这种变化对电路产生的影响，避免电路性能及器件电应力超过设计范围。

汽车电子元器件的失效按发生时间可以分为正常生命期失效与老化失效，考虑到车规级电子元器件本身极低的随机失效率（<1ppm），正常生命期内的失效主要为非预期的电过应力（Electrical Over Stress，EOS）导致的随机失效、非预期的过应力导致的材料老化，器件寿命缩短最终失效，以及性能参数劣化导致的电路功能失效。电子元器件失效按模式可以分为两种：偶然的随机失效与老化失效。偶然失效通常是灾难性的，即电子元器件突然失效，导致电路功能异常；正常生命期内的老化失效是可以通过设计避免的，在设计时对其应力水平进行计算分析及评估，确保其在应用过程中不会发生非预期的或偶然的超过设计水平的应力。而超过正常生命期的老化失效则是不可避免的，随着产品使用时间的延长，器件的参数变化将逐渐超过初始容差极限，此时虽然电路仍然可以继续工作，但是性能已经发生劣化，无法达到设计要求，在某些极限工况下可能会发生电路故障或电路损坏，汽车电子设计通常不考虑这种老化失效。

WCCA 会考虑各种极端情况，如沿信号线的干扰脉冲对输入电路中电阻器的电应力影响，避免脉冲电压导致电阻器的电过应力失效，因为干扰脉冲属于随机事件，电阻器的这种失效属于一种偶然的随机失效。WCCA 还需要保证在各种极端情况下器件所承受的电应力不应超过其额定范围，避免电过应力。如电过应力带来的电负荷老化会导致电阻器寿命明显缩短，需要在设计时对其电应力水平进行计算分析及评估，采用降额设计，通过增加功率裕量来尽量减缓电负荷导致的老化。WCCA 可以帮助设计人员在设计阶段就识别到各种潜在的电过应力风险，确保在任何情况下每个器件所承受的电应力都在其允许范围之内。

除电应力风险外，WCCA 还需要考虑每个器件参数变化导致电路的工作参数发生变化，进而影响电路的性能甚至导致电路发生故障的风险，而在车载应用中，对电路参数影响最大的通常就是电压波动及环境温度变化。在实际的汽车电子产品设计中，通常最多只考虑两种最差情况的叠加。如器件参数处于极值，同时环境温度及输入电压也处于极值。也就是说，在设定的器件参数基础上，最差情况最多再考虑两重叠加。如电路的工作电压为最高电压时，需要同时考虑环境温度为最高工作温度，但不需要再考虑此时负载为最高负载的情况，这就是双重叠加，也就是三种最差情况。这种 WCCA

思想体现在产品的性能测试中就是常说的三温三压测试,三温是指三种温度:-40℃、25℃和85℃,三压是指三种电压:9V、13.5V和16V(以乘用车12V系统中的座舱电子模块为例),不同的温度和电压可以产生九种组合,其中有四种最差情况。

以LDO为例,5V的LDO电压精度通常为2%,误差为:5V×2%=0.1V,也就是说输出电压的标准值为5V,最小值为4.9V,最大值为5.1V。在进行电路最差情况分析时,如果基于LDO最低输出电压进行计LDO的功耗计算,可以考虑环境温度为最高即85℃,同时输入电压为最高即16V,但不再考虑此时LDO的输出电流同时为最大(可以按照标准值进行计算),这就是双重WCCA的分析方法。

WCCA有一个测试无法替代的优势就是它可以根据器件手册中的参数、曲线及设定的工作条件进行计算,而测试时使用的实际样品却无法覆盖所有的参数范围;毕竟测试的样品数量及试验室设备的可测试范围终归是有限的,而且有些工作条件也是无法或者很难模拟,而WCCA却可以通过给定的参数及算法进行计算分析。这就意味着WCCA可以覆盖元器件所有的参数范围及产品所有的应用环境,而测试仅可以覆盖有限的情况。也就是说,WCCA可以仅通过计算来对电路的性能及电子元器件的电应力水平进行分析,而产品测试仅能基于有限的样品数量及有限的试验条件对产品的功能及性能进行有限的确认。

WCCA在汽车电子产品设计开发过程中可以分为两个阶段,即在电路设计初期阶段的粗略估算及电路设计完成后的详细计算分析,粗略计算通过计算器或Excel表格进行即可,后期的详细计算则需要借助专门的工具软件如Mathcad。

2. WCCA粗算

在电路设计的初期阶段就必须考虑WCCA,如器件选型、器件参数确定、封装的确定(依据散热设计及器件温升确定)等,在此阶段通常并不需要进行详细的计算分析,只需要依据经验进行粗略估算即可。以LDO选型为例,选型时通常仅需要大概估算LDO的温升即可确定选型是否可以满足需求,LDO的温升简化计算公式为

$$T_{rise} = (V_{in\_max} - V_{out}) I_{out} R_{thJA} \tag{8-3}$$

式中,T_{rise}为LDO的温升,单位为℃;V_{in_max}为LDO的最高输入电压,单位为V;V_{out}为LDO的输出电压,单位为V;I_{out}为LDO的输出电流,单位为A;R_{thJA}为LDO的热阻(Junction to Ambient,结到环境),单位为℃/W。

已知V_{in_max}=16V,V_{out}=5V,I_{out}=0.15A,R_{thJA_1}=28.8℃/W,R_{thJA_2}=40.3℃/W,两个不同封装的LDO热阻参数见表8-29。

表 8-29 两个不同封装的 LDO 热阻参数

LDO	封装	热阻参数	热阻/(℃/W)
LDO 1	TO-263-5	$R_{\text{thJA\_1}}$（结到环境）	28.8
LDO 2	TO-252-5	$R_{\text{thJA\_2}}$（结到环境）	40.3

根据式（8-3），可以得到两个 LDO 在不同热阻下的温升为

$$T_{\text{rise\_1}}=(V_{\text{in\_max}}-V_{\text{out}})I_{\text{out}}R_{\text{thJA\_1}}=47.5℃ \quad (8-4)$$

$$T_{\text{rise\_2}}=(V_{\text{in\_max}}-V_{\text{out}})I_{\text{out}}R_{\text{thJA\_2}}=66.5℃ \quad (8-5)$$

根据经验，LDO 温升需要低于 50℃，可知 TO-252-5 封装的 LDO 2 无法满足设计要求，所以必须选择 TO-263-5 封装的 LDO 1。

3. Mathcad 介绍

在电路设计完成后即可开始进行电路的 WCCA 详细计算分析，分析需要覆盖到电路设计中的每一个电路及每一个电子元器件，计算通常需要借助专门的工具软件如 Mathcad 等进行。Mathcad 软件是一款常用的工程计算软件，启动 Mathcad 后，会出现一个空白工作表，可以直接输入文本、方程、图形和图像。Mathcad 支持直接输入数学表达式，如直接输入"3+2"，再输入"="，便可以直接得到结果"3+2=5"，十分方便。同时还可以支持各种运算符、函数、向量和矩阵、微积分运算、布尔运算等，支持定义变量、定义函数、定义单位等，可以直接使用各种量纲的单位，如电流、电压、电阻、长度、发光强度、温度、时间等，在定义表达式和变量后，直接输入表达式即可得到结果。

例如，定义：$V_{\text{in\_max}}=16\text{V}$，$V_{\text{out}}=5\text{V}$，$I_{\text{out}}=0.15\text{V}$，$R_{\text{thJA}}=28.8\text{K/W}$，然后直接输入式（8-3），便可得到如下结果：

$$T_{\text{rise}}=(V_{\text{in\_max}}-V_{\text{out}})I_{\text{out}}R_{\text{thJA}}=47.52\text{K}$$

Mathcad 软件主界面如图 8-50 所示。

图 8-50 Mathcad 软件主界面

由图 8-50 可见，Mathcad 支持直接定义变量，且支持直接输入单位，然后再输入自定义的公式，如输入式（8-3），便可直接得到计算结果，使用起来十分方便。因 Mathcad 不支持℃/W 这个单位，图中热阻的计算单位为 K/W，最终计算单位为 K，每变化 1K 相当于变化 1℃，不影响计算结果。

4. WCCA 详细计算

以常见的开关输入电路 WCCA 为例，图 8-51 为典型的低有效信号检测电阻分压电路，常用于汽车电子产品的输入信号采集电路设计中。电路共由 4 个器件组成，分别为电容器 C_1、电阻器 R_1、R_2、R_3。R_3 作为电路的输入上拉，在输入信号无效时为输入提供确定的上拉信号，保证 MCU 采集到的电压为高；电阻 R_1 及 R_2 组成一个简单的分压网络，输入电压经分压网络分压后送入 MCU 进行检测；同时，R_2 还可以抑制输入电压脉冲，降低其产生的过电流对 MCU 的损害；而 C_1 则作为输入端口的防静电电容，保护端口免受静电放电的影响。此外，因低有效输入电路需要有上拉电源，上拉电源由 V_{BATT} 经二极管 VD_1 及晶体管 VT_1 后，为输入检测电路提供上拉电源 V_{BAT_PU}。

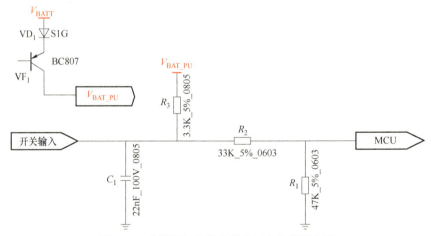

图 8-51　典型的低有效信号检测电阻分压电路

对于汽车电子设计来讲，开关输入电路需要考虑输入开关在打开及闭合状态的阻抗，同时还需要考虑开关到控制模块的地漂移，所以在进行 WCCA 计算时，图 8-51 开关输入电路可以简化为一个开关模型，如图 8-52 所示。R_{SWon} 为开关闭合状态触点的接触阻抗，R_{SWoff} 为开关断开状态触点的绝缘阻抗，V_{goff} 为地漂移电压。

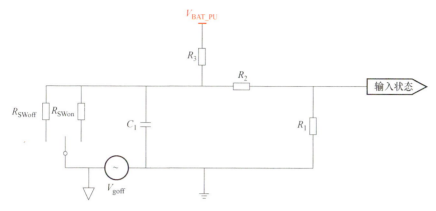

图 8-52　开关输入电路简化模型

下面开始正式的 WCCA 计算，计算的前提是对各种条件进行定义，首先是对环境进行定义。

（1）环境定义

$T_{min}=-40℃$	最低环境温度
$T_{max}=85℃$	最高环境温度

（2）供电电压定义

$V_{CCtyp}=5V$	MCU 正常供电电压
$V_{CCmin}=4.9V$	MCU 最低供电电压
$V_{CCmax}=5.1V$	MCU 最高供电电压
$V_{BATTmin}=8V$	12V 系统最低供电电压
$V_{BATTmax}=16V$	12V 系统最高供电电压
$V_{goff\_nor}=0V$	正常地漂移电压
$V_{goff\_min}=-1V$	最低地漂移电压
$V_{goff\_max}=1V$	最高地漂移电压

（3）电路配置

$N_{ECU\_min}=1$	开关输入接入的并联 ECU 数量最少为 1 个
$N_{ECU\_max}=3$	开关输入接入的并联 ECU 数量最多为 3 个

（4）MCU 参数定义

$V_{IL\_MCUmax}=0.35V_{CCmin}=1.715V$	MCU 低门限最高输入电压
$V_{IH\_MCUmin}=0.65V_{CCmax}=3.315V$	MCU 高门限最低输入电压
$I_{LEAK\_MCUmin}=0.01\mu A$	MCU 最小输入漏电流
$I_{LEAK\_MCUmax}=1\mu A$	MCU 最大输入漏电流
$I_{CLAMP\_MCUmax}=4mA$	MCU 最大输入钳位电流

$V_{\_CLAMP\_MCUmax} = V_{CCmax} + 0.3V = 5.4V$ MCU 最高输入钳位电压

(5) 输入上拉电路参数

$V_{F\_Dreg\_min} = 0.6V$ 电源输入防反二极管 S1G 最小前向导通电压降

$V_{F\_Dreg\_max} = 0.85V$ 电源输入防反二极管 S1G 最大前向导通电压降

$V_{drop\_Qsw\_min} = 0.1V$ 上拉电源开关晶体管 BC807 最小饱和电压降

$V_{drop\_Qsw\_max} = 0.7V$ 上拉电源开关晶体管 BC807 最大饱和电压降

$V_{BATPUmax} = V_{BATTmax} - V_{F\_Dreg\_min} - V_{drop\_Qsw\_min} = 15.3V$ 上拉电源最高电压

$V_{BATPUmin} = V_{BATTmin} - V_{F\_Dreg\_max} - V_{drop\_Qsw\_max} = 6.45V$ 上拉电源最低电压

(6) ESD 模型

$V_{ESD} = 8kV$ ESD 模型放电电压

$C_{ESD} = 330pF$ ESD 模型放电电容

(7) 电源电压异常情况

$V_{BATT\_0V\_max} = 24V$ 跳线启动最高电压（1min）

$V_{BATTTR} = 34.7V$ ISO 7637-2 的脉冲 2a 峰值电压钳位后的电压

$V_{ATTREV} = -14V$ 电源极性反接电压

(8) 电阻器及电容器参数定义

$tol_{res\_5\%\_nor} = 5\%$ 5% 精度电阻器正常误差

$tol_{res\_5\%\_max} = 8\%$ 5% 精度电阻器最大误差

$tol_{cap\_10\%\_nor} = 10\%$ 10% 精度电容器正常误差

$tol_{cap\_10\%\_max} = 19\%$ 10% 精度电容器最大误差

$R_3 = 3.3k\Omega$ 上拉电阻器 R_3 的阻值

$R_{3max} = R_3(1 + tol_{res\_5\%\_max}) = 3.564k\Omega$ R_3 的最大值

$R_{3min} = R_3(1 - tol_{res\_5\%\_max}) = 3.036k\Omega$ R_3 的最小值

$R_2 = 33k\Omega$ 分压电阻器 R_2 的阻值

$R_{2max} = R_2(1 + tol_{res\_5\%\_max}) = 35.64k\Omega$ R_2 的最大值

$R_{2min} = R_2(1 - tol_{res\_5\%\_max}) = 30.36k\Omega$ R_2 的最小值

$R_1 = 68k\Omega$ 分压电阻器 R_1 的阻值

$R_{1max} = R_1(1 + tol_{res\_5\%\_max}) = 73.44k\Omega$ R_1 的最大值

$R_{1min} = R_1(1 - tol_{res\_5\%\_max}) = 62.56k\Omega$ R_1 的最小值

$C_1 = 22nF$ ESD 电容器 C_1 的电容值

$C_{1max} = C_1(1 + tol_{cap\_10\%\_max}) = 26.18nF$ C_1 的最大值

$C_{1min} = C_1(1 - tol_{cap\_10\%\_max}) = 17.82nF$ C_1 的最小值

(9) 通用信号需求定义

$I_{\_INPUTreq} = 2mA$ 开关输入湿电流要求值

$V_{\_INPUTreq} = 12V$ 开关输入湿电流要求最低电压

$I_{\_INPUTmax}=6mA$　　　　　　　开关输入湿电流限制最大值

$I_{\_INPUTmin}=2mA$　　　　　　　开关输入湿电流最小值

$R_{SWon}=50\Omega$　　　　　　　　开关闭合状态触点最大接触阻抗

$R_{SWoff}=100k\Omega$　　　　　　　开关断开状态触点最小绝缘阻抗

$V_{IL\_max\_limit}=2V$　　　　　　　低有效开关输入最高门限电压值

$I_{IH\_max\_limit}=0.25mA$　　　　　高电平输入最大电流值

$I_{IL\_max\_limit}=7mA$　　　　　　低电平输入最大电流值

$C_{in\_limit}=12nF$　　　　　　　　开关输入最大电容值

（10）输入信号特性参数

$t_{\_IPWmin}=50ms$　　　　　　　　开关输入最小信号脉宽

$t_{\_CHATTmax}=10ms$　　　　　　开关输入最大抖动时间

（11）软件滤波参数

$t_{\_DEBmin}=20ms$　　　　　　　　软件滤波最短时间

$t_{\_DEBmax}=30ms$　　　　　　　　软件滤波最长时间

电阻器的功率降额曲线（KOA RK73B 系列厚膜电阻器）如图 8-53 所示。

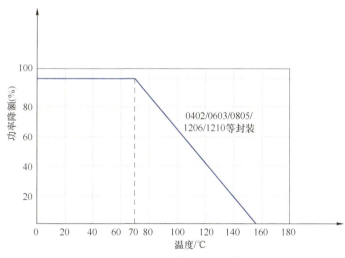

图 8-53　KOA RK73B 系列厚膜电阻器功率降额曲线

（12）电阻器参数

$P_{res\_0402}=\dfrac{1}{16}W$　　　　　　　0402 封装电阻器额定功率

$P_{res\_0603}=\dfrac{1}{10}W$　　　　　　　0603 封装电阻器额定功率

$$P_{\text{res\_0805}} = \frac{1}{8}\,\text{W} \qquad\qquad\text{0805 封装电阻器额定功率}$$

$$P_{\text{res\_1206}} = \frac{1}{4}\,\text{W} \qquad\qquad\text{1206 封装电阻器额定功率}$$

$$T_{\text{res\_max}} = 155\,^\circ\!\text{C} \qquad\qquad\text{贴片电阻器最高温度}$$

$$\%P_{\text{Derating\_@Tmax}} = 1 - \left(\frac{T_{\max} - 70\,^\circ\!\text{C}}{T_{\text{res\_max}} - 70\,^\circ\!\text{C}}\right) = 82.353\% \qquad\text{电阻器在 } T_{\max} \text{ 下的功率降额}$$

下面进行分项计算。

（1）低有效开关电路输入最高电压

$$V_{\text{R1\_ILmax}} = V_{\text{goff\_max}} \frac{R_{1\max}}{R_{2\min} + R_{1\max}} - I_{\text{\_LEAK\_MCUmax}} \frac{R_{1\max} R_{2\min}}{R_{2\min} + R_{1\max}}$$

$$= 0.686\,\text{V}$$

MCU 低门限最高输入电压 $V_{\text{IL\_MCUmax}} = 1.715\,\text{V}$，低有效开关输入的最高电压 $V_{\text{R1\_ILmax}}$ 低于 $V_{\text{IL\_MCUmax}}$，可以满足设计要求。

（2）开关输入口可被 MCU 检测到低电平的最高电压

$$V_{\text{TH\_ILmax}} = \frac{V_{\text{IL\_MCUmax}} + I_{\text{\_LEAK\_MCUmax}} \dfrac{R_{1\max} R_{2\min}}{R_{2\min} + R_{1\max}}}{\dfrac{R_{1\max}}{R_{2\min} + R_{1\max}}}$$

$$= 2.454\,\text{V}$$

最高地漂移电压 $V_{\text{goff\_max}} = 1\,\text{V}$，远小于 $V_{\text{TH\_ILmax}}$ 的 2.454V，所以 MCU 检测到的开关输入口最高低电平电压即最高地漂移电压仍为低电平。

（3）开关断开时 MCU 检测到的 V_{BATT} 上拉电压

R_3 上的电流（一部分为开关提供湿电流，一部分流经 R_2）为

$$I_{\text{R3}} = I_{\text{SW}} + I_{\text{R2}}$$

$$I_{\text{R3}} = \frac{V_{\text{BATpumin}} - V_{\text{SW}}}{R_{3\max}} \qquad I_{\text{SW}} = \frac{V_{\text{SW}}}{R_{\text{SWoff}}} \qquad I_{\text{R2}} = \frac{V_{\text{SW}} - V_{\text{R1\_IHmin}}}{R_{2\max}}$$

可以得到方程为

$$\frac{V_{\text{BATpumin}} - V_{\text{SW}}}{R_{1\min}} = \frac{V_{\text{SW}}}{R_{\text{SWoff}}} + \frac{V_{\text{SW}} - V_{\text{R1\_IHmin}}}{R_{2\max}}$$

对于 MCU 输入口节点，有

$$I_{\text{R2}} = I_{\text{R1}} + I_{\text{\_LEAK\_MCUmax}}$$

$$I_{\text{R1}} = \frac{V_{\text{R1\_IHmin}}}{R_{1\min}}$$

进而可以得到

$$V_{SW} = V_{R1\_IHmin} \frac{R_{1min}+R_{2max}}{R_{1min}} + I_{\_LEAK\_MCUmax} R_{2max}$$

MCU 输入口最低高电平电压为

$$V_{R1\_IHmin} = \frac{(I_{\_LEAK\_MCUmax} R_{2max}) \dfrac{R_{SWoff}R_{2max}+R_{2max}R_{3max}+R_{3max}R_{SWoff}}{R_{SWoff}R_{2max}R_{3max}} - \dfrac{V_{BATpumin}}{R_{3max}}}{\dfrac{1}{R_{2max}} - \dfrac{R_{1min}+R_{2max}}{R_{1min}} \cdot \dfrac{R_{SWoff}R_{2max}+R_{2max}R_{3max}+R_{3max}R_{SWoff}}{R_{SWoff}R_{2max}R_{3max}}}$$

$$=3.809\text{V}$$

这个电压仍低于 MCU 的最高钳位电压 $V_{\_CLAMP\_MCUmax}$ 的 5.4V，所以不需要 MCU 进行钳位。MCU 检测到高电平的最低电压为 V_{IH_MCUmin} 为 3.315V，低于 V_{R1_IHmin} 的 3.809V，所以在开关断开时，通过上拉电源对输入口的上拉，上拉电压可以保证 MCU 检测到开关的状态为高电平。

（4）V_{BATT} 最低时 MCU 输入口需要检测到高电平的最高电压

为便于计算，定义一个中间变量 A1 为

$$A1 = \frac{R_{SWoff}R_{2max}+R_{2max}R_{3max}+R_{3max}R_{SWoff}}{R_{SWoff}R_{2max}R_{3max}}$$

可得 R_3 的最低上拉电压为

$$V_{TH\_IHpullupmin} = \left[I_{\_LEAK\_MCUmax} R_{2max} A1 - V_{IH\_MCUmin} \left(\frac{1}{R_{2max}} - \frac{R_{1min}+R_{2max}}{R_{1min}} A1 \right) \right] R_{3max}$$

$$=5.618\text{V}$$

为保证 MCU 检测到高电平的最低电源电压为

$$V_{BATT\_Readmin\_sw\_off} = V_{TH\_IHpullupmin} + V_{drop\_Qsw\_max} + V_{F\_Dreg\_max}$$

$$=7.168\text{V}$$

最低电源电压 $V_{BATTmin}$ 为 8V，所以即使电源电压为最低，仍可保证开关在断开时，MCU 检测到的开关信号为高。

（5）电阻器 R_1 的电应力计算

R_1 上的最高电压为

$$V_{R1} = \frac{\dfrac{V_{BATpumax}}{R_{2min}+R_{3min}} - I_{\_LEAK\_MCUmin}}{\dfrac{1}{R_{1min}} + \dfrac{1}{R_{2min}+R_{3min}}}$$

$$=9.975\text{V}$$

这个电压已经超过了 MCU 的最高钳位电压 5.4V，将会被 MCU 钳位到 5.4V，所以 MCU 口输入的最高电压及 R_1 上的最高电压 V_{TH_R1} 仍为 5.4V。R_1 上的最大电流为

$$I_{R1\_max} = \frac{V_{TH\_R1}}{R_{1min}}$$

$$= 86.317 \mu A$$

R_1 的最大功率为

$$P_{d\_R1} = I_{R1\_max}^2 R_{1min} = 0.466 mW$$

R_1 的最大功率与最高温度时的额定功率比值为

$$P_{stress\_R1} = \frac{P_{d\_R1}}{P_{R1\%Derating\_FactorSMD\_at\_Tmax}}$$

$$= 0.226\%$$

满足设计要求。

（6）电阻器 R_2 的电应力计算

R_2 上的最大电流为

$$I_{R2\_max} = \frac{V_{BATpumax} - V_{\_CLAMP\_MCUmax}}{R_{2min} + R_{3min}}$$

$$= 296.443 \mu A$$

同理，$P_{stress\_R2} = 1.296\%$。

（7）电阻器 R_3 的电应力计算

$$I_{R3\_max} = \frac{V_{BATpumax} - V_{goff\_max}}{R_{3min}}$$

$$= 4.71 mA$$

同理，$P_{stress\_R3} = 65.431\%$，可满足设计要求。

（8）MCU 钳位二极管的最大电流

$$I_{\_CLAMP\_MCU\_WCmax} = I_{R2\_max} - I_{R1\_min} - I_{\_LEAK\_MCUmin}$$

$$I_{\_CLAMP\_MCU\_WCmax} = 222.903 \mu A$$

而 $I_{\_CLAMP\_MCUmax} = 4mA$，实际钳位电流远低于 MCU 的最大钳位电流能力。

（9）ESD 电容的电压应力

ESD 放电后 ESD 电容的最终电压为

$$V_{ESD\_final\_max} = \frac{V_{ESD} C_{ESD}}{C_{ESD} + C_{ESD\_protection}}$$

$$= 145.455 V$$

ESD 电容可承受的最高电压为

$V_{ESD\_port\_cap} = 2V_{C1} = 200V$，高于 ESD 放电后电容承受的最终电压。

（10）其他计算项目

除上述计算项目外，还需要进行的计算项目见表 8-30 中第 10~19 项，如干扰电压的计算、MCU 响应时间的计算、湿电流的计算、过电压时电阻器的应力计算等。限于篇幅,这里不再对开关输入电路的每个计算项目进行逐一列式计算分析。

表 8-30 WCCA 计算项目

序号	项目	设计要求	计算结果	是否通过
1	开关电路输入最高电压	<1.715V	0.686V	通过
2	开关输入口可被 MCU 检测到低电平的最高电压	>1V	2.454V	通过
3	开关断开时 MCU 检测到的 V_{BATT} 上拉电压	>3.315V	3.809V	通过
4	V_{BATT} 最低时 MCU 输入口需要检测到高电平的最高电压	<8V	7.168V	通过
5	R_1 功率电应力	<100%	0.226%	通过
6	R_2 功率电应力	<100%	1.296%	通过
7	R_3 功率电应力	<100%	65.431%	通过
8	MCU 钳位二极管的最大电流	<4mA	222.903μA	通过
9	ESD 电容的电压应力	<200V	145.455V	通过
10	传导干扰电压对 MCU 的注入电流	<4mA	0.801mA	通过
11	MCU 响应开关信号时间	>10ms	22.576ms	通过
12	开关信号去抖动时间	<50ms	35.363ms	通过
13	湿电流最大值	<6mA	4.71mA	通过
14	湿电流最小值	>2mA	2.454mA	通过
15	跳线启动时 R_1 的功率电应力	<100%	0.186%	通过
16	跳线启动时 R_2 的功率电应力	<100%	3.489%	通过
17	跳线启动时 R_3 的功率电应力	<200%①	155.597%	通过
18	过电压时 MCU 的钳位电流	<4mA	0.462mA	通过
19	反向电压时 MCU 的钳位电流	<4mA	0.462mA	通过

① 12V 系统的跳线启动电压为 24V,但时间较短,电阻的脉冲功率(单个脉冲)高于额定功率,电阻器的具体脉冲功率值与电阻器类型、封装、脉冲宽度及占空比有关(脉冲时间依据测试标准或客户要求)。

5. WCCA 综述

WCCA 的目的是为了保证在最差情况下，电路的性能依然可以达到设计要求，同时器件所受的电应力也在其额定参数范围内。WCCA 的所有计算分析也都是围绕这两点来进行的，通过 WCCA 计算进而指导电路设计的迭代，为此电路设计中常用的方法可以分为两种，即提高设计裕量及降低使用应力（即降额），而通过 WCCA 可以保证电路中所有器件都正确的降额，从而保证电路设计的可靠性。

提高设计裕量包括提高电路和器件的设计裕量。电路设计方面，以低有效开关电路为例，可以被 MCU 识别为低电平的最低门限电压为 1.715V（以 5V MCU 为例），一旦高于此电压，MCU 就可能无法检测到。那么在开关闭合时，输入到 MCU 口的最高低电平电压就不能超过此值，保证 MCU 检测到的是低电平，即开关处于闭合状态。同时可以被 MCU 识别为高电平的最高门限电压为 3.315V，在开关断开时，必须保证上拉电源在 MCU 口产生的分压大于此电压，保证 MCU 检测到的是高电平，即开关处于断开状态。器件设计方面，提高设计裕量最有效的方式就是降额。以开关电路中用到的晶体管为例，如图 8-54 所示，根据其器件手册，在 -55℃~150℃ 温度范围内，在 I_C 电流为 20mA 的条件下，其放大倍数为 75~250。那么在设计时为了提高设计裕量，就可以按照远低于其正常放大倍数的参数去设计晶体管开关电路，如放大倍数取 40，以保证晶体管在任何状态下均处于饱和状态，从而保证其开关特性。

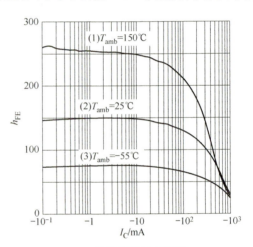

图 8-54　晶体管的放大倍数 h_{FE}

WCCA 计算一般可以按照电路的功能模块进行划分，以一个车身控制模块为例，可以划分为数字输入、模拟输入、电源开关、CAN、LIN、刮水器、启停控制、电源分配、远光灯、近光灯、雾灯电路、制动灯、位置灯、转向灯、继电器驱动、MCU、SBC 等。然后基于功能模块将计算分为两大部分，即电路性能计算和器件应力计算。WCCA 计算有时要对电路进行相应的建模分析，同时基于器件手册中给出的各种参数及曲线，考虑各种最差情况如电压变化、温度变化、漏电流、瞬态传导脉冲及器件参数的变化等。

对整个原理图进行一遍完整的 WCCA 是一项极其繁重的工作。以常见的汽车电子模块为例，其元器件数量通常有 500~1000 个，单个电路分析的项目可能需要超过 20 项，总内容可能超过 50 页，进行一遍完整的 WCCA 可能需要耗费 1 年左右，具体时间取决于器件数量、电路复杂度、计算的颗粒度及投入的人力资源等，但无论如何，WCCA 对电路设计及器件选型的重要性都值得设计者投入足够的时间，以保证设计的可靠性。

以往汽车电子产品的项目周期通常为 3 年左右，而随着行业的发展，汽车电子产品开发速度也呈现出了逐渐加快的趋势，有些项目周期已经缩短到 1 年左右，留给设计分析的时间通常不超过 6 个月，这就对设计经验提出了非常高的要求。如果有成熟的产品经验，新产品的设计就可以参考已有的成熟电路，这样就节省了大量用于计算分析的时间，而如果是全新的电路设计，最好还是进行一遍完整的 WCCA。

WCCA 结束后需要对每个功能模块的计算结果进行汇总，详细列出每个计算项目、计算结果、设计要求、裕量、是否通过等，如果未通过，需要列出下一步采取的措施。

8.6.4 FMEA 及 FTA

分析产品的故障和失效时，最常用的两种方法就是 FTA 和 FMEA，FTA 是故障树分析，FMEA 是设计失效模式与影响分析，而在汽车电子设计开发过程中，最常用的分析方法是 FMEA。

1. FMEA 与 FTA

FMEA 和 WCCA 一样，都依赖于电路原理设计，通常在电路设计完成后即可开始进行电路的 FMEA，分析需要覆盖产品的所有功能，以及电路设计中的每一个电路及每一个电子元器件。FMEA 既可以使用 Excel 表格进行，也可以用专门的 FMEA 软件来进行，但通常采用 Excel 表格进行。FMEA 通常以归纳的方式进行，自下而上，重点关注系统各个部分的失效模式以及这些失效对系统的影响。

对汽车电子模块来讲，FMEA 基于电路原理图自下而上进行，根据电路功能模块的划分，对每个电子元器件的失效模式进行分析，然后评估这些失效对系统的影响。以一个电阻器为例，电阻器的失效模式有两种，即开路和短路，那么就需要分别对两种失效模式进行分析，进而评估其对系统的影响，并给出改进措施。如果一个电子模块有 500 个电子元器件，平均每个器件有三种失效模式，那么这个电子模块的 FMEA 就需要多达 1500 项。FMEA 自下而上的分析方法如图 8-55 所示，即一个电路由电阻器 R_1、R_2、电容器 C_1、C_2、晶体管 VT_1、VT_2 及芯片 U1、U2 组成，如果 R_1 或 R_2 故障，则最终会导致功能 F1、F2 及 F3 失效，这便是 FMEA 基于电路原理图的自下而上分析方法。

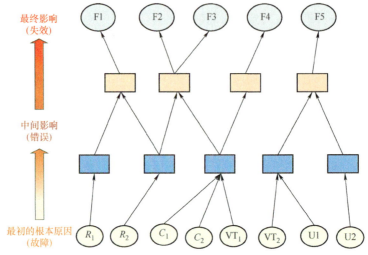

图 8-55　FMEA 自下而上的分析方法

　　FMEA 从原因出发自下而上进行分析，而 FTA 是从失效的影响（结果）作为起点，分析导致这种结果的各种可能原因。与 FMEA 相反，FTA 是从结果出发、自上而下地进行剖析。FTA 通常以演绎的方式进行，从非预期的系统行为到确定导致该行为的可能原因。FTA 由顶层事件起，经过中间事件至底层，基本事件用逻辑符号（与、或、非等）进行连接，形成树形图，顾名思义称为故障树分析。因为 FTA 是从顶层到底层进行分析，所以有很大概率在最底层产生误解，而 FMEA 因为是从底层进行分析，所以在风险分析方面优于 FTA。但是 FMEA 仅考虑每个单一故障的影响，而 FTA 则包含覆盖了所有可能导致违反某个危害事件的多个故障和事件/情况的组合。FTA 自上而下的分析方法如图 8-56 所示，如功能 F1 失效是由 M1 或 M2 发生错误导致，而 M1 的错误则是由 C_1 或 C_2 或 R_3 故障导致。

　　故障树分析方法在高复杂性系统的功能路径分析中特别有用，如一个或多个非关键事件组合的结果可能产生一个不希望发生的关键事件。故障树提供了对系统中可能导致注定发生的关键事件的各种组合的简洁有序的描述，然而执行故障树分析需要大量的工程时间，即便如此，分析结果的质量也只取决于输入数据的有效性和故障树逻辑的准确性。FTA 分析无须等到具体原理设计完成才能进行，故障树分析方法可以从早期设计阶段就开始实施，并随着设计的完善而逐步细化更新，以跟踪一个不希望发生的关键事件的发生概率。最初的故障树框图可能仅能表示功能块，但是随着设计的逐步细化与具体化，故障树的底层也将逐渐变得确定。

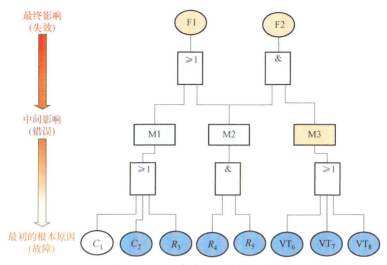

图 8-56 FTA 自上而下的分析方法

此外，FMEA 与 FTA 两者还存在定性与定量的区别。FMEA 更多用于定性分析，可帮助设计人员快速识别风险，虽然 FMEA 也能根据故障率数据定量计算风险的等级，但并不精确。FTA 则是应用布尔代数按树形图逻辑符号将树形图简化，找出风险事件的组合并计算顶层事件的发生概率。是定量分析方法，同时 FTA 还可以对事件发生频率、费用及工时损失等做出相对精确的评价。

FMEA 与 FTA 两种分析方法是互补的，一种典型的分析方法是使用 FTA 把危害分析至组件层面，然后使用 FMEA 自下而上地分析所有组件的失效模式，以确定它们的失效模式和安全机制来完成故障树的底层事件。

2. FMEA

在汽车电子开发过程中，FMEA 通常可分为 DFMEA（设计 FMEA）与 PFMEA（过程 FMEA），前者由研发部门负责完成，在设计冻结后释放到工厂，由生产部门输出 PFMEA，通常采用 Excel 表格的方式进行。DFMEA（基于旧版 FMEA）举例见表 8-31。

DFMEA 基于功能电路中每个器件的失效模式及其影响进行分析，分析分为三个维度：

1）严重度 S：10 分制量表，评级 10 和 9 与功能安全对应。
2）频度 O：10 分制量表。
3）探测度 D：10 分制量表，考虑探测能力、探测方法成熟度和探测机会。

表 8-31 DFMEA（基于旧版 FMEA）举例

功能电路	器件	失效模式	直接影响	最终影响	严重度 S	频度 O	探测度 D	风险优先级顺序数（RPN）	纠正措施
IGN 启动信号电路	R138, 68kΩ 电阻器	开路	MCU 检测到 IGN 信号丢失	IGN 关闭后无法启动	8	1	1	8	
		短路	无法限流	IGN 关闭后无法启动	8	1	1	8	
ESCL 电子转向柱锁电路	驱动芯片 U18	CS 引脚开路	解锁信号失效	解锁功能失效	8	3	1	24	
		CS_DIS 引脚开路	无影响	无影响	2	3	10	60	
		CS_DIS 与 OUT 引脚短路	上锁信号丢失	无法上锁	8	3	1	24	

表 8-31 中，风险优先级序数（Risk Priority Number，RPN）=严重度 S×发生度 O×探测度 D，然后依据 S、O、D 三项相乘得出的 RPN 值来判断此项要求风险的高低。这种仅依赖 RPN 值的 FMEA 可能存在较大的局限性，因为 RPN 值只是简单地将严重度、频度、探测度相乘，但三者之间并非完全等价。简单来说，严重度和探测度的影响明显要大于频度，且频度在一般的 FMEA 中并非通过计数测量得到而是通过以往经验得到，所以也并非精准，这就导致如果单靠 RPN 值来判定阈值的话，FMEA 就无法得到期望的应用效果。

举例来讲，如果 RPN 阈值为 120（有的企业可能采用 80 或 100），超过这个值就必须有纠正措施；但是 O 和 D 是由个人主观意愿来定义的，即人为可以随意修改 O 和 D 值，这就会导致一份 FMEA 中，RPN 超过阈值的项可能只有几条，或者一条也没有，这显然有悖于采用 RPN 值进行评价的准则。以表 8-32 为例，如果 RPN 阈值为 100，显然项目 B 的 RPN 较高，但是优先措施应该为严重度等级较高的项目 A，尽管它的 RPN 较低，且 90 也低于阈值。

表 8-32 RPN 值对比

项目	严重度 S	频度 O	探测度 D	风险优先级序数（RPN）
A	9	2	5	90
B	7	4	4	112

因为 RPN 对 S、O 和 D 的权重相等，因此 RPN 可能会对 S、O 和 D 的不同组合产生类似的风险数，使团队无法确定如何进行优先级排序。因此在 FMEA 第 4 版中提出：使用 RPN 指数是个有用的工具，但需要理解 RPN 的使用局限，不建议用 RPN 阈值来确定措施的优先排序。

目前 2019 年版的 FMEA 手册已经取消了 RPN，新版 FMEA 增加了风险控制措施优先级（AP）表格来取代 RPN。措施优先级以严重度、频度以及探测度评级的综合为基础，目的是为了降低风险而对各项措施进行优先排序。根据不同的 S、O、D 组合，可以通过表格确定相应的风险控制措施优先级。新版 FMEA 的部分表格见表 8-33，表中按照影响、严重度 S、对失效起因发生的预测、频度 O、探测度能力、措施优先级进行了划分，每一项再对应具体的措施优先级。AP 分为高（H）、中（M）、低（L）三挡。如对于高优先级，团队需要确定适当的措施来改进预防和/或探测控制，或证明并记录为何当前的控制足够有效。而对于潜在的严重度为 9、10 级且优先级为高、中的失效影响，建议至少应由管理层评审，包括所采取的建议措施。新版 FMEA 由于发布时间较短，加上汽车行业技术迭代更新速度本来就比较慢的特点，目前行业内既有采用新版 FMEA 的，又有采用旧版 FMEA 的，属于新旧并存阶段。

表 8-33 风险控制措施优先级（AP）表格（部分）

影响	严重度 S	对失效起因发生的预测	频度 O	探测度能力	措施优先级	措施优先级（AP）	备注
对产品或工厂的影响度非常高	9、10	非常高	8~10	低—非常低	7~10	H	
				中	5、6	H	
				高	2~4	H	
				非常高	1	H	
		高	6、7	低—非常低	7~10	H	
				中	5、6	H	
				高	2~4	H	
				非常高	1	H	
		中	4、5	低—非常低	7~10	H	
				中	5、6	H	
				高	2~4	H	
				非常高	1	M	
		低	2、3	低—非常低	7~10	H	
				中	5、6	M	
				高	2~4	L	
				非常高	1	L	
		非常低	1	非常高—非常低	1~10	L	

3. FTA

FTA 可以应用布尔代数按树形图逻辑符号将树形图简化，找出风险事件的组合并计算顶层事件的发生概率，是一种定量的分析方法。以图 8-57 FTA 分析中部分电路为例，R_9 开路、R_{12} 开路或 U5 失效均会导致 SPI 通信失效。

假设上图中各器件的失效率为
$\overline{A} = 2 \times 10^{-3}$

$\overline{B} = 1 \times 10^{-3}$

$\overline{C} = 0.5 \times 10^{-3}$

则可以得到最终 SPI 通信失效的概率为

$\overline{P} = \overline{A} + \overline{B} + \overline{C} - (\overline{AB} + \overline{AC} + \overline{BC} - \overline{ABC})$

$= (2+1+0.5) \times 10^{-3} - [(2+1+0.5) \times 10^{-6} - 1 \times 10^{-9}]$

$\approx 3.5 \times 10^{-3}$

通过上面的例子可以发现，FTA 可以对失效率进行定量分析，在实际的产品设计中，可以将 FMEA 的定性分析与 FTA 的定量分析相结合，提高电路设计的可靠性。

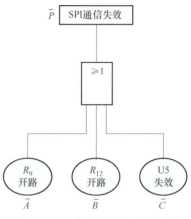

图 8-57　FTA 计算方法举例（部分）

8.7　设计开发文档

根据汽车电子开发流程要求，设计开发过程中需要输出大量的文档，同时随着项目的推进及产品的迭代还会产生大量的过程文档。在设计前期，这些文档主要是需求相关的文档，如产品功能需求、接口需求、测试需求等；在设计过程中则主要是设计文档及分析分档，设计文档如原理图、PCB、结构图样、软件设计文档等，分析文档如 DFMEA、WCCA、热分析、代码分析、模流分析等；在测试阶段则主要是各种测试需求文档、测试数据及测试报告等。在 DV 测试通过后，硬件设计及结构设计便可以进行设计冻结，待软件功能确认后，所有设计文档便可以进行受控及释放，为量产做好准备。

绝大多数项目相关的过程文档仅需要按照规定保存在相应的项目文件夹中即可，对文件的命名及版本等通常并无特殊要求。但对于受控文档的模板、格式、文件命名等通常都有严格的规定及要求，以便控制文件的版本，方便进行追溯管理。

8.7.1　文件存档

在项目立项后，项目经理（PM）通常会在公司的网络存储器上建立一个项目文件夹，文件夹用于存储项目相关的过程文档及受控文档，同时 PM

会为各个文件夹设置相应的读写权限，以确保文档的安全性及保密性。项目文件夹的根目录需要包含项目的各个职能部门，包括项目管理、系统、软件、硬件、结构、测试、项目团队等，同时还可以有其他文件夹用来存放其他相关文档，如项目相关的设计说明书、器件相关的手册、零部件相关的图样等。项目文件夹的根目录内的文件夹通常会有严格的命名要求及规范，同时禁止在根目录内存放或新建其他文件夹，以免发生混淆。对于根目录内的下一级文件夹通常也会有相应的命名要求及规范，以保证相应文件可以准确无误地进行归档，避免混淆，同时提高检索效率。项目文件夹根目录列表举例见表 8-34。

表 8-34 项目文件夹根目录列表举例

序号	根目录文件夹	下一级文件夹	注释
1	01- 项目管理	01- ECN[①] 02- 项目计划 03- 项目风险列表 04- 技术协议 05- 8D 06- 经验教训	项目管理相关信息，文件夹由 PM 进行管理
2	02- 系统	01- 客户需求 02- 网络需求 03- 诊断需求 04- 系统设计说明书 05- 接口定义	项目系统相关数据信息，文件夹由系统部门进行管理
3	03- 硬件	01- 硬件流程文档 02- 硬件 ECN 03- 硬件说明书 04- 原理图及 PCB 文件	项目硬件相关数据信息，文件夹由硬件部门进行管理
4	04- 软件	01- 软件流程文档 02- 软件 ECN 03- 软件说明书 04- 软件设计文件	项目软件相关数据信息，文件夹由软件部门进行管理
5	05- 结构	01- 结构流程文档 02- 结构 ECN 03- 结构设计文件	项目结构相关数据信息，文件夹由结构部门进行管理
6	06- 测试	01-EOL 测试 02-DV 测试	项目测试相关数据信息，文件夹由测试部门进行管理

(续)

序号	根目录文件夹	下一级文件夹	注释
7	07-追溯		项目相关文档交付状态信息，由 PM 进行管理
8	08-团队	各团队成员文件夹	各团队成员文件夹，供各团队成员存储各自的临时项目文件，可以用于团队成员之间的文档交互
9	09-说明书		一些通用的说明类文档，如产品的测试说明、功能说明等，供团队成员查阅使用
10	09-数据手册	01-硬件器件数据手册 02-结构相关部件图样	所有项目相关的电子元器件数据手册及结构部件的图样、说明书等，供团队成员查阅使用

① ECN 是工程变更通知（Engineering Change Notice）的缩写。

另外，在文件夹根目录还需要放 3 个文件：

1）警告文件，警告所有使用者，禁止在根目录创建新文件夹。

2）项目团队成员通讯录，其中包含每个成员的职责分工、电话、邮箱等信息。

3）项目文件夹使用指南，指南对每个文件夹的作用、使用者及权限进行了说明。

与项目文件夹类似，各下级文件内也可以在其根目录放置 2 个文件，一个是警告文件，一个是文件夹使用指南，帮助使用者了解各文件夹的作用。

项目文件夹除了存储项目的过程文档、设计的源文件、团队成员的临时文档外，其中还有一个很重要的作用就是存储受控文档。受控文档在签字受控后，除了电子档及签字档需要上传到公司的文档管理系统（如 PLM 系统、SAP 系统等）外，还需要在项目文件夹的相应位置存储一个备份，方便项目成员下载查看。

受控文档的存储位置通常位于 "01-项目管理" 文件夹内的 "01-ECN" 内，文件夹命名按照 ECN 的编号进行。如 ECN 的编号规则是 ECN-＋年＋月＋4 位流水号，那么 2023 年 5 月份的第一个变更就是 ECN-2023050001，文件夹的名称就可以是 "ECN-2023050001"，文件夹内包含 3 个文件夹：

1）ECN-2023050001 电子档，文件夹内为此次工程变更受控文档的电子档文件，文件格式通常为 PDF 格式。

2）ECN-2023050001 签字扫描档，文件夹内为此次工程变更受控文档的签字扫描档文件或电子签文件，格式通常为 PDF 格式。

3）ECN-2023050001 源文件，文件夹内为此次工程变更所有文件的源文件，即文件格式为其原本格式，如 Word 的 doc 格式、Excel 的 xls 格式、CAD 图样的 dwg 格式、原理图的 sch 格式等，软件代码则通常用压缩包格式进行存放。

如果采用电子签而非签字扫描，则前两个文件夹只需要一个即可。

8.7.2 文档受控

对于汽车电子产品设计来讲，ECN 需要上传到公司文档管理系统并释放到相关部门的文档通常称为受控文档，受控文档按用途可以分为两种：生产文档和设计文档。

生产文档即直接用于生产的文档，包括用于生产、采购、来料检验、下线测试等的文档。这些文档主要包括 BOM、各种图样和设计文件。其中，各种图样包括产品的总成图样、壳体图样、零件图样、标签图样等，图样类文档是最重要的设计输出文档之一；各种设计文件如结构的 3D 数模、硬件的原理图、软件的代码等。各类受控文档除需要进行受控存档外，很重要的一个用途是用于产品的生产，如物料采购需要用到 BOM、壳体开模需要用到的结构 3D 数模及图样、PCB 生产需要用到的 Gerber 文件、PCBA 贴片需要用到的 ASM 及 XYDAT 文件、程序烧写需要用到的软件烧写文件、下线测试需要用到的下线测试说明、标签打印需要用到的标签图样等。

设计文档包括设计输出的各种类型的源文件以及专门为方便文档管理及用户使用的各种辅助文档。各种源文件如结构设计的 dwg 格式的图样、sch 格式的原理图、pcb 格式的 PCB 文件、软件源代码等，这些源文件作为设计输出通常并不直接用于生产，如 dwg 格式需要转化为 pdf 格式才能供终端用户使用，PCB 文件需要转变为 Gerber 文件才能用于 PCB 生产。辅助文档如用于文档目录索引的 TRE 文件、器件烧程说明、软件释放控制文档、文档释放历史记录等，此类文档用于文档释放控制及生产辅助，如文档目录索引文件是所有文档释放时的总目录及控制文件，用于说明项目信息、文档释放的原因、文档的版本及历史记录、文档之间的关系、文档的作用等，器件烧程说明用于说明软件应该如何烧写等。

汽车电子模块类产品的 ECN 需要受控的文档列表见表 8-35，通常来讲，初次 ECN 需要受控的文件最多，后续随着产品的量产，产品会因各种原因产生变更，那么需要受控的文档依具体的变更类型不同而不同。

表 8-35 汽车电子模块类产品的 ECN 受控文档列表

序号	文档名称	注释	文档要求
1	5C6F10F02_DWG-AC.pdf	产品总成图样	dwg、pdf 格式电子档及签字扫描档
2	5C6F10F02_TRE-AC.xlsx	文档目录索引文件	Excel 电子档及签字扫描档
3	5C6F10F02_EOL-AC.doc	下线测试说明	Word 电子档
4	5C6F10F02_QVL-AC.xlsx	物料合格供应商清单	Excel 电子档及签字扫描档
5	2C6F12F02_SRD-AC.pdf	软件释放控制文档	签字扫描档
6	2C6F12F02_PPS-AC.doc	器件烧程说明	Word 电子档
7	2C6F12F02_SW-AC.zip	软件源代码压缩包	Zip 压缩包
8	2C6F13F02_SRD-AC.pdf	软件释放控制文档	签字扫描档
9	2C6F13F02_PPS-AC.doc	器件烧程说明	Word 电子档
10	2C6F13F02_SW-AC.zip	软件源代码压缩包	Zip 压缩包
11	2C6F14E02_ASM-AC.pdf	PCB 贴片位置图	pdf 格式电子档及签字扫描档
12	2C6F14E02_XYDAT-AC.xlsx	PCB 贴片坐标图	Excel 电子档
13	2C6F14F02_SCH-AC.pdf	电路原理图	pdf 格式电子档及签字扫描档，原理图源文件
14	231015627_FAB-AA.PDF	PCB Gerber pdf 格式	pdf 格式电子档
15	231015627_GERBER-AA.zip	PCB Gerber 文件	Zip 压缩包，PCB 源文件
16	2C6F15N02_DWG-AC.pdf	标签子总成图样	dwg、pdf 格式电子档及签字扫描档
17	329967165_DWG-AA.pdf	空白标签图样	dwg、pdf 格式电子档及签字扫描档
18	321090100_DWG-AB.pdf	上壳图样	3D、dwg、pdf 格式电子档及签字扫描档
19	321090200_DWG-AB.pdf	下壳图样	3D、dwg、pdf 格式电子档及签字扫描档
20	321090300_DWG-AD.pdf	上支架图样	3D、dwg、pdf 格式电子档及签字扫描档
21	321090400_DWG-AD.pdf	下支架图样	3D、dwg、pdf 格式电子档及签字扫描档

表 8-35 中的受控文档涵盖了结构、硬件、软件、测试等各个职能部门

输出的文档，文档的文件类型既有设计源文件，也有专门输出的格式化文档，文档格式包括 dwg、pdf、Word、Excel、Zip 等，文档既有电子档也有签字扫描档。

8.8 物料编码/描述及文档命名规则

编码规则是一个大的范畴，广义上的编码规则可以涵盖物料编码和文件命名，二者可以基于同一个规则，从而形成一个整体。而物料也可以涵盖从实体物料如一个电阻器、一个壳体，到虚拟物料如软件代码、虚拟子总成，从总成物料到子总成物料再到具体的一个元器件，不同的总成还可以组成产品组合，如一个车身控制模块总成与3个遥控器总成就可以组成一套产品组合。

物料编码规则及文档命名规则举例如图 8-58 所示，所有的物料号全部采用 9 位编码，9 位编码是业内比较通用的一种编码长度，理论上任意一位编码都可以采用数字或字母，具体编码方式可基于此规则，根据实际应用需求进行设计变形。

图 8-58a 中，首位用来区分其属性，如 5 代表总成物料，2 代表子总成物料。图 8-58b 中，一个物料号对应的文档号直接引用该物料编码，并在其后增加文档类型及版本号，中间用"_"进行分隔。如一个总成物料号为 5C6F10F02，那么总成图样的文档号即为 5C6F10F02_DWG_AA，文档通常为 pdf 格式，则该文档即为 5C6F10F02_DWG_AA.pdf。

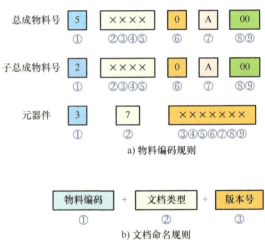

图 8-58 物料编码及文档命名规则举例

而物料描述通常体现在 BOM 中，它描述了一个物料编码所包含的具体信息。采用物料描述可以规范物料系统的使用，提高物料描述的准确性、唯一性，提高物料的检索效率，减轻研发及采购人员的工作量；同时，物料描述的规则化、准确化还可以提高设计的标准化及设计的可交互性。

物料按类型可分为总成（Finished Goods, FG）、子总成（Sub-Assembly,

SUB-ASM）及零部件（Part）。总成即最终交付给客户的成品，可以是一个单独的产品，相应的料号为总成料号；总成也可以是一个产品组合（KIT），里面包含若干个总成，或总成加零部件，相应的料号即为 KIT 料号。子总成隶属于总成，由两个及以上零部件组成。零部件隶属于总成，或某个子总成。

物料分级有两个明显的优点，一是可以通过物料编码直接看出来此物料的类型及此物料隶属于哪个总成家族，二是可以使 BOM 结构化，便于工程师对 BOM 物料进行分级排序，有利于后续的产品变更升级管理，以及其他用户对 BOM 的理解及使用。

8.8.1 总成物料号编码及描述规则

1. 总成物料号编码规则

总成物料号编码规则（1~9 位字符）举例如图 8-59 所示。

图 8-59 总成物料号编码规则举例

1）第 1 位（①）以 5 开头，代表总成，由物料系统自动生成。

2）第 2~5 位为家族编码，②~⑤可以是数字或字母（为避免混淆，字母 I、O、Z 除外），由系统自动生成，这四位编码在系统中是唯一的，是这个总成物料的家族标识符，这个总成的所有配置/变体（Variants）及其子总成共用这四位家族编码，它们可以位于同一个文档目录索引文件（TRE 文件）及同一个物料合格供应商清单（BOM 文件）中。

3）第 6 位（⑥）必须是数字 0，便于子总成（SUB-ASM）物料号/文档号编码。

4）第 7 位（⑦）必须是字母（字母 I、O、Z 除外），用于总成变体物料号/文档号编码，由系统自动生成或手工输入。

5）第 8、9 位（⑧⑨）必须是数字，代表版本号，初始以 00 开始，每次升级加 1。

总成初始物料号/文档号（即 00 版本）由工程师提出申请，管理员负责创建，物料号/文档号升级由工程师根据编码规则第 5 条自行升级。如一个总成物料号/文档号为 5C6F10F02，其版本即为 02；如果这个总成包含了 8 种变体，则其所有 8 个变体的编码前 6 位与主总成相同，他们共享同一个变体编码 5C6F10。

2. 总成物料号描述规则

总成物料号描述共有 8 部分，各部分之间由"，"进行分隔，组合到一起即为该物料的详细描述。总成物料号描述规则见表 8-36。

表 8-36 总成物料号描述规则

描述	描述内容	解释
1	FG	FG 即总成
2	MD/KIT	MD 即 Module，表示总成为一个模块，而非产品组合。KIT 则表示该总成为一个产品的组合
3	客户总成物料号	为某个客户供货时，客户为该产品给定的物料编码
4	客户名称	客户的名称
5	项目编号/名称	客户为该项目定义的项目编号/名称，或供应商为该项目定义的项目编号/名称，通常会直接采用客户给定的项目编号/名称
6	产品名称	产品的名称，如 VCU、BCM 等
7	配置/变体	通常根据客户定义
8	产品量产时间	如 2025 年，则通常写为 MY2025（即 Model Year 2025）

由表 8-36 可知，总成物料号 5C6F10F02 的描述为：FG，MD，客户料号，客户名称，项目号，BCM，变体 F，MY2025。基于以上总成物料号编码规则和描述规则，总成物料号 5C6F10F02 及其变体编码及描述见表 8-37。

表 8-37 总成物料号 5C6F10F02 及其变体编码及描述

变体	总成物料号编码	描述
1	5C6F10F02	FG，MD，客户料号，客户名称，项目号，BCM，配置 F，MY2025
2	5C6F10G02	FG，MD，客户料号，客户名称，项目号，BCM，配置 G，MY2025
3	5C6F10H02	FG，MD，客户料号，客户名称，项目号，BCM，配置 H，MY2025
4	5C6F10J02	FG，MD，客户料号，客户名称，项目号，BCM，配置 J，MY2025
5	5C6F10K02	FG，MD，客户料号，客户名称，项目号，BCM，配置 K，MY2025
6	5C6F10L02	FG，MD，客户料号，客户名称，项目号，BCM，配置 L，MY2025

8.8.2 子总成物料号编码及描述规则

1. 子总成物料号编码规则

子总成物料号编码规则（1~9位字符）举例如图8-60所示。

图8-60 子总成物料号编码规则举例

1）第1位（①）以2开头，代表子总成，由系统自动生成。

2）第2~5位（②~⑤）为家族编码，与其总成的物料号/文档号相同。

3）第6位（⑥）可以是数字（0除外）或字母（字母I、O、Z除外），由系统生成后手工输入，通常可以采用数字顺序编号的方式。

4）第7位（⑦）必须是字母（字母I、O、Z除外），由系统生成，或引用总成号此位编码。

5）第8、9位（⑧⑨）必须是数字，代表子总成版本号，初始为00，每次升级加1。

以上规则适用于基于总成号新建子总成，子总成可以借用，总成升级后子总成可能不需要升级，故最后两位版本号不一定与其总成号一致。如一个总成的物料号/文档号为5C6F10F02，版本为02，这个总成包含了5个子总成，则其所有5个子总成的编码第2~5位与主总成相同，它们共享同一个变体编码C6F1，第6位可以采用数字顺序编号，第7位可以引用总成号此位相应的编码F，最后两位的版本号可以与总成相同，也可以不同。

2. 子总成物料号描述规则

子总成物料号描述共有5部分，各部分之间由","进行分隔，组合到一起即为该子总成物料的详细描述。子总成物料号描述规则见表8-38。

表8-38 子总成物料号描述规则

描述	描述内容	解释
1	SUB ASM	Sub-Assembly，表示子总成
2	物料类型	如烧程后的PCBA、烧程后的处理器、未烧程的PCBA、标签等
3	客户名称	客户的名称
4	项目编号/名称	客户为该项目定义的项目编号/名称，或供应商为该项目定义的项目编号/名称，通常会直接采用客户给定的项目编号/名称
5	产品名称	产品的名称，如VCU、BCM等

表 8-38 中，总成物料号 5C6F10F02 的一个子总成物料号 2C6F11F02 描述为：SUB ASM，烧程后的 PCBA，客户名称，项目号，BCM。根据以上子总成物料号编码规则和描述规则，总成物料号 5C6F10F02 及其变体 5C6F10G02 的子总成物料号编码及描述见表 8-39。

表 8-39　总成物料号 5C6F10F02 及其变体 5C6F10G02 的子总成物料号编码及描述

子总成	子总成物料号编码	描述
1	2C6F11F02	SUB ASM，烧程后的 PCBA，客户名称，项目号，BCM
2	2C6F12F02	SUB ASM，烧程后的处理器 1，客户名称，项目号，BCM
3	2C6F13F02	SUB ASM，烧程后的处理器 2，客户名称，项目号，BCM
4	2C6F14F02	SUB ASM，未烧程的 PCBA，客户名称，项目号，BCM
5	2C6F15G02	SUB ASM，标签，客户名称，项目号，BCM

表 8-39 中，除了子总成 5 物料号编码的第 7 位引用其所属变体总成物料号编码的第 7 位 G 外，其前 5 位均与总成物料号 5C6F10F02 相同，说明这些子总成物料是完全共用的，仅能从其编码的第 7 位看出来这个子总成属于配置 G，这个配置通常在产品的下线配置中生效。通过 EOL 对同样的产品、同样的软件代码进行不同的软件配置后，产品就变成了不同的配置。当然还有另外一种情况，那就是产品的硬件配置也不相同，那么这个子总成就可以通过不同的子总成编码来区分其属于哪个变体。

8.8.3　元器件 / 原材料物料号编码及描述规则

1. 元器件 / 原材料物料号编码规则

元器件 / 原材料物料号编码规则（1~9 位字符）举例如图 8-61 所示。

图 8-61　元器件 / 原材料物料号编码规则举例

1）第 1 位（①）以 3 开头，代表元器件 / 原材料，由系统生成。

2）第 2 位（②）代表元器件 / 原材料类型，可以采用数字或字母（字母 I、O、Z 除外），由系统生成，如一种分类方式可以为：7 代表电子元器件，6 代表结构件、连接器及机电件，5 代表生产材料及包装材料。

3）第 3~9 位（③~⑨）可以是数字，也可以是字母（字母 I、O、Z 除外），由系统自动生成。

采用此种编码规则，如果第 3~9 位采用纯数字，可用容量为百万个，加上第 2 位的分类，可用容量可达千万以上，如果第 3~9 位叠加使用字母进行编码，则其容量足够一般企业使用。

2. 元器件/原材料物料号描述规则

元器件及原材料物料号描述则比较复杂，不同类型的元器件或原材料之间的描述内容差异较大，不可一概而论。如电阻器，按类型可分为固定值电阻和可调电阻；按封装形式又可分为插件电阻、贴片电阻及贴片排阻等；按工艺又可分为厚膜电阻、薄膜电阻、绕线电阻等；按膜的种类又可分为碳膜电阻、金属膜电阻、金属氧化膜电阻等；按特性划分还有检流电阻、压敏电阻、热敏电阻等。普通电阻器的主要参数包括阻值、误差、功率、T.C.R、耐压、封装、制造商、供应商料号等。以汽车电子产品中常用的贴片电阻为例，封装有 0402、0603、0805、1206、1210 等，以上这些信息都必须体现在一个电阻器的物料号描述中。如一个贴片电阻的物料号描述为：电阻，厚膜贴片，86.6Ω，1%，0.5W，1210，RK73H2ET***86R6F，KOA。不同类型的物料号描述需要根据物料的特性进行定义，大概可以分为 5 部分，各部分之间由"，"进行分隔，组合到一起即为该物料的详细描述，见表 8-40。

表 8-40 元器件/原材料物料号描述规则

描述	描述内容	解释
1	物料类型	如电阻、电容、电感、二极管、线束、端子、连接器、壳体、螺钉等，举例如下： 电阻可分为厚膜、检流、热敏、压敏电阻等 电容可分为多层陶瓷、铝电解、钽电解等 电感可分为绕线、层叠、共膜、铁氧体磁珠等 二极管可分为齐纳、整流、开关、TVS、肖特基、ESD 等
2	参数/属性	电阻有阻值、精度、功率、T.C.R、耐压等 电容有容值、精度、耐压、温度范围、寿命、纹波等 电感有感值、精度、电流、阻抗等 二极管有单向/双向、耐压、电流、功率等
3	封装	特别适用于电子元器件，例如： 电阻封装有 0402、0603、0805、1206、1210、插件等 电容封装有 0402、0603、0805、1206、1210、插件等 电感封装有贴片及插件等 二极管有贴片 SMA、SMB 或插件等
4	制造商的料号	此为原始制造商的物料号，而非代理商的物料号。如一个热敏电阻的物料号为 NCP18XH103F0S**
5	制造商	此为原始制造商，而非代理商，如热敏电阻 NCP18XH103F0S** 的制造商为 Murata，代理商则可能为很多家

根据以上元器件/原材料物料号编码规则和描述规则，一些元器件或原材料物料号的编码及描述举例见表8-41。

表8-41 一些元器件或原材料物料号的编码及描述举例

序号	元器件/原材料编码	物料类型	物料描述
1	370000001	电阻器	电阻，厚膜贴片，86.6Ω，1%，0.5W，1210，RK73H2ET***86R6F，KOA
2	370000002	电容器	电容，多层陶瓷贴片，220nF，10%，100V，X7R，1206，GCM31MR72A224KA37*，MURATA
3	360000001	壳体	上壳体，车身控制器，ABS+PC，V-0级阻燃，169×89×24mm，黑色，制造商物料号，制造商
4	360000002	PCB	PCB，车身控制器，FR-4，T_g=140℃，6层，2OZ/1OZ/1OZ/1OZ/1OZ/2OZ，HASL，170mm×110mm，厚度1.6mm，制造商物料号，制造商
5	350000002	导热硅胶	导热硅胶，3.6W/m/K，灰色，V-0级阻燃，BN-RT420，BORNSUN

8.8.4 物料编码申请规则

物料编码规则与描述规则在确定后通常会被嵌入到物料系统中，以便于用户使用。对于汽车电子零部件企业来讲，研发中心通常会设立一个器件工程师（Component Engineer）岗位，负责系统中新物料的申请及审核工作。每个设计工程师均可向系统申请新的物料编码，包括总成物料号、子总成物料号及零部件物料号。但物料编码的申请必须基于一定的规则，制定规则是为了规范整个物料系统的使用，提高物料描述的准确性、唯一性，提高检索效率，减轻研发及采购人员工作量，使物料编码规范化、准确化。通常来讲，物料申请需要基于以下规则：

1）申请新物料时，工程师需通过物料系统检索，确认系统无此物料后，方可申请此新物料。

2）物料供应商/制造商需在公司合格供应商目录中，引入新供应商需走"引入新供应商"流程。

3) 申请物料时，必须上传物料的相应资料，如物料的说明书、结构件的图样、电子器件的数据表及 AEC-Q 报告等。

4) 申请总成物料时，必须上传相应的总成图样及流程要求的相关文档。

5) 所有新建物料编码需要经管理员审核批准后（物料状态为 Release）方可使用。

6) 不同供应商的同一个 Pin2Pin（即封装可脚对脚兼容）的物料不能共用同一物料号。

7) 供应商名称必须为原始制造商，而非代理商。

对于元器件和原材料，建议严格执行一料一码，一个物料编码对应一个物料，对应一个制造商物料号（Supplier Part Number，SPN，或 Manufacturer Part Number，MPN）及一个制造商。这种情况通常发生在不同制造商的同一个 Pin2Pin 的物料上，尤其对于电阻、电容等通用性很高的物料，或者某些常用的通用性器件或芯片，此种情况不建议共用同一物料编码，除非这些物料针对某个产品 BOM 全部经过验证，否则一旦在应用中产生质量问题就无法进行追溯。

8.9 受控文档

对于汽车电子零部件来讲，受控文档按照种类可以分为以下几大类：

1) 说明性文档，如文档目录索引文件、下线测试说明、软件释放控制文档、器件烧程说明等。

2) 物料清单，也就是常说的 BOM。

3) 图样类文档，如总成图样、标签图样、结构件图样等。

4) 生产类文件，如 PCB 相关文件（Gerber 文件及贴片文件）、软件烧写程序等。

整体来讲，汽车电子模块类产品的受控文档数量比较多，但每个企业对受控文档的类型、模板、规则要求不尽相同，受控文档数量要求越多、种类越全、模版越详细、规则越完善，文档能够发挥的作用也就越大，就越能帮助到使用者；但同时文档释放的工作量也就越大（文档的释放可能需要持续几个月），对文档编写者的要求也就越高。

归根结底，文档是产品设计者描述其产品设计并向用户说明其产品特性的一种重要手段，好的文档能够使所有的用户从中受益，包括研发、物料采购、仓储、工艺、生产、质检等各个环节，从而帮助产品得到更好的生产和维护，从而间接地提高产品的质量及可靠性；尤其对于产品量产后的项目维护来讲，好的文档能够帮助工程师更轻松地面对量产后的持续变更，而不至于使文档因持续变更而发生混乱和失控，从而影响产品的质量及可靠性。

在此给出几个关键文档的模板及使用规则作为参考，包括文档目录索引文件、物料合格供应商清单、文档历史记录。

8.9.1 文档目录索引文件

文档目录索引文件又称为 TRE 文件，顾名思义，这个文件因遵从一种树状结构而得名，可以看作是所有受控文档的一个目录索引，并且描述了各个文件之间的层级结构，便于使用者更好地理解产品及使用相关的受控文档，同时也便于工程师后续对其进行维护升级，不至于使众多文档因持续变更升级而发生混乱或失控。

TRE 文件的一个重要特征就是它在给出所有受控文档的文件目录的同时，还可以非常清晰地展示这些文件之间的层级结构。从顶层的总成到下级的一级子总成，再到二级子总成及下面的元器件，中间分为三级。同时，TRE 文件还描述了总成、子总成、元器件与其相应的文档之间的关系，如总成 5C6F10F02 下面有 4 个文件，分别是总成图样、TRE 文件、EOL 文件及供应商清单，这 4 个文件共同描述了这个总成。总成 5C6F10F02 由以下子总成及元件组成：

1）一级子总成 2C6F11F02，SUB ASM，烧程后的 PCBA。
2）一级子总成 2C6F15F02，SUB ASM，打印好的标签。
3）元件 360000021，上壳体。
4）元件 360000022，下壳体。

把一块烧完程序的 PCBA 2C6F11F02 装入由上壳体 360000021 和下壳体 360000022 组成的壳体中，然后贴上标签 2C6F15F02，便组成了总成 5C6F10F02。典型的 TRE 文件结构如图 8-62 所示，图中目录包含了以总成 5C6F10F02 为主的 4 个产品配置，4 个配置分别为 F、G、H、J，它们共享同一个家族标识符 C6F1。其子总成根据产品的具体特性可能存在共用子总成号，也可能不共用。图中的 4 个配置因为硬件完全相同（未烧程的 PCBA 相同）及软件程序也相同，所以共用了二级子总成 2C6F12F02（软件）及 2C6F14F02（PCBA），而烧程后的 PCBA 需根据其各自的总成进行编码。

同样的道理，一级子总成 2C6F11F02 由以下子总成组成：

1）二级子总成 2C6F12F02，SUB ASM，烧程后的 MCU。

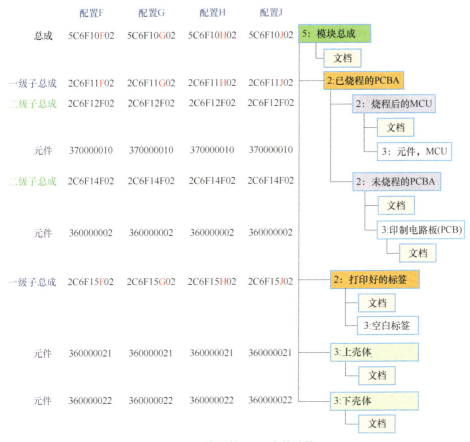

图 8-62 典型的 TRE 文件结构

2）二级子总成 2C6F14F02，SUB ASM，未烧程的 PCBA。

也就是说，把未烧程的 PCBA 2C6F14F02 与烧程后的 MCU 2C6F12F02 组合后便是烧程后的 PCBA 2C6F11F02，再往下分解，二级子总成 2C6F12F02 由 MCU 370000010 和软件组成。

表格形式的 TRE 文件举例见表 8-42，限于页面大小，表中仅有两个配置/变体，实际采用 Excel 表格时配置的数量可以很多，如图 8-62 中有 4 个配置，或者可以多达 8 个配置。TRE 文件中主要包含了以下文件：总成图样、下线测试说明 EOL、物料合格供应商清单（Parts and Qualified Vendors List, PQVL 或 QVL）、软件释放控制文档（Software Release Document，SRD）、器件烧程说明（Programmed Part Specification，PPS）、软件代码、PCBA 及 PCB 相关文件、标签、结构相关物料等。

表 8-42　表格形式的 TRE 文件举例

FG, MD, 15100-R1610, 客户名称, 项目号, BCM, 配置 F, MY2025		FG, MD, 15100-R1630, 客户名称, 项目号, BCM, 配置 G, MY2025		总成物料号描述
15100-R1610		15100-R1630		客户产品总成物料号
5C6F10F02		5C6F10G02		内部产品总成物料号
配置 F	版本号	配置 G	版本号	配置 / 描述
5C6F10F02		**5C6F10G02**		**5：FG，MD 总成模块**
5C6F10F02_DWG.pdf	AC	5C6F10G02_DWG.pdf	AC	总成图样，dwg、pdf 格式电子档及签字扫描档
5C6F10F02_TRE.xlsx	AC	5C6F10G02_TRE.xlsx	AC	TRE，Excel 电子档及签字扫描档
5C6F10F02_EOL.docx	AC	5C6F10G02_EOL.docx	AC	EOL，Word 电子档
5C6F10F02_QVL.xlsx	AC	5C6F10G02_QVL.xlsx	AC	QVL，Excel 电子档及签字扫描档
2C6F11F02		**2C6F11G02**		**2：SUBASM，烧程后的 PCBA**
2C6F12F02		**2C6F12F02**		**2：SUBASM，烧程后的 MCU1**
2C6F12F02_SRD.pdf	AC	2C6F12F02_SRD.pdf	AC	SRD，签字扫描档
2C6F12F02_PPS.docx	AC	2C6F12F02_PPS.docx	AC	PPS，Word 电子档
2C6F12F02_SW.zip	AC	2C6F12F02_SW.zip	AC	软件源代码及烧程文件，Zip 压缩包
370000010		370000010		3：器件，MCU1
2C6F13F02		**2C6F13F02**		**2：SUBASM，烧程后的 MCU2**
2C6F13F02_SRD.pdf	AC	2C6F13F02_SRD.pdf	AC	SRD，签字扫描档
2C6F13F02_PPS.docx	AC	2C6F13F02_PPS.docx	AC	PPS，Word 电子档
2C6F13F02_SW.zip	AC	2C6F13F02_SW.zip	AC	软件源代码及烧程文件，Zip 压缩包

（续）

FG，MD，15100-R1610，客户名称，项目号，BCM，配置 F，MY2025		FG，MD，15100-R1630，客户名称，项目号，BCM，配置 G，MY2025		总成物料号描述
370000020		370000020		3：元件，MCU2
2C6F14F02		**2C6F14G02**		2：SUB ASM，未烧程的 PCBA
2C6F14F02_ASM.pdf	AC	2C6F14G02_ASM.pdf	AC	PCBA 图样，pdf 格式电子档及签字扫描档
2C6F14F02_XYDAT.xlsx	AC	2C6F14G02_XYDAT.xlsx	AC	PCBA XYDAT 数据
2C6F14F02_SCH.pdf	AB	2C6F14G02_SCH.pdf	AB	原理图，pdf 格式电子档及签字扫描档
360000002		360000002		3：PCB
360000002_FAB.pdf	AA	360000002_FAB.pdf	AA	PCB FAB 文件
360000002_GERBER.zip	AA	360000002_GERBER.zip	AA	Gerber 文件压缩包
2C6F15F02		**2C6F15G02**		2：SUB ASM，标签 FG，MD
2C6F15F02_DWG.pdf	AC	2C6F15G02_DWG.pdf	AC	标签总成图样，dwg、pdf 格式电子档及签字扫描档
360000007		360000007		3：部件，空白标签
360000007_DWG.pdf	AA	360000007_DWG.pdf	AA	空白标签图样，dwg、pdf 格式电子档及签字扫描档
360000021		360000021		3：元件，上壳体
360000021_DWG.pdf	AB	360000021_DWG.pdf	AB	上壳体图样，dwg、pdf 格式电子档及签字扫描档
360000022		360000022		3：元件，下壳体
360000022_DWG.pdf	AB	360000022_DWG.pdf	AB	下壳体图样，dwg、pdf 格式电子档及签字扫描档
360000023		360000023		3：部件，支架
360000023_DWG.pdf	AB	360000023_DWG.pdf	AB	支架图样，dwg、pdf 格式电子档及签字扫描档

表 8-42 中的 2 个配置虽然硬件完全不同（未烧程的 PCBA 不同），但总成文档还是共用了 5C6F10F02 这个文档编号，这样可以减少文档数量及文档编写的工作量，烧程后的 PCBA 可根据其各自的总成进行编码。

表 8-42 为 Word 格式的表格，表格形式很难直观体现实际的 Excel 格式的 TRE 文件表格，实际的 Excel 格式的 TRE 文件如图 8-63 所示。

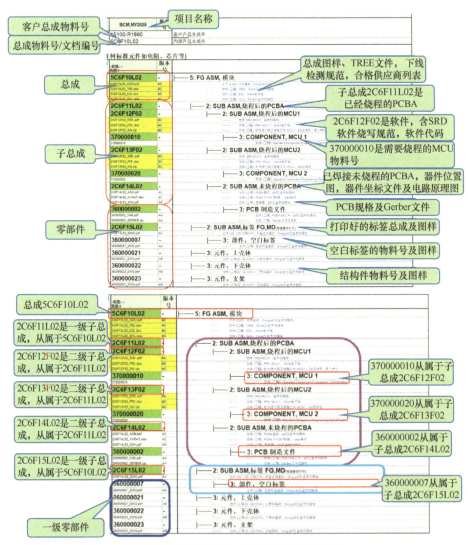

图 8-63 实际的 Excel 格式的 TRE 文件

TRE 文件中文件的命名方式为物料号 + _ + 文件类型 + _ + 版本号，文件名称与实际存储的文件名称举例如图 8-64 所示。

图 8-64 TRE 文件中文件名称与实际存储的文件名称举例

8.9.2 合格供应商清单

物料合格供应商清单（PQVL 或 QVL）不同于物料清单 BOM，QVL 更强调了供应商是合格供应商，这里特指合格的物料原始制造商，而非代理商。在汽车电子行业，车规级电子元器件的销售通常采用代理商分销模式，也就是说电子模块制造商 Tier 1 是通过代理商向器件制造商 Tier 2 采购电子元器件，而非直接进行采购。典型的 QVL 见表 8-43。

举例来讲，同一个芯片，Tier 1 既可以从代理商 A 处采购，也可以从代理商 B 处采购，不同代理商就是不同的供应商，但实际上采购的是同一个器件制造商的同一个芯片。所以 QVL 中要求供应商必须是器件制造商，而非供应商或代理商，这一点是其与 BOM 的根本区别。另外，由表 8-43 可见，QVL 还可以参考 TRE 的层级结构，将总成与子总成及元件进行分层，便于使用者更好地理解产品的物料构成。

表 8-43 中限于篇幅，物料号描述并未按照之前定义的物料号描述规则进行描述，仅给出了简单的物料号描述信息。对于汽车电子模块来讲，QVL 中需要包含物料号编码、物料号描述、数量、位号、封装、制造商、制造商物料号编码信息，尤其是制造商物料号编码（MPN/SPN），它实际上是一个电子元器件的唯一识别码。在制造商确定后，MPN/SPN 便是唯一，采购必须按照 MPN/SPN 进行采购，这样才能确保物料号的准确性和唯一性，从而在根本上保证了产品的一致性、可靠性及质量的稳定性。举例来讲，一个厚膜电阻，阻值为 71.5kΩ，精度为 1%，封装为 0603，功率为 0.1W，如果制造商选用的是国巨，那么其制造商物料号编码为 AC0603FR-0771K5L，如果选用的是 KOA，那么其制造商物料号编码为 RK73H1JTTD7152F，两个电阻从参数及功能上来讲完全兼容，也都符合 AEC-Q200 认证，如果 BOM 中仅给出"阻值 71.5kΩ，精度 1%，封装 0603，功率 0.1W，符合 AEC-Q200 认证"的描述，那么采购可以购买任意一家符合上述参数及要求的电阻，但实际上产品研发及测试时使用的肯定是某个特定制造商的物料，如选用 KOA 的 RK73H1JTTD7152F，那么这个电阻在这个产品的应用是经过设计分析及验证的，如果量产后换成其他制造商如国巨的 AC0603FR-0771K5L，这种应用便存在风险，产品的可靠性便无法得到保证。

表 8-43 典型的 QVL

物料编码	物料描述	数量	位号	封装	制造商	制造商物料号
5C6F10F02	FG，MD 总成模块	1				5C6F10F02
5C6F11F02	SUB ASM，烧程后的 PCBA	1				5C6F11F02
2C6F12F02	SUB ASM，烧程后的 MCU1	1				2C6F12F02
2C6F13F02	SUB ASM，烧程后的 MCU2	1				2C6F13F02
2C6F14F02	SUB ASM，未烧程的 PCBA	1				2C6F14F02
	FG，MD 总成模块					
2C6F15F02	SUB ASM，标签 FG，MD	1				2C6F15F02
360000021	上壳体	1				
360000022	下壳体	1				
360000023	支架	1				
	SUB ASM，未烧程的 PCBA					
360000007	空白标签	1				
360000002	PCB	1				
360000032	CONN TYCO MALE 7-WAY	1	CON1	42 Pin	TYCO	TYCO 172036-1
370000035	5V LDO，电流 100mA，耐压 28V	1	U1	SOIC8	ST	L4949ED**-E
370000037	高边驱动芯片 20Ω	3	U3	PowerSSO-16	ST	VN7020AJ**-E
370000040	陶瓷电容，100nF，10%，16V，X7R	5	C2，C3	0402	MURATA	GCM155R71C104KA55D
370000062	电阻，厚膜，2.7kΩ，5%，1/3W	10	R1	1210	KOA	RK73B2ETTD272J
370000038	16 位 MCU，96KB Flash	1	U2	LQFP48	NXP	S9S12G96F0VLF*
370000057	32 位 MCU，1024KB Flash	1	U4	LQFP144	NXP	FS32K146UAT0VLQ*

对于汽车电子产品来讲，无论是硬件的变更或者软件的变更，无论是小到一个电阻的变更还是一行代码的变更，都必须进行评估及测试验证。尤其是涉及硬件的变更，即便大多数电子元器件的多数或全部标称参数都是相同的，是可以 Pin 对 Pin 互换的，也必须严格地进行变更评估，因为对于已经验证过的设计或应用，变更后的器件很可能存在潜在的未经发现的参数或性能差异，这种差异就是风险。

8.9.3 文档历史记录

文档历史记录作为每次文档释放中的一个重要文件，严格来讲它并不是一个功能性文档，因为它并没有类似于其他受控文档一样的实际功能；但是文档历史记录作为一个专门记录产品的文档变更历史的文件，既可以作为所有受控文档的一个目录索引，同时还详细记录了每次变更的 ECN 编码、变更历史以及文档释放时各个文档的编号及版本信息，便于使用者更好地理解产品的变更历史；同时，文档历史记录还便于工程师后续对其进行维护、升级及对历史问题进行追溯，不至于使众多文档因持续变更升级而发生混乱或失控，文档历史记录可以看作是 TRE 文件的补充及跟踪。

典型的文档历史记录见表 8-44。

表 8-44　典型的文档历史记录

新←　　　　　　　　　　　　　　　　　　　　　　　　　　　　　　　　→旧

描述	文档名称	项目名称：		量产时间：	
		ECN 编号：ECN-2023020001		ECN 编号：ECN-2022100035	
		时间：2023.02.16		时间：2022.10.25	
		变更描述：硬件设计变更，软件变更，各子总成及总成号变更		变更描述：文档初次受控	
		文档名称	版本	文档名称	版本
FG，MD 总成图样	5C6F10F**_DWG-**.pdf	5C6F10F02_DWG.pdf	AB	5C6F10F01_DWG.pdf	AA
TRE	5C6F10F**_TRE-**.xlsx	5C6F10F02_TRE.xlsx	AB	5C6F10F01_TRE.xlsx	AA
EOL	5C6F10F**_EOL-**.docx	5C6F10F02_EOL.docx	AB	5C6F10F01_EOL.docx	AA
QVL	5C6F10F**_QVL-**.xlsx	5C6F10F02_QVL.xlsx	AB	5C6F10F01_QVL.xlsx	AA

（续）

描述	文档名称	项目名称： ECN 编号：ECN-2023020001 时间：2023.02.16 变更描述：硬件设计变更，软件变更，各子总成及总成号变更		量产时间： ECN 编号：ECN-2022100035 时间：2022.10.25 变更描述：文档初次受控	
		文档名称	版本	文档名称	版本
SUB ASM，烧程后的 MCU1	2C6F12F**_SRD-**.pdf	2C6F12F02_SRD.pdf	AB	2C6F12F01_SRD.pdf	AA
	2C6F12F**_PPS-**.docx	2C6F12F02_PPS.docx	AB	2C6F12F01_PPS.docx	AA
	2C6F12F**_SW-**.zip	2C6F12F02_SW.zip	AB	2C6F12F01_SW.zip	AA
SUB ASM，烧程后的 MCU2	2C6F13F**_SRD-**.pdf	2C6F13F02_SRD.pdf	AB	2C6F13F01_SRD.pdf	AA
	2C6F13F**_PPS-**.docx	2C6F13F02_PPS.docx	AB	2C6F13F01_PPS.docx	AA
	2C6F13F**_SW-**.zip	2C6F13F02_SW.zip	AB	2C6F13F01_SW.zip	AA
PCBA 图样	2C6F14F**_ASM-**.pdf	2C6F14F02_ASM.pdf	AB	2C6F14F01_ASM.pdf	AA
PCBA XYDAT 数据	2C6F14F**_XYDAT-**.xlsx	2C6F14F02_XYDAT.xlsx	AB	2C6F14F01_XYDAT.xlsx	AA
原理图	2C6F14F**_SCH-**.pdf	2C6F14F02_SCH.pdf	AB	2C6F14F01_SCH.pdf	AB
PCB FAB 文件	360000002_FAB-**.pdf	360000002_FAB.pdf	AA	360000002_FAB.pdf	AA
Gerber 文件	360000002_GERBER-**.zip	360000002_GERBER.zip	AA	360000002_GERBER.zip	AA
标签总成图样	2C6F15F02_DWG-**.pdf	2C6F15F02_DWG.pdf	AB	2C6F15F01_DWG.pdf	AA
空白标签	360000007_DWG-**.pdf	360000007_DWG.pdf	AA	360000007_DWG.pdf	AA
上壳体	360000021_DWG-**.pdf	360000021_DWG.pdf	AA	360000021_DWG.pdf	AA
下壳体	360000022_DWG-**.pdf	360000022_DWG.pdf	AA	360000022_DWG.pdf	AA
支架	360000023_DWG-**.pdf	360000023_DWG.pdf	AA	360000023_DWG.pdf	AA

表 8-44 左侧为最新文档，右侧为历史文档。表格从左到右依次列出了文档描述及文档名称，文档名称中的 ** 代表其总成物料号中的版本号及文档的版本号。文档的版本号编码方式采用两位字母编码，如初版为 AA，升级后变为 AB，以此类推。文档名称中的两位数字编码的版本号及文档的版本号都会随着变更而不断升级，采用两位字母编码表示版本号的方式可以允许多达数百次变更，基本可满足产品全生命周期内的变更需求。表 8-44 限于篇幅，举例仅有一个现行版本和一个历史版本，而实际上随着时间的推移，产品会不断地进行变更，文档的历史版本也就会越来越多。

文档历史记录中需要记录以下信息：
1）项目名称及量产时间。
2）所有受控文档的清单，包含文档名称、文档格式、版本。
3）历次工程变更通知 ECN 的编号、变更时间。
4）历次工程变更的详细描述。
5）所有文档的历史版本、名称及状态。

8.10 文档变更

对于一个车型来讲，车型的生命周期通常会长达 5~8 年，电子模块需要在一个车型的生命周期内维持长时间的持续供货，期间必然会因为各种原因发生产品变更，一个电子模块的变更在车型的整个生命周期内可能高达数十次。如客户有了新的需求，或者某个电子元器件发生了变更等，电子模块变更后就会产生新的型号。频繁变更可能会导致产品的一致性产生问题，需要 Tier 2、Tier 1 以及 OEM 协同合作，保证不同时期、不同型号、不同批次的电子模块对整车来讲其可靠性是一致的，这几乎涉及了整个汽车电子产业链。

从电子元器件角度来讲，汽车的长使用寿命及车型的长生命周期自然带来了汽车电子元器件极长的持续供货周期，如 TI 的产品生命周期通常为 10~15 年，并且通常可以延长供货时间。另外如在 64 位处理器已经普遍应用的当下，汽车上还在大量使用 8 位及 16 位微控制器芯片，而很多芯片型号可能已经持续生产了 20 年以上，在这么长的生命周期内，器件不可避免地会因为设计、材料、工艺、产地等的改变带来一系列变更。

站在 OEM 的角度，整车有超过 50 个电子模块，OEM 必须对每个电子模块的每次变更进行评估，根据变更类型及模块的具体应用确定测试项目，进行实车验证测试，在确定变更后的电子模块可以完全替代变更前的模块后，才会启动变更流程进行切换。

因为持续不断的变更，汽车电子模块类产品在量产几年后的状态通常与设计开发刚完成时的状态已经很不一样了。举例来讲，如果产品量产时的版本为 AA，量产 2 年后如果进行了 4 次变更，总成物料号就需要从 AA 版本升级为 AE 版本。实际上整个项目生命周期内的变更则可能高达数十次，每次变更都需要进行评估。首先需要确定变更的影响范围，然后根据变更类型，评估变更带来的影响，如果确定需要变更，那么就需要根据变更流程进行变更，然后针对变更进行专门的测试，测试通过后才能正式实施变更，而变更的实施就是通过工程变更，对工程师来讲实际上就是一系列的文档变更与文档受控。

对一个汽车电子模块来讲，研发阶段仅占其生命周期的很小一部分，产品量产后工程师的主要工作就变成了产品维护，实际上也就是应对各种变更，对变更进行评估及测试，编写文档，签字受控，然后走变更流程。

8.10.1 变更流程

1. 变更原因

整体来讲，所有变更均是由 OEM、Tier 1 或 Tier 2 这三方其中之一发起的，产品量产初期可能以 OEM 及 Tier 1 为主，主要是为了修复产品的缺陷及完善产品的功能；中期可能是 OEM 对产品进行迭代升级及改款；后期产品稳定后可能以电子元器件变更引起的产品变更为主，如某个器件变更生产工艺、产地或停产等。汽车电子模块产生变更的主要原因可分为以下几种：

1) 设计缺陷引起的变更。这种变更占比极低，即便有，通常比较大的可能是软件设计缺陷导致的而非硬件设计问题，因为硬件设计在 DV 阶段就会得到充分的验证。

2) 客户新需求引起的变更。如 OEM 新增了一些功能，或者需要调整某个软件策略等。这种变更在乘用车领域较少，在车型量产后，多数电子模块如控制器类的极少会调整软件策略，但在基于订单生产的商用车领域比例则会比较高。

3) 客户新应用引起的变更。如 OEM 车型改款，增加了新的功能；或推出新车型，但是继续沿用现有的电子模块。这就相当于拓宽了这个电子模块的车型应用范围，在一定程度上降低了开发成本，这在汽车行业是一种比较常见的做法。汽车电子模块在开发时通常会做一些功能预留，以应对 OEM

的需求变更，适应新的功能及应用。

4) 新工艺引起的变更。这种变更通常都是为了降低产品的 BOM 成本，但变更不限于新工艺、新材料以及新器件的应用。这种变更通常比较常见，因为不管是 OEM 还是 Tier 1 都有年度降成本的压力。

5) 电子元器件变更引起的变更。在汽车产业链中，因为上游的变更引发的下游的一系列连锁变更比较常见，这种供应商变更请求通常称为 SCR。最典型如芯片工艺、产地的变更，芯片制造商需要对变更后的芯片进行验证，验证完成后会提交 SCR 给 Tier 1 进行评估，然后 Tier 1 就会通知 OEM，在 OEM 同意这个 SCR 后，Tier 1 才能进行变更。

6) 电子元器件停产，导致电子模块需要更换其他型号、其他厂家的器件或更改电路设计。

2. 变更流程

汽车对高可靠性的要求叠加车型的长生命周期，必然带来汽车行业对零部件长期供货的稳定性、可靠性及一致性的要求，所以汽车行业一直以来都非常重视产品的变更及对变更的管理，同时也形成了一整套严格且复杂的变更流程。无论是 OEM 还是 Tier 1，在收到 SCR 后都会进行严格的评估，团队认为可以变更后，才会安排对新型号的电子元器件/电子模块进行验证，验证通过后才会允许变更并切换到新的型号。

通常来讲，在车型量产后，OEM 较少向 Tier 1 提出变更请求，除非产品存在设计缺陷，且设计缺陷的责任方在 OEM。常见的变更大多是指 SCR，SCR 既可以是 Tier 2 向 Tier 1 提出的，也可以是 Tier 1 向 OEM 提出的。典型的 SCR 变更流程如图 8-65 所示。

图 8-65 中，供应商可以是 Tier 2 或 Tier 1，在用户（Tier 1 或 OEM）收到供应商的 SCR 后，SCR 会被分配到相关部门去确认 SCR 的影响范围，然后需要组织采购及工程团队对该 SCR 进行可行性评估。经过多方评审后，如果认为该 SCR 不可行，用户就会拒绝接受该 SCR；如果认为可行，则会根据 SCR 的类型确定测试要求，在确定验证成本及整体变更成本后才能批准该 SCR 并开始执行变更，在变更完成后还需要供应商提供该 SCR 的 PPAP 报告并同步到受此 SCR 影响的工厂。

以电子模块为例，如果 Tier 2 要对其中用到的一个芯片生产工艺或产地进行变更，一旦变更可能影响产品的适用性、外形、功能、质量或可靠性，Tier 2 需要在变更实施前的一定时间内（如 90 天），通过 PCN 与 Tier 1 进行沟通。Tier 1 就需要对这个 SCR 进行评估，如果确定需要变更，Tier 1 就需要通知 OEM，OEM 在收到 SCR 后也会进行评估，并安排对新型号的电子模块进行验证，验证通过后才能切换新型号的电子模块。整个变更流程类似于将图 8-65 的变更流程进行了两遍，Tier 1 及 OEM 需要各进行一遍，也就是说，一个 Tier 2 的 SCR 会导致供应链上产生两个 SCR 变更。

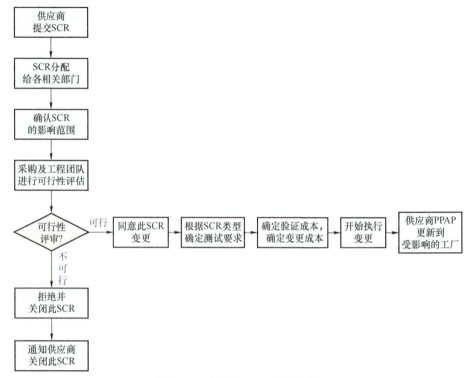

图 8-65 典型的 SCR 变更流程

变更评估中比较重要的两个点是可行性评估及根据变更类型确定测试要求。

可行性评估需要的信息如下：

1）SCR 的详细信息，如变更信息（如组装场所的转移、材料的变更等）、生效日期、受影响的器件物料编码（标签及器件丝印的变更）和联系人等所有信息。

2）SCR 的详细变更计划表，包括最终认证报告的时间、可以提供新器件样品的时间、新器件开始供货的时间、老器件最后可以下单采购的期限及最后的交付期限。

3）SCR 将影响到的产品，这个需要确定两点：一是哪个项目用到了这个部件/电子元器件，二是哪个工厂用到了这个部件/电子元器件。

4）SCR 的类型，如是生产工艺变更、材料变更还是生产场地变更等。

5）变更是否会带来风险？什么风险？如何降低风险？计划是什么？

6）变更是否影响外形、适应性、功能或可靠性。

7）变更带来的验证成本。

在可行性评估结束后就需要根据变更类型确定测试要求，当然，变更不一定都需要验证，具体需要根据变更类型来确定。

3. 变更测试

简单来讲，变更测试可以分为三种：

1）仅需要部件/电子元器件级别的测试，也就是说这种变更仅需要供应商进行测试即可，在供应商测试完成后，将测试报告提交给客户后，客户即可实施变更。

2）在部件/电子元器件级别的测试后，客户需要基于测试结果对变更进行评估，然后再决定还需要进行哪些测试。

3）需要进行应用级别的测试。也就是说需要根据这个部件/电子元器件的实际应用条件再进行专门的测试，对 Tier 1 来讲可能需要专门进行功能、性能（如耐久、高低温、振动等）测试，或进行 ESD 或 EMC 测试等，对 OEM 来讲可能需要基于实车的一些功能及性能测试。

对汽车电子模块来讲，SCR 多为电子元器件的变更，在这些变更中，大多数为生产工艺、材料、产地的变更，针对这种变更的测试通常较为简单，仅需要进行功能测试及基础的性能测试如高低温等即可。如果这个器件对可靠性可能有影响，那么就需要进行更多的可靠性测试如耐久、高温高湿、温度循环、ESD 等。

除了电子元器件的 SCR 会带来变更外，器件的停产也会导致电子模块必须进行变更，而且这种因器件停产导致的变更，对于生命周期较长的汽车电子模块来讲也较为常见。除电子元器件的变更外，其他部件的变更则较为少见，如壳体、连接器等，在产品量产后，这些结构件很少会发生变更。整体来讲，按电子模块用到的物料种类，根据部件的变更类型，测试要求可以汇总见表 8-45。

表 8-45 一些元器件或部件的变更测试要求举例

变更类型	试验要求	试验项目
电子元器件 SCR	可能需要	功能测试，性能测试如耐久、高低温等，可能需要高温高湿、温度循环等，如果是接口芯片，可能需要 ESD，某些芯片可能需要某些项目的 EMC 测试
电阻、电容、分立器件更换供应商	需要	功能测试，性能测试如耐久、高低温等，可能需要高温高湿、温度循环等，如果是接口器件可能需要 ESD 或某些项目的 EMC 抗扰测试，或根据实际应用制定测试项目

(续)

变更类型	试验要求	试验项目
集成芯片更换供应商	需要	功能测试，性能测试如耐久、高低温、高温高湿、温度循环等，如果是接口芯片，可能需要 ESD，某些芯片可能需要某些项目的 EMC 测试或根据实际应用制定测试项目
壳体变更	需要	功能测试，性能测试，可能需要阻燃、振动、跌落、防水、耐久、耐灰尘、高低温、高温高湿等测试
其他结构件变更	需要	功能测试，性能测试，可能需要振动、耐久、高低温、高温高湿、温度循环等测试
PCB 供应商变更	需要	功能测试，性能测试如耐久、高低温、高温高湿、温度循环等，或根据实际应用制定测试项目
机电件供应商变更	需要	功能测试，性能测试，可能需要振动、耐久、高低温、高温高湿、温度循环等测试，或根据实际应用制定测试项目
软件变更	需要	功能测试，性能测试，可能需要耐久、高低温、高温高湿、温度循环等测试

汽车电子模块因其功能及应用场景的不同，叠加部件类型及部件变更类型的不同，变更需要进行的测试也不尽相同。通常来讲，如果相同的器件，相同的应用已在其他产品上做过验证，则可直接引用其测试报告，无须再次验证，其变更测试即可大幅简化，这个类似于家族数据的概念。如果没有应用数据，就需要工程团队基于应用及变更类型进行评估，然后才能确定需要的测试项目。测试项目的确定同时还需要考虑两个因素：验证成本和验证周期，验证成本是变更成本中需要重点考虑及评估的，除需要耐久试验外，验证周期通常可满足变更的要求。

汽车电子模块的变更通常会持续较长的周期，尤其是对于业务遍布全球的跨国 Tier 1 来讲，一个物料的 SCR 可能会涉及非常多的项目、产品及工厂，仅仅是确定哪些项目或产品用到了这个器件都需要一段时间，接下来的变更评估、测试及实施又需要好几个月甚至一年。对于一个具体的项目来讲，在收到一个 SCR 后，在时间还充足的情况下，研发团队通常倾向于暂时将此 SCR 搁置起来。因为对于量产项目的产品维护来讲，SCR 非常常见，暂时搁置，将一段时间内的 SCR 进行集中处理有两个优点：一是可以避免频繁地进行变更及文档释放；二是可以降低测试及验证成本。

4. 文档受控

在变更测试结束后，研发团队便可以根据变更流程实施变更，变更的实施可分为线上发起变更、线下文档签审、上传文档、线上流程审批等环节。

对工程师来讲，主要的工作量在于文档的编写、评审及会签。一次变更可能涉及多个部门如硬件、软件、结构、测试等，如一次 SCR 变更需要受控的文档见表 8-46。

表 8-46 一次 SCR 变更需要受控的文档

序号	文档名称	注释	文档要求
1	5C6F10F02_DWG-AC.pdf	产品总成图样	dwg、pdf 格式电子档及签字扫描档
2	5C6F10F02_TRE-AC.xlsx	文档目录索引文件（TRE）	Excel 电子档及签字扫描档
3	5C6F10F02_EOL-AC.doc	下线测试说明（EOL）	Word 电子档
4	5C6F10F02_QVL-AC.xlsx	物料合格供应商清单（QVL）	Excel 电子档及签字扫描档
5	2C6F12F02_PPS-AC.doc	器件烧程说明（PPS）	Word 电子档
6	2C6F13F02_PPS-AC.doc	器件烧程说明（PPS）	Word 电子档
7	2C6F14E02_ASM-AC.pdf	PCB 贴片位置图	pdf 格式电子档及签字扫描档
8	2C6F14E02_XYDAT-AC.xlsx	PCB 贴片坐标图	Excel 电子档
9	2C6F14F02_SCH-AC.pdf	电路原理图	pdf 格式电子档及签字扫描档，原理图源文件
10	2C6F15N02_DWG-AC.pdf	标签子总成图样	dwg、pdf 格式电子档及签字扫描档

通常来讲，只要器件变更，就必须升级硬件版本号，更新 TRE、QVL 及产品总成图样，因为下线测试时需要烧写产品的硬件版本号，所以 EOL 也需要同步更新。又因为 PPS 中有 PCBA 物料号，所以 PPS 也必须更新。硬件版本升级同时会带来电路原理图、PCB 贴片位置图及 PCB 贴片坐标图的更新。最后，因为硬件升级导致产品的总成升级，标签子总成图样也需要同步升级。

8.10.2 编码升级规则

汽车电子模块类产品因涉及软件、硬件、结构三部分，任一部分发生变更均会导致总成发生变更，从而导致一系列物料号编码及文档需要进行更新。所有的文档变更都必须基于文档编码及升级规则，文档编码的升级需要体现在 TRE 文件和文档历史记录中，根据变更的类型，物料号编码的升级规则可以分为以下七种。

1. 仅文档版本更新

仅文档版本更新是最简单的一种文档升级。在有些情况下，如变更不涉及任何的产品，仅更新相关文档，此时就不需要更新文档编码，这种情况包括文档排版错误的更新、文档格式升级的更新、文档增加备注、空白标签的更新等，此时仅需要更新相关文档版本号，文档号无须更新。如图 8-66 所示，因 EOL 文档排版或内容更改，不影响产品特性，仅文件版本升级，TRE 版本升级，文档号不变。

描述	文档名称	版本		文档名称	版本
FG,MD总成图样	5C6F10L02_DWG.pdf	AC		5C6F10L02_DWG.pdf	AC
TRE	5C6F10L02_TRE.xlsx	AC		5C6F10L02_TRE.xlsx	AD
EOL 测试说明	5C6F10L02_EOL.docx	AC		5C6F10L02_EOL.docx	AD
PQVL	5C6F10L02_QVL.xlsx	AC		5C6F10L02_QVL.xlsx	AC
SW SRD 文件	2C6F12L02_SRD.pdf	AC		2C6F12L02_SRD.pdf	AC
SW PPS 文件	2C6F12L02_PPS.docx	AC		2C6F12L02_PPS.docx	AC
SW zip 文件	2C6F12L02_SW.zip	AC		2C6F12L02_SW.zip	AC
PCBA图样	2C6F14L02_ASM.pdf	AC		2C6F14L02_ASM.pdf	AC
XYDATA	2C6F14L02_XYDAT.xlsx	AC		2C6F14L02_XYDAT.xlsx	AC
原理图	2C6F14L02_SCH.pdf	AB		2C6F14L02_SCH.pdf	AB
PCB FAB	360000002_FAB.PDF	AA		360000002_FAB.PDF	AA
PCB Gerber	360000002_GERBER.zip	AA		360000002_GERBER.zip	AA
标签图样	2C6F15L02_DWG	AC		2C8F15L02_DWG	AC
空白标签	360000007_DWG	AA		360000007_DWG	AA
上壳体	360000021_DWG	AB		360000021_DWG	AB
下壳体	360000022_DWG	AB		360000022_DWG	AB
上支架	360000023_DWG	AB		360000023_DWG	AB
下支架	360000024_DWG	AB		360000024_DWG	AB

图 8-66　仅文档版本更新

2. 仅子总成物料号编码升级

仅子总成升级也是比较简单的文档升级。在有些情况下，如标签总成更新（如标签增加二维码信息），变更不涉及任何的产品；还有如某个器件的 SCR 已经过其他产品或应用的验证，可直接变更。此时通常不需要更新总成物料号编码，仅需要更新相关子总成物料号编码及版本号，升级 TREE 版本号即可。

如图 8-67 所示，因标签的排版或内容更改而进行了文档变更，变更不影响产品特性，所以仅标签子总成物料号编码从 2C6F15L02 升级到 2C6F15L03，同时其版本号也进行了升级，从 AC 版本升级到 AD 版本；总成物料号方面，总成物料号编码及版本号不变，仅 TRE 文件版本进行了升级，版本从 AC 升级到 AD；其他子总成及零部件物料号编码不受影响，保持不变。

3. 已验证的 SCR 变更

已验证的 SCR 通常经过评估后可直接变更，此时不需要更新总成物料号编码，仅需要更新相关子总成物料号编码及版本号，同时升级涉及的文档版本号即可。如图 8-68 所示，因一个二极管 SCR 变更，不影响产品特性，仅 PCBA 子总成物料号编码及版本升级（ASM、XYDATA、SCH 升级），TRE、PQVL、PPS 版本升级（PPS 中有 PCBA 物料号），总成物料号编码及版本号不变。

图 8-67　仅子总成物料号编码升级

图 8-68　已验证的 SCR 变更

4. 软件设计变更

软件变更在传统乘用车电子模块中较为少见，因为项目周期较长，也不支持 OTA，量产时就必须保证软件功能的正常及软件运行的可靠性，所以研发阶段的软件测试必须非常充分且严格；在经过一系列的零部件级及整车级测试后，量产后基本不会存在软件缺陷问题（包括功能及可靠性）。但如今随着汽车电子模块项目开发周期的缩短，且随着 OTA 技术的发展，非全功能软件即进行新车交付变为一种可能，汽车电子逐渐地消费电子化了，尤其是对于不涉及车辆行驶安全的电子模块，快速开发、迅速迭代成了一种新的开发方式，这就给汽车电子模块的软件管理带来了巨大挑战。

软件变更的原因通常有两个，一是修复软件缺陷，二是增加新的软件功能。按照文档编码及升级规则，软件变更需要同时升级相关子总成物料号及文件版本号，同时升级总成物料号及文件版本号。如图 8-69 所示，软件变更时，烧程后的 PCBA 子总成物料号编码及版本升级，软件相关文档升级，（SRD、PPS、SW 升级），总成物料号、总成图样、TRE、EOL、PQVL 编码及版本升级，标签子总成物料号编码及版本升级。

描述	文档名称	版本		文档名称	版本
总成物料号	5C6F10L02	-		5C6F10L03	-
FG,MD总成图样	5C6F10L02_DWG.pdf	AC		5C6F10L03_DWG.pdf	AD
TRE	5C6F10L02_TRE.xlsx	AC		5C6F10L03_TRE.xlsx	AD
EOL 测试说明	5C6F10L02_EOL.docx	AC		5C6F10L03_EOL.docx	AD
PQVL	5C6F10L02_QVL.xlsx	AC		5C6F10L03_QVL.xlsx	AD
烧程后的PCBA	2C6F11L02	-		2C6F11L03	-
SW SRD 文件	2C6F12L02_SRD.pdf	AC		2C6F12L03_SRD.pdf	AD
SW PPS 文件	2C6F12L02_PPS.docx	AC		2C6F12L03_PPS.docx	AD
SW zip 文件	2C6F12L02_SW.zip	AC		2C6F12L03_SW.zip	AD
PCBA图样	2C6F14L02_ASM.pdf	AC		2C6F14L02_ASM.pdf	AC
XYDATA	2C6F14L02_XYDAT.xlsx	AC		2C6F14L02_XYDAT.xlsx	AC
原理图	2C6F14L02_SCH.pdf	AC		2C6F14L02_SCH.pdf	AB
PCB FAB	360000002_FAB.PDF	AA		360000002_FAB	AA
PCB Gerber	360000002_GERBER.zip	AA		360000002_GERBER.zip	AA
标签图样	2C6F15L02_DWG	AC		2C6F15F03_DWG	AD
空白标签	360000007_DWG	AA		360000007_DWG	AA
上壳体	360000021_DWG	AB		360000021_DWG	AB
下壳体	360000022_DWG	AB		360000022_DWG	AB
上支架	360000023_DWG	AB		360000023_DWG	AB
下支架	360000024_DWG	AB		360000024_DWG	AB

图 8-69　软件设计变更

5. 硬件设计变更

硬件设计变更（PCB 不变）对汽车电子模块来讲非常常见，尤其是量产后众多的 SCR 变更带来的硬件变更。对于未经验证的 SCR 变更或其他为了修复硬件功能导致的硬件变更，变更将导致总成及一系列子总成物料号编码及版本号升级。如图 8-70 所示，硬件变更时，PCBA 子总成物料号编码及版本升级（ASM，XYDATA，SCH 升级），PPS 版本升级（PPS 中有 PCBA 物料号），总成物料号、总成图样、TRE、EOL、PQVL 编码及版本升级，标签子总成物料号编码及版本升级。

6. PCB 设计变更

PCB 变更对汽车电子模块来讲非常罕见。汽车电子模块在设计时通常会考虑到一些冗余设计和兼容性设计，以避免量产后对 PCB 设计进行更改。相对于更换硬件电子元器件，更改 PCB 设计的风险要大得多，除非是为了修复硬件设计缺陷或 OEM 为了增加新的功能，否则通常不会对 PCB 设计进行更改。PCB 设计变更如图 8-71 所示。

描述	文档名称	版本	文档名称	版本
总成物料号	5C6F10L02	-	5C6F10L03	-
FG,MD总成图样	5C6F10L02_DWG.pdf	AC	5C6F10L03_DWG.pdf	AD
TRE	5C6F10L02_TRE.xlsx	AC	5C6F10L03_TRE.xlsx	AD
EOL 测试说明	5C6F10L02_EOL.docx	AC	5C6F10L03_EOL.docx	AD
PQVL	5C6F10L02_QVL.xlsx	AC	5C6F10L03_QVL.xlsx	AD
烧程后的PCBA	2C6F11L02	-	2C6F11L03	-
SW SRD 文件	2C6F12L02_SRD.pdf	AC	2C6F12L03_SRD.pdf	AC
SW PPS 文件	2C6F12L02_PPS.docx	AC	2C6F12L02_PPS.docx	AC
SW zip 文件	2C6F12L02_SW.zip	AC	2C6F12L02_SW.zip	AC
PCBA图样	2C6F14L02_ASM.pdf	AC	2C6F14L03_ASM.pdf	AD
XYDATA	2C6F14L02_XYDAT.xlsx	AC	2C6F14L03_XYDAT.xlsx	AD
原理图	2C6F14L02_SCH.pdf	AB	2C6F14L03_SCH.pdf	AC
PCB FAB	360000002_FAB.PDF	AA	360000002_FAB.PDF	AA
PCB Gerber	360000002_GERBER.zip	AA	360000002_GERBER.zip	AA
标签图样	2C6F15L02_DWG	AC	2C6F15L03_DWG	AD
空白标签	360000007_DWG	AA	360000007_DWG	AA
上壳体	360000021_DWG	AB	360000021_DWG	AB
下壳体	360000022_DWG	AB	360000022_DWG	AB
上支架	360000023_DWG	AB	360000023_DWG	AB
下支架	360000024_DWG	AB	360000024_DWG	AB

图 8-70 硬件设计变更

描述	文档名称	版本	文档名称	版本
总成物料号	5C6F10L02	-	5C6F10L03	-
FG,MD总成图样	5C6F10L02_DWG.pdf	AC	5C6F10L03_DWG.pdf	AD
TRE	5C6F10L02_TRE.xlsx	AC	5C6F10L03_TRE.xlsx	AD
EOL 测试说明	5C6F10L02_EOL.docx	AC	5C6F10L03_EOL.docx	AD
PQVL	5C6F10L02_QVL.xlsx	AC	5C6F10L03_QVL.xlsx	AD
烧程后的PCBA	2C6F11L02	-	2C6F11L03	-
SW SRD 文件	2C6F12L02_SRD.pdf	AC	2C6F12L02_SRD.pdf	AC
SW PPS 文件	2C6F12L02_PPS.docx	AC	2C6F12L02_PPS.docx	AD
SW zip 文件	2C6F12L02_SW.zip	AC	2C6F12L02_SW.zip	AC
PCBA图样	2C6F14L02_ASM.pdf	AC	2C6F14L03_ASM.pdf	AD
XYDATA	2C6F14L02_XYDAT.xlsx	AC	2C6F14L03_XYDAT.xlsx	AD
原理图	2C6F14L02_SCH.pdf	AB	2C6F14L03_SCH.pdf	AC
PCB FAB	360000002_FAB.PDF	AA	360000017_FAB.PDF	AB
PCB Gerber	360000002_GERBER.zip	AA	360000017_GERBER.zip	AB
标签图样	2C6F15L02_DWG	AC	2C6F15L03_DWG	AD
空白标签	360000007_DWG	AA	360000007_DWG	AA
上壳体	360000021_DWG	AB	360000021_DWG	AB
下壳体	360000022_DWG	AB	360000022_DWG	AB
上支架	360000023_DWG	AB	360000023_DWG	AB
下支架	360000024_DWG	AB	360000024_DWG	AB

图 8-71 PCB 设计变更

PCB 设计变更将导致总成及一系列子总成物料号编码及版本号的升级。PCB 设计变更时，PCB 需要重新申请物料号，相应的 PCB 制板文件、PCBA 子总成物料号编码及版本升级（ASM，XYDATA，SCH 升级），PPS 版本升级（PPS 中有 PCBA 物料号），总成物料号、总成图样、TRE、EOL、PQVL 编码及版本升级，标签子总成物料号编码及版本升级。

7. 结构件设计变更

结构件设计变更对汽车电子模块来讲比较少见。对于大多数电子模块来讲，结构件如壳体仅作为电路板的防护及为其提供安装支撑，保护电路板在车载应用环境中能够正常工作，对外观及造型并无特殊要求，所以电子模块最常见的形状就是一个长方形的盒子。但是也有极少数的情况会导致结构件发生变更，结构变更通常不会对电子模块本身产生影响，但结构变更将导致总成发生变更。如图 8-72 所示，如果上壳体结构设计发生变更，产品的总成物料号、总成图样、TRE、EOL、PQVL 编码及版本需要升级，涉及的结构件本身需要重新申请物料号。

描述	文档名称	版本		文档名称	版本
总成物料号	5C6F10L02	-		5C6F10L03	-
FG,MD总成图样	5C6F10L02_DWG.pdf	AC		5C6F10L03_DWG.pdf	AD
TRE	5C6F10L02_TRE.xlsx	AC		5C6F10L03_TRE.xlsx	AD
EOL 测试说明	5C6F10L02_EOL.docx	AC		5C6F10L03_EOL.docx	AD
PQVL	5C6F10L02_QVL.xlsx	AC		5C6F10L03_QVL.xlsx	AD
SW SRD 文件	2C6F12L02_SRD.pdf	AC		2C6F12L02_SRD.pdf	AC
SW PPS 文件	2C6F12L02_PPS.docx	AC		2C6F12L02_PPS.docx	AC
SW zip 文件	2C6F12L02_SW.zip	AC		2C6F12L02_SW.zip	AC
PCBA图样	2C6F14L02_ASM.pdf	AC		2C6F14L02_ASM.pdf	AC
XYDATA	2C6F14L02_XYDAT.xlsx	AC		2C6F14L02_XYDAT.xlsx	AC
原理图	2C6F14L02_SCH.pdf	AB		2C6F14L02_SCH.pdf	AB
PCB FAB	360000002_FAB.PDF	AA		360000002_FAB.PDF	AA
PCB Gerber	360000002_GERBER.zip			360000002_GERBER.zip	
标签图样	2C6F15L02_DWG	AC		2C6F15L03_DWG	AD
空白标签	360000007_DWG	AA		360000007_DWG	AA
上壳体	360000021_DWG	AB		360000423_DWG	AC
下壳体	360000022_DWG	AB		360000022_DWG	AB
上支架	360000023_DWG	AB		360000023_DWG	AB
下支架	360000024_DWG	AB		360000024_DWG	AB

图 8-72　结构设计设计变更

图 8-72 中，上壳体的物料编码从 360000021 升级到 360000423，上壳体图样从 AB 版升级到 AC 版，总成图样文件编码及版本升级，同时标签子总成物料号编码及版本也需要同步升级。

8. 升级规则

物料号编码及文档升级可以遵循以下规则：

1）涉及产品的任何变更，即使产品的外形、适用性、功能是一致的，标签也必须进行变更升级，以方便对变更进行区分及追溯。

2）最小变更原则。仅变更涉及的部分，如涉及哪个文档就变更哪个文档，在总成可以不变的情况下尽量不对总成进行变更，也就是说变更后和变更前的总成可以认为其外形、适用性、功能是一致的，仓储及应用都不需要进行区分。

3）版本升级优先原则。对于不涉及产品本身的变更，仅需要升级相关文档的版本号，如从 A 版本升级到 B 版本，文档编码不变。即能不变更文档编码就不变更文档编码，尽量通过变更文档的版本号来进行区分，前提条件必须是产品的外形、适用性、功能是一致的，版本号可以起到区分及追溯的功能，编码可以不升级。

4）除已验证过的 SCR 外，软件、硬件、结构设计变更时，总成物料号编码必须升级，同时升级涉及的所有子总成物料号编码、图样及版本号。即使此变更不影响产品的外形、适用性、功能，总成物料号编码的升级可以更明显对变更前后的产品加以区分，并便于产品的追溯。

5）PCB 及结构件升级时必须重新申请物料号编码，以便于区分及追溯。

8.11 小结

第 8 章主要介绍了汽车电子模块设计开发方面的内容，包括开发阶段的划分，开发流程的介绍，以及基于电气负荷、EMC 及可靠性的设计方法；同时介绍了一些常用的设计分析方法，如仿真分析、潜通路分析、WCCA 分析、FMEA 分析等。最后，本章还介绍了设计开发过程中需要输出的过程文档及受控文档，以及文档的编码规则及变更规则。

汽车电子模块的开发通常需要经过 7 个阶段，从项目报价到产品量产，项目周期大概需要 2~3 年。产品开发通常遵循 V 模型，而 V 模型还可以分为硬件的 V 模型及软件的 V 模型，但其本质上来讲都遵循同样的底层逻辑。另外，汽车电子模块的设计必须基于一系列的标准，如基于电气负荷的标准以及 EMC 相关的标准，同时还要基于可靠性要求，考虑环境温度的变化、供电电压的变化及器件参数的变化对产品可靠性的影响。

对汽车电子模块来讲，设计开发过程中需要输出大量的文档，绝大多数项目相关的过程文档仅需要按照规定保存在相应的项目文件夹中即可，但对于受控文档，其模板、格式、文件命名等通常都有严格的规定及要求，以便控制文件的版本，同时方便进行追溯及管理。

此外，汽车电子零部件行业对物料的编码、描述及文档的受控通常都有一整套严格的规则及流程，从一个电阻器的物料描述到一个电子模块总成物料号编码的变更及升级，严格的流程及规则能够保证产品被更好地生产和维护，从而间接地提高产品的质量及可靠性。在产品量产后，项目维护的主要工作就是应对各种变更，好的文档能够帮助工程师更轻松地面对量产后的持续变更，而不至于使物料及文档因持续变更而发生混乱和失控，从而影响产品的质量及可靠性。

本章主要介绍了汽车电子模块的设计开发，第 9 章将对本书的核心思想进行归纳及总结，分析长生命周期对汽车电子可靠性带来的挑战，以及决定可靠性的因素。最后从设计、变更管理及全生命周期可靠性管理的角度，说明广义车规级思想如何实现汽车电子产品全生命周期内的可靠性管理，进而保证汽车电子在全生命周期内的高可靠性。

第 9 章 汽车电子的可靠性

9.1 长生命周期带来的挑战

对于一辆车来讲，车辆的生命周期通常需要达到 15 年，这不仅仅是一个时间维度，汽车电子模块的可靠性还需要考虑车辆的实际使用场景。而对于一个车型来讲，车型的生命周期通常会长达 5~8 年，在这期间，电子模块会因为各种原因发生众多变更，一个电子模块的变更在车型的整个生命周期内可能高达数十次，这个电子模块就像是一艘忒修斯之船，持续的变更对电子模块的质量及可靠性来讲是一个巨大的挑战。

如图 9-1 所示，一个电子模块从设计到量产通常需要 2~3 年，为了保证其可靠性，设计时必须选用符合车规级认证的器件，电子元器件的高可靠性是电子模块高可靠性和长使用寿命的基础。在此基础上，采用车规级设计方法进行设计，最后用车规级测试标准进行测试，测试通过后即可认为其可靠性满足了车载应用的要求。

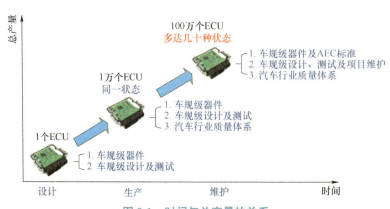

图 9-1 时间与总产量的关系

但是设计仅可以保证电子模块从设计角度满足车载应用的要求,后续大批量生产的质量可靠性及生产的一致性必须依靠如 IATF 16949、PPAP、APQP 等汽车行业质量管理标准及流程体系对产品的制造过程提供支撑。也就是说,设计可以满足 1 个 ECU 的高可靠性,可以保证其在严酷的车载应用环境下无须任何维护的持续工作 15 年以上,而汽车行业的质量管理标准及流程体系可以保证连续生产 1 万个 ECU,并保证它们都可以在车载应用环境下无须任何维护的持续工作 15 年以上。

但是当时间拉长到一个车型的生命周期,也就是 5~8 年甚至更长,这时这个 ECU 可能已经生产了多达 100 万个,其间可能经历了几十次变更,产品状态达到了几十种。所以从某种意义上来讲,长生命周期对可靠性的挑战是超过产品设计及大批量产生的。举例来讲,如果一个产品全生命周期内的总产量为 100 万个,在 1 年内生产 100 万个和周期拉长到 10 年、每年生产 10 万个,两者要面对的挑战是完全不同的,后者所要面对的挑战要远大于前者。在这 10 年中,从设计到生产都会经历大量的变化,元器件会不断地发生变更,生产工艺也会不断地变更,甚至生产设备也会进行更新,相关人员如项目经理、研发工程师、工艺工程师、质量工程师都会不断地发生变化。那么该如何面对这个挑战呢?答案就是全生命周期的可靠性管理。

汽车电子不同于消费类电子,如手机,每年国内手机产量可能高达 2 亿部以上,是汽车的 10 倍,但是一个手机型号的生命周期通常只有 2 年,根本不需要考虑长生命周期的产品维护问题,因为更新换代极快,甚至其核心 SOC 可能不到 2 年时间就已经升级换代。而汽车电子则完全不同,产品量产上市只是一个开始,如果说车规级设计是汽车电子高可靠性的基础,量产后的项目维护则是其全生命周期高可靠性的主要保障,二者缺一不可,而后者的难度更甚于前者。如果一个汽车电子模块全生命周期内发生了 10 次变更,那么每次的变更评估对产品维护人员来讲都是一个挑战;变更的次数越多,需要面对的挑战就越大。后面的变更需要考虑之前所有发生过的变更对产品原本设计的影响,然后根据经验及产品的应用场景制定变更测试计划,再根据测试结果决定是否可以进行变更,这个难度可想而知。更糟糕的是,随着时间的推移,产品的原始设计者可能都已经离开了项目团队,产品的维护人员可能也在不断地变化,很多事情的前因后果已经没有人可以讲清楚,每个人获得的信息可能都是片面的,这时候完善的设计过程文档、受控文档及变更历史记录的作用就体现出来了,这就是文档的重要性,文档是支撑产品可靠性的重要基础。

对于汽车电子模块来讲,全生命周期的可靠性管理包括两部分:一是车规级电子元器件的可靠性管理,由 AEC 标准及 Tier 2 来保证;二是模块本身的可靠性管理，由量产后的项目维护，也就是靠严格的变更流程及受控文档来保证。这是一个系统性工程，涉及整个汽车电子产业链。

9.2　决定可靠性的因素

除了长生命周期对可靠性的挑战外，汽车电子模块还需要面对另一个挑战，而且这个挑战与可靠性还互为因果，那就是汽车电子模块本质上是不可维护的。基于系统成本及工程角度考虑，系统的可靠性可以通过维护或维修来保证，而对于不可维护系统，除了更换以外则别无选择。实际上基于成本角度考虑，人们并不倾向于制造一个完全不可维护的系统，从某种意义上来讲，只存在不可维护的系统部件，而不存在不可维护的系统。而在汽车这个可维护系统中，众多的电子模块几乎都是不可维护的。汽车电子模块之所以要做得不可维护，主要与两个因素有关：一是其可靠性可以做到极高，高到其平均失效间隔时间已经超过了车辆的生命周期，即使存在失效，因为失效率足够低，这个失效率在工程实践上便是可以接受的；二是维修成本高于拆换成本。可维护系统与不可维护系统的差别，从工程角度来讲，只是维护的时间和成本是否合适；与其花费较高的成本进行维修，还不如直接更换来得更经济一些。

要实现汽车电子模块在整车生命周期内的免维护，其前提条件就是汽车电子模块的平均失效时间达到或超过车辆的生命周期，在这个前提下，电子模块才可以被设计成一个免维护的产品。而从实际工程角度及应用角度来讲，目前汽车电子模块的可靠性是可以实现整车生命周期内免维护的。汽车电子的可靠性是一个极其复杂的系统性工程，从芯片制造商 Tier 2 到电子模块制造商 Tier 1，再到车辆制造商 OEM；从车规级芯片的设计、测试、生产、使用及变更，到汽车电子模块的设计、测试、生产、使用及变更，再到 OEM 的整车级测试及应用，汽车电子的可靠性需要整个产业链以及众多的相关行业标准来共同保障，缺一不可。如图 9-2 所示，可靠性可以分解为三个方面：元器件、设计及测试、生产。

1）元器件。元器件的可靠性是电子模块高可靠性的基础，没有高可靠性的车规级元器件，即使采用了车规级的设计，通过了相关汽车行业标准的测试，其在车载应用环境下的可靠性也是很难保证的。AEC 标准对车规级电子元器件进行了全生命周期的可靠性管理，这种管理主要体现在两个方面：一是标准对器件本身的测试要求，二是对器件变更的重新认证测试的要求，后者间接对器件供应商的长期供货计划提供了一致性及可靠性支撑，确保车规级电子元器件可以在长达 15 年以上的持续供货中保持一致性及可靠性。

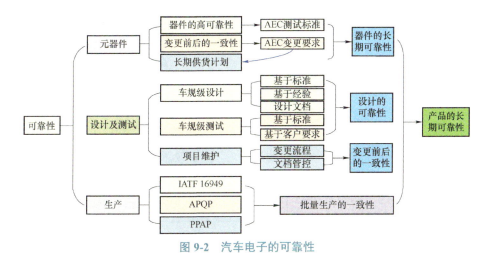

图 9-2　汽车电子的可靠性

2）设计及测试。设计及测试可以分为三部分：一是车规级设计，二是车规级测试，三是项目维护，其中设计是决定产品可靠性的最关键因素。一个好的产品首先是设计出来的，测试仅仅是一种验证手段。车规级设计有三个核心要素：行业标准、设计经验及设计文档，在基于行业标准的基础上，设计经验及大量的 Know-How 就显得尤为重要，而良好的文档则为设计提供了支撑。车规级设计为产品的高可靠性提供了基础，后期的项目维护为产品的长期一致性提供了保障，而项目维护则是通过严格的变更管理流程及大量文档来保障。

3）生产。车规级设计可以从设计上保证产品的高可靠性，这是从 0 到 1，而生产需要做的则是从 1 到 N 复制这种可靠性。对于如何在批量生产中保证产品的一致性，汽车行业早就形成了一套行之有效的质量管理标准及流程体系，如 IATF 16949、PPAP、APQP 等，这些标准及体系共同为产品制造过程提供支撑，保障了批量产品的高可靠性。

9.3　可靠性的工程实践

如果把可靠性看作一个金字塔结构，那么这个结构大概可以分为四层，如图 9-3 所示。

金字塔的最底层是车规级元器件，只有器件可靠，电子模块才能可靠，没有车规级元器件作为可靠性的基础，电子模块的可靠性就是无根之木。而元器件不可避免地会发生各种变更，电子模块也会因为各种原因发生变更，无论是因为芯片的 SCR，还是客户需求变更。所以从工程实践的角度来讲，汽车电子的全生命周期可靠性管理有两个重点：一是设计，二是变更管理。前面讲过，一个好的产品首先是设计出来的，测试仅仅是一种验证手段，这个原则无论对于芯片还是电子模块都同样适用。

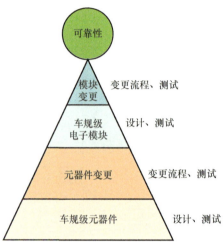

图 9-3　可靠性的金字塔结构

1. 设计

设计有三个核心要素：标准、经验及文档。

对于车规级芯片来讲，这个标准便是 AEC 标准，标准规定了元器件的分类、温度范围、认证所需的测试流程及项目等；对于电子模块来讲，汽车行业的相关国际标准及行业标准比较多，如 IEC CISPR 25 及 ISO 16750 等，标准详细规定了电子模块需要进行哪些测试才能达到车载应用的要求，如电气类测试、环境类测试、EMC 测试、寿命测试等，从电气负荷、气候负荷、机械负荷到 EMC 与 ESD，从盐雾到防护等级等。

所有的测试标准都与车载应用要求紧密相关，无论对于元器件还是电子模块，元器件设计人员首先必须了解芯片的车载应用环境，从车辆的内部环境及外部环境，到车内极其复杂的电气及电磁环境，了解了整车，才能更好地理解电子模块的设计要求；同样，了解了电子模块，才能更好地理解电子元器件的设计要求。

基于标准，再结合应用，便产生了经验以及众多的 Know-How，而经验及 Know-How 又可以转化为文档来指导设计，这便形成了一个正反馈。就像 AEC 标准中通用数据的积累以及家族器件认证的简化一样，殊途同归。

2. 变更管理

对于车规级芯片的变更，AEC 标准给出了详细的变更管理流程及重新认证要求，从芯片到分立半导体，从被动器件到光电半导体，AEC 标准根据器件的种类，制定了不同的变更管理要求。只要供应商对器件进行了变更，无论是对产品还是对制造工艺的变更，只要影响到或潜在可能影响到产品的外形、适用性、功能、质量和 / 或可靠性，器件都需要重新进行认证测试。如果重新认证测试失败，必须找到根本原因，只有在执行了相应的纠正和预防措施的情况下，器件才可以被认为具备了再次进行 AEC 认证的条件。

但是对于电子模块来讲，行业内并没有统一的标准及变更管理流程要求，这可能会让人们对产品量产后的项目维护掉以轻心，但是从工程实践的角度来讲，项目维护对产品全生命周期内的可靠性至关重要，但这种重要性却经常被忽略。欧美汽车工业起步要比我国早得多，已经形成了成熟的产业链，对各种变更也都有相应的流程，大到变更评估及变更测试，小到文件命名及文件存档都有详细的规则及制度。但是从另一方面来讲，汽车行业基于其行业特殊性，基本上是各自为政；最常见的如电子零部件测试标准，各大 OEM 都有自己的企业标准；同样，各 Tier 1 也都有自己的变更管理流程，但他们所遵循的基本原理却是相通的。

3. 全生命周期可靠性管理

一个汽车电子模块要做到车规级，需要对全产业链进行全生命周期可靠性管理，从电子元器件到电子模块，从研发、测试、生产、应用到量产后的变更维护，缺一不可。在这方面，AEC 标准是一个很好的实践参考，其基于全生命周期的可靠性管理理念很适合扩展到所有的汽车电子模块，从设计、测试、应用到量产后的变更管理。相较于目前仅限于汽车电子元器件范围的狭义车规级，扩大适用范围后的车规级则可以称为广义车规级。

广义车规级的工程实践包括电子模块的开发流程要求、设计分析方法的要求、可靠性要求、文档要求、试验标准要求、测试要求、物料编码要求、文档命名规则、文档受控规则、变更管理流程、编码升级规则等，这些工程实践方法覆盖了电子模块的全生命周期，可以帮助汽车电子模块实现全生命周期的可靠性管理。以产品变更后的编码升级规则为例，一套行之有效的规则能够帮助工程师更轻松地面对量产后的持续变更，而不至于使物料及文档因持续变更而发生混乱和失控，从而影响产品的一致性及可靠性。

附　　录
常用缩写词

序号	缩写词	中文名称	英文名称
1	8D	8D 问题解决法	Eight Disciplines Problem Solving
2	ABS	防抱死制动系统	Antilock Braking System
3	ADB	自适应远光系统	Adaptive Driving Beam
4	AEC	汽车电子委员会	Automotive Electronics Council
5	AGM	吸附式玻璃纤维棉	Absorbed Glass Mat
6	APQP	产品先期质量策划	Advanced Product Quality Planning
7	APR	年度百分比利率	Annual Percentage Rate
8	ASIL	汽车安全完整性等级	Automotive Safety Integrity Level
9	BCM	车身控制模块	Body Control Module
10	BIST	内建自诊断机制	Built-in Self-Test
11	BLE	蓝牙	Bluetooth
12	BMS	电池管理系统	Battery Management System
13	BOM	物料清单	Bill of Material
14	CAE	计算机辅助工程	Computer Aided Engineering
15	CAN	控制器局域网	Controller Area Network
16	CDM	带电装置模型	Charged Device Model
17	CE	传导干扰/发射	Conducted Emission
18	CFR	固定失效率	Constant Failure Rate
19	CI	传导抗干扰	Conducted Immunity
20	CMOS	互补金属氧化物半导体	Complementary Metal Oxide Semiconductor
21	CNAS	中国合格评定国家认可委员会	China National Accreditation Service for Conformity Assessment
22	CTO	技术成本优化	Cost Technical Optimization

（续）

序号	缩写词	中文名称	英文名称
23	DC/DC	直流转直流	Direct Current to Direct Current
24	DC/DC	直流/直流变换器	Direct Current to Direct Current Converter
25	Demo	演示样品	Demonstration
26	DFM	可制造性设计	Design for Manufacturability
27	DFMEA	设计失效模式及影响分析	Design Failure Mode and Effects Analysis
28	DFR	故障率渐降	Decreasing Failure Rate
29	DfT	可测试性设计	Design for Testability
30	DPPM	每百万个产品中缺陷产品数	Defective Parts Per Million
31	DTC	成本导向设计	Design To Cost
32	DV	设计验证	Design Validation
33	DVP	设计验证计划	Design Validation Plan
34	EBS	电子电池传感器	Electronic Battery Sensor
35	ECN	工程变更通知	Engineering Change Notice
36	ECU	电子控制单元	Electronic Control Unit
37	ECU	发动机控制器	Engine Control Unit
38	EDA	电子设计自动化	Electronics Design Automation
39	ED&T	工程、设计及测试费用	Engineering, Design & Testing
40	EEPROM	电可擦只读存储器	Electrically Erasable Programmable Read Only Memory
41	EJB	发动机舱接线盒	Engine Junction Box
42	ELFR	早期寿命失效率	Early Life Failure Rate
43	EMC	电磁兼容性	Electro Magnetic Compatibility
44	EMI	电磁干扰	Electro Magnetic Interference
45	EOL	下线检测	End of Lifetime
46	EOL	停产	End of Liftime
47	EOS	电过应力	Electrical Over Stress
48	EPS	电助力转向	Electric Power Steering

（续）

序号	缩写词	中文名称	英文名称
49	ESD	静电放电	Electro-Static Discharge
50	ETOPS	双发延程飞行运作性能标准	Extended-Range Twin-Engine Operational Performance Standard
51	FEA	有限元分析	Finite Element Analysis
52	FIT	时基故障	Failure in Time
53	FMD	失效模式分布	Failure Mode Distribution
54	FMEA	失效模式与影响分析	Failure Mode and Effects Analysis
55	FMEDA	失效模式影响及诊断分析	Failure Mode Effects and Diagnostic Analysis
56	FTA	故障树分析	Fault-Tree Analysis
57	GDP	国内生产总值	Gross Domestic Product
58	GND	地	Ground
59	HBM	人体模型	Human Body Model
60	HLD	高层设计	High Level Design
61	HSD	高边驱动	High Side Driver
62	HTOL	高温工作寿命	High Temperature Operating Life
63	IATF	国际汽车工作组	International Automotive Task Force
64	IBS	智能电池传感器	Intelligent Battery Sensor
65	IC	集成芯片	Integrated Chip
66	IFR	故障率递增	Increasing Failure Rate
67	IGBT	绝缘栅双极型晶体管	Insulated Gate Bipolar Transistor
68	I/O	输入输出	Input/Output
69	JEDEC	联合电子设备工程委员会	Joint Electronic Device Engineering Council
70	LDD	最终交货周期	Last Delivery Date
71	LDO	低压差线性稳压器	Low Dropout Regulator
72	LED	发光二极管	Light Emitting Diode
73	LF	低频信号	Low Frequency
74	LIN	局域互联网络	Local Interconnect Network

(续)

序号	缩写词	中文名称	英文名称
75	LLD	底层设计	Low Level Design
76	LPR	远景规划	Long-Range Planning
77	LSD	低边驱动	Low Side Driver
78	LTB	最后一次购买	Last Time Buy
79	MCM	多芯片模块	Multi Chip Modules
80	MCU	单片机	Micro Controller Unit
81	MEMS	微电子机械系统	Micro Electro-Mechanical System
82	MLCC	多层陶瓷电容	Multi Layer Ceramic Chip Capacitor
83	MOSFET	金属氧化物半导体场效应晶体管	Metal-Oxide-Semiconductor Field-Effect Transistor
84	MOV	压敏电阻	Metal Oxide Varistor
85	MPN	制造商物料号	Manufacturer Part Number
86	MTBF	平均失效间隔时间	Mean Time Between Failure
87	MTBM	平均维护间隔时间	Mean Time Between Maintenance
88	MTBR	平均拆换间隔时间	Mean Time Between Removals
89	MTTF	平均失效时间	Mean Time To Failure
90	MTTR	平均修复间隔时间	Mean Time To Repair
91	NFC	近场通信	Near Field Communication
92	NVM	非易失性存储器	Non-Volatile Memory
93	OBC	车载充电机	On Board Charger
94	OEM	原始设备制造商	Original Equipment Manufacturer
95	OTA	空中下载技术	Over the Air
96	OTS	工装样件	Off Tooling Samples
97	PM	项目经理	Project Manager
98	RE	辐射干扰/发射	Radiated Emission
99	RI	辐射抗干扰	Radiated Immunity
100	ROM	只读存储器	Read Only Memory
101	RPN	风险优先级序数	Risk Priority Number
102	RT	室温	Room Temperature

（续）

序号	缩写词	中文名称	英文名称
103	PCB	印制电路板	Printed Circuit Board
104	PCBA	电路板总成	PCB Assembly
105	PCN	产品/工艺变更通知	Product/Process Change Notification
106	PCR	产品/工艺变更请求	Product/Process Change Request
107	PEPS	无钥匙系统	Passive Enter Passive Start
108	PFMEA	过程失效模式及影响分析	Process Failure Mode and Effects Analysis
109	PJB	乘客舱接线盒	Passenger Junction Box
110	PMHF	随机硬件失效概率度量	Probabilistic Metric for Random Hardware Failures
111	PMIC	电源管理芯片	Power Management Integrated Circuit
112	PPAP	生产件批准程序	Production Part Approval Process
113	PPM	百万分率	Parts Per Million
114	PPS	器件烧程说明	Programmed Part Specification
115	PQVL	物料合格供应商清单	Parts and Qualified Vendors List
116	PV	产品验证	Product Validation
117	PWM	脉冲宽度调制	Pulse-Width Modulation
118	QVL	合格供应商清单	Qualified Vendors List
119	RF	射频信号	Radio Frequency
120	RFQ	产品询价请求	Request for Quotation
121	SBC	系统基础芯片	System Basis Chip
122	SCR	供应商变更请求	Supplier Change Request
123	SOC	荷电状态	State of Charge
124	SOC	系统级芯片	System on Chip
125	SOH	寿命状态	State of Health
126	SOR	需求规范	Specification of Requirements
127	SPA	潜通路分析	Sneak Path Analysis
128	SPI	串行外设接口	Serial Peripheral Interface
129	SPN	供应商物料号	Supplier Part Number
130	SRAM	静态随机存取存储器	Static Random Access Memory

（续）

序号	缩写词	中文名称	英文名称
131	SRD	软件释放控制文档	Software Release Document
132	SSD	固态硬盘	Solid State Drives
133	T.C.R.	温度系数	Temperature Coefficient of Resistance
134	Tier 1	一级供应商	Tier 1
135	Tier 2	二级供应商	Tier 2
136	TTF	测试直至失效	Test-to-Failure
137	TVS	瞬态电压抑制二极管	Transient Voltage Suppressor
138	VCU	车辆控制单元	Vehicle Control Unit
139	WCCA	最差情况电路分析	Worst Case Circuit Analysis
140	WSTS	世界半导体贸易统计组织	World Semiconductor Trade Statistics

参 考 文 献

[1] Infineon. Smart High-Side Switches Application Note，Rev 1.0［Z］. 2010.
[2] Infineon. PROFET™ +24V Application Note，Rev 0.3［Z］. 2014.
[3] STMicroelectronics. Protection of automotive electronics from electrical hazards, guidelines for design and component selection, Rev 3［Z］. 2012.
[4] Infineon.Relay replacement within automotive power distribution，Rev. 1.00［Z］. 2019.
[5] NXP. A guide to designing for ESD and EMC，Rev.02［Z］. 2010.
[6] 全国汽车标准化技术委员会.道路车辆 电气及电子设备的环境条件和试验：第1部分 一般规定：GB/T 28046.1—2011［S］.北京：中国标准出版社，2011.
[7] 全国汽车标准化技术委员会.道路车辆 电气及电子设备的环境条件和试验：第2部分 电气负荷：GB/T 28046.2—2019［S］.北京：中国标准出版社，2019.
[8] 全国汽车标准化技术委员会.道路车辆 电气及电子设备的环境条件和试验：第3部分 机械负荷：GB/T 28046.3—2011［S］.北京：中国标准出版社，2011.
[9] 全国汽车标准化技术委员会.道路车辆 电气及电子设备的环境条件和试验：第4部分 气候负荷：GB/T 28046.4—2011［S］.北京：中国标准出版社，2011.
[10] 全国汽车标准化技术委员会.道路车辆 电气及电子设备的环境条件和试验：第5部分 化学负荷：GB/T 28046.5—2013［S］.北京：中国标准出版社，2013.
[11] 全国汽车标准化技术委员会.道路车辆 电气电子设备防护等级：IP代码：GB/T 30038—2013［S］.北京：中国标准出版社，2013.
[12] 全国电工电子产品环境条件与环境试验标准化技术委员会.电工电子产品环境试验：第2部分 试验方法 试验Ka 盐雾：GB/T 2423.17—2008［S］.北京：中国标准出版社，2008.
[13] 全国电工电子产品环境条件与环境试验标准化技术委员会.环境试验：第2部分 试验方法 试验Fc 振动 正弦：GB/T 2423.10—2019［S］.北京：中国标准出版社，2019.
[14] 全国无线电干扰标准化技术委员会.车辆、船和内燃机 无线电骚扰特性 用于保护车载接收机的限值和测量方法：GB/T 18655—2018［S］.北京：中国标准出版社，2018.
[15] 全国汽车标准化技术委员会.道路车辆 电气/电子部件对传导和耦合引起的电骚扰试验方法：第1部分 定义和一般规定：GB/T 21437.1—2021［S］.北京：中国标准出版社，2021.
[16] 全国汽车标准化技术委员会.道路车辆 电气/电子部件对传导和耦合引起的电骚扰试验方法：第2部分 沿电源线的电瞬态传导发射和抗扰性：GB/T 21437.2—2021［S］.北京：中国标准出版社，2021.
[17] 全国汽车标准化技术委员会.道路车辆 电气/电子部件对传导和耦合引起的电骚扰试验方法：第3部分 对耦合到非电源线电瞬态的抗扰性：GB/T 21437.3—2021

[S]. 北京：中国标准出版社，2021.

[18] 全国汽车标准化技术委员会. 道路车辆 电气/电子部件对窄带辐射电磁能的抗扰性试验方法：第1部分 一般规定：GB/T 33014.1—2016［S］. 北京：中国标准出版社，2016.

[19] 全国汽车标准化技术委员会. 道路车辆 电气/电子部件对窄带辐射电磁能的抗扰性试验方法：第2部分 电波暗室法：GB/T 33014.2—2016［S］. 北京：中国标准出版社，2016.

[20] 全国汽车标准化技术委员会. 道路车辆 电气/电子部件对窄带辐射电磁能的抗扰性试验方法：第4部分 大电流注入（BCI）法：GB/T 33014.4—2016［S］. 北京：中国标准出版社，2016.

[21] 全国汽车标准化技术委员会. 道路车辆 电气/电子部件对静电放电抗扰性的试验方法：GB/T 19951—2019［S］. 北京：中国标准出版社，2019.

[22] Automotive Electronics Council. Failure mechanism based stress test qualification for integrated circuits：AEC-Q100，Rev H［S/OL］.［2023-02-05］. http：//www.aecouncil.com/AECDocuments.html.

[23] Automotive Electronics Council. Failure mechanism based stress test qualification for discrete semiconductors in automotive applications：AEC-Q101，Rev E［S/OL］.［2023-02-07］. http：//www.aecouncil.com/AECDocuments.html.

[24] Automotive Electronics Council. Failure mechanism based stress test qualification for optoelectronic semiconductors in automotive applications：AEC-Q102，Rev A［S/OL］.［2023-02-08］. http：//www.aecouncil.com/AECDocuments.html.

[25] Automotive Electronics Council. Failure mechanism based stress test qualification for micro electro-mechanical system（MEMS）pressure sensors devices：AEC-Q103-002 Rev-［S/OL］.［2023-02-15］. http：//www.aecouncil.com/AECDocuments.html.

[26] Automotive Electronics Council. Failure mechanism based stress test qualification for MEMS microphone devices：AEC-Q103-003 Rev-［S/OL］.［2023-02-08］. http：//www.aecouncil.com/AECDocuments.html.

[27] Automotive Electronics Council. Failure mechanism based stress test qualification for multichip modules（MCM）in automotive applications：AEC-Q104 Rev-［S/OL］.［2023-03-01］. http：//www.aecouncil.com/AECDocuments.html.

[28] Automotive Electronics Council. Stress test qualification for passive components：AEC-Q200［S/OL］.［2023-03-02］. http：//www.aecouncil.com/AECDocuments.html.

[29] Automotive Electronics Council. Automotive zero defects framework：AEC-Q004 Rev-［S/OL］.［2023-03-03］. http：//www.aecouncil.com/AECDocuments.html.

[30] US Department of Defense. Military handbook，electronic reliability design handbook：MIL-HDBK-338B［Z］. 1998.